CASTILLE
ROMANE **

Dom Luis-Maria de Lojendio osb, moine de Leyre
Dom Abundio Rodriguez osb, moine de Silos
Traduction de l'espagnol par Dom Norbert Vaillant osb

Photographies inédites de Zodiaque

CASTILLE

Traduction allemande de Hilaire de Vos

Traduction anglaise de Roy T. Jones et P. Veyriras

ROMANE **

MCMLXVI

ZODIAQUE

la nuit des temps

TABLE

Soria

Ségovie

Avila

Cuves baptismales

NOTES SUR

QUELQUES ÉGLISES ROMANES DU SUD DE LA CASTILLE

1 *AGREDA (SORIA).* VILLAGE RICHE D'UNE GRANDE TRADITION et doté d'une très vieille histoire; c'est la capitale de toute la région de la Sierra de Soria. Elle comptait au Moyen Age toute une série de constructions romanes dont il ne reste plus aujourd'hui que des vestiges. Par sa position géographique et en raison des vicissitudes historiques, c'est en ce qui concerne les styles une zone frontière, fortement marquée par l'influence du roman aragonais.

Le principal témoin roman est la *tour de l'église de San Miguel* terminée par de petits créneaux qui lui donnent un air très catalan. L'église elle-même est gothique et date de la fin du XIVe siècle. Lorsqu'on la construisit, on démolit l'église romane primitive qui, à en juger par la tour demeurée debout, devait être un grand édifice. Cette tour est légère et ses éléments décoratifs sont constitués par trois paires de fenêtres en plein cintre sur chaque face. Celles de l'étage inférieur sont lisses, celles du milieu enfoncées sous un arc qui les protège, avec une archivolte ornée de besants et trois colonnes servant d'appui, la colonne médiane jouant le rôle de meneau; à l'étage supérieur un arc analogue semble avoir été évidé pour installer les cloches.

Un édifice antérieur à cette tour se trouve également à Agreda: *l'église de la Virgen de la Peña* qui est de la fin du XIIe siècle, exactement de 1193. Elle a pour caractéristique principale d'être une église à deux nefs. Elle présente des voûtes et des arcs brisés, reposant sur des piliers et des colonnes adossées qui se terminent par des chapiteaux très grossièrement sculptés. Cette église de la Peña possède un portail simple aux trois archivoltes décorées de sculptures formant bordure.

L'église de San Juan conserve un portail roman un peu plus intéressant. Il comporte de chaque côté trois colonnes montées sur un haut socle et munies de chapiteaux où alternent des personnages aux attitudes hiératiques et des éléments végétaux. Sur les archivoltes de nouveau une décoration en bordure.

Agreda possède en dernier lieu deux autres restes curieux. Les ruines d'un *monastère de templiers,* et une abside en moellons de plan semi-circulaire qu'une très ancienne tradition affirme avoir fait partie de la synagogue des juifs d'Agreda.

AGUILERA (SORIA). DANS LA **2** *VALLÉE DU DUERO, SUR LA rive Sud du fleuve, entre Gormaz et Berlanga. L'église de San Martín domine le vaste panorama de la vallée. L'attention est attirée avant tout par une excellente galerie-porche sur la face Sud de l'église. Elle est de faible longueur puisqu'elle ne comporte que cinq arcs avec au milieu un portail sur deux piliers, mais sur le pan orienté au Sud-Ouest la série se continue avec deux arcs qui sont aveugles. La galerie est profonde. On pénètre dans l'église par un vaste portail qui ne compte pas moins de sept archivoltes sans décoration, où alternent tore et arête. De chaque côté trois colonnes avec chapiteaux et quatre autres dans les encoignures qui se terminent sans chapiteau par un tailloir lisse avec une simple moulure concave.*

L'église a conservé en bon état sa structure primitive. Elle est faite d'une nef rectangulaire terminée par un chœur ou sanctuaire un peu plus étroit avec une abside semi-circulaire. Celle-ci est bien couverte en caissons, et l'arc triomphal brisé repose sur de robustes colonnes avec chapiteaux à la décoration végétale très acceptable. Dans le reste de la construction, il semble que la sculpture soit due à deux mains différentes, et à deux époques. Celle du portail intérieur est élémentaire et grossière, et rappelle la sculpture des églises de San Esteban de Gormaz. Par contre les trois chapiteaux qui se trouvent dans la galerie sont très beaux, avec leur volume accusé, leur vigoureuse sculpture végétale très décorative, consistant en feuilles très ajourées, en palmettes, en rinceaux qui se développent en de belles tigettes.

Il y a également une tour romane, robuste et simple, certainement ancienne.

3 ALMAZÁN (SORIA). AUX BORDS DU DUERO, SUR LA ROUTE DE Soria à Madrid par Medina Celi, et à trente-cinq kilomètres de la capitale de la province se trouve la ville d'Almazán qui constitue un véritable ensemble monumental. L'histoire en son déroulement a laissé dans ses rues et sur ses places des témoins des diverses époques et des divers styles, d'abord un premier roman du XIIe siècle, puis les portes de ses vieilles murailles, ses arcades et ses rues gothiques, enfin les grands palais de l'époque Renaissance.

En ce qui regarde le XIIe siècle, les documents anciens nous parlent de trois églises. De deux d'entre elles, San Vicente et Santa María de Calatañazor, il reste seulement quelques vestiges. Par contre la troisième, *l'église de San Miguel,* se présente aujourd'hui à nous admirablement conservée dans sa magnifique forme originale. Elle est située sur la Place haute de l'Hôtel de Ville, face au grand palais de Altamira. Sa façade extérieure ne révèle pas sa grande beauté. Trois arcs reposant sur des piliers prismatiques, une murette et une grille entourent un portail de peu d'intérêt. Dernièrement on a supprimé certains édifices qui étouffaient l'église et empêchaient de voir son abside. Aujourd'hui se trouve à découvert une partie de l'hémicycle, et ce que l'on ne voit pas de la place, il faut aller le voir depuis la route nationale, là où se détache celle d'El Burgo de Osma, près du pont sur le Duero. De la place, on voit très bien dans le haut la grande lanterne de la croisée du transept, dont le dernier étage est en briques et de forme octogonale. Sur un de ses côtés se trouve la tourelle de l'escalier qui monte au clocher. Dans ces vues extérieures, le plus intéressant à souligner est la décoration faite de petits arcs lombards, soutenus par des consoles en forme de cylindres, analogues aux modillons du même type et d'origine califale. Les arcs lombards, qui font le tour de la partie arrondie de l'abside à la façon d'une corniche haute, sont à trois lobes, tandis qu'un arc lisse en plein cintre constitue ceux qui limitent la partie en pierre de la tour sur laquelle s'élève la lanterne en briques.

L'entrée dans l'église produit une vive impression. L'intérieur est admirablement décapé de sa chaux et de son ciment, et il apparaît dans toute sa beauté. Une seule abside, la travée droite du chœur, un grand transept et trois nefs. Deux nefs latérales très étroites qui se terminent par de petites absidioles prises dans l'épaisseur du mur sans qu'aucune courbe apparaisse à l'extérieur. Tout le chevet ainsi que les colonnes cantonnées de la nef présentent une structure irrégulière. L'abside s'infléchit vers la droite. Cette anomalie est due à la nature du terrain qui au niveau de l'abside présente un grand à pic sur le Duero.

Au point de vue architectural, le trait le plus remarquable de cette église est sa coupole, de structure très orientale et de facture mauresque sans aucun doute. Le carré du transept se transforme en octogone au moyen de trompes formées de cinq arcs, ou portions d'arcs, en ébrasement prononcé et de plus en plus réduits en allant vers le centre. Sur l'octogone ainsi formé se déroule une imposte ornée d'une élégante sculpture végétale, et au milieu de chaque côté est encastrée une console elle aussi très décorée. Chacune des consoles sert de point de départ et d'arrivée à deux arcs qui s'entrecroisent dans le haut de la coupole, laissant libre un espace dont le contour octogonal sert de base à la lanterne. Cette coupole aux arcs entrecroisés a pour précédent les coupoles de la mosquée de Cordoue, et sa répartition sur la carte de l'Espagne a servi à marquer les zones d'influence mudéjare.

La coupole compose un ensemble très brillant qui contraste avec la sévérité cistercienne des nefs. Les arcs doubleaux y sont brisés de façon très marquée, et la décoration est de type végétal avec une nette prédominance des pommes de pin, thème où l'héritage mudéjare peut s'harmoniser avec la stylisation dépouillée de celui de Cîteaux. Dans l'absidiole du côté de l'Évangile, pour la table de l'autel on a employé une pierre sculptée d'importance. On y voit un groupe de guerriers, à l'extrémité est agenouillé un martyr, et dans le haut son âme prend le chemin du ciel. C'est une œuvre de grande saveur classique. Elle représente, semble-t-il, le martyre de saint Thomas de Cantorbéry.

ANDALUZ (SORIA). *DANS L'ÉGLI-* **4** *SE DE SAN MIGUEL DE ANDALUZ se trouve une inscription révélant qu'elle fut construite par un certain Subpiriano, en 1152 de l'ère espagnole, c'est-à-dire en l'année 1114. C'est donc la construction datée la plus ancienne de toute la région du haut Duero. Et le village, qui a aujourd'hui perdu toute importance, jouissait d'un privilège municipal qui lui fut accordé à Burgos le 1er avril 1089, sous le règne d'Alfonso VI. Son nom lui vient peut-être d'une implantation de colons mozarabes venus d'Andalousie. Il est situé à mi-chemin entre El Burgo de Osma et Almazán, mais non sur la route qui les joint. Celle-ci se déroule sur la rive Sud du Duero tandis qu'Andaluz se trouve au Nord du fleuve et à quelque distance de son cours.*

Il reste dans l'église trois éléments de la construction romane. Le plus ancien semble être une porte intérieure de l'église. Très digne et très sobre. De chaque côté deux colonnes montées sur un socle élevé, et séparées par l'arête du pilier prismatique. Les deux chapiteaux le plus à l'extérieur sont faits de feuilles charnues, les deux autres décorés d'animaux. Des archivoltes, trois sont sculptées de billettes, et les autres de torsades.

De date postérieure, une élégante galerie-porche à neuf arcs, y compris celui de l'entrée qui est de structure différente. Les arcs normaux, six à droite et deux à gauche de la porte, s'appuient sur de très élégantes colonnes, qui dans la partie la plus longue de la galerie sont alternativement doubles et quadruples. Ces colonnes, un peu courtes et montées sur un haut bahut, sont surmontées de chapiteaux sculptés d'ornements surtout végétaux très simplifiés, rappelant un peu l'art de San Esteban de Gormaz.

Enfin l'église comporte aussi une robuste tour romane de plan carré.

5 BARCA (SORIA). VILLAGE PROCHE D'ALMAZÁN. ON SUIT pendant environ six kilomètres la route qui mène à El Burgo de Osma par la rive Sud du Duero. Il faut alors prendre un embranchement sur la gauche et très rapidement on parvient à Barca. Ce nom suggère qu'au voisinage au moins il devait y avoir un passage du fleuve en barque, bien qu'actuellement le village soit assez distant de ses rives. L'unique chose à relever dans l'église de Barca est sa galerie-porche qui devait comporter un grand nombre d'arcs. On constate qu'elle en a eu une dizaine et l'on peut raisonnablement en supposer au moins deux autres là où se trouve aujourd'hui la porte centrale. Cette porte est très large, du genre porte cochère, avec un arc surbaissé; elle a été ouverte à une date bien postérieure en détruisant deux ou trois des arcs anciens. Ceux qui subsistent se présentent aveuglés avec du mortier, mais leur structure reste apparente. Leurs colonnes sont hautes et assez stylisées. Les chapiteaux conservés sont à décor végétal très simple. Dans le haut une série de modillons; aux extrémités deux appuis en forme de cariatides, et, à l'intérieur, une porte d'accès à l'église avec une archivolte de baguette lisse, cernée d'un ornement fait d'une simple torsade.

6 BERZOSA (SORIA). AU NORD DE SAN ESTEBAN DE GORMAZ ET d'El Burgo de Osma, vers les hauteurs des monts de Nafría. L'église comporte une galerie-porche, très bien conservée, et une porte d'accès à l'église à la décoration pleine de vigueur. Ensemble fort appréciable, surtout pour l'archaïsme de la sculpture, témoignage d'une incontestable antiquité et d'un art très proche de celui des galeries-porches de San Esteban. Colonnes basses mais assez volumineuses, toutes composées de quatre fûts sauf celles qui sont

adossées aux extrémités de la galerie. Les sept arcs classiques en y comptant celui de la porte qui ne se différencie pas des autres, des chapiteaux de grande taille, des tailloirs lisses et un peu en surplomb. Les thèmes sculpturaux sont très simples, et de plus simplement traités. Des bulbes, des stries ondulées, d'autres verticales, des feuilles très stylisées, deux thèmes animaliers, l'un de lions, l'autre de chevaux. Il s'agit d'une sculpture soignée et sous certains aspects délicate, mais en général très élémentaire.

Un peu plus évoluées sont la structure et la sculpture du portail intérieur sous la galerie. Trois colonnes un peu plus sveltes de chaque côté, avec des chapiteaux mieux proportionnés. Les thèmes sont semblables à ceux de la galerie, avec prédominance de feuilles, de bulbes et d'animaux variés. Il s'en trouve aussi deux qui sont historiés. L'un représente, semble-t-il, deux paires de lutteurs, et l'autre un guerrier qui est revêtu d'une cotte de mailles et empoigne une épée. Le tout d'une interprétation très réaliste, mais la taille est primitive et élémentaire. Trois archivoltes faites d'un tore, avec une bordure extérieure de rinceaux et une bordure intérieure faite d'une quadruple rangée de billettes. Ce motif orne également les tailloirs et se déroule à la façon d'une imposte autour des piliers du portail.

BORDECORES (SORIA). CE VILLAGE SE TROUVE AU SUD DU **7** Duero et à relative proximité d'Almazán. Il convient néanmoins de s'y rendre par la route qui va d'El Burgo de Osma à Berlanga de Duero et Caltojar, et passe aussi par Casillas de Berlanga où se trouve le fameux ermitage mozarabe de San Baudilio ou San Baudel.

Dans l'église de Bordecores, l'attention est attirée par l'abside bien bâtie, qui offre la nouveauté d'une série de petits arcs lombards comme ceux que nous avons vus déjà à San Miguel de Almazán et ceux que nous verrons aussi à Caltojar. Ils font tout le tour à la hauteur de la corniche du bord du toit. Les petits arcs s'appuient sur des modillons de quatre cylindres qui font office de console. Ensemble très décoratif. Le reste de l'église de Bordecores est très simple. Elle possède une belle tour romane sans éléments décoratifs. Dans la partie haute qui abrite les cloches, deux fenêtres en plein cintre, jumelées et lisses.

CALATAÑAZOR (SORIA). ON **8** PREND LA ROUTE QUI VA DIRECtement d'El Burgo de Osma à Soria. Lorsqu'on a parcouru quelque vingt-cinq kilomètres depuis El Burgo de Osma, sur la gauche se détache le petit embranchement qui nous conduit à Calatañazor. Par le coloris et la composition, c'est un remarquable paysage castillan aux terrains ondulés en jachère, coupés par l'entaille profonde d'un cours d'eau desséché où nous devons descendre pour remonter ensuite jusqu'au village. Calatañazor est un nom célèbre dans l'histoire espagnole. C'est un lieu où se situe tradi-

11

tionnellement la fameuse bataille de 1002 où les armées chrétiennes mirent en déroute le célèbre chef de l'Espagne arabe, Mohamed ben Abdallah, appelé généralement Almanzor. On discute beaucoup au sujet de la localisation de cette bataille, mais ce qui est certain, c'est que Calatañazor eut dans le passé son importance et qu'il reste encore quelques vestiges de constructions romanes.

Le plus important est l'abside de l'église de la Soledad. Son grand hémicycle est divisé verticalement en trois panneaux par deux colonnes adossées, plus la travée droite correspondant au chœur; horizontalement une belle imposte partage à son tour l'abside en deux zones. Dans la zone inférieure se trouvent deux arcs qui n'appartiennent pas à la construction primitive, ayant été aménagés à l'époque de la Renaissance, et qui sont aujourd'hui aveuglés au moyen de moellons. Dans la zone supérieure, il y a trois fenêtres, dont l'une est à six lobes et de type très oriental. Dans le haut, tout autour, une brillante série de modillons, où viennent s'intercaler les chapiteaux des colonnes adossées, qui rappellent des thèmes typiques de Silos.

Il existait aussi une église romane dans la vieille forteresse, que l'on nomme aujourd'hui l'ermitage de Nuestra Señora del Castillo. Il en reste une porte romane avec quatre colonnes et leurs chapiteaux, où l'on observe également une certaine influence de Silos. Archivoltes et tailloirs au décor végétal, dans le haut se déroule une imposte pareillement décorée, couronnée par trois petits arcs romans, celui du milieu délicatement lobulé.

9 CALTOJAR (SORIA). ON Y TROUVE UNE TRÈS BELLE ÉGLISE

de transition, très marquée d'influence cistercienne – parvenue sans doute à Caltojar par l'intermédiaire de l'abbaye de Santa María de Huerta. Son époque tardive apparaît clairement dans ses voûtes et dans tous les arcs intérieurs qui sont déjà nettement gothiques. Elle date des premières années ou peut-être du premier quart bien entamé du XIIIe siècle.

A l'origine, c'était une église à trois absides, dont il ne reste plus aujourd'hui que l'abside centrale, fort belle. L'édifice est caractérisé par une double rangée d'arcs lombards prenant appui sur des consoles qui sont des modillons faits de cinq cylindres. On trouve des arcs semblables à San Miguel de Almazán, peut-être antérieurs à ceux-ci, et une disposition qui en dérive dans l'abside de Bordecores.

Le portail, orienté au Sud, est très orné. Il comporte de chaque côté cinq colonnes terminées par de bons chapiteaux à l'ornementation végétale, d'un style de transition très marqué, supportant six archivoltes. Les quatre premières archivoltes en partant de l'intérieur sont lisses et faites d'une grosse baguette, et des deux autres l'avant-dernière est en zigzag et la dernière décorée de pointes de diamant. L'arc intérieur est divisé en deux autres mais sans pilier central. Ces deux arcs délimitent le

tympan et retombent sur une même clé pendante. Ces arcs intérieurs du portail ont pour seule décoration un motif en pointes de diamant.

A l'intérieur se trouvent quatre beaux piliers cruciformes avec des demi-colonnes adossées. Les chapiteaux, de thème végétal également, sont très simples : des feuilles striées sans plus. Deux oculus éclairent l'intérieur de l'église. Le plus beau est celui qui se trouve dans le mur Ouest.

CARACENA (SORIA). SE TROUVE TRÈS AU SUD DU DUERO; ON 10

y parvient par un chemin direct passant par La Rasa et Navapalos. Dans un lieu écarté et difficile d'accès, se situe la plus parfaite des galeries-porches de la province de Soria. Caracena fut certainement une localité importante aux XIIe et XIIIe siècles. Il subsiste deux églises de cette époque. Celle de Santa María conserve quelques éléments de valeur, mais c'est celle de San Pedro qui est dotée d'une magnifique galerie-porche ; le reste de l'édifice, l'église proprement dite, a été très remanié.

Cette galerie est orientée au Sud. Elle respecte également le nombre normal des arcs : les sept arcs classiques des églises de l'Apocalypse. L'arc central est un peu plus haut et ne se trouve pas exactement au milieu de la galerie; c'est le troisième à partir de l'extrémité Ouest. Sur sa face orientale, elle comporte aussi une arche d'entrée avec colonnes et chapiteaux. La plupart des colonnes sont doubles : jumelées et juxtaposées, mais celles qui flanquent la porte de la façade méridionale sont quadruples et dans l'un de ces groupes les fûts sont tors. La construction est très soignée. Aucun des détails ornementaux des arcs ne fait défaut. Ils ont une archivolte sculptée et une belle imposte qui se déroule le long des murs au niveau des tailloirs. Les fûts sont très svelte, les bases attiques et les chapiteaux magnifiques. Par ses dimensions et sa sveltesse la construction rappelle de façon très frappante le cloître de Silos.

C'est aussi le style de Silos qui domine dans la décoration. On y voit des oiseaux et des animaux qui en dérivent, un motif de vannerie tout à fait typique, des feuilles aux fruits charnus, mais aussi des thèmes historiés qui ne proviennent pas de la dite abbaye, des thèmes bibliques, une série de personnages debout et couverts d'un bonnet, qui pourraient constituer le groupe des Apôtres puisqu'ils sont douze, un tournoi de chevaliers, une chasse au sanglier.

Le tout est d'une exécution délicate et soignée. Il est incontestable que la galerie de Caracena est la plus achevée des galeries-porches de la région du Duero.

CUELLAR (SÉGOVIE). AU NORD-OUEST DE LA PROVINCE 11

de Ségovie et presque aux confins de celle de Valladolid. Repeuplée par Alfonso VI vers 1090, Cuellar vécut dans l'obscurité jusque vers le milieu du XIIIᵉ siècle. Mais à partir de cette époque et grâce à la protection efficace du roi Alfonso X le Sage, elle entra dans une période d'extraordinaire épanouissement, dû à la prospérité de ses troupeaux et à l'exportation des laines. Cette richesse et le fait que traditionnellement on construisait en matériaux d'argile, nous explique en partie la profusion avec laquelle les édifices romans en briques sont répandus en cette ville ségovienne, qui conserve encore sept églises de ce type. Pour ce qui est de la décoration, on peut supposer que certains éléments, surtout s'ils sont simples, sont également propres à cette région. Néanmoins il semble que l'origine première de ce mode de construction soit à chercher à l'extérieur, sans doute à Sahagun, au Sud-Est de León.

Dans la partie haute de la localité se trouve située la paroisse de *San Martín*, celle qui garde le mieux le plan primitif et l'une des plus anciennes dans ce style. Elle se compose de trois nefs maintenant en ruines et dont seuls demeurent debout les grands arcs de séparation, de trois absides et d'une tour indépendante au bas de la nef du côté de l'épître. Les absides ont à l'extérieur un contour polygonal, orné dans l'abside centrale de deux arcatures aveugles et d'une rangée de fenêtres carrées dans le haut; au-dessus de ces dernières, une frise de briques en forme de dents de scie et une large corniche sur laquelle s'appuie l'avant-toit. Les absides latérales ont des fenêtres simples mais sont dépourvues de frise. A l'intérieur, l'ornementation de l'abside principale comporte aussi des arcatures aveugles en plein cintre et doublées comme à l'extérieur, ainsi que trois fenêtres ébrasées à trois archivoltes.

Au voisinage de cette église se trouve celle de *San Esteban*, dont on parle déjà dans des documents de 1247. C'était l'église aristocratique où l'on conservait les archives de la noblesse de la ville. La partie la mieux conservée est l'abside, grâce à sa solidité. La tour élevée au bas de la nef est également robuste; ses murs sont en pierres de tout venant, sauf les arêtes réalisées en briques, peut-être pour les renforcer et pour des fins esthétiques. L'abside est de plan polygonal, et sur le plan décoratif c'est la plus belle de la localité. Divisée à mi-hauteur en deux étages, celui du bas comporte deux arcatures en plein cintre doublées, et celui du haut s'orne entre les fenêtres de deux bandes de briques présentant leur arête, simples dans le bas et doublées dans le haut. L'intérieur a été refait plus tard; mais dans le mur du côté de l'épître, il reste un portail simple en briques avec cinq archivoltes abritées par une moulure rectangulaire.

Hors des limites de la Cuellar médiévale, vers le Nord, on trouve la paroisse de *San Andrés*, à trois nefs, l'une des plus anciennes de la ville. Encastrés dans la construction de moellons et de briques, deux portails romans de pierre aux arcs en plein cintre subsistent encore, l'un au Midi et l'autre sur la façade Ouest. Ce dernier est de type ségovien, avec des archivoltes faites d'un gros tore et deux colonnes de chaque côté, la décoration de cette façade se trouvant complétée par des motifs géométriques en brique. Au chevet trois absides polygonales, celle du centre décorée de deux arcatures, de deux rangées de fenêtres et d'une frise en forme de dents de scie. Les absides latérales sont ornées de thèmes similaires, mais plus simples.

Dans le secteur Sud de la localité sont situés les restes de l'église de *Santiago* à l'abside semi-circulaire décorée de trois arcatures superposées, celle du bas étant doublée; la svelte tour de *Santa Marina*, en moellons dans sa partie basse et en brique à son étage supérieur aux grandes fenêtres jumelées; et l'église d'*El Salvador*, à une seule nef, avec une abside dont les trois arcatures sont très bien conservées, et une tour en pierres de taille.

EL BURGO DE OSMA (SORIA). **12**
LA MAGNIFIQUE CATHÉ-
drale *d'El Burgo de Osma possède une longue histoire marquée de constructions successives. L'essentiel de l'église que nous connaissons aujourd'hui date de 1232 : structures romanes tardives fortement influencées par l'art clunisien, actuellement très défigurées par des additions postérieures. A son tour cette église de 1232 s'était élevée sur les ruines d'une autre église romane du début du XIIᵉ siècle, que l'on attribue à San Pedro de Osma. De ces ruines étaient demeurés la salle capitulaire et le cloître. Ce cloître devait lui-même disparaître au XVIᵉ siècle : seule une porte en subsiste dans le cloître actuel.*

De la salle capitulaire il reste une façade, incomplète cependant : deux pans avec un total de quatre arcs sur quatre colonnes doubles et deux quadruples. On a également réemployé des chapiteaux romans pour soutenir l'arcature gothique de la salle capitulaire au moment où on la rénova.

Tous ces chapiteaux sont visiblement influencés par Silos, mais à des degrés divers. Il y en a un, le deuxième à partir de la gauche, qui semble de la main du sculpteur qui, à l'abbaye de Silos, exécuta les chapiteaux historiés de la galerie Ouest du cloître inférieur, celui qu'on appelle le second maître de Silos. Même facture et même thème : la série de tableaux centrés sur la Cène. Ce chapiteau est monté sur une colonne quadruple aux fûts torsadés. L'autre chapiteau de structure quadruple représente la série des scènes de la Nativité du Christ et il est certainement du même artiste. Il n'a pas cependant son équivalent à Silos alors qu'il s'y rattache tellement par son style. On a supposé que c'était peut-être une réplique ou une copie de quelque chapiteau perdu dans les décombres de l'église romane du monastère.

13 FUENSAUCO (SORIA). C'EST UN VILLAGE SANS IMPORTANCE situé à environ quinze kilomètres de la capitale de la province, sur la route qui de Soria mène à Agreda et Tarazona. Il possède une belle église paroissiale romane, bien conservée. A l'extérieur on remarque : une puissante abside, un clocher-mur avec quatre baies pour les cloches, un corps de nef bien bâti percé d'un sobre portail et d'une fenêtre, et terminé dans le haut par des créneaux qui confèrent à l'ensemble un air de forteresse.

L'abside est semi-circulaire, avec deux demi-colonnes adossées et une ligne de modillons. On y remarque trois grandes fenêtres qui vers l'extérieur se referment en de très étroites archères. Elles comportent une colonne de chaque côté avec un chapiteau à décor végétal. Le portail s'ouvre dans la face Sud de l'église et a beaucoup d'allure. Il compte trois colonnes de chaque côté, mais quatre chapiteaux car le jambage prismatique de la porte est également surmonté d'une sculpture. L'ornementation est faite alternativement de palmettes et de pommes de pin, de quelques sirènes et de divers groupes de trois personnages. Les personnages de gauche semblent accomplir une cérémonie liturgique. Dans ceux de droite on a voulu voir une réminiscence de la scène des Rois Mages. Quatre archivoltes dont l'une est ornée d'une sculpture peu appuyée, une autre de dessins d'arcs entrecroisés et perlés. De beaux tailloirs de palmettes et de diverses sortes de rinceaux. L'intérieur manifeste avec évidence une époque de transition. Les voûtes sont en croisée d'ogives. Les piliers sont composés et présentent un certain caractère monumental. La première travée de la nef est couverte d'une voûte d'arêtes dont la brisure est très prononcée. C'est aussi le cas de l'arc triomphal, reposant sur des chapiteaux de pommes de pin et d'acanthes.

14 GARRAY (SORIA). *A HUIT KILOMÈTRES AU NORD SUR LA route qui mène à Logroño par le col de Piqueras, et au pied des collines où se trouvent les ruines de l'antique Numance. Site charmant où confluent les rivières Tera et Duero. Sur les hauteurs, dominant la vallée, se trouve l'ermitage des saints martyrs Nérée, Aquilée, Pancrace et Domitille. Cet ermitage, qui porte une inscription avec la date de 1231, a souffert de nombreuses transformations, et a perdu sa nef primitive. Il conserve cependant l'abside complète et un portail original.*

L'abside, faite de fortes pierres de taille, est semi-cylindrique avec deux colonnes adossées, et comporte une travée droite qui constitue le chœur. Elle est dépourvue d'imposte horizontale mais possède dans le haut une bonne collection de modillons. Le portail est simple avec une colonne de chaque côté surmontée d'un chapiteau à sirènes affrontées. Deux archivoltes très décorées, et au centre un tympan avec une grande rosace, quatre plus petites et une guirlande.

A l'intérieur on peut signaler comme élément plus important l'existence de deux absidioles qui ne se marquent pas à l'extérieur. Celle de droite est bien conservée. Trois colonnes de chaque côté soutiennent la petite voûte par l'intermédiaire de chapiteaux conjoints formant un thème unique. D'un côté figurent les douze Apôtres et de l'autre la scène de Jésus marchant sur les eaux : le Christ au milieu, et de chaque côté une barque où se trouvent les Apôtres ; dans l'une d'elles ils sont sur deux files. On peut encore voir dans l'église d'importants vestiges de décoration. L'autel de l'absidiole de gauche avec des arcs quadrilobés, la partie basse de l'abside principale avec une curieuse sculpture d'oiseaux dans les losanges d'un treillis, les supports de l'autel majeur, et une remarquable cuve baptismale avec des personnages et des thèmes décoratifs très expressifs dans leur rudesse.

ISCAR (VALLADOLID). LA VILLE D'ISCAR, A ENVIRON **15** trente-cinq kilomètres au Sud de Valladolid, semble correspondre à la cité romaine d'Ipsca ou Contributa Ipcense. Rasée au commencement du Moyen Age, elle fut repeuplée en 1086 par Alvar Fanez Minaya. Son église de San Miguel conserve une modeste abside semi-circulaire divisée en trois panneaux par des colonnes engagées, dont une a disparu. Ces colonnes sont surmontées de chapiteaux de feuilles de palmier, charnues et recourbées, et du fond du chapiteau se détachent des tiges divergentes qui sont ici stylisées sous forme de serpents. La colonne centrale fait exception, car son chapiteau est orné sur le devant d'une figure humaine décapitée, flanquée de deux lions. La corniche, assez saillante, est soutenue par les chapiteaux des colonnes et par des modillons au profil de scotie, décorés de motifs variés. Au milieu des trois panneaux s'ouvrent des fenêtres aux archivoltes en plein cintre, ornées de billettes et soutenues par des colonnes aux chapiteaux décorés de feuilles et de quadrupèdes. Sur l'un de ces chapiteaux cependant figurent des personnages assis. A l'intérieur la voûte est en berceau plein-cintre dans la travée droite, et en cul-de-four dans la partie arrondie. L'arc triomphal, en plein-cintre, s'appuie sur des demi-colonnes aux intéressants chapiteaux historiés. Celui de droite porte sur le devant une représentation d'Adam et Ève, celle-ci montrant du doigt le serpent, à tête de femme, qui apparaît enroulé autour de l'arbre, au milieu. Sur les faces latérales, une sirène à double queue et un oiseau dévorant quelque chose qui pourrait être un reptile.

Le tailloir est décoré de lions très bien travaillés. Le chapiteau du côté opposé présente sur le devant deux personnages : l'un en attitude d'orant tandis que le second tient d'une main une lance et de l'autre les rênes d'une monture. Le tailloir est décoré d'oiseaux qui se font face.

Chronologiquement on pourrait situer cette abside au troisième quart du XIIᵉ siècle. Pour ce qui est des rapports de style, la décoration extérieure des fenêtres semble suggérer une influence de Palencia plutôt que de Burgos ou de Ségovie.

16 LA LUGAREJA - ARÉVALO (AVILA). *L'ÉGLISE DE LA*

Lugareja, à environ deux kilomètres d'Arévalo au Nord d'Avila, est l'un des monuments les plus savants et les plus intéressants du roman en brique de Castille. Elle appartient à un monastère de religieuses cisterciennes fondé avant 1178 par les frères Roman et Gomez, et transféré à Arévalo en 1524. La disposition de la façade semble indiquer que l'église à trois nefs projetée au départ ne fut pas menée à terme, mais qu'à l'époque même de la construction on ferma le transept en élevant une façade où apparaissent à l'extérieur les arcs doubleaux des nefs. Le transept se compose de trois éléments : l'élément central de plan carré et deux autres rectangulaires de part et d'autre, séparés du premier par de gros murs et divisés en leur milieu par un arc doubleau appuyé sur de belles consoles en briques. A l'élément central correspond la grande abside, de plan semi-circulaire, et, à ceux des côtés, des absides de disposition analogue. L'élément central est surmonté d'une belle lanterne, véritable chef-d'œuvre d'habileté de la part des constructeurs en briques, dont en aucun autre édifice de ce type on n'a osé imiter l'audace. Dans les angles des quatre grands arcs brisés sont placés quatre pendentifs servant d'appui à un corps cylindrique limité par deux bandeaux de briques disposées en dents de scie entre lesquels se déroule une arcature double en plein-cintre. Sur ce cylindre s'élève une coupole domicale. Les éléments latéraux sont couverts dans leur première partie d'une voûte en berceau plein-cintre et dans la seconde d'une voûte d'arêtes. A l'extérieur la décoration des absides et de la tour qui s'élève au-dessus du transept est faite d'arcatures étroites et hautes et de bandeaux de briques disposées en dents de scie.

Dans le même style ont été construites les paroisses de Santa María, San Miguel et San Martín à Arévalo. La dernière conserve ses belles tours de brique décorées d'arcatures. Celle qui est adossée à l'église sur le côté, dite « des jeux d'échecs » en raison d'une frise d'arabesques qui se déroule entre les deux derniers étages, est l'un des plus beaux exemples de la Castille. Le long de la face Sud de cette même église s'étend une galerie-porche avec des arcs en plein cintre dont les chapiteaux, déjà presque complètement détruits, nous font connaître sa parenté avec le roman ségovien.

17 *LOS LLAMOSOS (SORIA).* CE VILLAGE DE MINIME IMPOR-

tance se trouve sur un chemin tout à fait secondaire qui de Soria mène à Almazán en passant par Tardelcuende et Matamala. Ne pas confondre avec la grande route qui passe à proximité.

L'église est de petites dimensions mais d'un plan curieux. Voici les éléments qui retiennent l'attention. L'abside tant à l'intérieur qu'à l'extérieur n'est pas semi-circulaire mais dépasse le demi-cercle et forme un arc en fer à cheval très net. Sont également outrepassés, ou du moins ont tendance à l'être, l'arc triomphal et celui du portail d'accès à la nef. A ces éléments marqués d'une influence mudéjare incontestable s'ajoute un très curieux plafond à caissons octogonaux en bois. Il y a également des frontons ou chambranles en forme de trapèze, et des trompes sur les côtés de l'arc triomphal. La décoration est à base de listels superposés, de structure et de profils divers. Le dessous du plafond était peint, mais la peinture actuelle n'est pas d'origine.

L'intérieur de l'église est passé à la chaux et rempli d'autels baroques. La sculpture du portail, des fenêtres, des chapiteaux et des impostes, de type très fruste, faite de bulbes et de feuilles, est marquée de réminiscences des sculptures de San Esteban de Gormaz, plutôt d'El Rivero que de San Miguel.

18 MANZANARES (SORIA). *SUR LE TERRITOIRE DU VILLAGE DE*

Manzanares se trouve l'ermitage de Termes. On dit qu'au XIIIᵉ siècle il existait un ou deux monastères dans cette région embrouillée au Sud du Duero, au delà de Caracena. Au même endroit se trouvait l'antique Termance conquise par les Romains après un long siège. C'était un village celtibère-arévaque. On remarque aujourd'hui encore quelques murs qui sont peut-être de l'époque romaine. C'est sur eux que s'élève l'ermitage de Santa María : église bien bâtie, avec un clocher-mur à deux baies au-dessus de la façade, une abside semi-circulaire à l'autre extrémité et une belle galerie à cinq arcades sur la face Sud à laquelle on accède comme à Caracena par une sixième arcade à l'extrémité Est. La séparation des arches se fait par de gros piliers prismatiques, avec de chaque côté des colonnes adossées qui sont toujours doublées et juxtaposées.

Il y a en tout douze chapiteaux qui constituent une remarquable collection des motifs les plus variés. Certains sont végétaux, avec abondance de tiges, de volutes et de rinceaux. L'influence de l'étage inférieur du cloître de Silos se trouve représentée par le classique motif de vannerie du premier maître, et des animaux affrontés du second qui se regardent d'un air furieux en tournant leurs cous vigoureux. De l'étage supérieur du cloître provient le thème du centaure sagittaire. Comme à Caracena, il y a également des scènes bibliques, la joute des chevaliers, la chasse au sanglier, ainsi que trois personnages debout avec des tuniques finement plissées.

On a beaucoup discuté sur les origines de cette sculpture romane traitée avec vigueur et un réalisme inégalable. Sans qu'il soit nécessaire de lui chercher une origine exotique, l'ensemble de ses éléments décoratifs répond bien aux caractéristiques de l'art de Soria.

19 MONTUENGA (SÉGOVIE). A ENVIRON NEUF KILOMÈTRES au Sud de Tolocirio, sur la route nationale de Tolède à Valladolid. Son église de San Miguel, toute en brique, présente des nouveautés très curieuses. Elle se compose d'une nef allongée et assez large, d'une abside dont le tracé dépasse le demi-cercle, et d'une tour qui, comme à la Lugareja, s'élève au-dessus de la croisée du transept. L'abside est édifiée sur un fondement de mauvais moellons, et se continue sans ornement jusqu'à la moitié de sa hauteur; à ce niveau commence une arcature aveugle, doublée et en plein cintre, toute en brique, sous une frise en dents de scie. Actuellement la porte d'entrée s'ouvre au Nord, avec deux archivoltes brisées, mais antérieurement on devait en utiliser une autre, identique, dans le mur Sud, dont il demeure quelques vestiges. Cette porte Sud donnait sur un porche en briques, aujourd'hui disparu, mais dont il reste un arc en fer à cheval. La tour possède à son étage supérieur deux fenêtres sur chaque face avec des arcs brisés en fer à cheval. L'intérieur offre la nouveauté de présenter une abside divisée en trois exèdres en forme de croix, celui du centre correspondant au chevet et les deux autres à un transept inexistant. La croisée ainsi formée soutient des pendentifs sur lesquels s'élève une petite coupole hémisphérique, tandis que les absidioles sont couvertes en cul-de-four. L'ensemble paraît dater de la première moitié du XIIIe siècle.

20 NAFRÍA LA LLANA (SORIA). SE TROUVE SUR UNE ROUTE TRÈS secondaire qui se détachant de la nationale de Aranda à Soria à environ six kilomètres du carrefour de Catalañazor, mène à Almazán en passant par Fuentelarbol. Ce village possède une belle église du XIIe siècle, où l'abside se fait remarquer par la qualité de sa construction. Elle conserve tous ses éléments décoratifs. Deux colonnes adossées, trois fenêtres et une imposte décorée de végétaux qui divise la partie arrondie en deux étages. Les fenêtres sont très complètes, avec deux hautes colonnes, une de chaque côté, surmontées de chapiteaux vigoureux et volumineux ornés soit d'un décor végétal, soit de griffons. Les tailloirs sont très décoratifs et l'arc comporte une archivolte avec dix grosses têtes de clou. Intéressants également les modillons du bord du toit parmi lesquels se détachent les chapiteaux des colonnes adossées, faits de feuilles et d'entrelacs.

L'église de Nafría la Llana compte parmi les églises caractéristiques de la région de Soria. Elle se compose d'une grande nef rectangulaire, suivie d'un chœur un peu moins large qui se termine par la partie arrondie de l'abside semi-circulaire. Celle-ci comporte à l'intérieur les mêmes éléments qu'à l'extérieur, mais on les voit mal, non seulement parce que l'église est recouverte de chaux mais encore parce qu'elle contient une véritable profusion d'autels. L'arc triomphal qui marque la séparation entre la nef et le sanctuaire est traité à la façon d'un portail. Il a quatre archivoltes et des colonnes aux chapiteaux sculptés. La nef comporte également un portail extérieur avec cinq archivoltes décorées de végétaux et quatre chapiteaux où l'on trouve des sirènes, des griffons, des feuilles et des animaux fabuleux encapuchonnés.

OMEÑACA (SORIA). POUR **21** GAGNER OMEÑACA, ON SUIT LA route de Soria à Agreda et Tarazona. Au delà de Tozalmoro, on trouve ce modeste petit village avec sa pauvre église paroissiale romane, vieille et en mauvais état. Mais elle présente un élément intéressant : la galerie-porche d'Omeñaca, pauvre comme son église, est la plus septentrionale de toutes les galeries de Soria. Elle marque donc la limite de la pénétration de cet élément architectural si typique de la région. La galerie-porche se présente surtout dans la zone du Duero. Ici on s'approche déjà des premiers contreforts du Moncayo. Cette galerie d'Omeñaca ne vaut pas grand'chose, mais elle est de structure orthodoxe : trois arcs de chaque côté d'un arc central légèrement surbaissé.

Actuellement les arcs de droite sont aveugles, et ceux de gauche conservent leurs colonnes jumelées avec de bons chapiteaux doubles qui révèlent l'influence de Silos.

REJAS DE SAN ESTEBAN (SORIA). **22** A SAN ESTEBAN DE GORMAZ on prend la route d'Aranda de Duero et au bout de cinq kilomètres environ on emprunte sur la droite un chemin qui mène directement à Rejas. En raison certainement de cette proximité l'art de San Esteban s'est propagé très rapidement jusqu'à Rejas et y a produit deux œuvres qui sont des répliques de San Miguel et de El Rivero.

A Rejas, la mieux conservée est l'église de San Martín qui conserve sa nef, son abside semi-circulaire et sa galerie-porche. Le tout de structure très semblable à San Miguel de San Esteban de Gormaz. Pour en être une réplique parfaite, il ne lui manque que la tour. La galerie, en partie bouchée, comporte sept arcs soutenus par des colonnes aux fûts alternativement doubles et quadruples. L'entrée se fait par l'extrémité Est de la galerie au moyen d'un petit escalier. Chapiteaux de grande taille aux thèmes végétaux sculptés de façon très élémentaire. Haut bahut et colonnes aplaties. Arcs à l'archivolte très décorative faite de pointes de diamant. La porte qui donne accès à l'église est également intéressante : une seule colonne de chaque côté, plusieurs archivoltes très richement décorées de fleurs, de boules de deux dimensions, d'entrelacs, et la dernière de belles billettes. De qualité un peu inférieure à celle de l'ensemble, les chapiteaux de l'entrée présentent un thème animalier et sont de facture médiocre. Par contre les tailloirs sont décorés d'élégants rinceaux.

Ce que l'on peut voir encore de l'église de San Gines se trouve être pour l'essentiel une reproduction de celle de San Martín. La galerie est murée mais l'on y voit les restes de cinq arcs, dont trois d'un côté et deux de l'autre encadrent une porte percée à une date postérieure en détruisant partiellement au moins un arc. Trois chapiteaux sont visibles à gauche de la porte. Tous les arcs, y compris celui de la porte, sont surmontés d'une moulure de billettes. Le portail sous la galerie est également une copie de San Martín, avec des archivoltes de billettes, de rinceaux et de boules. Un auvent avec une imposte continue et des modillons de divers genres assez bien conservés.

23 SAMBOAL (SÉGOVIE). A ENVIRON QUINZE KILOMÈTRES AU Sud-Est de Cuellar se trouve Samboal dont l'église garde encore de magnifiques éléments de la construction primitive en brique. L'abside élevée sur une haute et robuste plinthe présente trois séries d'arcs en plein-cintre doublés; au-dessus, une frise en dents de scie et, pour achever le mur, quatre rangées de briques en dégradé. La tour majestueuse possède dans ses étages supérieurs deux fenêtres jumelées et dans le dernier, pour diminuer la charge, quatre fenêtres égales. Plusieurs bandeaux horizontaux en dents de scie constituent un complément d'ornementation. Le caractère grandiose du monument semble être en relation avec le prieuré bénédictin qui se trouvait là depuis le début du XIIe siècle.

24 SAN FRUTOS DE DURATON (SÉGOVIE). *LIEU ARIDE ET d'une beauté sauvage situé à environ vingt kilomètres au Nord de Sepúlveda et à quatre de Valle de Tabladillo. Très difficile d'accès. Le chemin est rude, carrossable par beau temps seulement. Il sera nécessaire en outre de bien se renseigner à Sepúlveda ou de prendre un guide. Selon les données fournies par une inscription gravée au pied du contrefort proche du portail Sud, l'église fut construite par l'architecte Michel, sur l'ordre de l'abbé de Silos, Fortunio, et consacrée par Don Bernardo, archevêque de Tolède, en 1100. Cette date marque l'apogée de ce petit sanctuaire qui, au VIIe siècle, avait été animé par la vie érémitique de son frère Valentin et de sa sœur Engracia. Le premier mourut en 715, et les autres furent peu après décapités par les Arabes.*

Le 20 août 1076, Alfonso VI fit donation du prieuré de San Frutos au monastère de Silos, et c'est quelques années plus tard que durent commencer les travaux de l'église dans le style roman castillan le plus primitif. De celle-ci seule la nef existe encore aujourd'hui. L'abside fut remplacée à la fin du XIIe siècle par l'abside actuelle et par deux autres chapelles dont il ne reste plus que celle du côté de l'évangile. De la même époque semble être également la galerie de la face Sud qui achève de donner à la construction un caractère ségovien. Dans ses lignes générales, la nef reprend la structure de San Salvador de Sepúlveda, mais elle lui est très inférieure pour la beauté des proportions, et sa décoration est également plus grossière. Mal implantée et irrégulière, elle est couverte d'un berceau plein-cintre, en trois sections séparées par des arcs doubleaux ; dans chaque travée les murs sont ornés d'arcatures aveugles doubles aux colonnes trapues et aux socles élevés. Les chapiteaux présentent toutes sortes de motifs : végétaux, oiseaux symétriques, entrelacs et personnages. L'un d'eux semble figurer saint Dominique de Silos avec un captif. Sur un autre on voit trois têtes qui représentent peut-être les trois titulaires. Les tailloirs sont très hauts, et leur dessin est généralement grossier.

À l'extérieur, l'élément intéressant est le portail Sud, aujourd'hui muré. Il possède un arc en fer à cheval cerné d'un cordon de billettes, appuyé sur des jambages et pourvu d'impostes en torsades qui confèrent à l'ensemble une singulière note de rudesse et d'archaïsme. Une autre fenêtre au-dessus du portail occidental est déjà plus romane, mais ses chapiteaux ornés d'entrelacs géométriques sont très originaux, ainsi que la corniche du toit qui déploie une frise d'ovales au-dessus des modillons.

25 SANTA MARÍA DE HUERTA (SORIA). L'UN DES PLUS CÉlèbres monastères d'Espagne. Il est situé dans la zone Sud de la province de Soria, sur la grand route de Madrid à Saragosse. Monastère cistercien, actuellement et dans la tradition la plus lointaine. Fondé en 1162 et restauré en 1930 par les moines blancs, Santa María de Huerta fut l'une des plus anciennes fondations de Cîteaux dans la péninsule. Elle jouit de la protection généreuse du célèbre historien et archevêque de Tolède, Don Rodrigo Jimenez de Rada, et surtout de celle d'Alfonso VIII. Sa construction commença à une époque où le roman régnait encore mais où il fut rapidement submergé par l'art de transition vers le gothique. Plus tard le monastère fut en grande partie rebâti avec de superbes constructions plateresques.

Le plan de l'église est roman pour l'essentiel, bien que très masqué et très affaibli par des travaux postérieurs. A l'extérieur on voit une abside très sobre, à l'arcature en plein cintre, aveugle dans sa plus grande partie. Il y a d'importants vestiges romans dans la vieille salle capitulaire, dans le réfectoire primitif que l'on appelle aussi *domum conversorum* et dans le plus ancien des cloîtres nommé *claustro de los caballeros* (cloître des chevaliers). Les chapiteaux sont tous de style cistercien avec une tendance à la simplicité la plus grande, certains d'entre eux et surtout ceux de la *domus conversorum* très beaux par leurs proportions et d'une stylisation remarquable. Ils constituent une préparation certaine pour le véritable joyau de Santa María de Huerta qu'est le réfectoire nouveau, magnifique réalisation déjà gothique, merveille de dessin, d'équilibre et de lumière.

26 TOLOCIRIO (SÉGOVIE). *A L'EX-TRÉMITÉ OCCIDENTALE DE la province, sur la route de Tolède à Valladolid. Son unique nef se termine par une puissante abside, qui se détache du reste de l'édifice à une grande hauteur et sert à la fois de tour de défense et de clocher. Cet hexaèdre élevé est construit de moellons avec plusieurs bandes horizontales de briques, qui à deux reprises sont d'une largeur plus grande. Cela rappelle un peu les ouvrages tolédans et, tout en admettant leur caractère fonctionnel, il semble que c'est surtout l'aspect ornemental qui a joué, car dans le cas contraire les contreforts ajoutés à une époque postérieure auraient été inutiles. Seule une petite archère s'ouvre dans sa partie centrale, éclairant l'autel majeur. Dans le mur Sud de l'église se trouve un portail fait de deux archivoltes brisées en briques. Curieuse également la corniche du bord du toit qui subsiste sur le mur Nord, avec de petits arcs en plein cintre et un décor de brique. L'intérieur est entièrement défiguré.*

27 TORREANDALUZ (SORIA). ON S'Y REND PAR LA ROUTE DE Fuentepinilla et Fuentelarbol, car le village se trouve pratiquement au centre du triangle formé par les routes de El Burgo de Osma à Soria, de Soria à Almazán, et d'Almazán à El Burgo.

Dans son église paroissiale, de construction romane évidente, bien que complètement défigurée, l'attention est attirée par un excellent portail, tout à fait complet et soigneusement exécuté. Deux colonnes, fortes et courtes, complétées par deux autres dans les encoignures, sont surmontées de quatre magnifiques chapiteaux. Sur la droite, le plus proche du jambage de la porte présente une ornementation végétale avec des feuilles très décoratives qui s'ouvrent vers le haut et sont sillonnées de stries nombreuses; le suivant, très bien exécuté, représente deux chevaliers dans un combat ou un tournoi. Les chevaux se font face et donnent une vive impression de mouvement. Sur la gauche, le chapiteau proche de la porte, reprend le vieux thème de Samson luttant contre un lion énorme, qui en occupe l'angle. Et sur le quatrième, le dernier de cette rangée vers l'extérieur, des personnages mauresques qui jouent des instruments et semblent esquisser une danse. Trois archivoltes sculptées. Celle de l'intérieur est faite d'une grosse baguette,

celle du milieu présente une décoration géométrique à base de zigzags et celle de l'extérieur est de très belles billettes, dont sont également décorés les tailloirs.

Enfin cette église possède aussi une tour romane carrée qui fait partie de la construction primitive et se trouve dépourvue d'éléments décoratifs.

28 TOZALMORO (SORIA). *SUR LA ROUTE DE SORIA A AGREDA, pas très loin de Fuensaúco, vers la montagne et du côté droit de la route. Église assez pauvre, où seuls attirent l'attention l'abside et deux portails. L'abside est du type propre à la région de Soria, avec une partie semi-cylindrique, deux colonnes adossées et trois grandes fenêtres très semblables à celles de Fuensaúco. Fortement ébrasées, munies de colonnes et de chapiteaux décorés de végétaux, elles s'achèvent vers l'intérieur par des archères étroites et de faible hauteur. Les portails sont situés sur les faces Nord et Sud de l'église et comportent tous les deux des tympans remarquables. Celui du Nord, le principal, est occupé par la Vierge avec l'Enfant Jésus entourés d'une mandorle élémentaire de forme ovale. Sur les côtés, des anges. Œuvre assurément d'un artiste local, qui dans ses lignes générales s'inspirait du tympan de Santo Domingo de Soria. Du même artiste les trois chapiteaux situés de chaque côté du portail, qui présentent des réminiscences de Silos, de seconde main et par l'intermédiaire de Soria.*

Le petit portail Nord est aujourd'hui muré, mais on peut y admirer deux beaux chapiteaux d'une valeur décorative certaine et surtout le tympan fait de trois rosaces. Et tout le pourtour supérieur comporte une sorte d'archivolte faite de petits arcs, occupés chacun par une tête. Ces rosaces viennent certainement de San Juan de Tabanera dont l'influence s'est fait sentir tant à Tozalmoro que dans le tympan de l'ermitage de Los Mártires de Garray.

29 TRIGUEROS DEL VALLE (VAL-LADOLID). *AU NORD DE LA province de Valladolid et à environ sept kilomètres de la route nationale qui unit cette cité à Palencia. Dans son église de San Miguel, passablement défigurée par des additions des XVIe et XVIIIe siècles, est encore apparente la disposition ancienne d'une nef unique voûtée en berceau brisé, divisée en cinq travées par des arcs doubleaux qui prennent appui sur des impostes et des pilastres. Au niveau du départ des voûtes se déroule un bandeau qui fait tout le tour de l'édifice. L'abside est voûtée d'un cul-de-four au profil brisé, et l'arc triomphal est également brisé. Le portail, situé au Midi, est en plein cintre avec le traditionnel décor de billettes sur la première et la dernière archivolte. Les autres sont ornées de sculptures grossières de tresses, de pointes de diamant, de feuilles et de petites pièces pyramidales entre des tresses. Toutes* prennent appui sur un tailloir décoré à gauche de billettes et d'entrelacs à droite. Les chapiteaux de ce même côté présentent des lions couplés à une seule tête, un personnage vêtu d'une tunique aux plis en demi-cercle concentriques, et des feuilles avec des boules striées. Ceux de gauche sont ornés d'entrelacs perlés, d'une sirène à double queue, et de feuilles aux fruits bulbeux.

L'abside est semi-circulaire, avec quatre demi-colonnes et des fenêtres en plein-cintre pourvues d'une moulure au décor géométrique. Les chapiteaux sur lesquels s'appuient les archivoltes sont : l'un de feuilles lisses et charnues, un autre de personnages vêtus d'un voile et d'une tunique ; un troisième porte un personnage en buste – toutes ces figures grossièrement dessinées. On peut dater l'ensemble du dernier quart du XIIe siècle.

30 URUEÑA (VALLADOLID) : *NUESTRA SEÑORA DE LA ANUNciada. Pour atteindre cette église à partir de Valladolid, l'itinéraire le plus commode consiste à remonter jusqu'à Medina de Rioseco, à prendre alors la route qui descend vers Toro et à la suivre jusqu'à ce qu'on rencontre sur la gauche, entre Villagarcia de Campos et Villar de Frades, l'embranchement qui conduit à Urueña. L'ermitage, situé à environ deux kilomètres du village, est de plan rectangulaire et comporte trois nefs, la nef centrale étant plus haute et plus large que les nefs latérales dont la séparent de gros piliers cruciformes ; un transept qui n'est pas sensible sur le plan et trois absides semi-circulaires au chevet. Les murs, épais à la base, s'amincissent à partir d'une certaine hauteur, donnant l'impression d'avoir été renforcés à un certain moment, pour mieux résister à la poussée totale du bâtiment, puisque celui-ci manquait complètement de contreforts. Dans les nefs, les voûtes sont en berceau plein-cintre reposant directement sur les piliers cruciformes, et au-dessus de la croisée du transept s'élève une coupole octogonale sur des trompes coniques. Ces deux détails, ajoutés aux petits arcs et aux bandes lombardes qui ornent les murs des absides et du transept à l'extérieur, nous font songer à un groupe de tailleurs de pierre catalans ou du moins en possession des formules architecturales de cette région. Comme dans les églises catalanes, l'appareil est fait ici aussi de pierres de parement. À l'extérieur le chevet a été passablement enlaidi par des additions de la fin du XVIIe siècle. Au-dessus de la croisée du transept on remarque une lanterne à base carrée qui se transforme ensuite en octogone aux côtés parfaitement réguliers sur lesquels se retrouvent les petits arcs et les bandes lombardes, les trompes se trouvant nettement signalées à l'extérieur par la présence d'éléments triangulaires. Chronologiquement, l'ensemble pourrait se situer dans le premier quart du XIIe siècle. Quant au problème que pose son apparition en cet endroit, il n'a pas encore rencontré de solution satisfaisante. À titre de simple hypothèse, on a signalé que cette influence catalane a pu se produire du fait du mariage de la fille du comte Ansurez, Doña María, avec le comte d'Urgel, Don Armengel V. Quoi qu'il en soit, ce monument n'a eu aucune répercussion dans toute la région de Castille et de León.*

VALLADOLID: SANTA MARÍA LA ANTIGUA. **31** DE SANTA MARÍA la Antigua on parle déjà dans un document de 1177. Mais nous ne possédons pas de données détaillées sur cette église, complètement refaite au XIVe siècle. Comme vestiges antérieurs à cette époque, il subsiste, datant du premier quart du XIIIe siècle, une galerie-porche donnant au Nord et une tour, d'ascendance française, semble-t-il, élevée au bas de la nef. La galerie se trouve divisée en trois sections par de gros contreforts à retraites. Dans la section située à l'extrémité Ouest se déploient quatre arcs appuyés sur des colonnes faites de trois fûts joints, semblables à celles que l'on voit dans le cloître cistercien de Santa María de Valbuena, avec lequel cette galerie présente une certaine parenté. La seconde et la troisième section comportent chacune cinq arcs sur des colonnes du même type. Tous les arcs sont bordés d'un bandeau en pointes de diamant qui sert de garniture à deux fines moulures sur la voussure de l'arc, moulures qui reposent directement sur les tailloirs, très simples, faits de trois petites baguettes séparées par des scoties. Les chapiteaux, extrêmement abîmés, sont de type végétal simple.

La tour est de forme prismatique et présente des lignes très sveltes. La construction se trouve divisée à l'extérieur en quatre étages par des cordons de billettes. L'étage inférieur qui occupe la moitié de la hauteur de la tour comporte sur la face Sud une fenêtre avec deux colonnettes de chaque côté, sur lesquelles prennent appui trois archivoltes, celle de l'extérieur en pointes de diamant et les deux autres lisses. Le second étage se trouve divisé en deux par un cordon, de billettes lui aussi, qui joint les tailloirs des fenêtres jumelées. Les arêtes de cet étage et des suivants sont chanfreinées et remplacées par des colonnes avec leur chapiteau. Au troisième étage, semblable au précédent, les fenêtres sont à trois éléments séparés par des colonnes à double fût avec chapiteau et tailloir de billettes. Les arcs portent une moulure de pointes de diamant, disposition que l'on ne trouvait pas à l'étage précédent. Enfin le dernier étage de la tour présente deux fenêtres sur chaque face, aux arcs simples sans archivolte ni moulure, et se termine en une flèche de forme pyramidale. Les chapiteaux de cet ensemble sont faits de feuilles simples ou munies de boules à leur extrémité.

VILLASAYAS (SORIA). *IL EXISTE UNE ROUTE SECONDAIRE QUI,* **32** partant d'Almazán et passant au voisinage d'Atienza aboutit à Guadalajara en traversant Jadraque et Miralrio. C'est sur cette route, à quelque vingt kilomètres d'Almazán, que se trouve Villasayas. En cette zone Sud du Duero, région des galeries-porches, il s'en trouve une de minime importance à Villasayas ; murée, elle offre comme seul élément de nouveauté la présence de trois statues au-dessus de l'arche centrale qui sert d'entrée, au sommet de l'archivolte. Têtes très expressives et beau plissé des vêtements. Le personnage central représente la Vierge, et les deux autres un ange qui s'agenouille et un saint assis dans une attitude pleine de componction. Dans les écoinçons, deux reliefs de faible dimension viennent compléter cette façade.

De la galerie-porche on accède à l'église par un portail à la décoration estimable. De chaque côté une colonne prise entre deux piliers prismatiques. Sur le chapiteau de gauche apparaissent des sirènes empruntées à Silos, et le thème des animaux fabuleux se trouve évoqué sur l'archivolte intérieure, la plus importante. L'autre archivolte porte un liseré de rinceaux, et le chapiteau sur la droite du portail représente un combat d'hommes et d'animaux.

Les notices précédentes ayant été présentées dans l'ordre alphabétique sans tenir compte de la géographie, en voici le regroupement par provinces :

PROVINCE D'AVILA

La Lugareja – Arévalo

PROVINCE DE SÉGOVIE

Cuellar
Montuenga
Samboal
San Frutos de Duratón
Tolocirio

PROVINCE DE SORIA

Agreda
Aguilera
Almazán
Andaluz
Barca
Berzosa
Bordecores
Calatañazor
Caltojar
Caracena
El Burgo de Osma
Fuensauco
Garray
Los Llamosos
Manzanares
Nafría la Llana
Omeñaca
Rejas de San Esteban
Santa María de Huerta
Torreandaluz
Tozalmoro
Villasayas

PROVINCE DE VALLADOLID

Iscar
Trigueros del Valle
Urueña. Nuestra Señora de la Anunciada
Valladolid. Santa María la Antigua

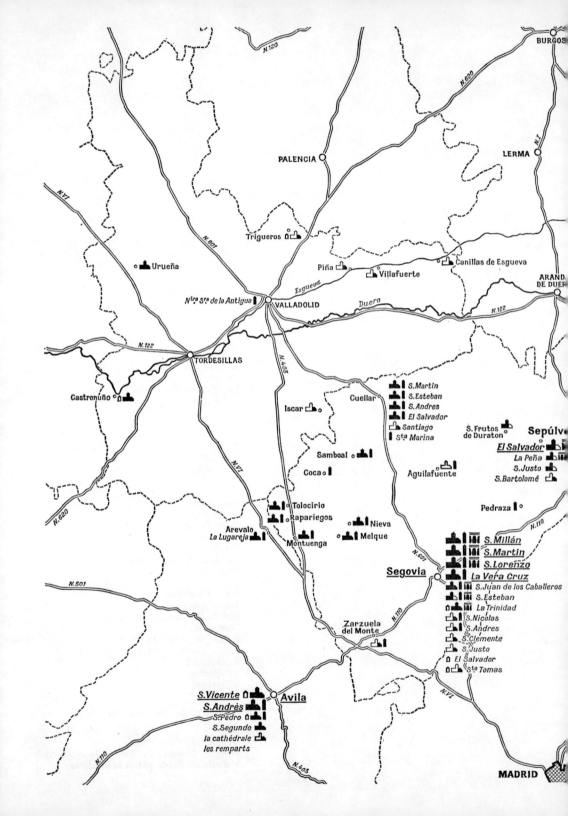

N.120

BURGOS

N.620

N.1

PALENCIA

LERMA

N.VI

N.601

Trigueros

Urueña

Piña

Villafuerte

Canillas de Esgueva

ARANDA DE DUER

Nˢᵗ° Sᵗ° de la Antigua

VALLADOLID

Esgueva

Duero

N.122

N.122

TORDESILLAS

N.403

Castronuño

Iscar

Cuellar

S.Martin

S.Esteban

S.Andres

El Salvador

Santiago

Sᵗ° Marina

S.Frutos de Duraton

Sepúlve

El Salvador

La Peña

S.Justo

S.Bartolomé

Samboal

Coca

Aguilafuente

Pedraza

N.VI

N.620

Tolocirio

Rapariegos

Nieva

Melque

N.110

Arevalo

La Lugareja

Montuenga

N.601

S.Millán

S.Martin

S.Lorenzo

La Vera Cruz

Segovia

S.Juan de los Caballeros

S.Esteban

La Trinidad

S.Nicolas

S.Andres

S.Clemente

S.Justo

El Salvador

Sᵗ° Tomas

N.501

N.110

Zarzuela del Monte

N.110

S.Vicente

S.Andrès

Sᵗ°Pedro

S.Segundo

la cathédrale

les remparts

AVILA

N.VI

N.403

N.110

MADRID

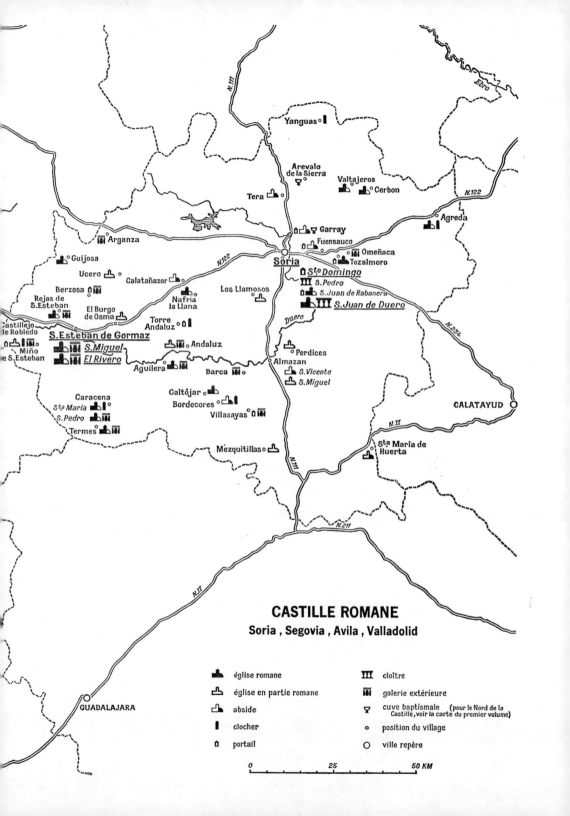

Yanguas

Arevalo
de la Sierra
Valtajeros
Tera Cerbon

Agreda

Garray
Fuensauco
Arganza Omeñaca
Guijosa SORIA Tozalmoro
Ucero Sto Domingo
Calatañazor S. Pedro
Berzosa Los Llamosos S. Juan de Rabanera
Rejas de Nafria S. Juan de Duero
S. Esteban la Llana
El Burgo
de Osma Torre
Andaluz Andaluz Perdices
Castillejo Almazan
de Robledo S. Esteban de Gormaz S. Vicente
Miño S. Miguel Aguilera S. Miguel
de S. Esteban El Rivero Barca
CALATAYUD
Caracena Caltójar
Sta Maria Bordecores
S. Pedro Villasayas N. II
Termes Sta Maria de
Huerta
Mezquitillas

GUADALAJARA

CASTILLE ROMANE

Soria , Segovia , Avila , Valladolid

église romane | cloître
église en partie romane | galerie extérieure
abside | cuve baptismale (pour le Nord de la Castille, voir la carte du premier volume)
clocher | position du village
portail | ville repère

0   25   50 KM

SILOS

La table des planches illustrant ce chapitre se trouve à la page 48.

En ce noble lieu – au tracé rectangulaire admirable – se trouvent rassemblés à un degré extraordinaire l'équilibre, la sérénité et la paix. C'est la merveille du cloître de Silos. Et comme dans les grandes œuvres d'art, cette puissante réalisation spirituelle va de pair ici encore avec la plus stricte économie de moyens. Nombres et lignes, mesure et proportion. Triomphe de l'intelligence et du cœur d'un homme – dont nous ignorons tout – qui éprouva au fond de son âme cet équilibre, cette sérénité et cette paix, et sut les traduire en volumes, en espaces et en pierre. Œuvre enfin du ou des sculpteurs qui, grâce aux chapiteaux et aux « stations » du cloître, en firent un monde habité; sans nuire à l'ensemble, mais avec une force et une élégance incomparables. Ainsi parvenait-on à l'une des hautes qualités de l'art roman : l'harmonie entre la valeur spirituelle de la ligne et la sensibilité vive et palpitante de la décoration.

DANS LES TERRES LES PLUS ARIDES

Au Sud de Burgos s'ouvre un panorama de lignes ondulées : nous voici dans les terres de la *meseta*, planes comme la paume de la main. Horizons lointains, très étendus, que l'on considère comme typiques de la Castille. Atmosphère d'un calme peu commun, coloris sobres et végétation rare. Quelques rivières et ruisseaux, torrentueux en hiver, au lit desséché en été, ouvrent des entailles profondes dans la terre dénudée, brune et austère. Terre peu propice aux joies de ce monde, mais très favorable par contre, dit-on, à la prière et à la méditation, comme si les vastes perspectives de ciel ouvraient l'esprit à la contemplation mystique. Et cependant les grands monastères du Moyen Age au pays de Burgos furent construits dans des sites resserrés et fermés, où le regard contemplatif n'avait qu'un champ restreint, mais qui étaient certes propices à la rude mortification des sens : Castille en ce cas plus ascétique que mystique. Ainsi Oña parmi des rocs et des roches accablants pour l'âme. Cardeña dans une profonde dépression de la *meseta*. Arlanza en un détour de la rivière sans la moindre perspective. Silos au fond d'une entaille ouverte dans la montagne, et nommée vallée de Tabladillo.

Aujourd'hui la première chose qui nous frappe lorsque nous visitons cette vieille abbaye médiévale est précisément le fait qu'une œuvre d'art de premier plan, à l'équilibre serein et raffiné, ait pu surgir en un paysage aux traits aussi sévères, et en un lieu qui déjà au Moyen Age restait en marge et à l'écart du courant marqué par la vie, la reconquête et le repeuplement.

Silos est situé dans un repli des chaînes de Burgos, au Sud-Est de la capitale, face à la province de Soria. On quitte la route d'Irún à Madrid dans le village de Sarracín pour prendre celle de Burgos à Soria. Très vite le paysage prend du relief. C'est cette route-ci qui passe le plus près de la remarquable église romane de San Quirce. Nous la suivons jusqu'à Cuevas de San Clemente, et par Mecerreyes nous parvenons à Covarrubias qui est déjà dans la vallée de la rivière Arlanza. Covarrubias mérite bien une visite. Avec sa collégiale, son donjon et ses palais, le vieux village, bien qu'un peu morne, présente une grande saveur historique. Il nous fait pénétrer dans l'atmosphère médiévale, ce qui nous aidera beaucoup à situer le phénomène de Silos. Atmosphère très particulière dont les éléments marquants sont Covarrubias et Salas de los Infantes, l'ermitage de Quintanilla et le château de Lara, Fernán González et les Sept Infants. C'est la région privilégiée de l'authentique *romancero* de Castille.

> « *Moviose de Muño con toda su mesnada fueronse para Lara tomar otra posada* – Il s'éloigna de Muño avec toute sa troupe, ils s'en furent vers Lara trouver un autre gîte. »
> (*Poème de Fernán González,* 226).

Arlanza et son monastère étaient sur les terres de Fernán González, le premier comte souverain de Castille, dont on peut dire que, tout en étant moins génial, il constitue un héros plus authentiquement castillan que Don Rodrigue, le *Cid Campeador*.

Silos et ses environs faisaient plutôt partie des terres du Cid. C'est par là que passa Don Rodrigue dans ses grandes chevauchées vers l'Espagne des Maures. Dans la plus célèbre de celles que relate le *romancero,* c'est au voisinage immédiat de Silos, dans l'actuel village d'Espinosa, qu'il passa sa dernière nuit de Castille lorsque sur le chemin de l'exil, il s'apprêtait à franchir le Duero à la hauteur de San Esteban de Gormaz.

> « *Cerca viene el plazo por el reino quitar vino mio Cid yacer a Spinaz de Can* – Voici qu'arrive le moment de quitter le royaume, mio Cid s'en vint coucher à Spinaz de Can. »
> (*Poema de mio Cid,* 393-394).

Pays de frontières, au delà des limites de la Castille défendue par le château-fort de Carazo : car pour aller à Silos, il faut franchir la ligne de l'Arlanza. Sur un des côtés subsistent les ruines imposantes du célèbre monastère, menacées aujourd'hui par les travaux du barrage de Retuerta. Nous entrons manifestement dans le paysage de la sierra, à travers des terrains semi-désertiques, et à dix-sept kilomètres de Covarrubias se trouve le village de Silos, qui serre ses humbles maisons en avant de l'abbaye. Entre Silos et Santibañez se déploie la petite vallée, flanquée d'un côté par les hauteurs de Mamolar, San Bartolomé, la Yecla et Tejada. De l'autre côté, elle est dominée par la lourde masse orgueilleuse du haut plateau de Carazo.

Le paysage est incontestablement austère. On l'a présenté comme rébarbatif et vigoureux : « Un paysage qui brunit l'âme. » Mais il ne faudrait pas tomber dans l'exagération. Il n'existe pas de paysage authentiquement naturel qui ne possède ses charmes. Celui de Silos, à certains moments, en dépit de sa dureté, semble se faire tendre et affectueux (pl. couleurs p. 49). C'est une question de lumière, et la lumière de Silos est remarquable. La masse des montagnes et des rochers qui entourent le village et le monastère assure une dominante grise légèrement marquée par la tache verte des arbrisseaux, des genévriers et des maquis. Le ciel est très pur et presque toujours dégagé. Le soleil aux jours froids de l'hiver a la qualité du cristal et teinte de ses reflets rosés le gris-argent des rochers.

Le village est typiquement montagnard, semblable à tant d'autres villages « *serranos* » de Castille, dont les maisons s'étagent sur des pentes rocheuses. Mais ici demeurent certains vestiges d'une très lointaine splendeur. Quelques écussons sur les façades de pauvres maisons, deux portes qui correspondent sûrement à une antique enceinte de murailles, et la place qui, dûment restaurée, aurait quelque chose de solennel et de seigneurial. Deux maisons-palais assez bien conservées lui donnent un air de décor pour quelque comédie du XVIIe siècle. Et à son extrémité, l'église paroissiale de San Pedro, de plan roman, se dresse ensuite vers le ciel dans un élan gothique.

La rue qui nous conduit à la place du village longe sur l'un de ses côtés, à droite, les bâtiments du monastère. La première chose que nous en voyons est une clôture extérieure crénelée, d'allure très féodale bien que datant seulement du XVIe siècle. Dans la muraille s'ouvre un arc d'entrée donnant accès à la façade principale qui date de 1739, selon une inscription. C'est une noble façade avec une statue de saint Benoît et un grand écu couronné des rois de Castille. Dans ses derniers mètres, la rue monte en longeant la façade latérale de la grande église, hauts panneaux de pierre dans le style glacé du néoclassicisme.

Conçues dans ce style sévère, les constructions sont nobles et solennelles, d'une grandeur inégalable, à laquelle contribuent la forte architecture de l'église et la masse considérable des bâtiments monastiques. Mais, à part les lignes gracieuses et délicates de la tour de l'église, architecturalement l'ensemble est plutôt anodin. Rien ne laisse soupçonner qu'ici, au centre même du monastère, on va découvrir comme un véritable trésor, la merveille la plus célèbre des cloîtres espagnols. Il est difficile de porter des exclusives dans le domaine des préférences, mais à coup sûr il s'agit ici du plus complet des cloîtres qu'a produits l'art roman.

A Silos s'est exercée avec rigueur l'œuvre destructrice lamentable de l'art néoclassique qui imposa sa loi au XVIIIe siècle. Il est tout à fait certain que ce fut un excellent et célèbre architecte espagnol, Ventura Rodriguez, qui intervint directement dans ce massacre artistique. On peut sans doute admettre que, comme le disent les chroniques monastiques, l'antique église abbatiale romane menaçait ruine. De l'investigation archéologique on peut aussi conclure que c'était un lieu de culte vraiment incommode. Les moines de l'époque avaient sans aucun doute l'esprit jeune, ouvert, et moderne. Mais ce qui est certain, c'est que l'œuvre de destruction accomplie à Silos à une date relativement récente, dans les dernières années du XVIIIe siècle où pâlissait déjà l'étoile des grandes congrégations bénédictines et où allaient se produire les désaffectations révolutionnaires, nous a privés de l'un des plus merveilleux ensembles de l'art roman. Le cloître échappa à la destruction parce que, grâce à Dieu, on manqua de fonds pour continuer l'œuvre. Il est demeuré comme un témoin du Silos roman, se conservant pour l'essentiel, en dépit des épreuves pénibles qu'il avait encore à endurer, passant à peu près indemne à travers la vague de pillage, d'abandon et de déprédations en tout genre du XIXe siècle. Aujourd'hui, grâce au seul témoignage des nombreux vestiges et témoins de cette lointaine splendeur, en prenant pour centre de notre évocation le cloître admirable, nous pouvons nous représenter ce que fut l'ensemble monastique de Silos à l'époque médiévale du XIIe siècle.

L'entrée dans le cloître provoque en nous une vive surprise : quelle lumière ! Puis le silence et le calme s'emparent de l'âme, et à mesure que l'enchantement d'une telle ambiance nous pénètre, la surprise se transforme en un sentiment profond, essentiel, de sérénité et de paix. Il existe deux points d'accès au cloître de Silos. A l'angle Sud-Ouest, après la pénombre des galeries intérieures, une petite porte donne sur l'enceinte romane : un sol revêtu de galets et de cailloux, disposés d'ailleurs avec art et goût; deux suites d'arcs admirables à la svelte ligne romane; à l'angle un pilier sur lequel, de notre point d'arrivée, nous voyons une excellente sculpture sur pierre qui représente l'Annonciation de la Vierge; l'élégance du geste de ses personnages et le plissé des vêtements y révèlent déjà une époque de transition marquée vers le gothique. De ce point cependant, lorsqu'on invite à prendre une vision d'ensemble du cloître, les constructions de l'église néoclassique, avec sa tour, dominent la vue, créant une impression monumentale de lignes hautes qui écrase d'une certaine façon le cloître roman et lui font perdre une de ses qualités les plus pures : son intimité.

Pour cette raison, il sera préférable de pénétrer dans le cloître par l'angle exactement opposé, c'est-à-dire l'angle Nord-Est, voie d'accès normale pour ceux qui ne circulent pas dans la clôture du monastère. Nous traversons l'église néoclassique et au fond de son abside, en passant par la sacristie et devant la chapelle de Santo Domingo, nous nous dirigeons vers la porte appelée Puerta de las Vírgenes (Porte des Vierges). Ici, dans cette partie de l'église, nous découvrons l'unique vestige demeuré d'une ancienne église romane. Il forme l'un des bras du transept. Une vigoureuse imposte de billettes parcourt ses murs et dans le haut il garde une svelte fenêtre romane, à l'arc en plein cintre très ébrasé reposant de chaque côté sur une colonne au chapiteau sculpté. Ce passage doit beaucoup de son caractère à divers tombeaux à la sculpture expressive réunis ici, et aux chaînes des prisonniers chrétiens captifs des Maures, encore suspendues en grand nombre aux parois comme ex-voto pour leur délivrance attribuée à l'intercession du saint (pl. 1).

C'est donc là que s'ouvre la Porte des Vierges, avec son arc en plein cintre d'un côté et en fer à cheval de l'autre, avec les fûts très décorés de ses colonnes et quelques chapiteaux expressifs et originaux. Cette porte sert de passage entre l'église actuelle et le cloître. Nous descendons des marches un peu raides et soudain nous éprouvons le choc lumineux et l'émerveillement de la vieille enceinte romane. En cet angle même convergent les deux galeries qui conservent le meilleur de la sculpture de Silos. C'est par là qu'on a commencé à construire le cloître. C'est l'œuvre originale, à la fois vigoureuse et très délicate, du puissant sculpteur anonyme que l'on désigne comme le premier Maître de Silos. Et à la rencontre des deux galeries se révèle l'une de ses sculptures les plus remarquables : la Résurrection du Christ, qui, avec une grande liberté, est représentée sans l'habituelle présence du Ressuscité, grâce à une triple composition chargée d'allusions (pl. 8 à 11). Les colonnes sont hautes et montées sur un bahut. D'emblée nous réalisons que nous sommes devant une œuvre bien exécutée et surtout parfaitement achevée. Réalisée avec goût et avec amour, chargée d'intelligence et de sensibilité. Nous faisons notre entrée dans la cour intérieure, plantée de gazon. De là nous voyons bien, surtout au soleil du matin, le plan parfait du cloître, ses deux étages d'arcades aux sveltes colonnes, la pureté des lignes, l'exactitude des volumes qui, à eux seuls, confèrent à l'ensemble une note de calme, d'harmonie, d'attente. Les bâtiments qui en face surmontent la construction sont anciens et ne nuisent pas sérieusement à l'ensemble. Seuls un bassin de trop grande dimension et deux cyprès altèrent un peu la pureté classique et dépouillée de ce cloître admirable.

HISTOIRE

LES ÉTAPES DE L'ART ROMAN A SILOS

Aux jours de la reconquête castillane, les troupes chrétiennes, dans leur marche vers le Sud, firent la découverte occasionnelle de véritables îlots de vie religieuse perdus dans des régions fort enfoncées dans la zone musulmane. Cela suppose – et dans certains cas pendant plusieurs siècles – une authentique survivance de centres monastiques sous la coupe de l'Islam, en des circonstances qu'il faut bien considérer comme anormales, et au sein d'un ensemble de relations et d'échanges vitaux qui ne concorde pas avec l'image que l'on se fait du Moyen Age espagnol, belliqueux et combatif. On devine aussi un monde étrange et complexe, où l'héritage autochtone, que l'on appelle wisigothique, s'est fondu avec de nombreux apports venus du Califat, constituant un noyau original et solide qui germera ensuite sous l'influence chrétienne, vigoureuse et prépondérante, qu'apportent la reconquête et le repeuplement.

C'est dans un milieu de ce genre que l'on peut situer les origines du monastère de Silos, s'il faut en croire la belle légende qui nous raconte sa découverte, au Xᵉ siècle, par le comte de Castille, Fernán González. Le comte qui s'avance avec ses troupes à travers la zone orientale de l'actuelle province de Burgos, découvre ce qui lui paraît être une mosquée, et y pénètre à cheval entouré de ses gens. Il reconnaît rapidement son erreur. Il ne s'agit pas d'une mosquée arabe, mais du monastère de San Sebastián qui abrite encore sa communauté de moines. Fernán González désire réparer l'irrévérence commise par sa chevauchée

sacrilège, et ordonne aussitôt que l'on arrache leurs fers à tous les chevaux qui ont profané la maison de Dieu. Ces fers sont suspendus en ex-voto aux murs du vieux sanctuaire wisigothique.

Il est possible que cette légende ne réponde pas à une histoire authentique et véridique. Dans le *Poème de Fernán González*, œuvre tardive et érudite du milieu du XIIIᵉ siècle, on parle effectivement de deux batailles livrées par le comte de Castille à Carazo et à Hacinas, lieux très proches de Silos, mais on a démontré que ces deux récits sont fictifs, simples transpositions littéraires de deux événements historiques : la conquête de Osma vers 934 et la bataille de Simanvas ou Alhandega (939), cette dernière à l'origine du célèbre vœu de San Millán. Néanmoins, mis à part les détails anecdotiques et son attribution légendaire au comte castillan, la réalité exprimée par la légende de la découverte de Silos peut être considérée comme tout à fait certaine. Au diocèse d'Osma, à la juridiction duquel appartenait Silos, se maintinrent aux VIIIᵉ et IXᵉ siècles de nombreux villages chrétiens, et ses évêques, sous la domination arabe, communiquaient par lettres avec les rois d'Oviedo. L'un de ces foyers fut le vieux monastère de San Sebastián. L'archéologie y a découvert la trace de très anciennes constructions wisigothiques. Et il n'y a pas lieu de douter d'une continuité qu'atteste son magnifique dépôt littéraire, d'où l'on peut déduire en toute honnêteté que le monastère primitif de Silos était un centre important et caractéristique de la spiritualité et de la liturgie mozarabes.

C'est de Fernán González et de son épouse Doña Sancha qu'est issu le document que l'on doit considérer comme la première mention historique de Silos. Le comte de Castille, renonçant à la souveraineté et à la seigneurie sur les terres conquises dans la vallée de Tabladillo, les cède à titre de bénéfice et en guise de patrimoine au monastère de San Sebastián. Le document tel qu'il nous est parvenu porte la date de 919, mais il doit y avoir erreur ici. Pour de claires raisons historiques, il ne peut être antérieur à 954. De ce document il découle que le monastère existait à cette date avec un groupe de moines qui l'occupaient effectivement. On peut néanmoins parler de sa restauration et supposer très naturellement que ce fut Fernán González qui le releva de ses ruines. Silos devint un foyer monastique de plus parmi les nombreux centres de la grande expansion monastique de Castille. Pour le premier tiers du xe siècle on a pu d'après les documents localiser jusqu'ici cinquante monastères dans le périmètre actuel de la province de Burgos et les régions avoisinantes des provinces de Palencia et Santander. Silos est l'un des rares qui subsistent aujourd'hui sous leur forme originelle. Quatorze monastères doivent leur fondation, leur restauration, ou d'importantes donations au comte Fernán González. Et c'était, semble-t-il, la *Règle de saint Benoît* qui faisait loi dans ces communautés. Il subsiste de cette époque six exemplaires du *Commentaire* de Smaragde, et l'un des mieux conservés est celui qui se trouve encore aujourd'hui au monastère de Silos.

Au déclin du siècle, plane sur cette florissante expansion de la vie monastique le terrible fléau des plus féroces campagnes musulmanes. Ce sont celles que, de 980 à la fin du siècle, dirige le chef Almanzor. Il était indubitablement doué d'un grand talent militaire, qui se doublait d'un sectarisme aveugle et trouvait un plaisir particulier à incendier les églises et les monastères. Malgré sa mort en 1002, la situation dans ce secteur où se trouvait Silos devait demeurer troublée jusqu'au milieu du xie siècle. Mais la vie religieuse se poursuivait au monastère de San Sebastián. Peu de renseignements précis, bien que l'on conserve le nom de ses abbés successifs. Une vie languissante. Il semble que le monastère avait perdu son ancienne prospérité. Nous savons en particulier qu'au temps de Fernando I, premier roi de Castille, sa situation intérieure était celle d'une observance fort réduite, pour ne pas dire d'une complète décadence. C'est alors le moment – 1041 – où apparaît sur la scène castillane la figure d'un moine navarrais, qui s'appellera Santo Domingo de Silos.

Prieur du célèbre monastère de San Millán de la Cogolla, né sur les terres de la Rioja qui faisaient alors partie du royaume de Navarre, Domingo arrivait à la cour de Castille. On a dit qu'il fuyait le monarque navarrais Don García avec qui il s'était trouvé en pénible conflit pour la défense du patrimoine monastique. Avec lui arriverait la renommée de sa sainteté, de son attitude courageuse dans la défense des privilèges religieux, et de ses remarquables qualités d'administrateur de monastères. Très rapidement Fernando I lui confia la charge difficile de restaurer à San Sebastián de Silos l'observance antérieure. Le vieux monastère avait souffert d'une grave scission. A Silos même s'était constitué un deuxième monastère, dit de San Miguel, composé en partie des moines qui avaient renoncé à l'observance primitive.

L'abbé Domingo entreprit dans les premiers mois de 1041 une œuvre immense qui devait laisser une trace profonde dans la vie castillane du Moyen Age. Au dedans ou au dehors du monastère, comme apôtre des paysans et des petites gens ou comme personnage à la cour de Castille, sa renommée crût rapidement. Il fut très vite entouré d'une auréole de sainteté; de son vivant déjà on entendait parler de ses miracles, et lorsqu'il mourut trente-deux ans plus tard, en 1073, la dévotion populaire s'empara de son souvenir en le consacrant grand thaumaturge pour le rachat des captifs. On comprend la grande importance qu'en ces siècles de lutte quasi-permanente avec le Maure prenait en Espagne chrétienne le problème des prisonniers. D'où l'énorme popularité dont jouit à cette époque saint Dominique de Silos, le plus célèbre des saints de Castille. Sa *Vie* et ses *Miracles* sont les premiers textes de romance écrits dans la langue castillane. Les murs de son église se couvrent rapidement de ceps et de chaînes, ainsi que de fers qu'apportent en reconnaissance les évadés des terres espagnoles soumises à l'Islam. De grandes foules accourent en pèlerinage à Silos. Le culte se développe et la richesse du monastère s'accroît. C'est ainsi que la grande entreprise de l'abbé Dominique, avant et après sa mort, eut logiquement et nécessairement sa répercussion dans les constructions de l'abbaye, qu'il s'agisse de l'église ou des autres édifices monastiques. La rénovation morale se refléta dans les œuvres matérielles de reconstruction et d'agrandissement. On travailla activement au monastère pendant la vie du saint, du temps de l'abbé Fortunio, son successeur, et en général tout au long du xiie siècle.

Son biographe et son contemporain, le moine Grimaldo, nous raconte en termes généraux que l'on réédifia avec beaucoup d'élégance l'église et d'autres parties du monastère. Au temps du saint, comme on peut le conclure de la dernière reconstitution archéologique du plan, on procéda à un allongement de la nef ou des nefs de l'église primitive, que l'on suppose avoir été wisigothique ou tout au moins rattachée à l'art du repeuplement. De ce moment

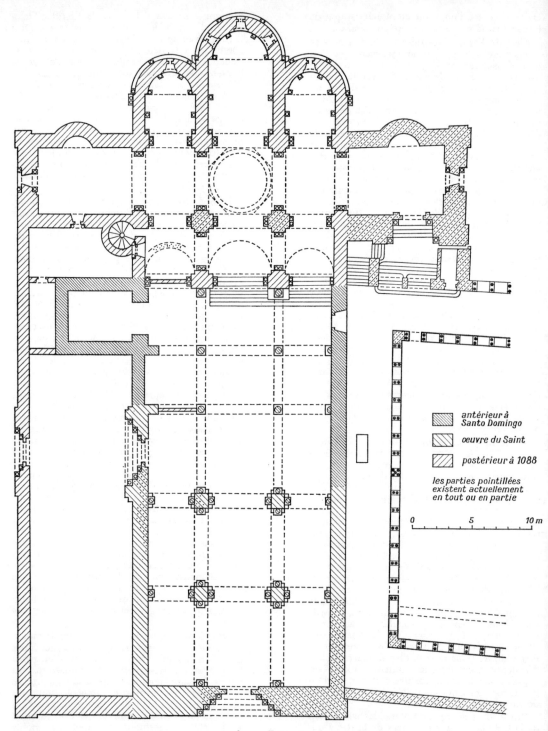

antérieur à
Santo Domingo

œuvre du Saint

postérieur à 1088

*les parties pointillées
existent actuellement
en tout ou en partie*

0   5   10 m

SILOS   l'église au XII ème siècle

date ce qu'on est convenu d'appeler l'église basse de l'édifice roman, à trois nefs, dont la triple abside arrivait approximativement à la ligne des piliers antérieurs qui supportent la coupole actuelle. Au niveau même de l'église et dans le style de la plus pure architecture monastique de l'art roman, se déployait le long du mur Sud un cloître ou un commencement de cloître. Cloître et église communiquaient par une porte dite de saint Michel percée dans le mur Sud de l'église et à l'angle Nord-Est du cloître. Au témoignage du même moine biographe nous savons qu'en 1073 lorsque mourut saint Dominique, il fut enterré dans ce cloître, et aujourd'hui subsiste encore sur l'un des chapiteaux de la colonne quadruple de la galerie Nord l'inscription qui rappelle sa sépulture. Une pierre tombale reposant sur trois lions marque le lieu où il fut enterré, mais seulement pour trois courtes années. Sa renommée de sainteté et la dévotion populaire firent qu'en 1076 ses reliques furent solennellement transférées du cloître à l'église qu'avait construite le saint lui-même. D'après le rituel et la coutume de l'époque, cela supposait sa canonisation officielle. Cette cérémonie fut présidée par le roi Alfonso VI accompagné de sa cour. L'officiant était l'évêque de Burgos, Don Sancho, entouré de tous les prélats et abbés de Castille. Une exaltation fervente inaugurait alors le culte officiel de saint Dominique de Silos qui allait s'étendre rapidement à toute l'Espagne. Lorsque se développèrent le culte rendu au saint et la dévotion populaire, alors commença l'ère des grands pèlerinages à son tombeau. Le travail de construction de l'église et des meilleurs édifices monastiques se poursuivit avec ardeur. De nombreuses aumônes y contribuèrent; parmi les donateurs les plus illustres, il vaut la peine de signaler Don Rodrigo de Vivar, le Cid Campeador, qui, le 12 mai 1076, de concert avec son épouse Doña Jimena, fit remise à Silos de deux villages voisins avec leurs territoires.

L'ouvrage avança rapidement de sorte qu'en l'année 1088 on procéda solennellement à la consécration de la nouvelle église et de son cloître. Elle eut lieu le 29 septembre et on en trouve la trace dans un document contemporain. Le prélat consécrateur fut le cardinal Ricardo, qui avait été à deux reprises légat de saint Grégoire VII en Espagne lorsqu'on s'était attaqué à l'épineux problème de la suppression de la liturgie mozarabe et de l'implantation de la liturgie romaine. Dans l'acte de consécration de l'église, nous voyons qu'il était entouré de nombreux évêques étrangers.

A la tête du monastère se trouvait alors l'abbé Fortunio, premier successeur du saint, homme à l'esprit très entreprenant, qui consolida et développa son œuvre. Dans sa longue étape de quarante ans de gouvernement (1073-1116) il mena à bonne fin un intense travail de construction. Il reçut l'église romane primitive, que nous appelons wisigothique, allongée par saint Dominique, ainsi que son cloître annexe, et l'acheva, ce qui permit sa consécration en 1088. Dans les dernières années du siècle on travailla dans les galeries Nord et Est du cloître, œuvre du premier Maître, celui qui travailla à l'église. On observe une parfaite identité de facture et de thématique entre les chapiteaux de l'église du saint et ceux des deux galeries du cloître. L'identité de facture est également notoire entre un chapiteau de la galerie Nord et ce qu'on appelle les stations du cloître, grands reliefs sculptés à ses angles. Au moins six d'entre eux peuvent être attribués au génial artiste qui dut les sculpter dans les années qui se trouvent à cheval sur le XIe et le XIIe siècle. Enfin sont de la même main les grands chapiteaux que l'on a récemment déposés de l'ermitage de Santiago, au cimetière du village de Silos. Des allusions littéraires très précises montrent que cet ermitage existait déjà en 1090.

A cette date était déjà venue à l'esprit de l'abbé Fortunio la pensée d'agrandir la vieille église de San Sebastián. Très peu de temps après sa consécration le problème dut se poser de façon urgente. Les fidèles se réunissaient en grandes foules auprès du tombeau de saint Dominique. Mais l'agrandissement se heurtait à de graves difficultés en raison de la nature du terrain : une forte pente et surtout une roche résistante à l'extrémité orientale de la construction primitive, côté par où l'on pouvait logiquement la prolonger. Malgré tout on se décida à pourvoir le monument d'un chevet monumental avec trois absides semi-circulaires, d'une grande coupole à la croisée du transept, celui-ci se prolongeant au delà des nefs latérales par deux ailes achevée chacune son absidiole. Bien entendu l'œuvre ne fut pas réalisée en un jour. Mais elle était déjà achevée dans ses parties principales au bout des dix premières années du XIIe siècle. De cette époque datent les murs et la décoration romane qui subsistent aujourd'hui à l'entrée de l'actuelle sacristie. Il s'agit là de l'aile prolongeant le transept du côté de l'épître. On peut en voir deux fenêtres et l'absidiole percée qui est la porte de la sacristie. Mais le témoin principal en est la Porte des Vierges et son escalier, qui font communiquer l'agrandissement de l'abbé Fortunio et le cloître ancien. En raison de la grande déclivité du terrain et de la masse rocheuse à laquelle on se heurtait, on décida de construire le chevet à un niveau supérieur à celui des nefs. Ainsi s'éleva ce qu'on appelle l'église haute, composée des absides, du transept et de la coupole, qui communiquait au moyen d'une dizaine de marches avec les nefs de l'église basse. On dut établir une communication analogue à l'extrémité du transept grâce à la Porte des Vierges et de son escalier, assez raide, en tout cas peu pratique pour le passage des cortèges et des processions, mais dont l'exigence s'imposait pour descendre dans le cloître de l'église primitive – le cloître actuel – antérieur à cet agrandissement de la fin du xie siècle. D'après ses éléments décoratifs, on peut calculer avec une grande exactitude que la Porte des Vierges date des dix premières années du xiie siècle.

Dans la suite de ce même siècle, la trace du premier artiste disparaît de l'œuvre réalisée à Silos, et on trouve la main du second Maître dans la galerie Ouest du cloître, ainsi que dans la galerie Sud. Comme point de référence pour fixer une date probable, nous signalons au milieu de cette galerie Ouest un chapiteau quadruple sur l'une des faces duquel est représentée la Cène, et sur les autres, diverses scènes évangéliques se rapportant à la Passion du Seigneur. De cette œuvre il existe une réplique, peut-être de la même main, dans les vestiges de la cathédrale romane primitive d'el Burgo de Osma conservés dans la salle capitulaire, cathédrale construite par son premier évêque San Pedro de Osma, qui gouverna le diocèse entre 1101 et 1109. On déclare dans son éloge : *Praefectus itaque suae Ecclesiae, primum antiqui templi tanti temporis decursu collapsi fundamenta explorat ipsumque reficit, et in pristinum statum cum ingenti brevitate restituit.* – C'est pourquoi mis à la tête de son Église, il commence par examiner les fondements de l'antique édifice tombé en ruine sous l'effet du temps; puis très rapidement il le reconstruisit et le rétablit dans son état primitif. – Il est bien certain qu'à l'œuvre d'Osma travailla aussi l'évêque Don Beltrán, qui commença à gouverner ce diocèse en l'année 1228. La tradition attribue ces restes de la salle capitulaire à la cathédrale édifiée par San Pedro, son premier évêque.

Les deux galeries du cloître, celle de l'Ouest et surtout celle du Sud, donnent l'impression d'avoir été construites plus lentement. On dut mettre pas mal de temps à compléter le quadrilatère du cloître. On ne trouve pas dans ces deux galeries la même parfaite unité de facture et par conséquent d'époque qui est manifeste dans les deux autres. Cet ouvrage fut terminé peu après le milieu du siècle, avec les deux « stations » de l'angle Sud-Ouest : l'Arbre de Jessé et l'Annonciation, deux belles sculptures, surtout la dernière, mais où se révèle nettement la transition vers le gothique. Ces reliefs ont une parenté avec le Pantocrator et le groupe des Apôtres sur la façade de l'église de Santiago à Carrión de los Condes. C'est peut-être à cette époque que l'église de Silos s'est augmentée d'un portique couvert qui, d'après une description du xvie siècle, abritait de nombreuses statues en pierre et des tombeaux. Un superbe tympan, appartenant peut-être à ce portique, a été découvert au cours des toutes récentes

fouilles du sol de Silos : sculpture excellente mais se rattachant au style de transition. En dernier lieu, c'est de la fin du xiie siècle et du tout début du xiiie que date la sculpture des chapiteaux du cloître supérieur qui, tout en étant placés sous des arcs en rigoureux plein cintre, sont cependant de structure manifestement gothique et d'une sobriété cistercienne.

Au long du xiie siècle, où s'achevaient les constructions de Silos, l'abbaye fut gouvernée par une série d'abbés d'une valeur exceptionnelle. L'un d'entre eux, Juan I, en fonction en 1118, prit une détermination profondément significative en ce moment de l'histoire monastique. Il plaça le monastère sous la dépendance directe du Saint-Siège. Le 7 novembre 1118, le pape Gélase II reconnut la chose et concéda à l'abbé de cette abbaye de pouvoir recourir en égal, pour les actes de juridiction, aux évêques d'Osma et de Burgos. C'est ainsi que Silos maintint depuis les jours lointains du Moyen Age son caractère profondément castillan et national. C'est en ces années que se faisait sentir avec le plus de force l'influence étrangère sur les monastères espagnols. Et il est tout à fait significatif, même en ce qui concerne son évolution artistique, qu'un centre aussi important que Silos pour le style roman castillan et espagnol se soit toujours maintenu en marge de l'influence de l'abbaye de Cluny qui, dès le milieu du xie siècle, étendait sa juridiction sur les royaumes chrétiens péninsulaires, et qui, à partir du règne d'Alfonso VI, commençait à s'agréger les principales abbayes espagnoles.

L'indépendance de Silos fut au Moyen Age la garantie de son patrimoine étendu et de son grand pouvoir. L'abbaye atteignit l'apogée de sa splendeur, de son influence et de sa richesse au début du xiiie siècle. Elle décline ensuite avec le siècle. Vient alors une période de procès et de conflits, qui trouvera plus tard son terme avec le régime abusif des abbés commendataires. A l'époque de la Renaissance, en 1512, Silos se rattache à la célèbre Congrégation de saint Benoît de Valladolid, qui réorganisa la vie monastique dans toute l'Espagne et valut à l'abbaye castillane une nouvelle période d'observance et de splendeur. Elle partage l'histoire de cette congrégation jusqu'à la suppression des monastères espagnols au xixe siècle. En 1835 Silos ferme ses portes, mettant fin à une séculaire et très brillante tradition monastique. La même année 1835, Dom Guéranger restaurait l'ordre bénédictin en France en rétablissant la vie monastique à Saint-Pierre de Solesmes. Quarante-quatre ans plus tard, en 1880, les moines de la congrégation de Solesmes, venant de Ligugé, restauraient à leur tour la vie bénédictine à Silos.

COMMENT VISITER LE CLOITRE DE SILOS

L'aperçu que nous avons donné de l'histoire et des étapes de construction du cloître de Silos se trouve confirmé par l'examen direct de l'œuvre qui est parvenue jusqu'à nous. Nous pénétrons dans le cloître par la Porte des Vierges, à son angle Nord-Est. Cette porte avec son arc en fer à cheval présente une saveur archaïque incontestable. On comprend qu'elle ait donné lieu à pas mal d'équivoques, chaque fois qu'on a voulu voir en elle un témoin de l'église primitive de saint Dominique. Ce prolongement du transept ancien, que nous venons de traverser, fait partie de l'agrandissement de « l'église haute », et est postérieur pour autant à la consécration de 1088. Cet agrandissement a très bien pu être achevé dans les dix premières années du XIIe siècle. C'est précisément l'époque que l'on peut assigner à la sculpture de la Porte des Vierges. Dans sa décoration, où ne manquent certes pas les détails soignés, et dans son ensemble sérieux et expressif, elle présente des traits tout à fait caractéristiques de l'art roman castillan à cette époque. De facture délicate sont les fûts décorés des colonnes, ainsi que la sculpture de palmettes, de feuillage et de rinceaux qui se déroule le long de l'archivolte extérieure, sur les tailloirs et sur l'imposte qui leur fait suite. Les scènes représentées sur les chapiteaux sont vigoureuses et un peu déconcertantes : ainsi l'homme qui forme l'angle du chapiteau de gauche et que deux autres saisissent avec énergie, les bêtes attachées et étranglées qui leur font face, et surtout la scène du chapiteau le plus en dehors qui représente un être avec une seule tête

barbue pour deux corps, qui se tire la barbe avec une main de chacun des deux. Tout l'ensemble est sculpté en volume et en profondeur, et les attitudes, à force d'être expressives, en deviennent presque caricaturales, tandis qu'une stylisation en arrondi des plis du vêtement et même des parties nues, au moyen de lignes parallèles, ajoute une note arabisante à l'ensemble. Très rapidement, dès le premier contact, on saisit que le travail du cloître est d'une autre qualité. Le volume des formes, le réalisme, le caractère expressif des attitudes révèlent en la Porte des Vierges une œuvre postérieure au cloître, dont l'art est tout linéaire et géométrique, de taille légère, plus dynamique dans les attitudes que dans l'expression, d'un hiératisme solennel. Nous voici dans le cloître inférieur. Passons dans son jardin central, en gazon, et après nous être laissés subjuguer par la pure architecture de cette double série de galeries, formons-nous une idée complète et aussi précise que possible des caractéristiques générales de cette admirable construction. Ce qui est typique et pour ainsi dire unique dans ce cloître, c'est la régularité de ses deux étages aux arcs légers, où se maintient, malgré la diversité des époques et un écart de plus d'un siècle entre le début et la fin, l'unité parfaite propre à l'œuvre d'art. Le second étage fut construit au moment où l'arc brisé dessinait déjà sa pointe dans toute la Castille, et néanmoins les constructeurs de Silos ne firent aucune concession d'ordre architectural au nouveau style qui débutait alors avec la vigueur qui accompagne toujours toute innovation.

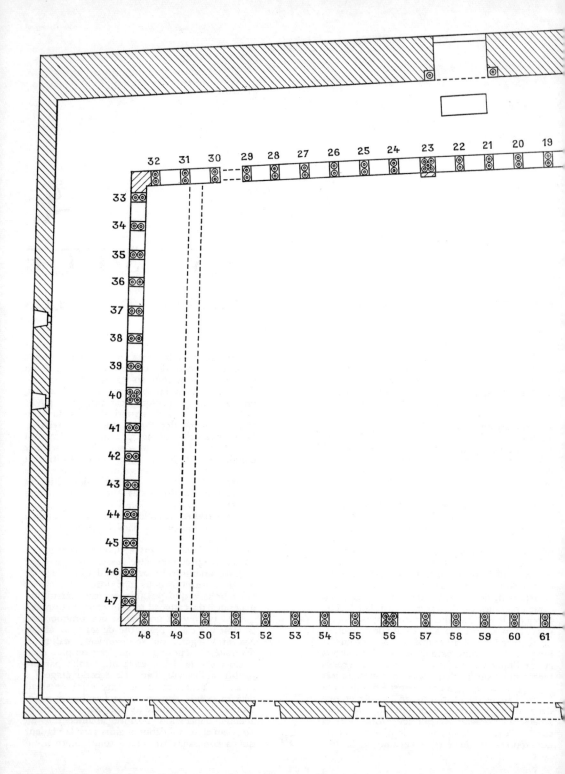

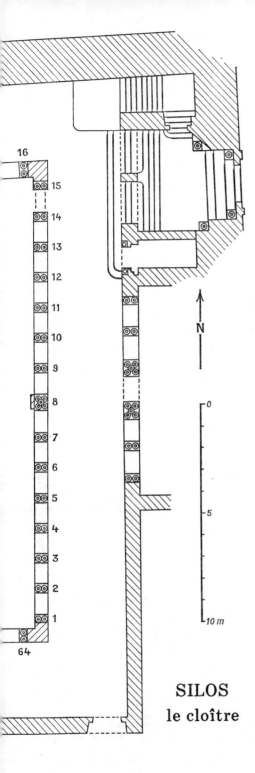

16

15

14

13

12

11

10

9

8

7

6

5

4

3

2

1

64

N

⌐0

⌐5

⌐10 m

SILOS
le cloître

L'artiste qui commença comme celui qui termina ce cloître savaient que sa principale beauté résidait dans la régularité mathématique de ses arcades.

Un autre point important à noter est celui de ses dimensions, extraordinaires quand on le compare aux autres cloîtres romans. Au premier abord on a l'impression de se trouver devant un carré parfait. Mais en définitive c'est un carré assez irrégulier, comme on s'en rend très bien compte sur le tracé de son plan. Dans ce carré, la ligne constituée par la galerie Nord est tracée un peu en oblique, ce qui détermine en conséquence des différences dans les mesures des façades. Les galeries Nord et Sud sont les plus longues. Elles comportent chacune seize arcs, tandis que les deux autres en comptent seulement quatorze. Sur la face Nord on peut se rendre compte que cette différence de deux arcs supplémentaires vient certainement d'une modification et d'un développement apportés à l'œuvre au moment de commencer une nouvelle étape dans les travaux du cloître. Sur l'archivolte intérieure de l'avant-dernier arc vers l'Ouest, on voit bien la solution de continuité. La face Nord comme la face Sud, les deux plus longues, mesurent 33 m. 12, tandis que la plus courte, la face Ouest, n'a que 30 mètres de long. Ce côté présente en outre la particularité que ses arcs sont plus étroits. En général pour les autres galeries, la largeur de l'arc est d'un mètre quinze en moyenne, mais dans ceux de l'Ouest elle est d'un mètre ou d'1 m. 04. La différence est faible en réalité, mais le fait témoigne que l'œuvre n'a pas été réalisée d'un seul jet. Une rectification eut lieu à un certain moment, et elle se produisit à peu près au temps où les travaux étaient arrivés à l'angle Nord-Ouest du cloître, ou s'y trouvaient arrêtés.

C'est en cet angle Nord-Ouest que se marque pratiquement la séparation entre la sculpture du premier artiste et celle du second. Cette séparation n'est cependant pas absolue. Une fois réalisé le prolongement de la galerie Nord, le second artiste entreprit la construction de la galerie Ouest, mais ses premiers arcs sont encore montés avec des éléments préparés par le sculpteur des galeries Nord et Est. Les arcs du cloître, qui sont tous en plein cintre, prennent appui sur des colonnes accouplées, montées sur un bahut dans toutes les galeries. Ce sont des colonnes typiquement romanes avec base, fût et chapiteau. Dans ces trois éléments essentiels de la colonne, on constate une grande différence entre celles qui sont l'œuvre du premier artiste et celles du second. La différence fondamentale se fonde sur la façon dont sont accouplées les colonnes. Toutes vont par paires, mais celles du premier artiste se trouvent séparées par un espace assez grand. Celles du second sont juxtaposées. De là proviennent de notables différences entre les chapiteaux et les bases de l'un et l'autre constructeur. Les chapiteaux du premier présentent une structure cubique jusqu'à la moitié de leur hauteur, et sont du type byzantin dit à échine. Le chapiteau double descend du bord inférieur du tailloir dont il conserve la forme carrée dans sa moitié supérieure ; à partir de là une profonde séparation s'opère entre les deux parties du chapiteau double dont chacune va rejoindre le fût qui lui correspond. Par contre, comme il n'y a pas de séparation entre les fûts relevant du deuxième artiste, la corbeille du chapiteau descend directement depuis le bord du tailloir jusqu'à l'astragale selon une pente assez marquée, sans présenter de structure cubique ni d'échine. Comme les deux colonnes ne font qu'une, les bases dues au second artiste laissent plus de place au socle qu'il recouvre de délicates sculptures animales.

Le premier maître de Silos

Les galeries Nord et Ouest du cloître qui convergent au pied de l'escalier de la Porte des Vierges constituent le champ d'activité de l'artiste énigmatique auquel on donne le nom de premier Maître de Silos. Nous ne savons rien de son identité ni de sa personnalité, ni de façon précise à quel groupe culturel il appartenait, bien que son œuvre révèle un grand artiste chrétien ; et l'on tombe dans des discussions sans fin lorsqu'on cherche à fixer de façon un peu sûre la date à laquelle il accomplit ce travail. Mais il nous a laissé son œuvre qui se trouve là devant nous. Œuvre admirable et véritablement exceptionnelle au sein de l'art roman dans son ensemble. Trente-six chapiteaux doubles et six splendides reliefs, qui nous permettent de nombreuses conjectures sur ce qui est si personnel en chaque homme et en chaque artiste : son style propre. Deux aspects essentiels s'offrent à notre examen : la thématique et l'exécution. Pour le premier, et en ce qui regarde les chapiteaux, nous avons affaire à un sculpteur avant tout animalier. Sa grande originalité réside en la façon dont il conçoit et exécute les animaux les plus fabuleux. Des oiseaux ressemblant à des pélicans ou à des autruches mais à la tête et aux pattes de gazelle, des griffons de divers genres, des corps d'aigle à têtes de lion, diverses harpies, toute une faune monstrueuse et inquiétante. A côté de ces chapiteaux, il y en a d'autres, d'exceptionnelle qualité, qui représentent des combats d'animaux, ou des animaux superposés ; le sculpteur y atteint à une taille très raffinée, d'un grand effet décoratif. Il en existe aussi deux avec des figures humaines, un autre composé d'entrelacs ou de motifs de vannerie, et quelques-uns ornés de végétaux où les acanthes classiques se sont transformées en feuilles charnues marquées de stries profondes, voluptueusement recourbées à leur extrémité et ornées de fruits, pommes de pin et pommes.

A propos des détails de l'exécution, il convient de souligner la beauté des lignes dans le tracé, la symétrie constamment maintenue dans la composition, tant dans le chapiteau double que dans le chapiteau pris isolément, la touche légère de la taille en biseau, une stylisation proche de la préciosité, la différenciation des plans et des détails grâce à divers modes de hachures paraissant exécutées au burin, le relief en général peu marqué, sans grande concession au volume des figures.

Si des chapiteaux nous passons aux « stations », nous remarquons qu'ici le Maître ne refuse pas systématiquement le volume, encore qu'il le nuance d'une expression plutôt linéaire ; il pratique la grande composition avec adresse et même avec audace, se montre extrêmement descriptif, et grand maître dans l'art du plissé des robes sous lesquelles il sait faire deviner l'attitude du corps et même l'arrondi des formes ; par-dessus tout il imprime à sa sculpture un sens dynamique très fort. Dans ses grandes compositions, il n'est aucun personnage qui ne soit tendu, palpitant, concentré d'attention, plein d'âme.

Nombre de ces caractéristiques révèlent une nette influence orientale dans l'art de ce sculpteur extraordinaire. Dans les chapiteaux animaliers à la composition linéaire et symétrique, on dirait qu'il travaille sur la trame de tissus ou de tapis persans ou mozarabes. Dans les stations, l'influence orientale serait plutôt byzantine ; relevant d'un art byzantin qui a perdu sa rigidité, qui s'est mis en mouvement. La sculpture des chapiteaux vue de près, et la composition des stations dans leur ensemble rappelle avec beaucoup d'insistance certaines formes de l'ivoirerie espagnole de la même époque. De San Millán l'artiste a emprunté pour ses reliefs une forme de retable avec arcs et colonnettes qui rappelle les plaques d'ivoire des coffrets. De l'ivoirerie de León et de la zone califale, sa préciosité, la stylisation animale, les tiges et feuillages dont il entoure ses personnages, la tendance indéniable à la miniature. Et dans le compte de tous les éléments que l'on peut relever et souligner en son œuvre, on oublie bien souvent le plus décisif : le facteur roman lui-même, manifeste dans les structures, dans l'architecture envisagée en général, dans le rôle assigné à la décoration, enfin dans l'idée au service de laquelle œuvre le sculpteur avec tous ses souvenirs et sous l'effet des influences reçues. Tel est le sens que le premier maître de Silos imprime à son travail. L'art de l'ivoire passe à une autre échelle, s'insère dans une œuvre considérable. Il a franchi le pas, qui marque son génie, en s'incorporant au grand art roman.

Munis de ces données élémentaires, nous pouvons commencer notre parcours du cloître. Nous ne savons pas exactement par où l'a amorcé le Maître. Logiquement on pourrait penser que ses premières réalisations furent celles qui se trouvent les plus proches de l'église. Néanmoins dans la numérotation habituelle des éléments du cloître de Silos, on commence par l'angle Sud-Est. Nous suivrons cet ordre pour plus de clarté et pour éviter d'introduire des confusions dans l'identification des chapiteaux.

Les reliefs de l'Ascension et de la Pentecôte

A contempler simultanément ces deux pièces jumelles qui occupent l'angle Sud-Est du cloître, on peut difficilement ne pas éprouver l'impression qu'on se trouve devant les deux panneaux d'un retable d'ivoire (pl. 23 et 24). Exécutées à plus grande échelle, mais conservant plusieurs des caractéristiques propres à ce genre d'ouvrage. Ces reliefs sont d'une certaine façon symétriques et cependant très différents. Dans l'un et l'autre, deux rangées d'Apôtres avec la Sainte Vierge (pl. 25). Dans celui de l'Ascension, qui appartient à la galerie Sud, les personnages sont plus petits, sept sur la rangée du bas et six sur l'autre. Dans celui de la Pentecôte, les personnages de la première rangée sont allongés, montent plus haut, tandis que ceux de la seconde ne laissent apparaître qu'une petite partie de leur corps. La Vierge ne se trouve pas sur la même ligne que les Apôtres, mais plus haut et un peu en arrière. Dans l'un comme dans l'autre, les attitudes sont celles que l'on trouve toujours dans les stations sculptées par le premier Maître. Le hiératisme et le dynamisme de l'attitude, la tension intérieure des protagonistes des deux scènes sont obtenus grâce au croisement des jambes et des pieds, et au geste d'adoration d'une des mains qui présente la paume à l'extérieur. Les plis de la robe sont très souvent des entailles, et révèlent la position des membres. Les personnages, tout en étant les mêmes, sont bien différenciés dans l'une et l'autre circonstance. Dans le relief de l'Ascension, toute la composition est orientée vers le haut. C'est quelque chose qui monte, qui s'élève. Les têtes regardent en l'air dans un geste forcé mais qui devient naturel dans l'attitude d'ensemble et en raison de la circonstance. C'est un événement qui va de la terre au ciel, comme contribue à le souligner la forme de la nuée qui domine la scène, faite de lignes ondulées concaves, dans le même sens que l'arc en plein cintre qui cerne le haut du tableau. Toute l'action, tout le mouvement de la scène converge vers le sommet de cet arc où apparaît la figure du Sauveur qui abandonne définitivement ce bas-monde. Du Christ Jésus on ne voit que la tête ; tête d'une immense noblesse, aux cheveux et à la barbe stylisés par des incisions et des stries en différentes directions. De part et d'autre, deux anges qui regardent eux aussi vers le haut. Le corps du Christ est recouvert par une nuée qui ressemble à un fleuve et comporte neuf ondulations superposées.

Au contraire sur le relief de la Pentecôte – celui que traditionnellement on appelle ainsi, bien qu'il puisse s'agir d'une deuxième phase de l'Ascension – on voit fort bien que le mouvement est en sens inverse. L'événement se produit du ciel vers la terre. La Vierge Marie regarde bien vers le haut, certes, mais chez les Apôtres on observe une attitude plus recueillie, attitude qui convient très bien à ceux qui en ce moment reçoivent en leur cœur le Saint Esprit. Ils ne regardent pas vers le haut mais vers l'intérieur. La nuée dans le haut n'est pas concave mais convexe. C'est décidément quelque chose qui descend. Et cette impression est renforcée par la division de la nuée en trois parties. Dans celles des côtés, deux anges soufflent le vent violent qui se fit sentir en ce jour dans le Cénacle. Au centre apparaît la figuration que l'on peut attribuer au Paraclet : une main qui bénit. En fait, un doigt qui descend : *Digitus paternae dexterae*.

Sous une apparente rudesse et un aspect primitif indéniable, le premier Maître révèle en ces deux reliefs son extraordinaire personnalité et l'usage exceptionnel qu'il sait faire des moyens à sa disposition. Avec un minimum de ressources linéaires, il parvient à exprimer de façon très spirituelle et profonde la signification propre à l'un et l'autre événement, tirant le maximum de beauté plastique des attitudes, de la composition, du plissé des vêtements. Il manifeste sa grande liberté créatrice en sortant des formules d'interprétation que présentaient ces mêmes thèmes bibliques chez les artistes de son temps. De cette liberté dans le traitement de ses personnages, un bon témoignage nous est offert par la présence de saint Paul dont nous savons positivement, par le texte sacré lui-même, qu'il n'était présent ni à l'Ascension du Seigneur, ni à la venue du Saint Esprit. Mais le fait de faire figurer l'Apôtre des gentils dans les deux scènes revêt un sens spirituel profond. Cet Apôtre qui n'avait pas connu le Christ, qui ne l'avait pas suivi au cours de sa vie mortelle, mais qui précisément, sous l'action du Saint Esprit, fut considéré comme l'égal des hommes de Galilée. L'artiste le place à un endroit privilégié, et marque toujours bien son caractère individuel, avec sa calvitie prononcée, son front sillonné de rides. On ne peut le taxer de naïveté ni de maniérisme. Il ne fabrique pas ses personnages en série : chacun a son âme propre. Et la présence de saint Paul est également un témoignage d'antiquité. En effet cette interprétation des scènes bibliques correspond à une vieille tradition wisigothique ou mozarabe, peut-être priscillianiste comme on l'a suggéré, plus probablement paulinienne et antérieure à la prépondérance jacobéenne qui se manifesta plus

43

tard avec le grand élan des pèlerinages à Compostelle.

Les chapiteaux de la galerie Est

Comme on en jugera par la description élémentaire qui suit, ils correspondent nettement aux caractéristiques assignées à l'œuvre du premier Maître.

1. - Tissu d'entrelacs ou de mailles fermées par des cordons doubles.
2. - Oiseaux affrontés, sujet caractéristique du premier Maître. Pélicans à l'aile levée. Ils entrecroisent leurs cous au milieu du chapiteau. Des motifs végétaux couvrent le corps des oiseaux. Deux petits masques d'où sortent les tiges, au milieu du chapiteau dans le haut et dans le bas.
3. - Pélicans affrontés aux ailes levées; ils abaissent leurs têtes au bout d'un cou très long et se mordent les pattes.
4. - Combat d'animaux. Deux quadrupèdes fantastiques sur les bords du chapiteau. Au milieu, comme expulsés du tailloir, deux scorpions ou crocodiles ailés les attaquent à la croupe.
5. - Analogue au troisième. Thème des pélicans.
6. - Animaux à tête de lion, mais au corps très svelte. Ils paraissent enchevêtrés dans des tresses ou des cordons. Ils présentent leurs croupes au centre du chapiteau, et dans le haut ils tournent leurs têtes qui se trouvent ainsi affrontées.
7. - Couple d'oiseaux (pl. 32). Corps d'aigle et tête de lion. Les corps se tournent le dos et les têtes se retournent et s'affrontent.
8. - Chapiteau central quadruple. Autre interprétation du pélican. Cou marqué de points et queue de serpent. La tête, qui est d'un animal d'une autre espèce, fait un nœud autour de la patte. Chaque bête porte sur l'épaule un de ses petits, à longue queue enroulée et à tête de scorpion, semble-t-il.
9. - Analogue au second. Oiseaux affrontés, avec quelques variantes.
10. - Des hommes, montés sur des quadrupèdes ailés, s'attaquent à la hache (pl. 33). Les animaux se tournent le dos. Les hommes se retournent et se font face pour s'attaquer.
11. - Oiseaux affrontés. Corps analogue à celui des pélicans à l'aile levée. Mais la tête et les pattes ressemblent à ceux d'une gazelle (pl. 29).
12. - Sculpture végétale (pl. 28). S'y trouvent entrecroisées des feuilles qui partent de l'astragale et des tiges qui s'enfoncent dans la gueule de lions situés au milieu

et aux angles du haut du chapiteau, ou qui sortent de ces gueules (pl. 30).
13. - Analogue au sixième. Animaux à tête de lion.
14. - Inaugure le thème des harpies. Chapiteau d'une composition remarquable. Les harpies, avec une belle tête coiffée à l'égyptienne et voilée, occupent la partie extérieure du chapiteau. Au milieu, vers le bas, deux lions accroupis. Au-dessus d'eux, les pattes sur la tête des lions, deux grands oiseaux, à la tête retournée en arrière de façon à s'attaquer de leur bec aux lèvres des harpies.
15. - Analogue au second : oiseaux affrontés dont les cous s'entrecroisent. Il en diffère en ce qu'il comporte moins de décor végétal au centre et n'a pas de masques.

Les reliefs de de la Passion du Christ

La formation chrétienne et l'incontestable classe spirituelle de ce premier maître de Silos se manifeste dans le choix des thèmes et dans la façon dont il les met en relation, indépendamment de l'expression et de la densité qu'il donne aux événements religieux représentés sur ses grands reliefs. A l'autre extrémité de cette galerie Est il a, nous l'avons vu, choisi les deux grands thèmes ou mystères glorieux du christianisme : l'Ascension du Seigneur et la Pentecôte. A l'angle Nord-Est du cloître où nous sommes, ce sont deux thèmes fondamentaux en relation avec la Passion du Christ (pl. 4). Dans les manifestations de l'art espagnol qui se rapportent au thème de la Passion, on a coutume de relever la tendance générale au dramatique : l'angoisse de Gethsémani, le dos lacéré par les fouets des bourreaux, le réalisme de l'homme qui meurt sur la croix, la Vierge pathétique dans sa grande douleur avec son fils mort entre ses bras. Thèmes que l'on dit traditionnels, illustrés par la grande iconographie castillane et andalouse des XVIe et XVIIe siècles. Et néanmoins ce premier Maître de Silos pourrait dire qu'il se situe dans la ligne d'une tradition antérieure, moins marquée d'accent dramatique. Parmi les divers thèmes en rapport avec la Passion, il en choisit deux où, une fois accompli l'acte de la Rédemption, nous nous trouvons déjà sur le versant qui s'achève dans la gloire de la Résurrection. D'un côté, la Descente de Croix, de l'autre un relief où s'allient les scènes de la Mise au Tombeau et du Sépulcre vide.

Ce dernier se trouve dans la galerie Est et c'est sans aucun doute la plus décorative de toutes les stations. L'idée du maître est, pourrait-on dire, tout à fait expressionniste, bien que romane en même temps. L'iconographie chrétienne a traité avec prodigalité les thèmes de la Mise au Tombeau, de la Résur-

44

rection du Seigneur et des Trois Maries devant le sépulcre vide. L'artiste de Silos le fait comme en une synthèse cinématographique de diverses scènes séparées dont le groupement évoque un événement qui n'est pas représenté (pl. 8). Pour y parvenir, il faut toute l'habileté descriptive de cet artiste et son extraordinaire adresse à suggérer et à opérer des rapprochements; son aptitude particulière à fondre les impressions et à faire jaillir une idée nouvelle seulement esquissée dans la représentation plastique.

La partie médiane de la composition, dans le sens horizontal, est constituée par la figure du Christ mis au tombeau. C'est l'instant même où on le dépose dans le sépulcre. Joseph d'Arimathie et Nicodème achèvent leur tâche sacrée. Le corps est déjà sur la dalle funéraire. Un disciple met en place l'une des jambes, un autre abaisse un des bras de Jésus transi et raidi par le froid de la mort (pl. 10). Le corps du Christ est sculpté avec une grande dignité et beaucoup d'exactitude anatomique, d'une façon très heureuse. Et sa tête, du type de sculpture descriptive propre à ce grand artiste, nous frappe par sa modernité, traitée par plans, avec une grande simplicité (pl. 9). Les disciples laissent voir le soin et l'émotion qu'ils apportent à leur travail.

Mais tout en occupant le centre de la composition, ce n'est pas à proprement parler le thème de ce relief. Par l'intermédiaire de la figuration du Christ mort, ce que le maître veut nous attester, c'est sa résurrection. La résurrection suggérée, qui découle comme une conséquence que le spectateur doit tirer grâce à sa capacité de rapprochement et à sa sensibilité. Le Christ demeure mort au centre du tableau. C'est la réalité fondamentale de cette catéchèse. Mais dans les parties supérieure et inférieure du relief, l'artiste relate deux conséquences de la résurrection, qui font comprendre que ce Christ du sépulcre, dans la rigidité solennelle de la mort, est celui-là même qui est ressuscité. Ce sont deux scènes qui, dans la catéchèse chrétienne traditionnelle, supposent un Christ ressuscité, encore que nous ne le voyions pas et ne l'ayons pas vu s'élever au-dessus du sépulcre : la scène des femmes qui accourent au tombeau vide et celle des soldats frappés de stupeur. Les Saintes Femmes, sous forme de trois figures de grande dignité et de grande beauté sont représentées au-dessus du couvercle du sépulcre. Placée en diagonale, cette grande dalle marque la séparation des scènes. D'une certaine façon, elle appartient à ces deux thèmes distincts. On dirait que les trois Maries montent le long de la grande pierre, toutes les trois dans la même attitude pleine de piété, avec la même légère inclination du corps et de la tête, les mêmes voiles et les mêmes vêtements, la même coiffure. Et à l'extrémité de la dalle est assis un angelot joufflu, la tête un peu dans les épaules, celui qui va annoncer aux femmes que Jésus est ressuscité. C'est ce que vient confirmer

la sculpture de la partie inférieure de ce panneau : la stupeur des soldats. Il est difficile d'exprimer plus parfaitement l'effet de confusion et d'effroi qu'a produit sur eux la résurrection du Seigneur. Par des attitudes très belles et très harmonieuses, le maître nous fait saisir le désarroi de ces sept hommes qu'il a vêtus selon les règles de la plus parfaite iconographie guerrière de son époque. L'ensemble donne l'impression d'un ballet, et les soldats des deux extrémités exécutent un pas de danse d'origine caucasienne, que les ballets russes ont popularisé en Europe (pl. 11).

Le relief suivant, dans la galerie Nord cette fois, est la Descente de Croix, ou plus exactement l'enlèvement des clous (pl. 5). Dans l'ordre logique, cette scène est antérieure à la précédente, et les deux stations ont été exécutées dans un esprit de continuité incontestable. L'identité des personnages dans tous leurs traits est étonnante. Jésus, Joseph d'Arimathie et Nicodème à l'ensevelissement sont bien les mêmes que ceux de la descente de Croix. La similitude est parfaite pour chacun d'eux. L'artiste individualise ses personnages par la ressemblance et l'expression, par le peigné ou le frisé de la barbe de chacun, par leur position dans la scène. La croix occupe le centre du tableau. La main droite du Christ est déclouée, la Vierge Marie la saisit entre les siennes et la presse contre son visage (pl. 6). Avec elle, en plus de Joseph d'Arimathie et Nicodème, figure aussi saint Jean parmi les grandes figures du tableau. Il est nu-pieds, ce qui indique sa condition d'apôtre. Par contre les deux disciples qui sont venus pour l'ensevelissement sont chaussés. Dans le haut, nous voyons deux personnages nimbés, chacun porteur d'un linge. Il s'agit d'un homme et d'une femme qu'il serait difficile d'identifier si leur nom ne se trouvait pas écrit sur le linge. Ce sont le soleil et la lune, avec de chaque côté et entre eux trois petits anges thuriféraires (pl. 7). Au pied même de la croix apparaît la figure d'Adam sortant de son sépulcre, sur lequel, selon la tradition, fut planté le bois de cette croix. La sculpture est très abîmée en cet endroit mais on voit la main d'Adam qui soulève le couvercle du sépulcre. Le sol est composé de pierres dressées, curieusement stylisées en forme de spirale. Elles forment un ensemble de trois rangées et avec le sépulcre d'Adam elles figurent le Calvaire. On peut trouver une façon analogue de représenter les roches dans certains « Beatus » espagnols; sur la célèbre châsse de San Millán également le sol se présente parfois sous forme de figures qui ondulent ou serpentent. A nouveau, on éprouve l'impression d'une plaque d'ivoire agrandie et reproduite dans la pierre. Dans son interprétation du thème ici représenté, c'est peut-être le relief qui suit de plus près les canons traditionnels de la scène, et cependant l'artiste, outre la perfection formelle de l'œuvre et l'émotion qui remplit tous les personnages, a su y faire entrer ces éléments qui ont un véritable sens spirituel : le soleil et la lune, la tombe ouverte d'Adam, la stylisation de ces roches rudes et sauvages qui cependant ressemblent aussi aux vagues d'une mer agitée par le vent.

Les chapiteaux de la galerie Nord

En commençant le parcours de cette galerie, nous devons attirer l'attention sur le curieux plafond à caissons du cloître. Aux deux étages, le plafond est en bois et celui du bas est décoré de peintures formant une des plus pittoresques suites de scènes et apologues typiquement médiévaux. Toutes sortes de thèmes s'y retrouvent : saints, vie galante, histoires d'animaux, grotesques, critique de mœurs, etc. On a calculé qu'au total il y a environ six cents panneaux carrés qui par leur iconographie évoquent toute une époque. Ils se trouvent dans les galeries Nord et Ouest. Ils sont sans rapport direct avec l'œuvre romane, mais en tant qu'élément très important de l'atmosphère générale, ce plafond à caissons mérite bien que nous lui prêtions quelque attention, tandis que nous faisons l'inventaire des chapiteaux.

16. – Analogue au nº 12. Arabesques de feuillage et de rinceaux. Différences d'interprétation dans les ramifications des tiges.
17. – Combat d'animaux. Chapiteau très dynamique. Quatre aigles et deux lions, superposés par paire. Les lions de la partie médiane s'appuient sur les aigles du registre inférieur et mordent les pattes de ceux qui se trouvent au-dessus d'eux (pl. 31). Tous les animaux se tournent le dos. Mais les lions retournent la tête et s'affrontent.
18. – Chapiteau historié. C'est un demi-chapiteau car la moitié côté jardin manque. Il représente les vingt-quatre Vieillards de l'Apocalypse, qui, debout, ont en main des instruments de musique. Interprétation très différente de celle des Vieillards qui figurent sur les portails, les tympans et les archivoltes appartenant à l'art du pèlerinage. La manière ici est identique à celle des stations : plis du vêtement, pieds croisés en ciseaux. Très abîmé.
19. – Remarquable chapiteau orné d'acanthes et de pommes de pin. Feuilles très charnues, creusées de profondes stries. Deux rangées de feuilles. Des pommes de pin en guise de fruits.
20. – Le très beau chapiteau des harpies à cornes, au corps de paon, aux sabots de chevreau, au beau visage de femme. Des bouches, sortent des serpents finement sculptés.

21. – Thème végétal. Analogue au nº 19.
22. – Pélicans à l'aile levée, analogue au nº 3 mais avec des variantes.
23. – Chapiteau quintuplé : deux chapiteaux doubles juxtaposés et au centre un cinquième orné de feuilles charnues (pl. 2). Deux thèmes distincts : la face double tournée vers le jardin reprend le thème des harpies. Deux belles figures sur les bords du chapiteau, et au milieu une tête de lion avec aussi deux oiseaux stylisés qui placent une de leurs pattes dans la bouche des harpies et saisissent dans leur bec les oreilles du lion. La face double tournée vers l'intérieur de la galerie illustre le thème des animaux superposés. Bien que différent, ce chapiteau est du type du nº 17. Il fait davantage penser à des arabesques car les animaux s'entremêlent avec des tiges végétales. Deux lions assis dans le bas; au-dessus deux autres dressés, et enfin deux aigles aux ailes déployées atteignant le niveau du tailloir. C'est sur ce chapiteau qu'est gravée l'épitaphe de saint Dominique.
24. – Thème végétal. Grosses feuilles striées et pommes de pin, en deux files ou deux registres.
25. – Thème végétal. Grosses feuilles et pommes de pin sur un seul registre.
26. – Un des chapiteaux a disparu. Celui qui est orienté vers l'intérieur de la galerie reprend le thème des pélicans à l'aile levée jusqu'au niveau du tailloir. Les cous allongés descendent jusqu'à l'astragale.
27. – Sculpture végétale. Feuilles charnues en deux files. Comme fruits, trois pommes sur chaque file.
28. – Pas de colonnes. L'ensemble paraît postérieur, sans être pourtant récent. Un pilastre rectangulaire terminé par un ornement élémentaire fait d'acanthes et de volutes stylisées.
29. – Reprend le thème végétal des feuilles charnues aux stries profondes, en deux files et avec des pommes de pin.
30. – Paire d'oiseaux. Analogue au nº 7. Corps d'aigle et tête de lion.
31. – Thème des animaux superposés. Comme le nº 17 et le nº 23, bien que le traitement soit toujours différent. Deux lions dans la partie inférieure s'affrontent en position normale, leur corps épousant la courbe du chapiteau. Au-dessus deux autres, en sens inverse, appuient leurs pattes de derrière sur la tête des précédents, leurs cous dans un mouvement un peu forcé se tournent vers le milieu du chapiteau où les têtes se trouvent juxtaposées, face à celui qui les regarde. Dessin très audacieux, et taille extrêmement fine.
32. – Le dernier de la galerie Nord. Paires d'oiseaux. La nouveauté consiste en ce

qu'il y a quatre oiseaux. Deux dans la partie inférieure, ressemblant à des pélicans mais de moindre taille, abaissant leur cou et leur bec jusqu'au sol. Deux autres dans la partie supérieure, montés sur les précédents, tournent la tête en arrière et rejoignent leurs becs au centre du chapiteau.

Les reliefs du doute

Nous arrivons à l'extrémité Ouest de la galerie Nord. C'est ici que s'est produit dans la construction du cloître de Silos une évidente solution de continuité à laquelle nous avons déjà fait allusion. Il semble indiscutable que dans le premier projet des constructeurs, le grand chapiteau multiple n° 23 avec ses quatre fûts de colonne était destiné à marquer le milieu de toute cette face Nord. Elle devait comporter sept arcs de chaque côté, comme la galerie Est. Alors qu'on était parvenu à l'extrémité, pour des raisons que nous ignorons, on eut l'idée d'ajouter deux arcs. Le chapiteau multiple marquant le milieu se trouva décentré comme nous le constatons encore aujourd'hui. Nous allons sous peu expliquer pourquoi le chapiteau suivant au départ de la galerie Ouest, est déjà l'œuvre du second artiste : il présente des caractères différents de ceux qui le précèdent et il est monté sur des colonnes aux fûts accolés. Néanmoins les quatre chapiteaux qui lui font suite sont encore du premier Maître et c'est seulement avec le n° 38 que commence la série suivie du second. Tous ces faits tendent à prouver, au moins de façon très vraisemblable, que parvenu au bout de la galerie Nord, on arrêta pour un temps les travaux. Peut-être le premier Maître était-il mort alors ? Il avait cependant de toute façon laissé six chapiteaux supplémentaires déjà sculptés. Ce fut le second artiste qui les mit en place dans le cloître à la reprise du travail. Et surtout il est tout à fait certain que le premier Maître avait terminé les deux magnifiques reliefs qui occupent l'angle Nord-Est auquel nous a amenés notre parcours. Ce sont les plus représentatifs de sa manière, les plus connus, les plus souvent reproduits, les plus vulgarisés. Il ne manque pas d'arguments pour montrer qu'ils sont de lui. Il suffit de s'attacher à un détail quelconque de l'œuvre elle-même pour réaliser qu'ici atteignent à leur sommet les caractéristiques que nous avons constamment attribuées à son œuvre.

Fidèle à son habitude de réunir par paires les pages d'évangile qu'il traite, il a réuni en cet angle du cloître deux scènes se rapportant aux doutes que souleva dans l'esprit de ses propres disciples la nouvelle de la Résurrection du Seigneur (pl. 12). Le fait de rappeler aux hommes deux cas éminents de manque de foi de la part des élus marque un sens de l'humain

et possède une grande valeur religieuse. Après l'angle se trouve le relief qui représente le doute de saint Thomas. Ici devant nous, ce sont les disciples d'Emmaüs qui, à deux jours du drame du Calvaire, s'éloignaient de Jérusalem considérant que tout était perdu. La plus charmante des anecdotes évangéliques, rapportée par le seul saint Luc, a donné l'occasion au premier Maître de Silos de produire l'œuvre où il donne la pleine mesure de son extraordinaire talent. Dans ce relief d'Emmaüs, la taille des personnages est plus grande, ce qui permet d'apprécier la haute qualité artistique des valeurs plastiques qui dans les autres reliefs sont seulement comme ébauchées.

La plupart des artistes ont traité Emmaüs comme un grand thème de symétrie artistique. Jésus au milieu et les disciples à ses côtés, assis à la table où le pain fournit la nature morte indispensable, avec la nappe aux plis bien marqués. Telle est l'interprétation la plus courante de ce thème. Le premier Maître de Silos, qui dans les chapiteaux s'est montré si fidèle aux principes de la composition symétrique, les abandonne ici pour se lancer à fond dans le dynamisme. Il nous offre une scène en plein mouvement. Le Christ, un peu plus grand que ses disciples, occupe pour le spectateur le côté droit de la scène. C'est un personnage qui avance, qui est en train de se déplacer. Les pieds croisés en donnent nettement l'impression, habilement confirmée par le mouvement de son bras droit, qui marque pour ainsi dire le rythme de la marche, la main droite s'élevant jusqu'à la hauteur de l'épaule gauche (pl. 13). C'est le moment où Jésus annonce qu'il va poursuivre son chemin. A côté de lui le disciple qui occupe le milieu du relief veut le persuader de rester avec eux. Son attitude est celle d'un homme qui s'efforce d'en convaincre un autre. Il s'avance vers Jésus et le geste de son bras droit appuie fortement son argumentation. La scène a été prise en instantané. Le second disciple, sur le côté gauche du relief, attend assez tranquillement le résultat de la démarche véhémente de son compagnon (pl. 14).

La majesté de la figure du Christ et la barbe bouclée du disciple éloquent produisent une lointaine impression orientale, et font penser à un relief assyrien (pl. 15). C'est d'une telle sculpture que l'on peut dire avec le plus d'exactitude : une frise byzantine qui tout d'un coup s'est mise en mouvement (pl. 16). L'artiste hispanique a su animer ses personnages. Mais il s'agit d'un mouvement très espagnol, fait de gestes adéquats et mesurés, sans rien perdre de sa dignité, mouvement efficace, comme on peut le discerner en bien des tableaux de la grande peinture du XVIIe siècle. Mouvement qui évite de tomber dans l'agitation baroque de certains des plus célèbres prophètes romans.

47

(suite à la page 95)

TABLE DES PLANCHES

48

2

3

5

7

8

12

13

16

17

21

23

24

26

31

33

34

36

37

Dans le tableau suivant, celui du Doute de saint Thomas, situé cette fois dans la galerie Ouest, le maître retourne à son mode de composition traditionnel qui rappelle la plaquette d'ivoire. Trois rangées de personnages : le Christ Jésus et les Apôtres (pl. 17). Du côté droit du relief les personnages sur leurs trois files verticales dessinent une légère courbe grâce à laquelle, d'une façon très délicate, l'attention des Apôtres se concentre sur le groupe que forment le Christ et Thomas de l'autre côté du tableau (pl. 21). Jésus (pl. 22), que marque aussi sa taille plus élevée que celle des autres personnages, a découvert sa poitrine et lève un bras droit en l'air, dans un geste un peu raide. Thomas dont le visage rappelle celui du disciple central du groupe d'Emmaüs, sans être arrêté par la perplexité et le respect, étend la main avec décision et veut mettre son doigt dans la plaie du côté de Jésus (pl. 20).

Les lignes générales de la composition étant telles, et tout ce que nous avons dit des attitudes de la tension interne des personnages, du plissé des vêtements à l'occasion des autres reliefs demeurant valable, ce qui est véritablement caractéristique du relief du Doute de saint Thomas est l'expression des visages des Apôtres aux traits individualisés. Elle tient compte de chacun d'eux, de sa personnalité et de son problème particulier. Les gestes et les attitudes sont très semblables, sinon exactement les mêmes. Les procédés artistiques employés par le Maître sont très simples. Le volume et le relief sont faibles. Et néanmoins chacune des têtes possède son caractère propre, sans cependant tomber dans la caricature. Au centre, à côté du Christ, sous une auréole où il est écrit : *Magnus sanctus Paulus,* apparaît à nouveau l'Apôtre des Gentils. Il ne tient pas de livre comme les autres Apôtres, mais une banderole avec l'inscription : *Ne magnitudo revelationum extollat me* – Afin que la grandeur des révélations ne me remplisse pas d'orgueil. Cet artiste était décidément un chrétien doué d'un sens spirituel profond. Saint Paul, caractérisé par les mêmes traits que dans les reliefs précédents : barbe frisée, front très dégarni marqué de rides, a droit à une place éminente dans cette scène à laquelle il n'a pas assisté, mais où Jésus a déclaré bienheureux ceux qui n'ont pas vu et qui ont cru. L'ensemble des personnages se trouve placé sous l'arc en plein cintre habituel avec les deux colonnettes. Au-dessus de l'arc et jusqu'à l'imposte générale faite de quatre rangées de billettes, l'artiste a figuré un paysage de tours qui rappelle le même thème sur les ivoires du coffret de San Millán. Il y a également deux hommes qui sonnent de la trompe et deux femmes, à l'air mauresque, qui jouent du tambour de basque (pl. 18 et 19).

33. – Tissu d'entrelacs et vannerie à cordon double. Œuvre du second Maître. On voit la différence avec le premier en comparant ce chapiteau au nº 1 de la galerie Est, situé juste en diagonale.

34. – Œuvre du premier Maître. Analogue au nº 2 de la galerie Est. Oiseaux affrontés qui entrecroisent leurs cous. Végétation abondante et deux masques. Impression d'une taille très légère, comme un tissu.

35. – Également du premier Maître. Pélicans à l'aile levée. Longs cous. La tête et le bec s'abaissent jusqu'à l'astragale. Analogue au nº 3 mais avec des variantes.

36. – Encore le premier Maître. Ce chapiteau appartient à la série des animaux superposés (pl. 26). L'une de ses œuvres les plus finement sculptées. Deux lions ou lionceaux dans la partie inférieure et deux autres dans la partie supérieure. Dans la partie médiane, des aigles (pl. 27). Tous ces animaux sont pris dans un réseau de lianes qui leur fait adopter les positions les plus invraisemblables. L'une des pièces maîtresses du cloître.

37. – Le dernier du premier Maître. Reprend le thème des feuilles charnues aux stries profondes, avec des pommes de pin.

Le second maître de Silos

Avec le chapiteau nº 38 nous nous trouvons placés pour de bon face à l'œuvre du second Maître. Second dans le temps, et second aussi quant à la classe, bien qu'il s'agisse d'un éminent artiste roman. C'est là, peut-on dire, sa note caractéristique. L'œuvre qu'il a accomplie est beaucoup plus romane que celle réalisée par son prédécesseur. Et cependant il la suit de très près, il s'en inspire sur bien des points. Chez un homme de son tempérament, nous pouvons probablement considérer comme une preuve de jugement le fait d'avoir accepté l'héritage de motifs nombreux; tel son attachement aux paires de monstres qui, tout en étant différents, laissent l'impression d'être seulement de nouvelles versions de ceux du premier Maître. Il n'est pas indemne d'influences orientales, mais les racines de son arabisme peuvent provenir du Moyen-Orient sans passer nécessairement par le complexe califal. La différence fondamentale entre l'un et l'autre Maître consiste dans la technique de la sculpture. La manière typique de l'ivoirerie disparaît, les surfaces ne sont plus caractérisées par des rayures, l'aspect linéaire cède la place au volume, la prépondérance du symbole et de l'allusion s'efface devant un plus grand réalisme. En dépit de la fantaisie dont use le second Maître dans la création de ses monstres, les têtes sont

95

réalistes; d'un réalisme déformé si l'on veut, mais avec leur bouche difforme, leurs yeux saillants et leur expression de grande férocité, elles ne laissent pas d'être réalistes. Les cous sont allongés, les attitudes et les gestes exagérés, mais avec le réalisme de la caricature.

En raison de ce réalisme, c'est un artiste beaucoup plus roman que le premier Maître. Et l'impression ne fait que croître quand on considère les deux grands chapiteaux historiés que nous allons voir incessamment dans cette galerie Ouest. Nous pénétrons ici en plein dans les formes de l'art roman. Art du volume, sans schématisme, où les têtes possèdent leur expression particulière et où les vêtements ne sont guère faits que de quelques plis marqués par des arêtes ou des incisions. Art d'excellente qualité, mais comme peut l'être celui de tant d'excellents artistes répartis sur toute l'aire de diffusion internationale du roman. On ne trouve plus ce qui était typique et particulier chez le premier artiste, et qu'on ne peut rencontrer qu'à Silos. Il y a dans cet art quelque chose de plus européen, bien que l'influence du premier artiste et de son complexe culturel persiste dans les thèmes que reprend à sa manière le second Maître.

Lorsqu'on veut déterminer ce qui est véritablement son œuvre, quelques problèmes d'attribution surgissent. Tous les chapiteaux depuis le nº 48 jusqu'à la fin de la galerie Sud sont-ils de sa main ? De façon plus précise, faut-il lui attribuer aussi les chapiteaux historiés ? Quelle relation peut-il y avoir entre les chapiteaux qu'il a réalisés, y compris les chapiteaux historiés, et les deux dernières stations de l'angle Sud-Ouest du cloître ? Ce sont des problèmes complexes et qui, à la vérité, ne sont pas encore complètement élucidés. En nous basant sur les diverses opinions, et devant la nécessité d'établir un critère, eût-il une valeur provisoire, nous considérerons comme étant d'une seule main tous les chapiteaux, y compris ceux des nºs 38 et 40 qui se rapportent à la vie du Christ, bien que certains, et très précisément un chapiteau avec des harpies dans la galerie Sud, puissent fort bien être l'œuvre des sculpteurs du cloître supérieur. Par contre et en principe, nous considérerons comme étant d'une main différente les deux grands reliefs de l'Annonciation et de l'Arbre de Jessé qui sont sculptés sur le pilier de l'angle Sud-Est.

En conséquence, et pour ne pas rompre l'unité artistique élémentaire des thèmes et des auteurs, nous traiterons à part de ces derniers reliefs, à la fin du parcours des chapiteaux.

La galerie Ouest (suite)

38. – Début des chapiteaux du second Maître. Forme nouvelle du chapiteau. Les colonnes ne sont pas encore juxtaposées. Sculpture historiée du cycle de Noël. Sur ses diverses faces : l'Annonciation, la Visitation, la Nativité, les Bergers de Bethléem, la Fuite en Égypte. Sculpture magnifique, œuvre d'un grand artiste. Mais différente de l'œuvre du premier Maître. Volume, réalisme, plissé : le grand hiératisme disparaît. Sculpture plus romane.

39. – Représente des animaux à tête de chien, au corps d'oiseau et à la queue de reptile. ils entrecroisent des cous démesurés et s'affrontent depuis les bords du chapiteau. Impression de force et de violence. Les monstres, les cous et les attitudes sont caractéristiques du second Maître. Typique aussi de sa manière l'entrelacs de tiges, provenant d'un arbre central, qui se croisent et emprisonnent les animaux fantastiques.

40. – Second chapiteau historié. C'est un chapiteau quadruple monté sur quatre colonnes torses (pl. couleurs p. 67). Thèmes : l'Entrée à Jérusalem, le Lavement des pieds, la Cène. Scènes admirablement traitées dans un sens réaliste et expressif. Les plis se rapprochent de ceux de la grande sculpture de l'Annonciation, à l'angle Sud-Ouest du cloître.

41. – Harpies affrontées entourées d'une vigoureuse liane. Comparables aux harpies cornues du nº 20 dans la galerie Nord. Sculpture présentant plus de volume. Sans hiératisme.

42. – Premier exemple d'un thème que le second Maître traite à plusieurs reprises : acanthes plus ou moins ajourées et frisées. Ensemble très décoratif.

43. – Chiens à la gueule déformée, ressemblant à celle d'un lion mais sans crinière. Les croupes s'opposent et les têtes au long cou se tournent en arrière. Au milieu, un arbre analogue à un arbre de vie d'où sortent des tiges qui emprisonnent les monstres.

44. – De nouveau le thème des acanthes. Plus frisées qu'au nº 42. A l'extrémité des volutes, des pommes de pin.

45. – Paire de harpies, non affrontées, aux ailes étendues. L'arbre du milieu n'est pas sarmenteux mais charnu.

46. – Très semblable au nº 44. Feuilles d'acanthe très fouillées. Peut-être des fougères. Double volute.

47. – Scène très typique de cet artiste. Deux griffons, animaux aux grandes ailes, dont les croupes s'opposent et les têtes s'affrontent en un mouvement vigoureux. Exécution pleine de force et de valeur décorative. Des tiges s'entrelacent et emprisonnent les animaux par les pattes et par le cou.

La galerie Sud

48. – Énormes corps d'oiseaux dont le volume occupe tout le chapiteau. Les cous

s'abaissent jusqu'aux pattes et se terminent par des têtes de fauves à l'expression horrible.

49. – Acanthes finement ajourées, dont on a dit que ce pourrait être des fougères. Un vrai travail de dentelle qui fait penser à l'art califal et mozarabe. En guise de fruits, des pommes de pin pendent aux arêtes du chapiteau.

50. – Deux oiseaux à la gorge très bombée, qui tournent en sens opposé leurs têtes au bec prononcé. Outre les deux chapiteaux de la face double, un arbre de vie dont la ramure emprisonne les oiseaux.

51. – Acanthes frisées. Analogues à celles du nº 42 de la galerie Ouest.

52. – Cerfs emprisonnés dans un abondant réseau de lianes (pl. 34). Dessin très fin et très élégant. Facture excellente. Beaucoup de réalisme dans l'attitude angoissée des animaux.

53. – Les animaux fantastiques du nº 48 de cette même galerie, mais cette fois dressés et affrontés. Expression diabolique des figures.

54. – Animaux affrontés, aux croupes opposées. Analogue au nº 44 de la galerie Ouest.

55. – Centaures sagittaires, aux corps en sens contraire, mais aux visages affrontés. Fort enveloppés et emprisonnés dans un réseau touffu de lianes.

56. – Nouvelle version des harpies.

57. – Sur la face double du chapiteau, deux hommes décochent leurs flèches sur un monstre, peut-être une harpie, situé au milieu du bloc de pierre. Sur la partie simple du chapiteau, un homme monté sur des branches entrecroisées subit les attaques de deux monstres situés à ses pieds.

58. – Nouvelle version des animaux superposés ou du combat d'animaux. Cette fois ce sont deux aigles, deux oiseaux de proie qui attaquent de leurs serres et de leur bec des lièvres au-dessous d'eux (pl. 35). Plus de réalisme et moins d'arabesques que chez le premier Maître. Comparable au nº 36 de la galerie Ouest.

59. – Acanthes et fougères très ajourées. Analogue au nº 49 de cette même galerie. Il porte aux extrémités des petites roses au lieu de pommes de pin.

60. – Le chapiteau original manque. On y a placé un chapiteau de pierre épannelé, donnant les volumes.

61. – Analogue au nº 50 de cette galerie. Paire d'oiseaux aux têtes placées aux deux extrêmes des chapiteaux et tournées en sens inverse l'une de l'autre.

62. – Centaures aux têtes également tournées dans des directions opposées. Sculpture en haut relief. Les rameaux d'un arbre de vie emprisonnent le cou des centaures.

63. – Animaux monstrueux. Leur corps d'oi-

seau rappelle beaucoup les divers types de pélicans du premier Maître. De même, en général, leur disposition sur le chapiteau. Ils ont également l'aile levée. La queue est celle d'un reptile. Des cous poilus, qui s'abaissent et se terminent au niveau des pattes par d'horribles têtes d'animaux féroces.

64. – Ici se termine la galerie et le cloître inférieur lui-même sur le thème des griffons. Chapiteau semblable en ses éléments à celui du nº 47 de la galerie Ouest, mais les animaux ont des attitudes différentes. Corps ailés très volumineux. Têtes monstrueuses qui se mordent l'aile.

Les dernières stations

L'artiste admirable qui a conçu et exécuté ce magnifique relief de l'Annonciation semble avoir hérité du premier Maître sa tendance à récapituler en une seule scène divers thèmes plastiques. Ainsi l'avons-nous signalé par exemple pour la station de l'Ensevelissement, à l'angle exactement opposé du cloître. Ici, dans le relief qui est actuellement sous nos yeux, il traite du Couronnement de la Vierge, de son exaltation glorieuse, et en même temps il représente, de façon précise, le passage évangélique de l'Annonciation. Mystères à la vérité très connexes entre eux, car la glorification de la Vierge Marie commence, en toute exactitude théologique, au moment où elle accepte sa vocation de Mère de Dieu.

Dans le haut deux anges, dont le corps dessine une courbe descendante, portent en leurs mains la couronne qu'ils posent sur la tête de la Vierge. Ce sont incontestablement des anges volants, chacun ayant sa paire d'ailes, mais à force de réalisme et dans la position qu'ils occupent, on dirait qu'ils sont appuyés sur un arc surbaissé qui, soutenu par deux colonnettes munies de chapiteaux, ferme dans le haut l'enceinte sacrée. Au-dessus, entre les corps des anges, est dessiné le classique paysage de tours et de coupoles, et de l'arc tombe en guise de toile de fond un grand drap aux multiples plis très soignés et très marqués. La Vierge Marie est le personnage principal de ce tableau. Elle se trouve représentée par une sculpture admirable. Tout ce qu'on peut dire de la dignité et de la grâce de son geste reste au-dessous de la réalité. Sa tête en particulier est un chef-d'œuvre. L'une de ses mains, la droite, à hauteur de la poitrine, présente la paume au spectateur, et l'autre est disposée avec beaucoup d'art sur le corps et les jambes. La Vierge est assise, comme dans l'iconographie gothique. C'est une femme jeune encore, mais non une jeune fille, et dans toute la plénitude de sa beauté. Gabriel, l'archange, est un jeune homme aux cheveux frisés, personnage très vivant, comme copié sur un modèle pris dans la foule. Il met le genou droit en terre, et il étend la main dans l'attitude classique de celui qui, avec révérence et grâce, va communiquer un message.

Le relief, d'une valeur et d'une qualité artistique exceptionnelles, n'est déjà plus purement roman. Il est, tout au moins, bien marqué par la transition orientée vers le gothique. La préoccupation gothique du plissé domine l'ensemble plastique. La tradition à laquelle appartient cette œuvre a déjà été déterminée plus haut lorsque nous nous sommes efforcés de lui assigner une date. Elle correspond à un art qui rappelle certaines sculptures de Santiago de Compostela et de San Vicente de Ávila en passant par Santiago de Carrión de los Condes, alors que la seconde moitié du XIIe siècle était déjà bien entamée.

Par contre, du fait qu'il est très abîmé, le relief voisin qui représente l'Arbre de Jessé laisse l'impression d'une œuvre plus archaïsante. C'est la pierre la moins bien conservée du cloître, et l'usure fait disparaître, semble-t-il, les qualités de la taille. On devine que les plis des vêtements sont très semblables à ceux de l'Annonciation. Mais l'arbre proprement dit, un rameau avec ses ondulations, ses feuilles et ses fruits n'est pas tellement éloigné de thèmes analogues traités par le second Maître de Silos. Il y a même dans ce relief une façon personnelle de figurer le thème, en échappant un peu aux traditions artistiques où le même sujet se trouve déjà représenté. Jessé se trouve dans la partie inférieure du retable, couché sur le côté droit. Le tronc qui sort de son flanc s'épanouit en deux roses comme des mandorles, échelonnées en hauteur. La première est occupée par la Vierge Marie, enveloppée d'une ample draperie. Dans la seconde, on voit un personnage : un vieillard avec un enfant sur les genoux, figure du Père Éternel avec le Christ. Au-dessus plane et descend la colombe du Saint Esprit. Dans toute la partie haute du tableau, sur les côtés, se trouvent six personnages représentant les prophètes. A la généalogie traditionnelle manquent les rois de Juda. Par contre on notera, fait inhabituel, la présence de la double génération, humaine et divine, du Seigneur.

Nous arrivons au terme de notre parcours, et déjà nous sommes sortis du monde roman. Ce relief de l'Arbre de Jessé dérive peut-être du même thème traité sur le portique de la Gloire à Saint-Jacques de Compostelle. L'itinéraire suivi pour parvenir à Silos est donc probablement le même que celui emprunté par le retable de l'Annonciation. L'élégance du gothique – avec plus de vigueur dans l'Annonciation – se trouve déjà présente dans ces deux sculptures. C'est dans la même atmosphère artistique qu'il faut envisager le cloître supérieur : époque où le roman perd ses énergies, où les acanthes subissent une stylisation, deviennent trop simples et trop schématiques, où leurs feuilles se transforment à leur tour en filigranes. A Silos néanmoins, et même dans ce qui se rattache au style de transition précédant le gothique, persiste une lueur de la vigueur de l'art roman. Sur la face Sud du cloître supérieur, on retrouve en certains chapiteaux un témoin de la vie populaire : les jeux et la danse, le travail de la forge, le jongleur avec l'ours, etc. On peut considérer ces images comme un dernier reflet du monde roman dans ce monument admirable.

LE MILIEU HISTORICO-CULTUREL

Aujourd'hui, c'est comme une œuvre isolée que le cloître de Silos s'offre à nos regards. Admirable héritage du passé qui, par son excellence et sa merveille, paraît si exceptionnel pour son époque et d'une originalité tellement marquée qu'il ne faut pas s'étonner si l'on éprouve quelques doutes sur l'ancienneté d'une œuvre apparemment très en avance sur son temps.

Il est tout à fait certain que nous nous trouvons devant quelque chose d'exceptionnel. Mais aussi exceptionnel au milieu du XIIe siècle qu'à la fin du XIe. A retarder de quarante ans la date possible de sa construction, on ne découvre pas pour autant le grand secret du cloître de Silos. Une inconnue demeure, et cela reste un difficile problème de savoir comment un art aussi pur et aussi raffiné a pu éclore dans ce site écarté de la terre castillane. Mais ce problème se simplifie notablement si nous considérons le phénomène de Silos dans son ensemble : comme le témoin non seulement d'un artiste mais, de façon plus exacte, d'un centre créateur d'œuvres artistiques, où se rencontrent et s'entremêlent de nombreuses et diverses influences esthétiques et culturelles; centre qui, du vivant même de saint Dominique, est marqué par des réalisations très importantes et très originales en des domaines variés.

Quand le saint arrive à Silos, il vient d'un centre célèbre dans la culture du Moyen Age hispanique. La note dominante du monastère de San Millán de la Cogolla, dans la région de la Rioja, est le mozarabe. A ce jour, et depuis quelque temps, ce concept est en train de perdre une grande partie de sa composante arabe, perte qui est déjà, semble-t-il, largement compensée par d'autres influences espagnoles décisives, soit wisigothiques, soit asturiennes. Le symbole vivant de ce mozarabisme de la Cogolla est son église de San Millán de Suso, assurément wisigothique à l'origine, qui s'agrandit de constructions aux arcs outrepassés, sous le règne de Sancho el Mayor de Navarre, au premier tiers du xie siècle, lorsque saint Dominique appartenait à cette communauté ou à son obédience.

De San Millán, l'abbé Dominique apporta à Silos un grand amour, très bénédictin, pour les belles œuvres réalisées avec soin, amour qui s'exprimait par les manifestations les plus typiques de l'art médiéval. Les miniatures de San Millán sont célèbres, celles de son admirable collection des Conciles, appelées *Collection hispanique,* et qui constitue le *Codex Aemilianensis,* aujourd'hui à l'Escorial; également sa *Bible gothique,* le *Commentaire de l'Apocalypse* du Beato de Liébana, toutes œuvres du xe siècle, et encore bien d'autres œuvres de la tradition monastique et codex liturgiques de rite mozarabe. En même temps que la miniature, on cultivait aussi au monastère de Suso le travail de l'ivoire, qui a donné deux œuvres splendides, d'un haut degré de perfection artistique, les célèbres plaques des coffrets de San Millán et de San Felices, le premier authentiquement espagnol, d'une taille vigoureuse et expressive, le second plus routinier et moins passionné dans l'expression, attribuable à quelque artiste germanique.

Au moment où l'on réalisait les deux coffrets en ivoire dans le monastère de la Rioja, saint Dominique était déjà mort. Celui de San Millán date approximativement de 1076, et celui de San Felices au plus tôt de la fin du siècle. Saint Dominique apporta à son abbaye castillane cette atmosphère artistique que l'on respirait à San Millán. Au cours des siècles s'est perdue, par les méfaits des guerres et des révolutions, de la mise en vente et de l'incurie, une grande partie des trésors artistiques conservés à Silos. Il reste cependant quelques pièces fondamentales qui suffisent à prouver le grand sens artistique du saint et l'atmosphère qu'il créa à Silos.

Dans le musée de l'abbaye, on peut voir aujourd'hui le calice qu'employait le saint. C'est une grande coupe de trente centimètres de haut, et dont le bord supérieur a dix-neuf centimètres de diamètre. Il est en argent avec des traces d'une ancienne dorure. Il contient un litre et demi de liquide, et certainement ses dimensions sont en rapport avec la liturgie mozarabe qui administrait la communion sous les deux espèces. Il porte le nom de « calice ministériel » et, d'après la tradition, ceux de sa catégorie et de ses dimensions ne servaient pas à la consécration du Sang du Seigneur mais à faire boire aux fidèles un mélange fait de vin naturel et d'une part du Sang consacré. S'il ne porte pas de date, il est néanmoins pourvu d'une inscription qui le dit avoir été fait par l'abbé Dominique au nom du Seigneur et en l'honneur de saint Sébastien. On réalisa donc cette grande pièce de l'orfèvrerie médiévale espagnole entre 1041 et 1073, années qui limitent le gouvernement spirituel du saint. Il se compose d'une coupe et d'un pied, séparés par un gros nœud intermédiaire et quasi symétriques. Son ornementation est très curieuse et rappelle directement les motifs décoratifs des manuscrits médiévaux hispaniques. La coupe et le pied portent gravés une série d'arcs outrepassés, qui comme les autres ornements du calice sont en filigranes en forme de rinceaux appliqués sur la surface du vase sacré, ornement appelé « vermiculé », avec des perles d'argent repoussé. Par le dessin de l'ornementation et par le mode de travail, qui est nettement oriental, ce calice est un précieux témoin de cette fusion des styles en un nouvel élan créateur, fusion qui s'opérait activement dans le Silos du XIᵉ siècle.

Avec le calice s'est conservée sa patène, disque de trente et un centimètres de diamètre, creusé en son centre d'un profond repoussé ou concavité décorée de huit arcs lobulés qui lui donnent un air califal (voir *Glossaire* pl. 121 et 86). Cette partie centrale en creux s'encastre exactement dans l'ouverture de la coupe du calice, d'où l'on conclut que ce sont deux pièces faites l'une pour l'autre. Au centre il y a un gros cristal de roche. La partie plane de la patène vers l'extérieur et la partie supérieure des arcs lobulés portent comme le calice un travail vermiculé de filigranes d'argent appliqué. La dominante décorative est la spirale. La patène est parsemée de cabochons faits de pierres dures de diverses tailles, dont deux sont d'anciens camées romains. Cette patène est d'exécution plus délicate et plus fine que le calice. Elle ne porte aucune inscription dont on puisse tirer une date. En raison de sa valeur fonctionnelle, on peut supposer que si elle est effectivement postérieure au calice, les deux dates sont cependant très proches. Le jeu calice-patène fut exécuté au moment où commençait à Silos l'affluence des pèlerinages.

Le travail vermiculé du calice et de la patène est en relation avec deux autres admirables objets du trésor de Silos : les deux grands retables émaillés, l'un dans l'abbaye même que nous visitons, l'autre en dépôt au musée de Burgos. Au total sont parvenus jusqu'à nous cinq pièces émaillées de Silos, plus quelques plaques dépareillées. Il s'agit des retables déjà cités, qualifiés de pièces capitales de l'orfèvrerie médiévale, de deux coffrets à reliques, l'un au musée de Burgos et l'autre à Silos, et d'une remarquable crosse découverte au cours des fouilles récentes, que l'on peut admirer au musée de l'abbaye. Quant aux plaques dépareillées, elles ont été, il y a déjà fort longtemps, incorporées à un coffret d'ivoire venant de Silos et aujourd'hui conservé lui aussi au musée de Burgos.

Jusqu'à une époque toute récente, on considérait couramment toutes ces réalisations d'un art exquis et raffiné comme des exemplaires venus de Limoges, en raison de quoi on en repoussait généralement la date au XIIIe siècle, grande période d'expansion de l'émaillerie limousine. Mais l'étude plus complète des deux grands panneaux de Silos et surtout l'attention portée à leurs décorations vermiculées, ont entraîné comme conséquence une modification radicale des jugements traditionnels. On admet maintenant de façon unanime que les deux panneaux sont de fabrication espagnole, très probablement réalisés à Silos sous l'effet d'une forte influence arabe ou mozarabe, et qu'ils datent du XIIe siècle, des dix premières années pour ceux qui les rapprochent de la croix de Mansilla, ou seulement de la première moitié pour ceux qui les assimilent au diptyque de l'évêque González à la Camara Santa d'Oviedo.

On fait remarquer que les deux panneaux étaient certainement deux pièces ajustables entre elles et destinées à couvrir le tombeau de saint Dominique. Celui de Burgos formait le devant et celui de Silos lui était joint à la partie supérieure pour former un petit toit. Ils se situent donc à l'époque où le culte du saint prit une grande extension. La pièce de Burgos mesure 2 m. 35 de large sur o m. 85 de haut (pl. 39). Elle est faite de plaques clouées sur une planche. Les plaques sont de couleur dorée, en partie burinées en vermiculé et en partie ciselées, avec des émaux et des cabochons. Dans la partie inférieure on voit des restes d'arcs qui se trouvaient également recouverts de plaques métalliques. Dans son ensemble la pièce comprend un Christ en majesté, Pantocrator (pl. couleurs p. 93) et le groupe des Apôtres avec ses douze personnages. La figure du

Christ est imposante. Sa tête ainsi que celles des Apôtres est sculptée en relief dans le cuivre, ses volumes sont accusés et elle est vigoureusement ciselée en un style expressif et plein de fougue, tout à fait dans la ligne générale de l'art espagnol. Les couleurs de l'émail sont intenses mais sobres. Les verts et les bleus y dominent, avec des nuances diverses; on y trouve aussi un peu de blanc, davantage de noir, et quelques touches de vermillon.

Les Apôtres sont logés dans de très belles petites niches, à l'arc légèrement surbaissé soutenu par des colonnes avec leurs chapiteaux, niches finement ciselées et surmontées d'édifices, tours et coupoles, en repoussé eux aussi (pl. 40). En haut et en bas, deux grandes bordures; comme la mandorle qui entoure le Christ et les deux grandes bandes horizontales qui traversent les niches des Apôtres, elles sont décorées de très belles gravures au ciseau ou au burin faites de diverses formes de palmettes et de rinceaux. C'est ce travail vermiculé qui a servi à établir la filiation espagnole des deux panneaux. Cette révision des critères se base sur deux prémisses fondamentales. La première est l'origine orientale de ce type de décoration, qui s'est diffusé aux xe et xie siècles dans les pays du bassin méditerranéen. Et la seconde, sa parenté directe avec les formes et les œuvres de l'orfèvrerie hispano-musulmane du Califat. Dans la bordure inférieure et supérieure il y a également des paires d'oiseaux, et des cabochons de pierre et de cristal groupés par cinq.

Le même travail vermiculé apparaît encore sur le panneau conservé à Silos, mais il occupe des surfaces plus limitées. Au total cette pièce mesure 2 m. 50 de long sur o m. 25 de haut. Elle est formée elle aussi de plaques de cuivre doré, et sa structure est plus sobre. Celle de Burgos révèle une influence byzantine plus marquée, dont les volumes accusés du modelé des visages viennent rompre la rigidité. Celle de Silos est plus castillane et plus romane, moins haute en couleurs. En définitive tout revient à un très délicat travail linéaire au burin. Seule se détache en relief sur le devant la gracieuse figure en repoussé d'un Agneau de l'Apocalypse, placé sur une croix au centre d'un cercle. A ses côtés, six à droite et six à gauche, se trouvent douze personnages, en qui l'on a voulu voir la moitié du groupe des Vieillards de l'Apocalypse. Ils sont logés dans de petites niches de trois arcs chacune, l'arc central en rigoureux plein cintre, les deux latéraux – plus

Coffret d'ivoire émaillé, provenant de Silos et conservé actuellement au Musée de Burgos. Vue du toit du coffret.

petits – un peu surbaissés. Chaque niche, comme dans le panneau de Burgos, se trouve surmontée de tours, d'une coupole et de toits, traités à la manière de la partie haute de la station du Doute de saint Thomas, dans le cloître inférieur. Les colonnettes et les chapiteaux des arcs sont également très semblables dans les deux cas. Le tout est pourvu de deux bordures, dont la première est formée de plaques décorées d'un travail vermiculé qui tout du long est parsemé de cabochons de cristal et de pierres. D'un même travail, avec des cabochons analogues, est aussi le cercle central qui entoure l'Agneau. La seconde bordure, celle de l'extérieur, est couverte d'inscriptions en caractères coufiques. Tout le panneau est extrêmement élégant, surtout dans la distribution des arcs, et dans le style et la gravure excellente des personnages, tous en attitude très expressive. Mais le dessin des visages et des pieds, et le plissé des vêtements révèlent que le travail est postérieur à celui des premières stations du cloître.

A l'égard du milieu culturel de Silos aux xie et xiie siècles, il est très important que ces admirables pièces d'orfèvrerie et d'émaillerie aient été exécutées dans le pays, et à l'abbaye même, selon toute probabilité. Et à une époque antérieure au rayonnement de Limoges. Pour expliquer le phénomène, on a parlé des relations qui pouvaient exister entre les monastères situés de part et d'autre des Pyrénées, comme aussi de l'existence d'ateliers itinérants. Aucun donné historique ne permet de défendre ces conjectures, et l'œuvre d'art elle-même est l'expression de quelque chose d'autochtone. Les caractéristiques arabesques califales, la force de la couleur, la vigueur des têtes ciselées, des parentés certaines avec l'art du cloître, l'allure mozarabe de l'ensemble, manifestent dans ces deux grandes pièces d'émail et de métal repoussé un cas nouveau et important de symbiose culturelle hispanique, parallèle à celui de l'œuvre du premier artiste des chapiteaux du cloître. Dans la même ligne se situent des plaques émaillées et des montures de vermiculé qui viennent de Silos et ont certainement été fabriquées à Silos même (pl. 36). Elles se trouvent sur un coffret en ivoire, d'un travail très délicat (pl. 38). Celui-ci provient des ateliers de Cuenca et date du xe siècle. Pour le transformer en reliquaire, il fut sans nul doute remonté à Silos, avec des cornières de cuivre aux arabesques ciselées dues à l'orfèvre qui exécuta les panneaux, et avec des émaux figurant des thèmes chrétiens. Sur le couvercle se trouve un Agneau eucharistique très vigoureux et très expressif, de couleur blanche, à l'intérieur d'un cercle composé de triangles bleus et noirs; et pour compléter le rectangle, deux oiseaux stylisés de façon remarquable, très sûre et très élégante (pl. couleurs p. 104). Le lien avec Silos apparaît clairement dans un émail latéral qui représente saint Dominique avec deux anges (pl. 37). Ce coffret est conservé au Musée de Burgos, en tant que dépôt provenant de Silos, et avec lui un autre, également arabe, en ivoire, qui contint les reliques de saint Sébastien et saint Barthélémy. D'après la tradition, ce dernier coffret fut un don de Fernán González au monastère, après avoir appartenu originairement à la femme du calife de Cordoue Abderaman III.

Ces coffrets d'ivoire ne sont que des notes expressives nous permettant de nuancer l'atmosphère artistique de l'abbaye au moment de l'expansion romane. La présence d'éléments mozarabes ou califals parmi les artistes de Silos est tout à fait claire, qu'il s'agisse des sculptures du cloître ou des panneaux émaillés. On est en face d'un art très nouveau dans ces deux genres de travail. Un art fécondé par des influences hispaniques très diverses. Et pour permettre de mieux comprendre encore cette atmosphère, nous ferons une allusion, si brève soit-elle, à un troisième ordre d'activité artistique que saint Dominique fit fleurir dans son abbaye castillane : c'est l'important chapitre du *scriptorium* de Silos, de son école de copistes et de miniaturistes.

Les principales œuvres sorties de l'atelier de copie de Silos sont aujourd'hui hors d'Espagne. L'exemplaire du *Commentaire de l'Apocalypse* du Beato de Liébana se trouve au British Museum de Londres, qui l'acquit en 1840 de l'ex-roi d'Espagne Joseph Bonaparte. On suppose que ce codex se trouvait pour un temps dans le monastère bénédictin de Saint-Martin à Madrid lorsque les troupes napoléoniennes le mirent à sac. Il s'agit de l'un des plus beaux, et peut-être l'un des plus tardifs, de la collection des « beatos » espagnols. Outre de nombreuses vignettes et bandeaux, il contient une centaine de grandes compositions en pleine page ou double page, véritables tableaux pleins de force et de couleur, d'une composition très audacieuse, où sont représentées les principales visions de l'Apocalypse et de la prophétie de Daniel, avec une grande richesse chromatique et une imagination extraordinaire. Cet énorme travail fut commencé l'année même de la mort de saint Dominique, en 1073, sur l'ordre de son successeur l'abbé Fortunio. Parmi les copistes intervinrent les moines Domingo et Nuño qui terminèrent leur travail en 1091, date à laquelle commença son œuvre d'enluminure et de peinture le prieur Pedro, qui l'acheva le 12 juillet 1109.

Le prêtre Ericonus était le chef de cette école de copistes qui travaillait à Silos. Il fut assurément son maître le plus habile et le plus brillant. On lui doit un admirable exemplaire des Étymologies de saint Isidore de Séville que, selon une annotation de sa propre main, il termina le 24 août 1072 en cette abbaye de Silos. Ce remarquable codex se trouve actuellement à la Bibliothèque Nationale à Paris. Outre ces deux œuvres excellentes, il convient de citer également pour sa classe et sa beauté une copie de l'*Explanatio* ou commentaire de la Règle de saint Benoît, de l'abbé Smaragde, que l'on peut admirer au musée de Silos. Elle est l'œuvre du prêtre et notaire Juan qui l'exécuta un siècle avant l'arrivée de l'abbé Dominique à Silos, puisqu'elle porte la date de 945.

Répartis entre le British Museum, la Bibliothèque Nationale de Paris et le musée de Silos, on a pu cataloguer quarante manuscrits importants, en caractères wisigothiques, qui appartiennent très exactement aux xe et xie siècles. De ce xie siècle, mais en caractères français, se trouve à Silos le *Sacramentaire d'Aurillac*. Le reste, à part quelques traités classiques d'érudition monastique comme les *Conférences* de Cassien, les Règles de saint Benoît et de saint Léandre, les *Dialogues* et les *Homélies* de saint Grégoire, constitue le fonds le plus important qui ait été réuni sur la liturgie mozarabe. Ce grand dépôt originaire de Silos est celui qui a permis la première étude de fond sur cette liturgie particulière qu'est la liturgie espagnole-wisigothique tradi-tionnelle. De Silos proviennent les *Officia Toletana*, les *Breviarium* et *Psalterium Toletanum*, l'*Homiliaire* mozarabe, l'*Antiphonale Silense* aujourd'hui au British Museum, le *Liber comicum*, les diverses *Vitae Sanctorum* et deux *Homiliae Patrum*, ouvrages moza-rabes de la Bibliothèque Nationale de Paris. Outre, bien sûr, les pièces fondamentales du Musée de Silos : un *Ritus et Missae* de 1039, le *Liber Ordinum* de 1052, le *Lectionnaire mozarabe* de 1059, le *Breviarium gothicum seu Mozarabicum*, le *Rituale antiquissimum*, l'*Antiphonale Silensis*, pour ne citer que des manuscrits du XIe siècle.

Cette brève recension nous aide à nous former une idée de l'atmosphère de Silos lorsque saint Dominique lui imprima l'élan de sa grande activité religieuse, artistique et culturelle. Bien proche encore était l'époque où cette région formait la frontière avec les Maures. Au début du XIIe siècle s'ouvrira la liste illustre des écrivains de Silos avec le moine anonyme auteur de la *Cronica Silense*. Il entra tout petit au monastère – *Domus Seminis* – et cependant l'on remarque dans son œuvre qu'il connaissait l'arabe, en y découvrant bien des reflets du monde musulman.

Cette étude du milieu nous aide à mieux comprendre le phénomène historico-artistique de Silos, dont la manifestation la plus célèbre est constituée par les chapiteaux et les stations du cloître inférieur. Dans le Silos des Xe et XIe siècles se produisit un important brassage de cultures, de vie spirituelle et de style. En ce centre actif et créateur, grâce au saint qui le restaura, se donnent rendez-vous les vieilles traditions wisigothiques avec leurs éléments byzantins, le monde subtil du mozarabe et du califal, et pour finir vient y converger la grande nouveauté du XIe siècle, l'art roman de l'architecture et de la sculpture, des structures et de la décoration. Le caractère ouvert et rénovateur de l'abbé Dominique lui accorde large entrée dans son œuvre de restauration. D'abord dans l'église qu'il agrandit, et dans le cloître voisin où sa manifestation la plus remarquable est l'œuvre du premier artiste de la sculpture à Silos. Puis c'est le même esprit qui se manifeste chez le prieur Pedro, celui qui illustre le « Beato », et chez les maîtres-orfèvres et fabricants d'émaux qui exécutent les panneaux. Les mêmes influences ; un monde qui devient art. Ces grands artistes ont réalisé quelque chose de nouveau, plein d'originalité. Quelque chose de typique qui ne se trouve pas ailleurs. Ils n'y sont pas parvenus en équilibrant des influences diverses, ou par une juxtaposition d'éléments artistiques et culturels, mais par assimilation, par incorporation féconde d'un milieu vital au service d'une grande force créatrice.

DIMENSIONS DE SILOS

stations

Ascension :
  hauteur : 1 m 80; largeur : 1 m 10.
Pentecôte :
  hauteur : 1 m 80; largeur : 1 m 10.
Mise au Tombeau :
  hauteur : 1 m 80; largeur : 1 m 10.
Descente de Croix :
  hauteur : 1 m 80; largeur : 1 m 10.
Disciples d'Emmaüs :
  hauteur : 1 m 80; largeur : 1 m 08.
Doute de saint Thomas :
  hauteur : 1 m 80; largeur 1 m 12.
Annonciation :
  hauteur : 1 m 77; largeur : 1 m 10.
Arbre de Jessé :
  hauteur : 1 m 77; largeur : 92 cm.

galeries

Hauteur des galeries Nord, Sud et Ouest : 4 m 35.
Hauteur de la galerie Est : 4 m 45.
Longueur des galeries :
  Nord : 32 m 60; Sud : 33 m 15; Est : 29 m 65;
    Ouest : 28 m 5.
Largeur des galeries :
  Nord : 3 m 55 à 3 m 65; Sud : 3 m 47; Est :
    3 m 65 à 3 m 73; Ouest : 3 m 65.

colonnade

Bases :
  hauteur : 17 cm.
  largeur : 30 cm.
  longueur : 60 cm.
Fûts :
  hauteur : 1 m 12.
Chapiteaux :
  hauteur : 30 cm.
  largeur : 30 cm.
  longueur : 60 cm.

Tailloirs :
    hauteur : 11 cm.
    largeur : 43 cm.
    longueur : 74 cm.
Bahut :
    hauteur : 55 cm.
    largeur : 73 cm.

cour intérieure

Longueur des côtés :
    Nord : 24 m 10; Sud : 24 m 30; Est : 20 m 90;
    Ouest : 19 m 85.

église romane

    (dimensions approximatives)

Longueur totale : 54 m.
Longueur du transept : 33 m 75.
Longueur de la nef : 38 m 40.
Largeur de la nef : 5 m.
Largeur du transept : 5 m 20.
Hauteur du bras existant du transept : 13 m 20.

GALERIES-PORCHES

La table des planches illustrant ce chapitre se trouve à la page 120.

S I les galeries-porches, qui viennent donner une note accueillante au mur méridional de l'église, constituent un phénomène assez restreint dans son extension
géographique, les exemples en sont cependant fort nombreux et assez divers.

Aussi n'avons-nous pu en retenir ici qu'une dizaine, choisies parmi tant
d'autres pour marquer les étapes de leur développement et en présenter les différents
types.

LES GALERIES-PORCHES

Si, à partir d'un centre théorique que l'on peut situer à Silos, on trace une vaste courbe, en forme de spirale, qui passe d'abord par la Sierra de la Demanda, puis par Soria pour se terminer enfin à Ségovie, on délimite sur la carte de Castille une zone très typique où se manifeste vraiment de façon intensive le phénomène des galeries-porches. Il s'agit là de cloîtres extérieurs de faible longueur qui se limitent généralement à la face Sud de l'église. Lorsque le phénomène atteint Ségovie, ce sont déjà de véritables portiques puisqu'ils s'étendent également sur la façade qui termine la nef. Leurs côtés Sud et Ouest se coupent à angle droit.

Cette forme architecturale n'est pas absolument propre à la Castille. En Catalogne, en Navarre, en Álava, il y a des porches qui sont semblables à de véritables galeries. Et son ancêtre le plus lointain, le *narthex*, évolution normale de *l'atrium*, correspond au premier développement de l'architecture chrétienne. Il est en fait situé à l'origine même du cloître, puisque le cloître se constitue ou se referme lorsque le porche, le narthex ou la galerie méridionale d'une église forme un carré en vue d'établir une communication directe avec d'autres bâtiments du monastère.

On recherche d'ordinaire l'origine de nos galeries-porches sur les routes de l'Orient. La raison essentielle en est dans leur similitude avec certains narthex syriens, de disposition et de structure analogues. Et comme il est incontestable que, par l'intermédiaire de l'Islam, bien des modèles artistiques de l'Orient chrétien ont pénétré en Europe, on a voulu trouver un lien de parenté entre les églises chrétiennes de Syrie et les galeries-porches de Castille à travers le califat de Cordoue. Le plus illustre des monuments mozarabes d'Espagne, San Miguel de la Escalada, au pays de León, présente une majestueuse galerie extérieure, avec onze arcs en fer à cheval qui par leur forme rappellent les sept arcs du *Beatus* d'El Burgo de Osma. Et l'hypothèse de son origine islamique se trouve confirmée par le fait précis que les galeries-porches apparaissent en Castille dans deux villages où la population mauresque était très dense : à Sepúlveda et à San Esteban de Gormaz. Le genre de galerie qui apparaît à San Esteban est plus mauresque encore par l'appareil de la construction et par certains détails de sa sculpture.

Cependant quelle que soit leur origine, orientale ou romane, les galeries-porches acquièrent leur physionomie définitive en Castille, sous l'influence directe de l'art de Silos. Le modèle primitif, San Esteban de Gormaz, avec ses colonnes uniques et difformes, à la base étirée et au fût trop court, au chapiteau massif et au tailloir très débordant, va subir un processus d'épuration. A l'exemple des structures de Silos, les colonnes se groupent par paires et s'allongent, les bases et les chapiteaux reviennent à de justes proportions, et plus encore, directement ou indirectement, la thématique si particulière à Silos s'impose dans la sculpture et la décoration.

Silos a contribué à donner leur caractère spirituel aux galeries-porches en leur apportant son admirable synthèse du roman et de l'oriental. On peut supposer que le phénomène se produisit à l'occasion des travaux de la cathédrale primitive d'El Burgo de Osma. Et l'évolution apparaît clairement dans la belle galerie de San Pedro de Taracena, dans la province de Soria. Très éclairante est sa comparaison avec son antécédent de San Miguel à San Esteban de Gormaz. En un lieu écarté et difficile d'accès au Sud du Duero, a surgi le modèle achevé de la galerie-porche, avec ses sept arcs au module de Silos, et ses chapiteaux qui reprennent les vieux thèmes de l'abbaye castillane.

Ces éléments devaient pénétrer dans la province de Soria, en différentes directions, et jusqu'à la collégiale de San Pedro dans la capitale. Le même type de galerie-porche s'implantera dans le groupe de la Sierra de la Demanda. Et jusque dans la plus complète des galeries située loin de cette région, aux confins des provinces de Burgos et de Palencia, celle de Rebolledo de la Torre, on verra revivre en ses beaux chapiteaux, quelque chose de l'influence de Silos.

VISITE

COMMENT VISITER QUELQUES ÉGLISES A GALERIES-PORCHES

SEPULVEDA

Sepúlveda est l'une des localités les plus typiques et les plus pittoresques de Castille, qui conserve – ou du moins avait conservé jusqu'à ces derniers temps – son agréable atmosphère seigneuriale. Elle est située dans le Nord de la province de Ségovie, non loin de son point de jonction avec celles de Soria et de Burgos, en un pays où la tradition rejoint facilement le Moyen Age. Pourtant Sepúlveda n'est pas un lieu d'accès difficile ou pénible. On peut s'y rendre très commodément par la grand'route d'Irún à Madrid que l'on quitte au village de Boceguillas. Mais si l'on vient du Sud, en provenance de Madrid, il est préférable de passer par Ségovie. Ainsi, quand nous en approchons, Sepúlveda se présente à nous sous son meilleur jour. Le paysage rappelle d'une certaine façon celui de Tolède, tandis qu'il s'abaisse en paliers successifs jusqu'à la plaine du Duratón. Dans le haut, dominant la ville, l'église de San Salvador avec sa grosse tour et sa galerie-porche. Sur le chemin que nous devons parcourir à travers rues et ruelles pour parvenir au sommet, nous passons près du château qui se trouve sur la place et nous pouvons visiter de curieuses et importantes églises : San Justo et sa crypte, l'ermitage de la Vierge de la Peña, San Bartolomé, Santiago, tout à fait en ruines, exemple de la construction romane en briques.

L'église de San Salvador se compose d'une seule nef à trois travées séparées par des pilastres adossés au mur. Les voûtes sont en berceau plein cintre. Sur les parois latérales, entre les pilastres de séparation des travées se trouvent des arcs en plein cintre très ouverts, reposant sur des colonnes relativement peu élevées aux chapiteaux volumineux. Ces arcs sont faits d'un gros tore et se trouvent doublés par deux moulures formant archivoltes. L'arc triomphal prend appui sur des colonnes adossées avec chapiteaux. A la hauteur de leur tailloir un cordon de billettes se déroule tout autour de l'église; ainsi qu'un autre dans le haut, d'où partent les arcs doubleaux.

L'abside est rigoureusement semi-cylindrique et à l'extérieur six colonnes adossées lui servent de contreforts et d'ornements. Ces colonnes ne sont pas rigoureusement espacées car celles qui se trouvent près de l'ouverture du demi-cercle sont plus rapprochées. Les autres partagent le reste de l'abside en trois parties égales; au milieu de chaque panneau se trouve une belle fenêtre, aux colonnes courtes avec des chapiteaux ornés de volutes ou de bulbes, l'arc étant fait d'un tore volumineux. Un bandeau fait le tour de l'abside à la hauteur des tailloirs, sans épargner les colonnes. Toute cette abside est montée sur une plinthe. Du côté droit, près de la tour, une construction postérieure qui semble être la sacristie, prend sur l'abside et lui enlève sa pureté originelle.

Sur la face Sud il y a deux fenêtres, sensiblement égales à celles qui éclairent l'abside; une autre du même genre se trouve sur la façade Ouest. Enfin, du côté Nord, l'église possède, un peu à l'écart mais reliée intérieurement à elle, une belle tour romane à trois étages. Cette tour, de même époque que l'église, est bien assise et de section carrée. Dans ses deux derniers étages, elle comporte des fenêtres romanes jumelées. Les plus hautes sur le côté Ouest sont munies en leur milieu de deux petits arcs soutenus par une colonne faisant office de meneau.

La *galerie-porche* s'étend le long de la face Sud où elle forme un portique ouvert qui se prolonge ensuite à l'Ouest, c'est-à-dire au bas de la nef et sur toute la largeur de la façade, sous forme de galerie aveugle. Cette partie aveugle de la galerie avait aussi des arcs ouverts mais ils ont été murés au xvie siècle. La galerie répondait donc initialement à la structure particulière aux portiques ségoviens, qui forment un angle. Peut-être avait-elle été la première de toutes, le modèle de celles de ce type car, si dans les églises de Ségovie les galeries ne sont pas toutes tardives, de toutes façons elles ne peuvent remonter aussi haut que celle de San Salvador.

La face Sud de la galerie, la seule qui se soit conservée, se compose de huit arcs qui prennent appui alternativement sur des colonnes et sur des piliers rectangulaires lisses assez forts (pl. 41). Les colonnes sont toujours uniques, avec une base romane normale, sauf une qui n'en a pas; et chaque colonne est munie de son robuste chapiteau. Sur les tailloirs une décoration de boules assez espacées, qui se continue en une sorte d'imposte sur les piliers lisses et vient doubler également l'archivolte. Les thèmes sculpturaux sont de peu d'intérêt, et ce qui vraiment attire l'attention est leur caractère primitif. Trois des chapiteaux sont ornés de bulbes et de figures humaines, ces dernières frustes et tout à fait déformées, et il est difficile sinon impossible d'en découvrir le sens. Les piliers ne comportent pas de colonnes adossées, si bien qu'il y a en tout quatre chapiteaux. L'un d'entre eux seulement n'est pas fait de bulbes ou de figures : le troisième à partir de la gauche lorsqu'on est à l'intérieur; c'est le mieux conservé et il est décoré de larges feuilles stylisées avec de gros fruits. L'entrée de la galerie se trouve du côté de l'abside; une porte d'accès en fer forgé suivie d'un petit escalier mène à l'entrée proprement dite qui est constituée elle aussi d'un arc en plein cintre sur des jambages prismatiques lisses. Toute la galerie comporte une murette élevée ou bahut sur lequel sont établies les colonnes et les piliers qui soutiennent les arcs.

L'impression que produit la galerie par sa sculpture et sa maçonnerie – et ceci est valable également pour la sculpture intérieure – est celle d'un art rude et primitif, bien que respectant les normes romanes. C'est un monument très ancien. Une des pierres de l'abside porte l'inscription : Era MCXXI. Il s'agit de l'ère hispanique, à laquelle correspond l'année 1093.

A cette date on avait certes déjà construit quelques uns des monuments majeurs du roman espagnol : la cathédrale de Jaca, San Isidoro de León, San Martín de Frómista, et l'on avait déjà beaucoup travaillé à Saint-Jacques de Compostelle. En face de ces œuvres, on peut définir San Salvador de Sepúlveda comme une construction de saveur tout à fait locale et de caractère encore rudimentaire.

Il n'y a pas de raison de douter de la formation romane du maître d'œuvre qui construisit cette église. On s'en rend principalement compte dans la structure des absides et dans la disposition de la nef et de ses voûtes. Comme sculpteur et décorateur, il se montre beaucoup plus rustique. Mais bien qu'il s'agisse d'un art assez primitif, on n'y trouve point de caractère particulier lui donnant une nuance mauresque ou mudéjare. Ceci est important lorsqu'on s'efforce de découvrir l'origine des galeries-porches. Sepúlveda constituait l'un de ces foyers mauresques qui subsistèrent après la Reconquête. On peut encore aujourd'hui en sentir l'atmosphère lorsqu'on parcourt ses ruelles. Il n'y aurait donc rien d'étonnant à ce que des artisans mauresques soient intervenus dans cette œuvre. Mais ils n'y ont pas laissé leur empreinte si particulière. Encore moins une marque aussi accusée que celle que l'on peut trouver, par exemple, en bien des constructions rurales de la province de Soria, et plus précisément dans les galeries de San Esteban de Gormaz.

SAN ESTEBAN DE GORMAZ

En suivant la route qui, depuis Aranda de Duero, remonte le cours du fleuve, nous pénétrons rapidement dans la province de Soria, et sur son territoire San Esteban de Gormaz est la première localité de quelque importance que nous rencontrions. Au pied des vestiges de son vieux château-fort, et avec ses deux petites mais très curieuses églises de San Miguel et d'El Rivero, ce village au nom si chrétien nous met en plein dans les modalités particulières du roman de la province de Soria. Ici, à San Esteban, nous découvrirons son problème, ou du moins sa caractéristique la plus générale. Nous nous trouvons devant un roman très roman par ses structures mais mis en œuvre par des constructeurs mauresques, marqué de toutes les nuances que l'exécution confère à une œuvre.

(suite à la page 145)

TABLE DES PLANCHES

41

42

46

49

52

53

58

On peut avec une base historique suffisante affirmer que pendant deux siècles au moins, du IXᵉ au XIᵉ, San Esteban de Gormaz se trouva dans une zone qui constituait véritablement le front des combats de la Reconquête espagnole. Au cours des oscillations normales et naturelles de la lutte, avec ses offensives et ses contre-offensives, il passa successivement sous la coupe des uns et des autres, des musulmans et des chrétiens. C'est seulement à partir de 1059 que son nom n'apparaît plus dans les chroniques guerrières. Il est bien certain qu'en ces temps là, la guerre en général n'était pas tendre, et l'on peut sans doute voir un souvenir des cruautés passées dans le nom de ce village appelé Matanzas (massacres) à environ sept kilomètres au Nord de San Esteban. Mais il est sûr également que deux siècles de cette situation frontalière, avec des alternatives et des oscillations, durent par force amener un climat et un régime d'entente vitale. Surtout si l'on tient compte du fait que ces maures et ces chrétiens des deux côtés de la frontière, qui tantôt se combattaient tantôt vivaient ensemble à San Esteban de Gormaz, étaient en définitive des hommes de la même race hispanique. La vie s'impose toujours, par-dessus les discussions, la politique et les idéologies.

Même une fois reconquis et entre les mains des chrétiens, San Esteban de Gormaz continua à s'appeler *Castro de Moros*, clair indice d'une survivance en ce pays d'une population et de coutumes plus ou moins musulmanes. On ne peut donc imputer au simple hasard le fait qu'aient apparu ici, à San Esteban de Gormaz, les formes d'une sorte de métissage artistique, qui en dernière analyse sont difficiles à expliquer et surtout à pénétrer en leur fond, car elles ne se produisent pas d'ordinaire dans la ligne des influences savantes, mais dans l'ordre de l'existence où s'entremêlent des manières d'être profondes et inexprimées.

De ce phénomène romano-mauresque, si manifeste dans la province de Soria, les églises de San Miguel et d'El Rivero, à San Esteban de Gormaz, constituent un important témoin. L'une et l'autre possèdent de remarquables galeries-porches.

SAN MIGUEL

Elle est située en plein cœur du village, sur l'une de ces collines basses qui l'épaulent étroitement. Monument fort curieux et, sans aucun doute, important, dont on devine aussitôt la grande ancienneté. On éprouve une certaine impression d'abandon devant un bâtiment qui mériterait certainement d'être entretenu avec beaucoup plus de soin. L'église est un peu étouffée entre les maisons et les masures qui l'entourent, mais l'accès a cependant quelque chose de solennel. Un perron d'une dizaine de marches mène directement à l'arche d'entrée

de la galerie-porche. Cet arc est égal aux six autres qui la composent, trois de chaque côté. L'entrée, largement ouverte jusqu'en bas, appuie son arc sur des piliers de section carrée. Les autres arcs reposent sur des colonnes, montées sur une murette ou bahut. En comptant la porte centrale, il y a donc sept arcs, le nombre idéal, qui en fait le type parfait de la galerie-porche. Son orientation au Sud est, elle aussi, parfaitement orthodoxe.

Sur la paroi de l'église, dans le haut, deux grandes fenêtres romanes qui se terminent en d'étroites archères. Pour la dimension, elles sont de très faible hauteur et très larges. Elles ont trois archivoltes et des colonnes qui, comme toutes celles de l'église, sont trapues, avec des bases et des chapiteaux volumineux. Toute cette face est construite en pierre d'appareil, avec de gros blocs aux angles ou aux encoignures. Par derrière s'élève une tour, œuvre très postérieure achevée en brique. Elle comporte cependant dans sa partie inférieure une fenêtre décorée tout à fait dans le style des colonnes et des chapiteaux de la construction primitive. Sur la droite quand on va vers le bâtiment, se présente une abside arrondie en moellons. L'hémicycle est lisse, comportant seulement, dans l'axe de la nef, une fenêtre aveugle, trapue elle aussi, avec des colonnes courtes et deux archivoltes. Tout autour de l'édifice, de nombreux modillons au bord du toit. Ils sont grossiers et la pierre est très usée, défaut commun à toutes les décorations et sculptures extérieures. On peut cependant identifier les modillons qui supportent l'auvent de la galerie. Certains présentent des personnages en robe mauresque ou des têtes enturbannées.

L'église n'a qu'une nef, comme celles que l'on trouve le plus généralement dans la province de Soria. Cette nef, qui n'est pas divisée en travées, conduit à une abside dont l'ouverture est plus étroite. Un arc triomphal sur des colonnes, celles qui sont le plus stylisées de tout l'édifice. La murette ou socle sur lequel elles s'appuient est assez haute. Les chapiteaux sont décorés d'animaux, chevaux et lions, d'inspiration califale. Les tailloirs sont ornés de grosses billettes qui continuent sur une sorte d'imposte tout autour de l'abside. L'église est couverte en bois dans la nef, d'une voûte en berceau plein cintre dans le chœur et d'un cul-de-four dans l'abside, comme de coutume.

Cette église serait du type le plus courant dans la région s'il ne s'y trouvait une galerie-porche et si l'on n'y avait ajouté une tour. La galerie n'est pas une addition; on peut même conclure de sa structure et de son mode de construction qu'elle est antérieure au reste de l'église. La tour, par contre, est postérieure et présente la même disposition que celle de San Salvador de Sepúlveda. Elle se trouve à part, du côté Nord, avec un petit passage de communication. Dans sa partie supérieure en brique, elle comporte deux étages. Une fenêtre simple à l'étage inférieur et double à l'étage supérieur : deux fenêtres jumelées sur les quatre faces. Ce sont des fenêtres en plein cintre mais sans ornement.

La galerie-porche de San Miguel pourrait bien être la plus ancienne de sa catégorie. Celle de San Salvador de Sepúlveda porte la date de sa construction : 1093. C'est à la vérité une date bien éloignée, mais les deux galeries étant d'allure rude et primitive, d'un examen comparatif on pourrait conclure à une ancienneté légèrement plus grande pour San Miguel. Les éléments qui apportent la preuve de sa lointaine origine sont la structure des colonnes, la hauteur et la dimension des bases, la faible hauteur des fûts et la forte saillie des tailloirs (pl. 42). En ce qui concerne la sculpture, le fait pour celle de Sepúlveda d'être très élémentaire n'entraîne pas à proprement parler l'antiquité ou l'archaïsme. Celle de San Miguel qui est de meilleure qualité peut bien être plus ancienne, et dater d'un moment où les influences califales, manifestes ici, étaient encore vivantes et actuelles.

Outre ses sept arcs orientés au Midi, cette galerie comporte des ouvertures à l'Est et à l'Ouest, avec cette particularité qu'à l'Est elle est faite de deux arcs et que les colonnes sont doubles et jumelées, alors qu'elles sont simples dans toute la galerie proprement dite. Les piliers de l'entrée sont prismatiques et son arc repose sur des supports à la façon de consoles. Les autres appuis sont constitués par des colonnes avec leur chapiteau. Sur l'autre face des piliers de l'entrée se trouvent des colonnes adossées avec leur demi-chapiteau. Les arcs ne comportent d'archivolte, de décoration ou de moulure ni à l'intérieur ni à l'extérieur. Mais la ligne des tailloirs, qui consiste en un gros bandeau dont la moitié inférieure est ornée de billettes, se prolonge à l'intérieur et à l'extérieur sur les parties en retour de la galerie.

Les thèmes sculpturaux sont tous marqués d'influence orientale, et il paraît très vraisemblable que cette influence soit venue directement de Cordoue. Peut-être de Tolède en ce qui concerne l'appareil des façades. Plaçons-nous à l'intérieur de la galerie et, de gauche à droite, passons en revue ses chapiteaux.

Sur le chapiteau médian de l'arc double, sur la face tournée vers l'Est, nous trouvons déjà des personnages vêtus à la façon mauresque. Longue robe ou *caftan* et turban sur la tête. Nous en voyons également sur les modillons de l'auvent de la galerie, et nous en découvrirons sur divers chapiteaux de cette galerie. Ainsi par exemple le cinquième de ceux qui se trouvent orientés au Sud. Il est certain que le sculpteur, avec assurément beaucoup de liberté dans l'imagination, a rappelé des scènes prises sur le vif à l'époque où l'on construisait l'église, sans que s'en soient scandalisés les clercs qui la faisaient bâtir. C'est là une preuve

incontestable d'antiquité. A l'époque, on s'habillait à la maure à San Esteban de Gormaz. Une tête coiffée d'un turban figure sur le premier des chapiteaux orientés à l'Ouest. Elle rappelle les sirènes que nous rencontrerons en certaines galeries de la Sierra de la Demanda. Elles sont pourvues de deux queues de poisson à la place de jambes et elles les tiennent chacune d'une main.

Le second thème intéressant, et le plus fréquent, est le thème animalier avec une saveur très nette d'apologue oriental. On peut voir un chameau avec son chamelier, un quadrupède qui s'attaque à une figure simiesque où l'on a voulu voir le démon, un cheval avec un personnage et un oiseau de proie. Un chapiteau particulièrement soigné dans ce domaine, c'est le quatrième qui surmonte la colonne adossée au pilier de l'entrée. Il représente un superbe paon et il est sculpté de façon vraiment remarquable. C'est aussi le cas d'un grand serpent qui fait tout le tour du septième chapiteau et s'attaque à un autre animal, peut-être un chevreuil. Le corps du serpent est sculpté d'une façon palpitante de vie.

Sur les derniers chapiteaux de cette galerie, les septième et huitième, on découvre un autre motif très caractéristique : le château-fort mauresque avec des créneaux triangulaires et des arcs en fer à cheval. Sur le septième chapiteau, il y a près du château des soldats coiffés de casques. Sur le huitième, les têtes des défenseurs apparaissent au sommet de la forteresse. Il reste le dernier des chapiteaux, le second de ceux qui soutiennent l'arc orienté à l'Ouest. Il est orné d'un décor végétal, seul de son espèce.

De cette description sommaire, on peut conclure que la galerie-porche de San Miguel à San Esteban de Gormaz constitue le prototype d'un modèle nouveau destiné à connaître une grande faveur, principalement dans les régions castillanes de Burgos, de Soria et de Ségovie. On peut discuter sur le point de savoir si la structure générale de l'œuvre, en ce qui regarde l'orientation de ses parties, nef, tour, abside et galerie, se fonde sur un souvenir de constructions analogues en Syrie ou en quelque autre lieu du Proche-Orient. Mais il semble certain que le parti est délibérément roman. Le constructeur de San Miguel veut faire du roman, cet art qui, aux jours du XIᵉ siècle où il vivait, était la grande nouveauté architecturale. Et cependant le maçon mauresque se trahit dans l'œuvre. Il se trouvait peut-être sous l'influence de souvenirs assez récents. Peut-être gardait-il de ce milieu la vision directe d'hommes vêtus à la maure et coiffés de turbans.

EL RIVERO

C'est une église plus importante que San Miguel. Aussi elle a subi au cours des siècles diverses modifications et réparations qui ont abouti à défigurer notablement son aspect originel. Son nom lui vient de ce que, dans cet ermitage ou cette église, on vénère une image de la Vierge, patronne de la *Concordia del Rivero* (l'Entente d'El Rivero), entité qui comprenait, avec San Esteban de Gormaz, vingt-trois villes ou villages de la rive (*ribera, rivero*) du Duero.

Elle est située à faible distance de San Miguel, sur une butte plus élevée à la limite du village. Excellent point-de-vue sur les deux rives du Duero. Édifice élevé et de construction soignée, vaste et muni d'une forte tour, mais sous la forme d'un clocher-mur, ce qui lui donne une note de légèreté lorsqu'on le voit dans son ensemble depuis San Esteban de Gormaz (pl. 44). A l'extérieur sont visibles quelques vestiges des murs primitifs. Dans la travée droite précédant l'abside et dans l'abside elle-même, on peut juger d'une partie de l'ancien hémicycle avec ses modillons et deux colonnes adossées. Mais un prolongement, assez brutalement réalisé, coupe la partie centrale de la courbe. A l'exception de ces quelques détails, la seule chose qui subsiste de la construction primitive est la galerie-porche que l'on n'a sauvée qu'en partie. Des neufs arcs qui se trouvent sur la face Sud, cinq seulement sont anciens.

L'église, à l'intérieur, est également très transformée. On l'a divisée en trois travées, séparées par des pilastres. De l'œuvre primitive il reste la voûte en cul-de-four de l'abside, deux colonnes adossées et un arc situé comme elles du côté de l'évangile. Les colonnes en question sont celles qui soutiennent un arc doubleau et sont montées sur un socle élevé. Elles sont adossées à la paroi et surmontées de chapiteaux décorés de végétaux avec tailloirs floraux. L'arc se trouve à côté d'elles. Il est roman, plus bas et aveugle à l'origine, mais ensuite percé d'une porte dans sa partie inférieure. Au sommet de ses colonnes se trouvent des chapiteaux ornés d'oiseaux et de feuilles, et à l'extérieur sa belle archivolte est ornée de trois rangées de billettes. Des chapiteaux de l'arc doubleau et du petit arc partent deux bandeaux qui se déroulent autour de l'abside. La sculpture de ces chapiteaux est d'une facture plus soignée que pour ceux de la galerie, et semble dater du XIIᵉ siècle à ses débuts ou déjà bien entamé. Par contre une fenêtre de l'abside est peut-être primitive. Sa décoration est faite de grosses rangées de billettes. A l'intérieur elle est dépourvue de colonnes et de chapiteaux. On les a certainement supprimés pour faire entrer davantage de lumière.

La galerie-porche est la sœur jumelle de celle de San Miguel, bien qu'on la sente postérieure. Deux détails apportent la preuve de ce décalage, si faible soit-il : la structure des colonnes et la sculpture en général. Les colonnes sont plus régulières et plus orthodoxes. Les bases énormes disparaissent, les fûts y gagnent en

hauteur, et la saillie des tailloirs est plus modérée. De la galerie primitive seules subsistent trois colonnes isolées, et cinq autres adossées à des piliers. Au total il reste cinq arcs anciens plus celui de l'entrée. Au delà de celle-ci, la galerie se continue vers l'Ouest par trois autres arcs soutenus par des piliers lisses sans aucune sculpture. L'ensemble, bien que peut-être plus monumental et plus évolué, ne possède pas la beauté et l'harmonie de toute la face Sud de San Miguel (pl. 43).

Pour ce qui est de la sculpture, nous retrouvons les mêmes thèmes que dans l'église précédente. Si de l'intérieur nous passons en revue ses chapiteaux de gauche à droite, nous y trouvons les thèmes ci-après. Sur le premier, les figures de personnages portant un ample caftan et un turban. Le suivant est décoré d'animaux et très abîmé. Sur le troisième sont groupées diverses figures, parmi lesquelles un homme luttant contre un monstre. L'arc suivant s'appuie sur un pilier carré pourvu de colonnes adossées avec chapiteaux. L'un de ceux-ci est à décor végétal avec des volutes, et de l'autre côté du pilier nous voyons des oiseaux placés aux angles et dont les ailes se rejoignent au milieu du chapiteau. Le cinquième chapiteau, sur une colonne isolée, est certainement le plus complet de l'ensemble. Nous y découvrons trois scènes : des personnages en longue robe, un homme trapu sur un animal très long qui est peut-être un chameau, et un animal qui en dévore un autre. Enfin nous arrivons au pilier de l'arc d'entrée. Sur l'un de ses côtés apparaît de nouveau la sirène qui saisit ses deux queues, et sur l'autre on devine des figures humaines très abîmées. Comme on l'a dit, les trois derniers arcs sont sans ornement. Et, de même qu'à San Miguel, à El Rivero la galerie possède encore deux arcs sur la partie orientée à l'Est. Ils sont de structure assez barbare, et sur les chapiteaux on découvre des restes de décor végétal, feuilles et volutes.

Sous la galerie il existe un portail décoré qui donne accès à l'église. Il comporte trois arcs. L'une des archivoltes est faite de tresses entre-croisées et l'autre de rosaces géométriques. Trois des chapiteaux sont décorés de thèmes animaliers où l'on retrouve un peu l'apologue oriental. De gauche à droite, le premier représente des figures humaines dont au moins celle de l'angle porte une robe mauresque; l'un des hommes tient un violon. Le second est décoré d'oiseaux qui se donnent des coups de bec. Le troisième représente un singe accroupi, et le quatrième un serpent qui semble mordre un oiseau.

En définitive, on possède des données suffisantes pour supposer que El Rivero est une copie de San Miguel. Même école, même ambiance locale, époque plus tardive mais de quelques années seulement. Il s'agit peut-être des mêmes sculpteurs qui, comme il arrive si souvent, se copient et s'imitent eux-mêmes.

Par contre le temps qui s'est écoulé a corrigé certains traits primitifs, par exemple la structure des colonnes, la mesure des arcs qui est plus exactement romane. Il en résulte donc que San Miguel est le prototype des galeries-porches, dont El Rivero se trouve être la première copie. C'est ici, à San Esteban de Gormaz, qu'a commencé à se répandre cette curieuse forme architecturale qui devait rencontrer une telle faveur dans la région qui avoisine le Duero.

LE GROUPE
DE LA SIERRA

Sur les contreforts de la Sierra de la Demanda, au voisinage et au Nord de Salas de los Infantes, à l'intérieur d'une zone de périmètre fort restreint, se trouvent quatre exemples remarquables de galeries-porches. L'âpreté de l'hiver en cette région pourrait très bien justifier l'emploi dans la Sierra de ces porches-abris pour les réunions des assemblées populaires. Mais étant donné le climat extrême de Burgos et en général de la *meseta,* il semble que si l'on se contentait de cette explication, la galerie-porche aurait dû constituer une forme architecturale d'application tout à fait générale.

L'explication la plus naturelle de ce phénomène peut se trouver dans la présence en ces villages de sculpteurs et de maçons qui avaient travaillé sur le chantier de la toute proche abbaye de Santo Domingo de Silos, chantier qui fut en activité pendant tout le XIIe siècle. Toutes ces galeries sont de la fin de ce siècle. A cette époque s'achevait le cloître supérieur de l'abbaye. L'influence de Silos sur les galeries de la Sierra s'exerce de diverses manières, et concerne aussi bien la série de monstres et d'animaux des premiers maîtres que les représentations d'acanthes et autres feuilles stylisées que l'on trouve sur les chapiteaux du cloître supérieur. Un tel reflet révèle avec évidence que ceux qui ont travaillé aux galeries de la Sierra connaissaient bien tout le répertoire de Silos. C'était des artistes et des artisans formés à leur métier en présence des chapiteaux de Silos.

De la même origine se trouve être également ce qu'il y a de fondamental dans la structure des arcs qui composent ces galeries; les colonnes sont doublées et gémellées, les chapiteaux sont doubles, formant un seul bloc de pierre mais avec deux parties bien différenciées où la composition conserve sa symétrie. On remarque un souci pour le fini des tailloirs. On ne trouve plus trace ici des influences mauresques qui

apparaissent à San Esteban de Gormaz et en d'autres galeries de la province de Soria. Pour des raisons géographiques et stylistiques, on peut parler d'une simple diffusion de l'art de Silos.

Cette expansion ne fut pas considérable. Il est certain qu'elle franchit les cols, mais elle ne dépassa pas les hauteurs de la Sierra. Pineda est situé de l'autre côté de la Sierra Mencilla, qui est une importante ramification de la Demanda. Canales, au delà du col du Collado, appartient au versant de la Sierra qui regarde le Rioja. Vizcainos et Jaramillo de la Fuente se trouvent dans ses contreforts méridionaux, là où s'étendent les plaines de Lara. Dans l'église de San Millán de Lara également, demeurent quelques vestiges d'arcs qui ont peut-être fait partie d'une ancienne galerie-porche.

Localité située au sein d'une dépression qui se présente dans la chaîne de la Demanda, entre la Sierra Mencilla et la Sierra de San Millán. C'est là que prend naissance la rivière Arlanzón. Quittant Salas de los Infantes par la route de Nájera qui traverse la Demanda, après le village de Barbadillo del Pez, célèbre par ses truites, il faut s'enfoncer à gauche par une route de montagne, en bon état, qui passe par Riocavado, franchit le col d'El Manquillo, et descend à nouveau au cœur même de ce système montagneux compliqué. A douze ou quinze kilomètres de la route nationale on trouve le village de Pineda. Plaine et montagne extrêmement pittoresque. Sentiment très fort de paix, intense impression d'éloignement et de séparation.

L'église est un monument massif et vigoureux. C'est l'une des dernières constructions du village, dans le haut, vers la montagne. Elle présente sur sa face Sud une très belle galerie-porche (pl. 61). Dès l'abord on a l'impression que la galerie est postérieure à l'église – à la partie la plus ancienne de l'église, qui est le mur de la nef auquel est adossée la galerie. Dans le haut une fenêtre romane, refaite à l'époque moderne, et, à la hauteur de ses chapiteaux, une ligne de modillons avec divers types de têtes. Sur cette ligne s'appuyait certainement à l'origine le bord du toit qui couvrait l'église. La couverture actuelle se situe plus haut, le mur ayant été rehaussé de façon peu logique au-dessus des modillons, qui se présentent aujourd'hui privés de leur fonction originelle. Plus bas, sous la galerie, ce mur ancien et percé d'un portail dont la sculpture paraît également antérieure à celle de la galerie elle-même. On peut donc en conclure que cette église fut conçue puis construite moins haute et de type normal, et qu'ensuite, quelque temps après, on lui ajouta la galerie. Plus tardivement encore, on y opéra

148

les transformations qui défigurent sa structure romane primitive. Du côté Nord, elle comporte une solide tour carrée, de date plus tardive elle aussi.

La galerie-porche de Pineda de la Sierra est l'une des plus importantes et des plus riches de son espèce. Elle possède en son milieu un véritable portail avec de chaque côté deux colonnes pourvues de leurs chapiteaux. Il ne s'agit pas d'un arc comme ceux de la galerie. C'est un véritable portail plus large et plus important qui, comme la majorité des portails romans, forme un corps avancé par rapport à l'alignement général de la galerie (pl. 57).

Celle-ci compte cinq arcs à droite et six à gauche du portail en question, droite et gauche entendues par rapport au visiteur arrivant de la place. Les colonnes, volumineuses, sont doublées et gémellées, comme le sont les bases et les chapiteaux. Ces derniers sont tous à décor végétal; feuilles très stylisées avec des fruits, des rosaces et des boucles à leur extrémité. La décoration des quatre chapiteaux du portail est également végétale. En général, c'est l'influence du cloître supérieur de Silos qu'on y observe, et dont on trouve, semble-t-il, une preuve suffisante dans la présence de nervures perlées sur les feuilles. Certaines sont striées. Restent trois chapiteaux, les derniers de l'aile gauche, qui sur la face interne de la partie double présentent chacun une figuration ressemblant à des rois ou à des prêtres en longue robe (pl. 59). Les tailloirs sont simples. Sur quelques chapiteaux seulement sont découpées les courbes de petits arcs sur deux rangs de sens inverse. A l'intérieur comme à l'extérieur de la galerie, une moulure au niveau de l'extrados joue le rôle d'archivolte.

Le portail de l'église doit être de la fin du XII⁰ siècle. Par contre la galerie qui le couvre semble être déjà du début du XIII⁰. Cinq colonnes de chaque côté, et quatre autres plus petites dans les encoignures confèrent à l'ensemble une note de grande richesse (pl. 58). Les chapiteaux sont de grande dimension et entremêlent leur décoration en une sorte de large frise. Les tailloirs sont grands eux aussi et portent divers types de décoration à base de palmettes stylisées. Les arcs proprement dits sont lisses, et faits d'un gros tore; celui-ci, sur l'un d'entre eux seulement, s'appuie sur une moulure de billettes. Dans les écoinçons au-dessus du dernier chapiteau se trouvent deux figures plus importantes. Celle de gauche tient attaché un petit chien ou un singe, que l'on considère habituellement comme une représentation du démon vaincu et enchaîné par sainte Julienne. Celle de droite déploie devant elle un grand phylactère, de forme courante dans l'iconographie des prophètes. Les deux statues ont une attitude figée, hiératique, comme des gisants.

Le premier chapiteau de gauche sur ce portail intérieur représente un personnage dans un cercueil, comme à des funérailles en présence du corps. A son côté un évêque avec mitre et crosse qui, a-t-on dit, est peut-être saint Nicolas, faisant le geste de bénir ou de donner l'absolution. Il est accompagné de deux prêtres qui eux aussi lèvent la main. Le chapiteau suivant représente deux griffons dont les corps se rejoignent à l'angle du chapiteau et dont les têtes sont tournées en arrière. L'ensemble est décoratif et les personnages ont belle allure. On peut dire la même chose du chapiteau suivant, décoré de harpies affrontées. Ni l'un ni l'autre cependant ne supporte la comparaison avec des représentations analogues dans le cloître inférieur de Silos, à qui certainement ces thèmes ont été empruntés. Après un chapiteau intermédiaire décoré de feuilles très stylisées avec des fruits au bout, toute cette série se termine avec une sirène à double queue dressée, sur laquelle décoche une flèche un centaure sagittaire situé sur l'autre face du chapiteau (pl. 60).

Le premier chapiteau à partir du jambage de droite, représente une Adoration des Mages. A l'angle, la Vierge avec l'Enfant Jésus déjà bien grand. Les trois suivants sont ornés de végétaux stylisés et d'une grande richesse par leur taille et leur filigrane. La série se termine par le chapiteau qui limite le portail de ce côté. Il porte une double scène. D'un côté, des hommes – celui de l'angle vêtu d'une longue robe – et à l'autre extrémité un autre homme qui, brandissant un grand couteau, lutte avec une sorte d'animal fabuleux. Entre les deux scènes, une acanthe toute fleurie.

CANALES DE LA SIERRA

Sur le versant Nord de la Sierra de la Demanda. Géographiquement le lieu appartient à la Rioja. De Pineda, nous retournons à la route de Salas à Najera que nous suivons maintenant afin de franchir les hauteurs de la Sierra. Au col d'El Collado nous quittons la province de Burgos pour entrer dans celle de Logroño. Le paysage est rude et austère. Après cinq kilomètres de descente, nous sommes au village de Canales de la Sierra. Nous le traversons presque entièrement, dans la direction de Logroño, et vers la fin, sur une hauteur à droite du chemin, se trouve l'ermitage de San Bartolomé. C'est là qu'est la galerie-porche que nous nous proposons de visiter. Il faut laisser la voiture sur le côté de la route et monter à l'ermitage à pied.

L'ensemble comprend quatre constructions de pierre qui semblent y avoir été incorporées à des moments différents : la nef de l'église qui est de forme rectangulaire; une abside carrée qui occupe le chevet orienté vers le Nord (pl. 54); la galerie-porche, seule chose qui mérite d'être vue dans cette église (pl. 55); enfin une tour carrée, solide, pas très haute et assez vulgaire.

L'intérieur de l'église semble très modifié par rapport à sa structure originelle. La nef est couverte d'une voûte en croisée d'ogives, et l'abside est, à l'intérieur, couverte d'une voûte en pierre, et décorée d'arcs aveugles qui correspondent à ceux de l'extérieur. Sous la tour, il y a une petite chapelle, toute en pierre, avec une petite voûte en cul-de-four également en pierre. De cette chapelle part l'escalier qui monte à la tour. Il y a encore, au bas de la nef, une cuve baptismale décorée d'arcs surbaissés.

A l'extérieur, l'abside est carrée. On n'en voit que deux côtés, car le troisième a disparu par suite d'une addition qui semble correspondre à la sacristie. Sur la face Nord, il reste trois arcs aveugles en plein cintre, et deux autres sur la face Est. A l'intérieur de l'arc central de la face Nord est percée une petite archère et l'arc est doublé d'une archivolte continuée par un bandeau à la hauteur des tailloirs.

La galerie-porche est très décorative, et riche en éléments sculptés : chapiteaux, archivoltes, tailloirs et impostes. C'est dommage qu'elle ne soit pas complète. Elle comporte un beau portail, qui originellement devait être au milieu avec trois arcs de chaque côté, ce qui faisait sept en tout. Les arcs de gauche manquent et la porte se trouve ainsi décentrée, avec un seul de ses deux bras de trois arcs.

L'arc d'entrée ou portail, qui est le quatrième, est plus large que les autres. Il est en rigoureux plein cintre et présente une grande archivolte, très décorative, avec de grandes feuilles frisées et striées, une pour chaque claveau. Au-dessous un liséré en rinceaux de type végétal. Ce petit portail possède une colonne de chaque côté. Celle de gauche est lisse, mais celle de droite est décorée d'une torsade. Les deux chapiteaux sont de belles pièces d'excellente sculpture : à gauche, des feuilles épanouies très élégantes ; à droite, des oiseaux dont le cou se retourne. Les tailloirs sont ornés de rinceaux végétaux assez volumineux.

Les arcs de la galerie proprement dite sont, nous l'avons dit, au nombre de trois et prennent appui sur des colonnes doublées. Deux sont isolées et les deux autres adossées aux contreforts latéraux. En tout quatre chapiteaux de belle dimension et très bien sculptés.

Le premier à partir de la porte présente en son milieu un personnage qui est certainement saint Pierre en raison de sa grande tiare et des clés traditionnelles. A ses côtés gesticulent des personnages difficiles à identifier car la pierre est très abîmée. Le tailloir est orné de grosses têtes de clou.

Le second chapiteau est fait de très belles feuilles, toutes ajourées sur les bords, avec des tigettes et des nervures bien marquées.

Le troisième comporte en son milieu un personnage vêtu d'une grande robe et faisant le geste de bénir. Aux quatre angles, autant de monstres quadrumanes accroupis, d'un type

très répandu. Sur la face opposée, des personnages qui se battent. Le tailloir est décoré de pointes de diamant.

Le quatrième et dernier chapiteau représente deux monstres qui mordent un personnage. Dans la partie haute, un masque d'où sortent des ondes faites de pousses végétales. Sur le tailloir se succèdent, en une sorte de frise, des oiseaux et des bêtes féroces.

Chaque arc est pourvu d'un type différent d'archivolte. Le premier d'une archivolte de billettes, le second de têtes de clou et le troisième d'une alternance de billettes et de baguette lisse. Même différenciation dans les archivoltes intérieures pour le premier et le troisième arc, et torsadée pour le second.

Les bases des colonnes sont romanes, assez hautes, et formées d'un double tore. Elles sont montées sur une murette – ou bahut – fort élevée. Notons enfin qu'il y a deux fenêtres sur la partie de la galerie tournée vers le Nord. Elles semblent très postérieures et sont lisses.

Le portail de l'église, sous la galerie, est lui aussi décoré (pl. 56). Un arc en plein cintre reposant sur deux colonnes de chaque côté. Trois des chapiteaux portent un décor végétal : des feuilles d'espèces diverses. Sur l'un des chapiteaux elles sont frisées et semblent retomber en deux cascades superposées. Sur un autre, elles sont très grosses, comme charnues, avec des stries et des cannelures. Sur le troisième, elles sont d'une taille très peu accusée, ajourées comme si c'était des fougères. Et le quatrième chapiteau, le plus proche de la porte sur la gauche, comporte aux angles des têtes monstrueuses, et tout autour un ornement qui se déroule comme les ondes. Les deux archivoltes du portail sont faites d'une baguette cernée d'un décor géométrique. Géométrique aussi le plus souvent la décoration de la moulure qui, dans le haut, limite le portail. Les tailloirs et l'imposte sont ornés de rinceaux.

Nous rencontrons donc dans ce monument des influences nouvelles qui donnent une nuance particulière à cette galerie. Son orientation à l'Est n'est pas orthodoxe. Le chevet plat, qui n'est pas une preuve d'antiquité puisque l'église est de la fin du XIIᵉ siècle ou du début du XIIIᵉ, doit être rattaché à une structure nordique. Enfin, malgré la proximité dans l'espace, la décoration n'est pas en dépendance de Silos. On y discerne des manières de faire françaises qui déjà se répandaient par le chemin de Saint-Jacques. On se rend ainsi clairement compte que l'on se trouve sur le versant Nord de la Sierra, que l'on a pénétré dans la Rioja romane.

VIZCAINOS DE LA SIERRA

Ce village est situé sur le versant de la Sierra de la Demanda tourné vers Burgos. Si nous partons de Salas de los Infantes, il nous faut reprendre une nouvelle fois la route de Nájera. Si nous venons de Pineda ou de Canales, nous descendons vers Salas et au voisinage de Barbadillo del Pez nous prenons sur la droite un chemin qui, au terme, nous conduirait à Barbadillo del Mercado, village déjà situé dans la plaine, au pied de la Sierra et sur la route de Soria à Burgos. Mais nous n'avons pas besoin de descendre si bas. Peu après avoir pris cet embranchement, à trois ou quatre kilomètres de Barbadillo del Pez, voici Vizcaínos de la Sierra, dont le nom révèle la présence en ce lieu d'une colonie de basques à l'époque du repeuplement. C'est un très petit village, planté dans la vallée, avec une belle église paroissiale, très complète et très gracieuse, placée de façon stratégique à une croisée de chemins (pl. 62).

Cette église est entièrement romane, et, au moins à l'extérieur, très bien conservée. Construite en belle pierre de taille, elle possède une abside semi-circulaire pourvue de colonnes adossées. Plusieurs fenêtres romanes, dont une très belle à la base de la tour. Cette dernière se dresse au pied de la nef. Le premier de ses étages supérieurs, au-dessus du toit de l'église, est aveugle. Les deux autres ont des fenêtres. Celles du second étage sont les plus grandes : deux arcs jumelés qui s'appuient au milieu sur une seule colonne avec son chapiteau.

A droite et à gauche, ils reposent sur des simples jambages ornés seulement d'une moulure qui fait aussi le tour des tailloirs, dessine une puissante archivolte, puis, à la façon d'un bandeau, enserre la tour tout entière. Les fenêtres du dernier étage, plus petites, sont également jumelées avec leur colonne médiane, mais à la façon d'une fenêtre à meneau, car les deux petits arcs sont à leur tour protégés par un arc en plein cintre avec de chaque côté une colonne et son chapiteau. Cette disposition se retrouve sur chacune des faces de la tour, ce qui rend l'ensemble très décoratif.

En même temps que la tour et pour les mêmes raisons, il convient de signaler la remarquable abside. D'un arrondi parfait et en bel appareil, elle est pourvue dans toute sa partie haute de deux colonnes qui la divisent en trois panneaux, auxquels s'ajoutent ceux de la travée droite qui contient le sanctuaire. Une fenêtre en plein cintre dans chacun des panneaux de l'arrondi. Chapiteaux à la décoration végétale, sauf dans la fenêtre centrale avec des oiseaux très stylisés. Les trois archivoltes sont également ornées d'un décor végétal fait de rameaux et de palmettes. Au bas des fenêtres, un cordon de billettes qui se déroule tout autour de l'abside. Dans le haut, une belle collection de modillons, qui se continue sur toute l'église, et dont la plupart sont en forme de proues, de carrés, de boules ou de têtes tant humaines qu'animales. On trouve de ces modillons au niveau du toit de l'église et sous le bord de l'auvent de la galerie-porche.

L'intérieur de l'église est assez refait mais on y trouve tout de même quelques témoins romans. Ainsi, par exemple l'arc triomphal s'appuie sur des chapiteaux très expressifs. L'un d'eux représente peut-être la Vierge Marie habillant l'Enfant-Jésus.

La galerie-porche est plus modeste. A coup sûr la moins monumentale de celles que nous classons dans cette catégorie. Ce n'est pas une véritable galerie (pl. 63). Elle se réduit à un arc central et à deux autres ouvertures latérales. L'arc central est fait d'une grosse baguette que double une moulure extérieure. Cette moulure se continue au niveau des tailloirs tant de l'arc central que des arcs latéraux. Le premier ne comporte ni colonne ni chapiteau tandis que les deux autres possèdent chacun deux colonnes adossées avec chapiteaux sculptés.

D'où il résulte que cette galerie-porche compte seulement quatre chapiteaux doubles et symétriques, dont les thèmes, de gauche à droite quand on regarde le portail, sont les suivants :

1. – Griffons avec un bec, des cornes et une barbe de chevreau, un corps qui est peut-être celui d'un lion, et des ailes (pl. 64). Ils s'opposent par la croupe à l'angle, mais ensuite tournant leur cou dans un geste de colère ils s'affrontent du bec en ce même angle.

2. – Lions dans la même position. Cous très puissants et musclés. Gueules féroces laissant voir largement les dents.

3. – Deux harpies, tristes, abattues et la tête basse, formant une paire sans grâce.

4. – Paire d'oiseaux qui abaissent jusqu'à leurs pieds des cous très longs semblables aux pélicans du cloître inférieur de Silos. A la vérité, toute cette faune sculptée en provient plus ou moins directement.

Un portail intérieur, sous la galerie-porche, sert d'entrée à l'église. Il possède de chaque côté deux colonnes avec chapiteaux. Les arcs sont en plein cintre et faits d'une grosse baguette. Sur les chapiteaux de gauche, les figures sont analogues à celles des harpies attristées du troisième chapiteau de la galerie, mais sur l'un d'entre eux, les têtes ne sont point des têtes de femme mais d'oiseau au bec crochu. Ces oiseaux picorent une espèce de grenade ou de grappe située à l'angle du chapiteau. Un abondant feuillage leur monte autour du cou. Les deux chapiteaux du côté droit sont décorés de quadrupèdes. Un chevreuil rappelle la sculpture naturaliste de thème semblable ornant la cuve baptismale de Cascajares de la Sierra (pl. 125), village assez proche de Vizcaínos. A côté du chevreuil, un oiseau déchire un animal. Et sur le chapiteau voisin, c'est aussi un animal, un lion qui s'acharne sur un homme.

JARAMILLO DE LA FUENTE

En quittant Vizcaínos de la Sierra, au lieu de continuer le chemin que nous avions pris

151

et qui nous mènerait à Barbadillo del Mercado, il nous faut prendre un embranchement qui se présente sur la droite et qui par San Millán de Lara et Revilla del Campo conduit aux alentours de Burgos. Peu après la sortie de Vizcainos, le premier village que nous rencontrons est Jaramillo de la Fuente. Ce pays fait partie de l'*Alfoz de Lara* (District de Lara) à qui appartenaient déjà les Jaramillos en 1145 quand Alfonso VII accorda sa franchise à la commune de Lara. Terres et villages qui ont de vieilles résonances dans l'histoire d'Espagne : Campolara, Lara de los Infantes, San Millán de Lara, sont dans les environs de Jaramillo, ainsi que les restes du fameux château-fort de Lara qui se profile à l'horizon dans la direction de la route de Soria.

L'église de Jaramillo de la Fuente présente la même allure que celle de Vizcainos et possède avec elle une ressemblance marquée, mais avec certains traits qui l'améliorent notablement dans les trois éléments qui nous restent de la construction romane primitive : tour, abside et galerie (pl. 66).

La tour est à la fois vigoureuse et svelte. Elle se trouve divisée en trois étages. L'étage inférieur qui s'élève nettement au-dessus du faîte du toit de l'église, est entièrement aveugle. Aux deux étages supérieurs, il y a des fenêtres doubles jumelées, de même structure dans les deux cas. Elles sont renfermées sous un arc en plein cintre lisse, sans autre ornement qu'une moulure en pierre de section carrée à la hauteur où seraient les tailloirs. Mais les petits arcs intérieurs s'appuient sur des colonnes gémellées et des chapiteaux doubles : deux de chaque côté et deux au milieu jouant le rôle de meneau. Les chapiteaux sont à décor végétal, avec prédominance de feuilles stylisées d'une grande simplicité avec une pomme ou un fruit à leur extrémité. Sur la face orientale de la tour, au dernier étage, colonnes et chapiteaux ont disparu, remplacés par des piliers, certainement afin de mieux supporter le poids des cloches. Et l'arc de l'étage inférieur, sur la même face, a été muré pour une moitié afin d'installer une horloge.

L'abside est l'une des plus fines et des plus délicates de la région. Elle forme un demi-cercle parfait. Deux lignes horizontales : celle de la plinthe, et une autre constituée par une belle moulure. Deux lignes verticales, marquées par des colonnes adossées. Dans le panneau central une très jolie fenêtre. Elle comporte deux colonnes latérales, assez courtes, avec de grands chapiteaux très bien sculptés représentant d'un côté des quadrupèdes, de l'autre des oiseaux. Au niveau des tailloirs, une moulure de profil carré, analogue à celle des arcs de la tour. Un arc de baguette à l'archivolte décorée d'entrelacs végétaux. Et dans les écoinçons, deux reliefs d'animaux très délicats et très stylisés : un quadrupède à droite et un oiseau

à gauche (pl. 65). L'ouverture de la fenêtre se réduit à une archère.

La galerie-porche de Jaramillo de la Fuente participe elle aussi au caractère soigné et monumental de toute l'église. Elle comporte un portail en son milieu. Son arc en plein cintre est fait d'une baguette lisse à l'extérieur, et à l'intérieur il est de section rectangulaire, lisse également. Deux colonnes de chaque côté, séparées par une arête rectangulaire et surmontées de chapiteaux sculptés. A droite de ce portail se déploient quatre arcades, et deux à gauche : le nombre parfait des sept églises de l'Apocalypse. Les arcs sont simples, de section prismatique; seule une moulure, dans le haut des claveaux, vient doubler la courbe à la façon d'une archivolte. Les colonnes sont doublées et juxtaposées, surmontées de beaux chapiteaux avec des tailloirs remarquablement sculptés. Voici, de gauche à droite, le thème des chapiteaux :

1. – Têtes de rois.
2. – Feuilles très stylisées.
3. – Griffons. Il y a aussi un oiseau qui abaisse son cou jusqu'à l'astragale.
4. – Feuilles stylisées.
5. – Deux têtes.

Ensuite, c'est le portail de la galerie, qui comporte deux chapiteaux de chaque côté dont les thèmes sont symétriques : des acanthes aux feuilles très ajourées et stylisées, et deux oiseaux affrontés aux ailes déployées.

6. – Animaux au cou robuste, lions ou chiens, qui dévorent une victime.
7. – Harpies.
8. – Masques de deux personnages.

Le portail intérieur, sous la galerie, est lui aussi curieux. Sur de robustes chapiteaux, il présente une sculpture différente de la précédente. Si, dans ceux de la galerie, l'influence proche ou lointaine semble être celle du second artiste de Silos, le sculpteur des chapiteaux du portail intérieur paraîtrait, lui, influencé par ceux du portail des Vierges dans la même abbaye.

Ces chapiteaux sont au nombre de quatre. Le premier sur la gauche représente une sirène à deux queues, que nous avons vue assez souvent reproduite dans les galeries-porches. Le suivant porte à l'angle, un personnage les mains croisées sur les genoux, attaqué par un lion de chaque côté. Non seulement la position rappelle celle de l'homme dont deux autres se saisissent et à qui on tire la barbe, sur le portail des Vierges, mais encore le personnage est marqué de rayures semblables dessinant des stries ou des lignes circulaires. On peut en dire autant du premier chapiteau de droite, qui représente Samson luttant contre le lion. Enfin le second chapiteau de cette même série figure deux animaux, semblables à des félins rampants, qui dérobent leurs têtes et joignent leurs pattes à l'angle du chapiteau.

REBOLLEDO
DE LA TORRE

Pour parvenir à Rebolledo, le trajet est assez compliqué. Il faut prendre la route de Villadiego, et en Espagne il existe un dicton populaire, qui pour signifier la fuite ou l'escapade dit : « prendre le chemin de Villadiego ». De Burgos on sort par la grand'route de Valladolid, et très rapidement, au bout de quatre ou cinq kilomètres, on prend à droite celle qui mène à Melgar de Fernamental. On la quitte rapidement elle aussi pour prendre, à Villanueva de Argaño, la direction de Villadiego pour de bon. Nous dépassons cette localité, ainsi que Sandoval de la Reina et Sotresgudo pour arriver à Herrera de Pisuerga, dans la province de Palencia. On rejoint ici la grand' route de Palencia à Santander que l'on suit un peu au delà d'Alar del Rey, tournant ensuite au croisement proche de Villela. A environ neuf kilomètres de la grand'route, sur un chemin relativement carrossable, se trouve Rebolledo de la Torre.

Difficile d'accès, l'endroit est extrêmement pittoresque. On a l'impression d'être passé sur le versant Nord de la *meseta* et d'avoir abandonné les terres âpres et desséchées de Castille. Le village se trouve au milieu d'une petite vallée, entouré d'un demi-cercle de montagnes peu élevées, contreforts de la Peña de Amaya. Montagnes couronnées de roches dénudées, dans certains cas découpées comme des falaises. Village agréable et assez bien entretenu, que dominent les ruines d'un vieux château-fort. C'est un château à portée de la main, presque à la même hauteur que les maisons du village, et qui conserve encore une forte tour aux petites fenêtres gothiques.

Tout près de cette tour et à l'extrémité Nord du village, se trouve l'église paroissiale. C'est une église très soignée, qui présente un mélange de styles. On est frappé dès l'abord par l'excellente galerie-porche (pl. 45). Celle-ci est accotée à une construction visiblement postérieure, où se détache une grande tour Renaissance, bâtie en belles pierres de taille, ornée de gargouilles et de pinacles pleins d'élégance. Elle comporte une tourelle pour monter au clocher, non cylindrique comme celles du roman castillan mais formant un prisme à cinq faces. A l'intérieur, l'église est faite de deux nefs. A la nef primitive on a ajouté une nef parallèle. Les voûtes sont de style gothique, à nervures. L'église possède un trésor : une croix romane avec des émaux et une autre croix de procession de style plateresque, très belles, des reliefs et des sculptures de qualité datant des XVIᵉ et XVIIᵉ siècles, deux retables baroques, un tombeau gothique et une cuve baptismale lisse, en forme de coupe.

La galerie-porche, orientée au Sud, semblerait une addition, mais on voit nettement que l'église romane primitive a été détruite et que seule la galerie-porche a survécu. Il est difficile de savoir comment ce type architectural de la galerie-porche a pu parvenir en ce lieu si éloigné de son point de concentration, à savoir la région du Duero et de la Sierra de la Demanda. Dans ce secteur, le point le plus proche où l'on puisse signaler une galerie est l'église du village de Moradillo del Sedano, encore très éloigné de Rebolledo, vers la partie centrale de la province de Burgos. A Moradillo se trouve une galerie murée avec des moellons mais, semble-t-il, en bon état. Ses arcs sont brisés, elle forme la face Sud de l'église et dans sa sculpture prédomine la faune de monstres groupés par paires qui révèle une claire influence de Silos.

L'histoire de la galerie de Rebolledo de la Torre nous fournit deux données très solides : sa date et le nom de son constructeur. Voilà qui accroît l'importance de ce monument. Le fait que l'œuvre soit nettement signée et datée manifeste une claire conscience de sa qualité. Dans la partie occidentale de la galerie où se trouve une très belle fenêtre, sur la face extérieure et en divers endroits de la pierre nous est contée, sans grand détail assurément, l'essentiel de son histoire. Il n'est pas très facile de reconstituer le texte, mais de toutes manières la lecture la plus naturelle et la plus rationnelle semble être la suivante : « L'abbé Domingo peupla ce lieu de Vallejo et ses propriétés, en union avec mon frère Pelayo, en l'ère 1124 (= 1186 après J.C.) Quand fut peuplé ce lieu, ville affranchie appartenant à Gonzalo Pelaez. En l'ère 1224, au jour marqué, neuvième des calendes de décembre (22 novembre) ce portail fut exécuté par le maître Juan de Piasca. »

Rebolledo de la Torre était donc, en 1186, terre libre du lignage de Vallejo et propriété de Gonzalo Pelaez. Elle passa ensuite à l'abbé Domingo qui peupla ce lieu, entreprise pour laquelle il reçut l'aide du chevalier Pelayo. Il y avait déjà bien des années que ce pays avait été reconquis et l'on peut dire qu'il fut repeuplé avec au moins deux siècles de retard. Incontestablement c'est à ce moment qu'on fit l'église dont il nous reste aujourd'hui comme témoin important la seule galerie-porche. Son constructeur fut le susdit Juan de Piasca, dont certains font le frère de Pelayo. On a également lu son nom : Juan de Capias, mais il semble que la lecture Piasca est plus exacte. La date gravée sur l'arc correspond bien à la qualité et au style de l'œuvre. Et elle semble être confirmée par une autre inscription qui se trouve sur la cuve baptismale de Rebolledo même, et est ainsi conçue : *Sub era MCCXXXII Dominicus Abbas...* suit un texte indéchiffrable. Cet abbé Dominique est sans doute l'artisan du repeuplement auquel fait allusion l'inscription de la fenêtre.

On a cherché à identifier le maître Juan de Piasca avec l'auteur de l'église de Piasca, village situé vers la frontière occidentale de la province de Santander, dans la région de Potes et de Liébana, au pied des Pics d'Europe. Mais on ne peut affirmer de façon certaine que l'une et l'autre œuvre soient de la même main. La sculpture de cette galerie se rattache à une école très répandue dans la zone Nord de la province de Palencia où l'art de Rebolledo a exercé une certaine influence. On peut l'apparenter à celui de deux des sculpteurs qui ont travaillé à Aguilar de Campóo. L'un d'eux, qu'on appelle « le Maître des chapiteaux de Moarves », est l'auteur d'un Samson luttant contre le lion, aujourd'hui déposé au Musée archéologique national à Madrid, et très semblable au chapiteau de même thème dans cette galerie. Dans le même Musée se trouvent également les chapiteaux de l'autre sculpteur d'Aguilar, dont on trouve un écho certain à Rebolledo de la Torre. Ce sculpteur est celui qu'on nomme « le Maître du chapiteau du Massacre des Innocents », et dont on a supposé que c'était le second maître de Silos.

La galerie-porche de Rebolledo de la Torre est en pierre de bonne qualité, bien taillée, et l'œuvre possède en général un beau fini dans les détails. Selon les normes traditionnelles, la galerie est située sur la face Sud de l'église. Elle se compose de dix arcs, plus une grande porte à l'arc légèrement brisé. Ceux de la galerie sont en rigoureux plein cintre. Au-dessus des arcs, la façade s'élève en un mur lisse d'une certaine hauteur, trait qui ne se retrouve point dans les autres galeries, où l'auvent commence à la limite supérieure des claveaux. Le portail proprement dit forme un corps saillant qui déborde l'alignement de la galerie. Les arcs sont distribués en trois groupes. Deux à gauche de la porte dans le sens de l'arrivée, séparés entre eux par un pilier. Le premier est de trois arcs, le second de quatre. Il y a encore trois arcs à droite de la porte.

Les arcs sont de type normal, en plein cintre ; cinq de leurs colonnes sont simples et huit sont doubles. Les bases sont attiques. Au-dessus des arcs, à l'intérieur comme à l'extérieur de la galerie, se trouve sculpté en guise d'archivolte un ornement de type végétal. La porte d'entrée est flanquée de deux piliers avec de chaque côté trois colonnes adossées munies de chapiteaux, un peu moins gros que ceux de la galerie. A la façade sont adossées plusieurs paires de colonnes qui montent jusqu'au toit où elles se terminent par des chapiteaux intégrés dans la rangée des modillons. Sur les paires de colonnes qui marquent l'angle Sud-Ouest. se trouvent à une certaine hauteur les restes d'une sculpture très abîmée. La galerie comporte une murette ou bahut qui à l'intérieur

forme une banquette, analogue à une marche (pl. 46). Sur sa face Ouest la galerie possède une remarquable fenêtre, sur la pierre de laquelle est gravée l'inscription qui rappelle le fondateur, indique le nom du constructeur et marque la date de l'œuvre. Cette fenêtre est fortement ébrasée. A l'extérieur, sa partie la plus étroite est encore divisée en deux petites ouvertures par une colonne qui joue le rôle de meneau. A l'intérieur, elle comporte aussi deux arcs jumelés mais sans colonne de séparation (pl. 47). L'ornementation à l'intérieur et à l'extérieur correspond à deux styles distincts mais tous deux de grande qualité et de grande finesse.

La *sculpture* de Rebolledo est habituellement rattachée à Silos, mais il ne faut pas exagérer ce rapprochement. On pourrait découvrir en quelques chapiteaux une certaine parenté de thèmes et de sujets mais ils sont repris avec une grande liberté, avec moins de force expressive qu'à Silos, et avec une nette tendance à la préciosité. Le feuillage qui à Silos entoure les figures prend ici l'aspect de délicats rubans perlés. La faune de griffons et de harpies est moins monstrueuse à Rebolledo. Il y a ici beaucoup plus de mouvement et moins de hiératisme dans les personnages et dans les vêtements. Il s'agit d'un art bien postérieur et très évolué. L'ensemble manifeste qu'on est déjà passé nettement à l'art de transition. Tout en étant dans la province de Burgos, l'œuvre appartient davantage au roman de Palencia qu'au sien.

Contemplons la galerie de l'extérieur afin de pouvoir parler des sculptures du portail, et énumérons tous les chapiteaux de gauche à droite.

1. – Appuyé au pilier de l'angle du mur. Très belle stylisation de feuilles d'acanthe très frisées et très enroulées avec des tigettes qui renforcent l'effet décoratif. Surmonte une colonne double.

2. – Placé sur une colonne simple. Décor de feuilles très charnues. Fort pesantes, leurs retombées sont très volumineuses. Au milieu des deux faces, des oiseaux. Ensemble très décoratif.

3. – L'une des réalisations les plus brillantes et les plus remarquables du sculpteur. Sur la face la plus visible du chapiteau, le personnage central est un homme nu, les bras levés, les mains étendues, une grande bourse pendant à son cou (pl. 53). A son volume on voit que la bourse contient des pièces. C'est donc le mauvais riche, l'avare, qui reçoit son châtiment. A sa gauche nous voyons un démon, son bourreau. Il s'agite et gesticule véhémentement, avec une tête grotesque et fantastique. Il y a aussi un autre personnage très abîmé dont on voit seulement les plis du manteau. Sur l'autre face on nous montre le commencement de cette his-

toire. C'est la mort de l'avare. Un lit sur lequel est étendu le personnage déjà mort. A son chevet, sa femme. Aux pieds du lit, des lions. Et à l'arrière-plan de ce relief, un personnage qui semble être l'âme de l'avare. Il veut voler mais il a une chaîne au cou, et dont l'extrémité est entre les pattes d'un lion barbu. C'est un chapiteau monté sur un double fût.

4. – Sur double fût, et adossé au pilier. Deux animaux fantastiques au corps et aux pattes postérieures de cheval, avec des ailes et un cou qui dessine de larges courbes sur le chapiteau. Les becs vigoureux qui les terminent se font face; il en sort un fruit ressemblant à une grenade, et retombant sur des feuilles que les animaux soutiennent de leurs ailes, comme si c'était un calice. Sur le milieu de la face latérale est sculpté un masque de la bouche duquel sortent des ondes végétales. Dans un coin, un très bel oiseau. Le tailloir est lui aussi constitué par une succession d'oiseaux.

5. – De l'autre côté du pilier précédent, thème très roman et médiéval de saint Michel disputant une âme au démon. De nouveau un démon gesticulant, avec sur la tête une chevelure qui ressemble à une crête de coq. Cette fois il est vaincu, car la balance avec l'âme qui l'occupe penche nettement du côté de saint Michel. Monté sur fût double.

6. – Colonne simple. Élégant chapiteau avec décor végétal. D'un centre unique sortent des feuilles, quatre sur chaque face, qui s'entrecroisent très harmonieusement. Ces feuilles sont très étroites. Dans leur mouvement elles se rejoignent par paires au centre et sur les arêtes du chapiteau.

7. – Également sur un unique fût, avec décor végétal très semblable au précédent, mais simplifié. Les feuilles étroites sont ajourées sur les bords. Par derrière la pierre est un peu usée.

8. – Sur colonne simple au remarquable fût torsadé et décoré. Le thème est très typique de Silos et permet ici de se rendre compte des différences entre les deux maîtres. Au centre du chapiteau, un masque de la bouche duquel sortent des lianes végétales. Le thème commun est ici très stylisé. Il a perdu l'exubérance de Silos. Les tiges sont délicatement perlées.

9. – Adossé au pilier qui limite le portail de la galerie, et sur colonne double. Des feuilles d'acanthe très ornées avec de grandes frisures et des volutes au milieu et aux angles du chapiteau.

10 et 11. – Ce sont les chapiteaux du côté gauche du portail. Le premier est double et représente un combat de centaures, l'un avec un arc, l'autre avec un bouclier, le tout entremêlé d'une abondante frondaison. Sur le suivant, qui surmonte une colonne simple, s'affrontent un griffon barbu et ce qui semble être un lion. Ce chapiteau est passablement détérioré dans le bas.

12 et 13. – De l'autre côté du portail d'entrée de la galerie. Ils répondent symétriquement aux précédents. A celui des animaux affrontés correspond un chapiteau de deux lions à tête unique sur l'arête. Et à celui des deux centaures, un groupe formé d'une sirène et de deux griffons. Ces quatre chapiteaux du portail sont ceux qui, par leur expression et leur mouvement, comme aussi par le genre des ornements végétaux et leur abondance, semblent les plus proches du second maître de Silos.

14. – Sur colonne double et adossé au pilier du portail. Remarquable chapiteau qui représente le combat de deux chevaliers (pl. 52). L'attitude des chevaux, les boucliers, le mouvement du tournoi ou du combat, tout cela est admirablement bien disposé sur le devant du chapiteau et sur ses deux faces latérales très réduites. A signaler un très élégant tailloir fait d'une suite de lionceaux.

15. – Des monstres barbus, des griffons si l'on veut, d'espèces et de combinaisons anatomiques diverses, s'affrontent aux angles extérieurs du chapiteau. Sur la face latérale, s'avance un dragon qui mord le bouclier d'un guerrier – saint Georges ? – dissimulé, l'épée en arrêt, sur la partie du chapiteau qui regarde l'intérieur de la galerie (pl. 51).

16. – Sur une colonne simple. Animaux d'espèce variée, appartenant à la faune de Silos. On n'y trouve pas la régularité décorative de leurs modèles mais plutôt une diversité confuse. Il y a des griffons barbus et des sirènes-harpies à belle queue de poisson. Des lions rampants. Le tout forme un ensemble plein de mouvement et de valeur décorative.

17. – Dernier chapiteau de la galerie. Appuyé au pilier d'angle et monté sur un double fût. Samson brisant la mâchoire du lion (pl. 50). C'est ce chapiteau qui se trouve en rapport très direct avec le Samson d'Aguilar de Campóo sculpté par le « Maître des chapiteaux de Moarves », actuellement au Musée archéologique de Madrid. Mêmes attitudes des personnages et même disposition sur le chapiteau. Peut-être quelque différence dans les rayures de la crinière du lion. A Rebolledo il manque les tigettes, et le traitement du visage de Samson est différent : celui de Rebolledo est glabre, celui d'Aguilar porte une belle barbe.

Cette sculpture est de bonne qualité, comme toute celle de la galerie de Rebolledo, et très particulièrement la fenêtre orientée à l'Ouest qu'il nous reste à décrire. Cette fenêtre est la signature et le paraphe que Juan de Piasca a apposés à la plus achevée de ses œuvres. La signature authentique, c'est à l'extérieur qu'il l'a placée, puisqu'effectivement c'est là qu'on trouve son nom et la date à laquelle il l'a construite. Mais cette fenêtre est aussi sa signature et son paraphe par l'élégance et la beauté de l'œuvre. Une beauté virile et robuste pour la partie extérieure, et pour l'intérieur délicate et très élégante.

A l'extérieur, elle se compose d'un arc normal en plein cintre sur de gracieuses colonnes, une de chaque côté, avec leurs chapiteaux. Ceux-ci représentent des animaux affrontés et sont très semblables à ceux du portail de la galerie. Dans le haut, une très belle sculpture sur une large archivolte. C'est une suite de larges feuilles – une par claveau – terminées par de gros fruits, si saillants qu'on dirait des fleurons gothiques. Un décor végétal orne également les tailloirs et la moulure qui les prolonge et double l'archivolte. Ensuite l'ouverture de l'arc se rétrécit pour se terminer en une sorte d'archère, comportant elle-même un nouvel arc avec colonnes adossées et chapiteaux faits de feuilles très allongées; ces feuilles partent d'un centre commun et s'entre-croisent comme celles des chapiteaux 6 et 7 de la galerie. Il y a une nouvelle archivolte intermédiaire, faite d'un entrelacs végétal en forme de torsade, avec d'assez grosses feuilles. Enfin au milieu est placée en guise de meneau une colonne dont le chapiteau est une tête de lion vigoureusement sculptée, en sorte que la colonne semble jaillir de sa bouche.

Mais si belle que soit la fenêtre ainsi décrite, elle l'est bien davantage et surtout gagne en finesse et en délicatesse si nous la contemplons de l'intérieur de la galerie (pl. 47). Elle se compose d'arcs jumelés mais sans meneau, car la clé médiane est pendante. Les deux petits arcs ainsi formés sont lobulés, de cinq lobes chacun. Ils ont une archivolte au décor végétal, et au-dessus, dans la pierre qui les surmonte, est sculptée une représentation très originale de la scène de la tentation d'Adam et Ève au Paradis terrestre. Au milieu, surgissant du point d'intersection des deux arcs, s'élève un arbre, survolé par un oiseau, peut-être la colombe de l'Esprit-Saint. Aux branches de cet arbre est enroulé le serpent qui se dirige vers notre droite là où l'on voit la femme. Une Ève à la figure très abîmée qui déjà tend le bras pour cueillir le fruit de l'arbre (pl. 49). De l'autre côté, étendu sur la courbe de l'archivolte, se trouve Adam, dans une attitude plutôt expectative. Avec beaucoup de naturel, il appuie son menton sur sa main droite (pl. 48). Adam et Ève sont entourés de ce paysage de tours et de fenêtres si particulier aux plaquettes d'ivoire, et de saveur mozarabe très prononcée. L'ensemble, et ce détail ajouté aux lobes des petits arcs, donnent à la fenêtre vue de l'intérieur une note d'orientalisme un peu étrange dans une œuvre comme celle de Rebolledo de la Torre, et en ce lieu plutôt retiré de la carte de l'Espagne. L'exécution est très soignée, comme un travail d'ivoirier ou de miniaturiste.

La fenêtre est fortement ébrasée. Dans le haut, le décor s'achève par une bordure de feuilles tout épanouies et très stylisées.

SORIA

La table des planches illustrant ce chapitre se trouve à la page 176.

Dans un décor au pouvoir d'évocation poétique exceptionnel s'est produite une étonnante concentration d'œuvres romanes. L'art de la province de Soria est un roman castillan, robuste et austère, avec un fort apport mauresque et rural. Il a créé des œuvres très remarquables, dont les plus représentatives se trouvent dans la capitale. Mais à Soria sont également venues converger d'autres influences, qui ont donné naissance à deux constructions dont l'apparence exotique vient rompre le calme du roman régional. Nous ne savons pas de façon sûre comment elles sont parvenues dans la meseta castillane, puisque l'histoire ne nous dit rien de leur passé. Mais elles sont là. Dans le quartier haut, la magnifique façade de Santo Domingo offre un bel exemple de roman français. Dans les faubourgs, de l'autre côté de la rivière, San Juan de Duero présente un aspect nettement oriental. D'un Orient qui semble nous transporter en Syrie et à Jérusalem.

LE ROMAN DU HAUT DUERO

Le paysage de Soria est fait pour les poètes :
« Ce ne sont que chatoiements de carmin et d'acier.
Plaines de plomb, coteaux d'argent » (A. Machado).
Paysage qui trouve son expression la meilleure et
la plus profonde en des accents lyriques plutôt que
dans les réalisations matérielles de l'art plastique.
Sobre, substantiel, sans accidents ou presque, il
infuse à l'âme une force qui relève et transfigure
la rude réalité de tous les jours. Pour un tel paysage,
l'époque idéale, c'est septembre, quand déjà l'été
décline vers l'automne, avec un pressentiment des
neiges et de l'hiver. Le vent violent parcourt une
terre de plaine que sillonnent de grands ravins.
Jachères et chaumes avec de larges taches de
pinèdes. Et au-dessus de nos têtes, car c'est un
paysage au ciel dégagé, courent, rapides et comme
dispersés, quelques nuages blancs. Ils se hâtent
d'aller se rassembler au-dessus des Pics d'Urbión
et de Cebollera, d'où ils se répandront en pluies
et en neiges sur la vaste étendue de la Castille.

Ce paysage a un protagoniste. Le personnage que
chantent les poètes et qui anime sobrement la
perspective désolée de ces plaines, est le Duero,
axe de sa vie présente comme de sa vie passée.
Grand fleuve qui puise ses eaux aux racines mêmes
de l'Espagne, le fleuve celtibère par excellence qui
porte jusqu'à l'Atlantique le souvenir héroïque et
altier de son passage par Numance et par Gormaz.
En outre le Duero est un fleuve roman. On peut
dire que c'est le fleuve roman de l'Espagne. Ce titre
est pleinement justifié aux deux extrémités de son
trajet en territoire espagnol. D'un côté, au moment
où son cours se met à serpenter et entre au Portugal
dans un paysage plutôt hydroélectrique, le Duero
possède en compte, outre quelques œuvres mineures,
trois œuvres de grande valeur monumentale : la
cathédrale de Zamora, la collégiale de Santa María
la Mayor de Toro, et – car, bien qu'elle ne se trouve

pas rigoureusement sur son cours, il faut la lui attribuer aussi – la « cathédrale vieille » de Salamanque. Œuvres très complètes, faites en une seule fois – la « cathédrale vieille » de Salamanque a été construite en vingt-trois ans – entreprises et achevées lorsque l'art roman atteignait à sa pleine maturité, avec la note exotique que confère à toutes les trois le lointain orientalisme de leurs coupoles.

A l'autre extrémité de la *meseta*, à la source même du fleuve dans la province de Soria, le roman du Duero est plus pauvre, moins monumental, mais dense et curieux. Dans cet aperçu général, nous remontons le cours du fleuve depuis la région d'Aranda dans la province de Burgos, et nous prenons contact avec ses premiers édifices romans à San Esteban de Gormaz. Deux églises, El Rivero et San Miguel, nous offrent le premier exemplaire de ces cloîtres extérieurs que l'on nomme galeries-porches, si largement répandues dans toute cette zone et dans sa voisine de Burgos, avec un noyau très important dans la Sierra de la Demanda. Ce type de construction est si curieux qu'en recherchant un précédent à ces deux petites églises de San Esteban de Gormaz, on est allé jusqu'en Syrie. Le phénomène est en fait plus modeste, et il s'insère dans le complexe mauresque, ou si l'on préfère mudéjare, dont il faut tenir compte dans tout le roman du haut Duero. La reconquête fut lente pour la région de Soria et dans le pays se maintinrent de forts noyaux de ces hispano-musulmans qu'on appelle maures ou mauresques, grands spécialistes dans tous les travaux en rapport avec la construction. Les arcs de ces galeries sont toujours parfaitement romans et le voisinage assez proche du cloître de Silos peut expliquer certains détails d'architecture. Silos est par ailleurs la grande influence qui s'exerce sur toute la décoration du roman de Soria. Dans sa sculpture on peut retrouver – que l'influence soit directe ou par intermédiaire – la faune et la flore des chapiteaux de Silos. Mais ceci ne vaut pas pour les églises de San Esteban. Ici la sculpture est encore barbare et rudimentaire, très espagnole par son goût pour les scènes empruntées à la vie quotidienne. Il y a déjà un certain temps que les chrétiens ont reconquis San Esteban, et cependant sur les chapiteaux les personnages sont vêtus à la maure.

De San Esteban de Gormaz nous gagnons El Burgo de Osma par la route d'Aranda à Soria.

Pour un moment nous nous écartons du Duero. Osma est aujourd'hui, et a été dans l'histoire, cité épiscopale. On peut la considérer comme le centre de diffusion des motifs issus de Silos dans toute cette vaste contrée. De sa cathédrale romane primitive ne subsistent que quelques vestiges qui paraissent être de la main du second artiste de Silos. Les rares chapiteaux qui demeurent à El Burgo de Osma sont historiés, mais il y en avait d'autres simplement décorés des célèbres paires d'animaux de l'abbaye castillane et des feuilles cannelées terminées par des pommes de pin que devaient tellement goûter les sculpteurs mauresques et mudéjares.

Dans la région de San Esteban et d'El Burgo de Osma, on trouve quelques exemplaires remarquables de galeries-porches. Au Nord du Duero il y en a une excellente dans le village de Berzosa et d'autres d'une certaine valeur à Rejas de San Esteban, à Aguilera et dans un village nommé Andaluz, proche du Duero. Le fleuve une fois franchi et en allant vers le Sud par des routes d'accès difficile au touriste, on rencontre les très intéressantes galeries de Santa María de Caracena et de l'ermitage de Termes. Toutes deux sont pourvues de chapiteaux à la sculpture vigoureuse où l'on observe l'influence de Silos par l'intermédiaire d'El Burgo de Osma. Cette zone Sud du Duero est un pays typiquement mauresque. Gormaz est situé sur ses rives et conserve quelques vestiges romans; mais on peut surtout y admirer les restes de son célèbre château maure, beau témoin de la maîtrise de ceux qui l'ont construit. Et si, de Gormaz ou d'Hortezuela, nous pénétrons vers le Sud et gagnons Casillas de Berlanga, nous serons confirmés dans cette impression par l'ermitage de San Baudel ou San Baudilio, merveilleuse œuvre mozarabe, qui offrait aussi des peintures curieuses et originales, aujourd'hui pour la plupart au Musée du Prado à Madrid.

A l'intérieur de la courbe que dessine le Duero vers le Nord, se produit pratiquement le même phénomène. Il reste des témoins romans en beaucoup de petits villages situés à l'écart des routes principales. A mesure qu'on monte vers le Nord, il y a moins de galeries. On peut signaler une remarquable église adossée à la roche à Úcero, un beau portail à Torreandaluz, d'élégantes absides à Nafría et à Calatañazor. Ces constructions suivent les deux lignes d'inspiration : mauresque et issue de Silos, les combinant à des degrés variés. Par Calatañazor, l'influence de Silos se transmet directement à Soria, où elle s'exprimera de la façon la plus heureuse dans le cloître de San Pedro.

Mais nous n'allons pas prendre la route directe qui d'El Burgo de Osma se rend à Soria. Nous suivons le plus possible le cours du fleuve et prenons la route d'Almazán qui actuellement – en 1965 – est très abîmée bien qu'en cours de réparation. Nous allons voir comment y atteint son maximum la note mauresque qui a pénétré dans la vallée du Duero par San Esteban de Gormaz. Elle l'atteint, mais assurément à la faveur d'autres influences qui viennent elles aussi converger à Almazán. Le bourg historique des Mendoza, qui garde encore son allure monumentale grâce à un ensemble de palais, d'églises, de portes et de murailles, constitua au XIIᵉ siècle un foyer actif de cette symbiose hispano-musulmane qui s'acheva vers l'époque romane. Il ne nous en reste qu'un petit nombre de témoins, dont l'un cependant est significatif. A la même époque Almazán, bien que situé sur les rives du Duero, se trouve déjà à la frontière de l'Aragon. N'oublions pas que la ville fut reconquise sur les Maures par un roi aragonais, Alfonso I *el Batallador* (le Batailleur) qui fut aussi le premier à repeupler Soria. Il n'y a pas de témoin direct du roman aragonais à Almazán. Son influence s'observe en quelques détails d'architecture au Nord-Est de Soria dans les contreforts du Moncayo. C'est une influence modeste, très diluée dans la qualité rustique des monuments. Mais il ne faut pas oublier que l'Aragon fut aussi un pays fertile en constructions mudéjares, avec un ensemble mauresque bien défini. Et c'est peut-être ce type d'influence qui, venu de l'Aragon à travers la frontière, a pu faire naître le modèle adopté dans la plus curieuse des constructions romanes d'Almazán que nous possédons encore.

L'église de San Miguel est monumentale et tout à fait remarquable, bien qu'à l'extérieur elle ne révèle pas toute sa valeur. On en a récemment dégagé l'entrée, et l'on peut aussi voir quelques détails, entre autres une partie de l'abside avec des arcs lobulés. Une belle lanterne octogonale construite en briques s'élève au-dessus de la coupole. Une gracieuse tourelle rappelle celles des églises de la province de Burgos. A l'intérieur, sobrement dépouillé, on observe un défaut d'alignement entre l'abside et la nef centrale. On a dit que c'était en souvenir du Christ qui est mort sur la croix la tête inclinée. Dans la nef elle-même, l'espacement des colonnes n'est pas régulier. Les voûtements sont curieux, et le dessin et l'agencement de la coupole sont très intéressants. Celle-ci s'élève sur des arcs d'un gothique prononcé, et comporte des nervures, trait tout à fait espagnol. Les nervures sont faites de huit grands arcs croisés, mais au lieu de se rejoindre au centre de la coupole, ils délimitent un espace octogonal dont les côtés servent de point de départ à une lanterne. Travail typiquement mudéjare. On pourrait dire que l'on a recouvert une église de structure essentiellement cistercienne d'une coupole de mosquée. En outre, cette coupole est soutenue par quatre trompes formées de cinq arcs ébrasés de petite dimension, faits d'une grosse baguette et allant en se rétrécissant du premier au dernier. Lorsqu'on cherche à assigner une origine à ces trompes, on ne craint pas de recourir à l'art sassanide de l'Iran. Il est difficile de préciser comment le modèle a pu parvenir à Almazán, mais il semble tout naturel de supposer que sa présence dans une église chrétienne construite un siècle après la conquête n'est rien d'autre qu'un phénomène mudéjare. Le complexe mauresque a dû être très important en un village comme Almazán qui conserve encore son nom arabe de « place fortifiée ». Le précédent architectural est venu théoriquement de Cordoue, mais il a bien pu pratiquement parvenir ici en traversant la frontière aragonaise.

A Almazán nous prenons la route qui va de Madrid à Soria en passant par Medinaceli. Jusqu'aux alentours de la capitale nous ne voyons pas le Duero, notre guide et notre protagoniste, mais nous le sentons tout proche dans le paysage à certains moments. Nous traversons une zone remplie de bois touffus, et lorsque nous approchons de Soria, de loin la cité, dans une déclivité peu prononcée, se confond avec les tons de terre et d'ocre du paysage. Du côté où nous l'abordons, se profile la masse claire de quartiers récemment construits. Mais le contraste n'est pas violent. Le noyau antique de la cité communique aux bâtiments nouveaux le cachet de sa dignité et de sa gravité. Tout, à Soria, possède cet aspect discret, serein et respectueux qu'ont les cités qui semblent demeurer hors du temps. Les palais et les églises créent une ambiance. Quelques rues, aux noms traditionnels :

rue Royale, des Chevaliers, de l'ancienne Douane, de la Doctrine, offrent des armoiries sur leurs maisons seigneuriales. La pierre est d'un ton sévère et chaud. Elle semble hâlée par les vents de Moncayo et les pluies d'Urbión.

Dans cette ambiance les constructions romanes s'insèrent remarquablement. Certaines sont d'importance mineure. Ce sont les restes assez mal conservés d'églises anciennes. San Clemente et San Salvador proches l'une de l'autre, là où prend naissance la route de Burgos. San Gil, au centre de la cité, contient quelques chapiteaux influencés par Silos et un tombeau ajouré de dessin mudéjare. Les ruines de San Nicolás, témoins d'une œuvre délicate, se présentent privées de son portail qui se trouve aujourd'hui à San Juan de Rabanera. San Polo, avec son abside carrée, de l'autre côté du fleuve, fut jadis un monastère de templiers. Et enfin d'une tout autre importance, les quatre grands monuments romans de Soria : le cloître de la collégiale de San Pedro, l'église de San Juan de Rabanera, la grande façade de Santo Domingo et l'ensemble très original que forment l'église et le cloître de San Juan de Duero.

Ce que nous pouvons considérer comme fondamental dans le roman de Soria est représenté par le cloître de San Pedro. Ici nous sommes à nouveau confrontés aux deux éléments qui ont pénétré dans la région du Duero par San Esteban de Gormaz. Nous nous trouvons en face d'un cloître à un seul étage, à l'ordonnance parfaite et aux détails d'une grande délicatesse d'exécution. Quel dommage que la galerie Sud manque en totalité ! Les colonnes sont doubles, très sveltes, séparées entre elles. Les chapiteaux sont de facture très semblable à ceux du premier maître de Silos, même par leur structure. Dans leur décoration s'offre de nouveau à nous toute la galerie des animaux affrontés, des thèmes végétaux faits de feuilles et de pommes de pin, et l'on y trouve aussi quelques rappels du cloître supérieur de Silos, comme par exemple le centaure sagittaire ou les têtes de rois. Aux piliers d'angles et à ceux du milieu de chaque galerie, un type de colonnes doubles superposées, d'influence califale, contribue à l'élégance du cloître. Une telle influence est encore plus sensible dans la salle capitulaire et ses dépendances, avec divers arcs polylobés très curieux et un tombeau décoré d'étoiles et de demi-lunes.

A San Juan de Rabanera, un art de carrefour s'offre à l'attention admirative de l'observateur. L'église est romane jusqu'au niveau des chapiteaux de la nef, surmontés d'arcs qui sont déjà gothiques. Église très soignée dans ses détails et dans son exécution. A part son portail qui est rapporté, en provenance de San Nicolás, et qui offre un très beau tympan apparenté à la sculpture de Santo Domingo, elle présente, dans sa structure générale et en diverses niches, absidioles et galeries intérieures, des caractères lombards et catalans. Ils révèlent une influence profonde, différente de celle qui a pénétré par la frontière aragonaise et par la région d'Agreda. On peut penser qu'une équipe de maçons venus de Catalogne même a travaillé ici. En même temps, la sculpture des chapiteaux à l'intérieur continue à témoigner de l'influence de Silos, avec la prédominance du thème mozarabe des feuilles terminées par des pommes de pin. Enfin les voûtes présentent une nette saveur orientale, en particulier la voûte de l'abside. L'église comporte aussi, au-dessus de la croisée du transept, une magnifique coupole sur trompes où l'influence d'origine orientale est peut-être indirecte, par l'intermédiaire de la France, et tempérée d'autres techniques européennes. Mais il convient de remarquer – et c'est ce qui est admirable à San Juan de Rabanera – que ce puzzle d'influences se réduit à une parfaite unité dans l'œuvre elle-même qui forme un ensemble excellent et parfaitement harmonieux.

Bien qu'on ne puisse en préciser la date, comme pour la plupart des églises de Soria, ces deux dernières sont de la seconde moitié bien entamée du XIIe siècle. C'est de la même époque, ou peut-être du début du XIIIe siècle, que datent, pense-t-on, le portail de Santo Domingo et San Juan de Duero. Ici se confirme la grande scission qui se produit dans le roman de Soria. Les villages de la province se maintiennent dans la vieille tradition du morazabe et de l'art de Silos. Dans la capitale souffle un air étranger. Les influences extérieures, manifestes à San Juan de Rabanera, sont encore plus marquées à Santo Domingo et à San Juan de Duero. Lorsque nous contemplons la façade de la première de ces églises, c'est le souvenir de Notre-Dame-la-Grande de Poitiers qui nous vient à l'esprit. Lorsqu'on parcourt le cloître de San Juan de Duero, ou du moins l'un de ses bras, on pense instinctivement aux galeries d'Amalfi.

Dans ces deux monuments célèbres que nous allons visiter plus en détail, le roman de Soria et du haut Duero atteint à son sommet.

SANTO DOMINGO

Du centre de la cité, on monte par la côte de l'Aduana Vieja (l'ancienne Douane). Dans le haut, sur la petite place qu'elle forme à son point de jonction avec la rue de la Doctrina, se trouve Santo Domingo, que les gens de Soria appellent encore Santo Tomé, car tel fut son nom primitif. Une petite murette et une porte basse en fer, dont la disparition améliorerait la vue, entourent la petite place. Le sol, à deux niveaux reliés par des marches, est fait de galets de rivière encadrés par de grandes dalles. En face de nous, la magnifique façade de l'église, à l'ordonnance classique, c'est-à-dire orientée à l'Ouest. Quand vient le soir, le soleil, déjà bas sur l'horizon, incendie de ses rayons intenses cette splendide façade de vieil or. L'appareil, admirablement taillé, est fait d'une pierre jaune que les neiges, les froids et les vents ont enrichie d'une gamme intense de tons rosés. La façade est plus large que haute, et cette proportion se trouve accentuée par deux rangées d'arcs aveugles qui en deux registres confèrent à cet ensemble toute sa grâce et sa finesse. Au milieu, un grand portail au tympan et aux archivoltes très ouvragés. Et dans le haut, marquant le centre d'un fronton triangulaire, une magnifique rose dont le diamètre est égal à la largeur du portail. Une croix sculptée surmonte le pignon, et à l'arrière-plan sur la gauche, vers le Nord, s'élève la tour d'un clocher : tour vigoureuse, également romane, faite de la même pierre que la façade. Si rapide que soit le coup d'œil, on remarque d'emblée que l'on se trouve devant un monument en rupture avec la ligne générale du roman de la contrée. Son ascendance française est notoire. Par ailleurs Soria se trouve en dehors de la zone d'influence, plus ou moins immédiate, du chemin de Saint-Jacques. Tout invite à croire que l'influence française est directe et qu'elle est parvenue jusqu'à cette église de Santo Domingo ou de Santo Tomé d'un seul trait, sans aucune escale ni étape en terre espagnole. C'est une église française qui surgit à l'improviste en cette extrémité de la *meseta* castillane. Il est cependant juste de dire que dans la façade de Santo Domingo, ce qu'il y a de plus agile et de plus gracieux dans l'art français est tempéré, contrôlé pourrait-on dire, par la sereine sobriété de l'art de Soria.

VISITE

COMMENT VISITER L'ÉGLISE DE SANTO DOMINGO

L'histoire, du moins dans l'état actuel de ses recherches, ne peut nous expliquer, par des données précises, le phénomène que représente l'apparition en ce coin perdu de nos montagnes ibériques d'une œuvre marquée du sceau et de l'élégance du roman français dans ce qu'il a de meilleur. Mais les lacunes de l'histoire peuvent être en partie comblées par les données assez précises d'une antique et ferme tradition. Le fondement de l'influence française se situerait sur le trône même des rois de Castille, du fait d'une reine exemplaire venue de l'autre côté des Pyrénées. L'église de Santo Domingo serait la création du roi Alfonso VIII, le vainqueur de las Navas, et dans sa façade se refléterait la nostalgie de son épouse la reine Aliénor d'Aquitaine.

Quand Alfonso VIII hérita la couronne de son père Sancho III, il était orphelin et tout jeune encore. Sa minorité engendra une situation pleine de périls, et de nombreuses rivalités en vue de s'emparer de la personne de l'enfant-roi. Aux prétentions de Fernando I de León s'ajoutaient celles des familles de Castro et de Lara, très puissantes et traditionnellement rivales dans la Castille de l'époque. Et au cours d'un de ces nombreux incidents, Don Manrique de Lara emmena l'enfant à Soria, faisant confiance à la loyauté de ses habitants. Le roi de León se présenta à Soria, mais les habitants furent fidèles à l'enfant-roi, et purent le mettre en sûreté grâce à une fuite tout à fait théâtrale, où il fut caché sous la cape d'un chevalier. Alfonso VIII au cours de son règne garda une profonde reconnaissance aux habitants de Soria pour leur fidélité, accordant des distinctions à la cité chaque fois qu'il en eut l'occasion. Sur les armes de Soria figure un château-fort surmonté d'une tête de roi en qui l'on reconnaît Alfonso VIII son protecteur.

Son mariage rend raison de la deuxième partie de la tradition. Don Alfonso épousa Doña Leonor que l'on nomme indistinctement Aliénor d'Aquitaine, de Gascogne ou d'Angleterre. Elle était la fille du roi d'Angleterre Henri II, qui par son mariage avec la duchesse d'Anjou, Poitou et Aquitaine, avait le pouvoir sur tout le Sud-Ouest de la France jusqu'à la Bidassoa où son territoire se trouvait contigu à la Castille. Ce qu'il y a de certain, c'est que sur cet admirable portail se trouvent deux statues, placées à un endroit tout à fait visible. On ne peut pas dire qu'elles rompent l'unité ou l'harmonie de la façade, mais elles ne répondent certes pas à une exigence architecturale. Elles ont été placées là dans une intention bien précise, et aucune ne semble plus naturelle que celle d'honorer les patrons et promoteurs de la construction. Ce sont les portraits des deux souverains Don Alfonso et Doña Leonor. L'ascendance aquitaine de celle-ci justifierait la venue d'équipes de tailleurs de pierre et de sculpteurs originaires du Poitou même, ou du moins de Bordeaux.

C'est ainsi que se dresse cette très belle façade de Santo Domingo, expression hispano-française de l'amour d'un roi et d'une reine qui se marièrent très jeunes. Et ce lien devait se renforcer encore au cours de ce même règne, lorsque Blanche de Castille, fille d'Alfonso et d'Aliénor, épousa Louis VIII de France. De cette façon, les deux souverains qui sont placés sur le portail de Santo Domingo se trouvent être les aïeuls de saint Louis, roi de France.

Aux rares données que nous fournit la tradition, nous devons ajouter quelques éléments que nous pouvons tirer de l'examen archéologique du monument lui-même. Cette grande façade constitue le mur de fond d'une église allongée, de construction peu homogène. Elle se compose en fait d'une nef centrale de quatre travées, qui s'achève par un large chevet en forme de transept, lui-même terminé par une abside en majeure partie masquée par un grand retable. Le début de la nef avec ses trois premières travées et deux bas-côtés, fait bien partie de la même construction que la façade et laisse pressentir l'excellence du monument qui ne fut pas achevé. Il s'agit d'un beau travail, comme on peut le voir à la qualité et à la taille excellente de la pierre, ainsi qu'à l'incontestable élégance des piliers qui séparent les travées et servent d'appui aux grandes arcades. Ils sont faits de faisceaux de colonnes de deux modèles distincts, et surmontés d'arcs brisés très purs. Les chapiteaux sont bien sculptés et décorés de thèmes variés où il n'est pas difficile de retrouver l'influence de Silos si répandue dans toute la province de Soria. Il est impossible de fixer une date exacte à cette partie de la construction, mais de toute manière elle est sûrement comprise entre les dernières années du XIIᵉ siècle et celles du début du XIIIᵉ. Voilà donc ce qu'à l'intérieur de l'église on peut attribuer à la munificence de Don Alfonso VIII et d'Aliénor.

Il s'agit d'une œuvre inachevée qui se termine avec les colonnes limitant la troisième travée de la nef et se raccorde en cet endroit à une travée supplémentaire, la quatrième, de construction passablement antérieure et moins soignée. A cette première étape des bâtiments appartient aussi la tour, et l'on a ainsi le noyau de l'église primitive. Il paraît vraisemblable que celle-ci était démolie à mesure qu'avançaient les nouvelles nefs. Lorsqu'on suspendit ces travaux, l'église ancienne et l'église nouvelle se raccordèrent par leur nef centrale. A cette époque le chevet était celui de l'église primitive, fait d'une seule abside, semi-cylindrique, voûtée en cul-de-four, dans le style des autres constructions de Soria. Cette abside fut démolie à la fin du XVIᵉ siècle, pour construire à sa place le chevet Renaissance que nous pouvons voir à l'heure actuelle. Les voûtes en berceau brisé des premières nefs cèdent la place à une grande voûte à nervures, et à l'emplacement du transept, sur la droite, se trouve le chœur des moniales, car cette église sert à un couvent, de dominicains à l'origine, et maintenant de clarisses.

Au regard des balbutiements architecturaux de l'intérieur, la façade se présente à nous avec une forte unité de style (pl. 68). Ce qui ne veut pas dire d'ailleurs qu'elle fut construite en une fois. Cette forte impression d'unité est due à la série des arcs aveugles de cette façade monumentale. C'est une forme décorative assez répandue en France. On la trouve en Poitou, mais surtout dans la région d'Angoulême, avec quelques exemples à Bordeaux, toutes terres ressortissant au domaine d'Aliénor. Chaque fois que l'on parle de Santo Domingo, on est obligé de citer Notre-Dame-la-Grande de Poitiers. Mais à la vérité le très joli portail de Notre-Dame se trouve ramené à Soria à une sévère austérité castillane. La façade française paraît baroque et mouvementée devant l'extraordinaire sérénité de celle de Santo Domingo. La première, on la dirait criblée comme une plaquette d'orfèvrerie par la richesse de ses sculptures et de ses appliques décoratives; la seconde par contre est d'une beauté avant tout linéaire que le portail et la rose illustrent brillamment, sans que l'ensemble perde rien de sa simplicité. A Soria, on supprime les tours ou lanternes latérales. Le portail est unique et non flanqué comme à Poitiers d'un portail aveugle à droite et à gauche. Enfin les arcatures sont nues, elles ne comportent pas de statues dans la niche qu'elles forment, et n'en ont jamais eu. Aussi l'ensemble de Santo Domingo est beaucoup plus sobre et en un sens beaucoup plus classique. Les trois registres de la façade se distinguent dans les deux étages par la structure différente des arcs. Ceux du bas reposent sur des colonnes très sveltes, ceux du haut sur des colonnes moins hautes. Les uns et les autres sont en rigoureux plein cintre avec d'excellents chapiteaux de forte dimension. Ces arcs ne constituent pas une arcature continue. Dans les deux séries il y en a quatre sur la droite et quatre sur la gauche de la façade. Ils vont par paires, reliées par un pilastre supprimant l'arc intermédiaire qui serait le cinquième. Le troisième registre de la façade se compose d'un grand fronton terminé par deux versants; il forme comme un triangle dont on aurait coupé les deux angles latéraux, et il est surmonté d'une belle croix à fleurons. Cette partie haute de la façade, depuis la ligne formée par les arcs supérieurs, semble ne pas être de la même construction que la partie inférieure. La qualité de la pierre, sa coloration sont différentes. Tout invite à supposer que le chantier s'est trouvé paralysé pendant quelque temps et qu'il s'est achevé alors que l'époque de transition était déjà bien avancée. La magnifique rose qui forme le centre du fronton est une œuvre du XIIIᵉ siècle. On pourrait fort bien la trouver sur une cathédrale gothique.

La sculpture de Santo Domingo est, elle aussi, d'influence française directe. Peut-être qu'en certains détails de l'expression s'y rencontre quelque accent ibérique, mais en définitive il s'agit là d'un art très différent de celui de toute cette région. On peut au plus le mettre en relation avec le tympan et les chapiteaux de San Nicolás sur le portail qui se trouve aujourd'hui à San Juan de Rabanera. Les chapiteaux de Santo Domingo sont extrêmement beaux, et surtout ceux du portail proprement dit; par leur dimension, par leur sculpture et par la délicatesse de leurs tailloirs. De chaque côté du portail il y a cinq colonnes, surmontées de leurs chapiteaux, cependant les deux fûts qui se trouvent en façade, à droite et à gauche, portent un seul chapiteau double. Le premier de ceux-ci en commençant par la gauche est de toute beauté : une série de lignes ondulées, sculptées avec beaucoup d'art; au milieu un personnage qui étend ses bras terminés par une sorte de disque, et aux angles vifs du chapiteau, deux anges. C'est l'instant de la création. Les lignes ondulées marquent la séparation de la terre, de l'air et des mers. Au milieu, Dieu tient dans ses mains les planètes, et aux deux extrêmes les anges exécutent ses ordres. Comme tous ceux du portail, ce chapiteau possède un tailloir très large et très richement sculpté d'une grande frise. On y trouve des rinceaux qui dessinent des cercles successifs dont l'intérieur est occupé par des oiseaux. Les trois autres chapiteaux de ce côté du portail continuent à illustrer le thème de la création de l'homme, le paradis terrestre, le péché et son châtiment. Le premier d'entre eux, très curieux, nous montre l'acte même de la création d'Adam, lorsque Dieu le Père modèle son corps dans la glaise.

Sur les jambages de la porte sont placées deux consoles pour le tympan; elles reproduisent la forme des chapiteaux et possèdent une imposte très décorée. Sur celle de gauche se devine une sculpture assez abîmée, mais à droite le devant est lisse, tandis qu'une scène évangélique orne le retour. Sur les autres chapiteaux de ce côté, se poursuit l'histoire de nos premiers parents une fois chassés du paradis, avec un réalisme qui rappelle l'intention catéchétique des sculptures de San Quirce de Burgos. Le travail de la terre auquel fut condamné Adam, les sacrifices de Caïn et d'Abel, et pour terminer l'histoire, le meurtre d'Abel sur le chapiteau double. Toute la sculpture des chapiteaux du portail est vigoureuse et expressive, du genre réaliste, et semble être de la même main que le tympan et les archivoltes. Sculpteur roman mais d'une époque tardive, comme le montre la façon de traiter les plis des vêtements, qui déjà ont leur mouvement propre. Le personnage de Dieu le Père en train de créer est plein d'intensité et de mouvement. C'est le même artiste qui a sculpté les chapiteaux de l'arcature aveugle. Parmi ceux de l'arcature inférieure, certains sont historiés et se rapportent au cycle biblique, d'autres sont décorés d'animaux, de monstres, de sirènes. Dans l'arcature haute, les thèmes sont analogues, et comportent aussi

des acanthes et des paires d'animaux, caractéristiques du roman de Soria plus ou moins influencé par Silos.

Sur cet ensemble de chapiteaux du portail s'appuient quatre arcs en plein cintre qui présentent sur leur intrados une galerie extraordinaire de petites statues, formant diverses séries d'histoires, et constituant la plus grande richesse de ce portail. Au centre, un tympan semi-circulaire avec une grande statue, d'une vigueur et d'une sérénité impressionnantes, qui représente le Père Éternel tenant l'Enfant Jésus assis sur ses genoux (pl. 67 et 69). Attitude très semblable à celle que comporte ce même thème de la génération divine sur le relief de l'Arbre de Jessé, dans le cloître inférieur de Silos. Dieu le Père a la tête couronnée. Une tête magnifique, d'une majesté, d'une force et d'un calme difficiles à surpasser. La barbe et la moustache sont très soignées, et très fine la commissure des lèvres. La barbe est taillée très simplement sur des joues aux pommettes légèrement saillantes. Le nez est droit et les yeux en amande non perforée donnent la sensation d'un regard qui pénètre bien au delà des apparences sensibles. L'Enfant étend ses bras pour bénir. Le Père le tient avec grand soin. Sa main gauche révèle la tendresse et la délicatesse, un grand amour pour son Fils, et de la droite il bénit lui aussi en levant deux de ses doigts. Les plis de son ample vêtement sont arbitraires. Ils rappellent ceux du Pantocrator de Carrión et de son semblable de Moarves. Le personnage est entouré d'une mandorle avec cabochons, en forme d'amande, d'où dépassent les pieds et une partie du vêtement. De chaque côté, une tête de lion à la gueule largement fendue marque l'endroit des bras du siège. Il est difficile de réaliser un personnage aussi rayonnant et aussi rempli de la « sensation » de Dieu. Un Dieu qui « est », qui demeure en toute sa grandeur, avec un réalisme et un hiératisme très espagnols. Mais en même temps les bras étendus de l'Enfant confèrent au groupe une note de tendresse et de naturel. Six personnages viennent compléter le tympan. De part et d'autre, saint Joseph et la Vierge, tous les deux assis et la Vierge couronnée. Et quatre anges qui soutiennent les symboles du tétramorphe. Le livre et le lion à droite, l'aigle et le taureau à gauche. Le tympan est entouré d'un demi-cercle de palmettes, puis sans solution de continuité se succèdent, en une décoration très dense, les quatre arcs qui composent ce grand portail.

Sur le premier d'entre eux, le plus proche de la porte, ce sont les vingt-quatre Vieillards de l'Apocalypse, présidés au milieu, pour conserver la symétrie, par un ange aux ailes déployées d'un grand effet décoratif. Ces nobles vieillards sont des hommes barbus, au visage fort sympathique, assis et ayant dans les mains la plus curieuse collection d'instruments de musique. Le thème est très caractéristique du roman français. Mais ces personnages de Santo Domingo de Soria se signalent par leur naturel. Tout en maintenant ce que le type a de conventionnel, ils présentent un incontestable réalisme, sans attitudes affectées, ni gestes forcés. Ce sont de braves gens qui semblent uniquement préoccupés de faire de la bonne musique.

L'archivolte suivante est entièrement consacrée au thème des Saints Innocents. On y trouve une profusion de scènes où des soldats, vêtus de cottes de mailles et brandissant de grandes épées, s'attaquent à des mères qui leur résistent, leurs enfants dans les bras. Sur le claveau qui forme la clé de l'archivolte et se trouve bien au centre, un personnage qui doit être Abraham préside à ce massacre. Il reçoit dans son sein les âmes des enfants que lui présentent deux anges tenant dans un linge chacun deux têtes des victimes. Et juste à côté, à droite pour le spectateur, nous voyons le roi Hérode avec un soldat de sa garde. Il est assis et semble méditer avec intérêt ce que lui conte à l'oreille un démon bossu et ailé qui avec une grande familiarité lui pose la patte sur l'épaule. La dominante de toute cette archivolte est la vivacité et le mouvement des scènes, malgré la monotonie du thème.

Sur les deux autres archivoltes, se déroulent des scènes de la vie du Christ. La troisième débute par une très jolie Annonciation. De gauche à droite se succèdent la Visitation, et un saint Joseph très préoccupé par son problème. Les thèmes suivants sont sans doute la Nativité et la Purification de la Vierge, ou le bain de l'Enfant Jésus, bien que la marche chronologique de cette histoire ne semble pas très normale. La première moitié de l'archivolte se termine sur les scènes de la Naissance du Christ et de l'Adoration des Bergers, cette dernière étant l'occasion d'un des meilleurs reliefs du portail (pl. 70). Puis au milieu de l'arc, se trouve une main qui bénit et est sculptée sur un chrisme. Le sculpteur semble décidément préoccupé par le cas d'Hérode. Voici qu'il nous le montre à nouveau. Des hommes qui semblent des paysans lui apportent la nouvelle. Lui est en train de réfléchir, et de l'autre côté des soldats paraissent disposés à accomplir ses ordres. Le thème d'Hérode s'enchaîne très logiquement avec l'histoire des Mages. Histoire qui sur ces reliefs semble un peu en désordre. Elle commence par l'adoration des trois rois qui apportent leurs offrandes à la Vierge et à l'Enfant (pl. 71). Saint Joseph est là également, toujours préoccupé. La sculpture suivante nous montre les trois Mages couchés dans un même lit, au moment où un ange leur communique son message. Puis ce sont des femmes qui apportent à l'Enfant comme des pommes coupées. Et cette archivolte s'achève avec une curieuse fuite en Égypte : très probablement comme le thème ne tenait pas facilement dans la largeur de l'intrados, l'artiste s'est départi de l'orientation radiale de toute la décoration des archivoltes et a placé sa Fuite transversalement. Le thème est traité selon le mode classique. L'animal a une tête et un cou très allongés. La Vierge et l'Enfant, dans leur attitude, rappellent un peu le groupe central du tympan, et saint Joseph regarde un peu en arrière avec une attention vigilante (pl. 71).

La dernière archivolte rapporte l'histoire de la Passion et de la mort du Christ. Elle débute par un arbre de vie à l'abondant feuillage, symbole de ce que l'on va raconter dans la pierre. Et vers la droite à partir de l'arbre, apparaissent six personnages – des apôtres. Pour compléter le nombre des onze qui se trouvaient à Gethsémani, il faut passer au premier groupe où nous voyons les cinq autres entourant Jésus prosterné à terre, un calice à la main, pendant l'agonie au jardin des Oliviers. Pour plus de réalisme évangélique, un des apôtres apparaît visiblement endormi. Deux autres scènes sont consacrées à l'arrestation (pl. 70) et la suivante à la flagellation. Puis c'est le Christ en croix. Le personnage est assez abîmé. Deux anges dans le haut, la Vierge d'un côté, et deux des bourreaux percent avec des lances très courtes les deux côtés du Seigneur. Dans le groupe suivant se montre saint Jean tout affligé. Un ange fait déjà partie de la scène de l'ensevelissement. Et entre eux deux se trouve une sculpture énigmatique ou très abîmée qui pourrait représenter une Descente de croix élémentaire. La Mise au tombeau et la Résurrection font comme deux scènes symétriques, coupées toutes deux longitudinalement par la pierre du sépulcre. La résurrection est figurée comme à Silos par un sépulcre vide. Les scènes suivantes présentent une certaine confusion. Le thème des trois Maries apparaît deux fois ; la première fois, elles sont tournées vers la droite et la seconde vers la gauche. Le groupe initial semble vouloir marquer que ce sont elles qui les premières auront connaissance de la résurrection du Seigneur, et dans le second elles apparaissent en train de rendre compte du fait aux disciples. Effectivement à la suite se trouvent douze personnages qui d'après une interprétation raisonnable ne peuvent être que les Apôtres. L'archivolte se termine avec la représentation du Christ debout avec un personnage prosterné devant lui. Marie-Madeleine dans la scène du *Noli me tangere* ? Saint Pierre au moment où on lui confirme sa primauté ? La pierre est passablement usée : nous ne pouvons préciser si le personnage est un homme ou une femme.

A la hauteur du sommet de l'archivolte supérieure et aux extrémités des écoinçons, sont situés les deux personnages royaux que l'on dit être Don Alfonso et Aliénor. Ils se trouvent sous de petites niches qui, au milieu d'une si abondante sculpture du meilleur style européen, représentent la seule concession à l'atmosphère mudéjare qui enveloppe le roman de Soria.

172

Surtout la niche de gauche qui abrite le roi et porte en creux des demi-lunes rappelant le sépulcre mauresque de la collégiale de San Pedro.

Et pour finir, dans le haut, la magnifique rose qui augmente considérablement la richesse décorative de cette façade remarquable. Huit colonnettes rayonnantes se terminent chacune par son chapiteau, et entre les chapiteaux, huit arcs dentelés avec des têtes de clou sur toute leur surface. La rose proprement dite est inscrite dans trois cercles sculptés, et un demi-cercle la couronne dans le haut. Le cercle intermédiaire, qui est le plus important, est sculpté d'animaux variés et de quelques scènes de chasse.

Par son ensemble comme par ses détails, Santo Domingo de Soria est une pièce unique dans le roman espagnol. Nous avons achevé de passer en revue de façon plus ou moins détaillée, toutes les beautés qu'elle contient. Contemplons à nouveau cette étonnante façade au soleil du soir qui se prolonge. A l'impression faite par la sculpture de ses archivoltes et de ses chapiteaux, vient s'ajouter à cette heure la noble et sévère austérité de cette façade magnifique, sa couleur forte et celtibère entre le doré et le violet. Et quelque chose nous dit que, en dépit de sa claire ascendance française, c'est une œuvre bien castillane, pure et harmonieuse, plus linéaire que picturale, où tout est réalisé avec une économie, une sobriété et une justesse dans la meilleure tradition espagnole.

DIMENSIONS DE SANTO DOMINGO

Hauteur totale de la façade : 13 m 30.
Hauteur du portail jusqu'à l'avant-toit : 7 m 60.
Hauteur jusqu'au sommet de l'archivolte vers l'extérieur : 6 m 25.
Hauteur jusqu'aux tailloirs des chapiteaux : 3 m 40.
Hauteur de l'arc de l'entrée : 1 m 92.
Largeur totale de la façade : 18 m 10.
Largeur du portail depuis les colonnes extérieures : 5 m 35.
Largeur de l'arc de l'entrée : 2 m 03.

SAN JUAN DE DUERO

Le terrain descend maintenant vers le fleuve par une petite vallée, légère dépression qui se dessine entre les hauteurs de l'ermitage d'El Mirón et les ruines du château roman. Ici, dans cette vallée, se trouve le noyau urbain le plus ancien de Soria. Nous passons devant la collégiale de San Pedro et nous arrivons au pont de pierre sur le Duero. Celui-ci une fois franchi, San Juan de Duero se trouve à environ deux cents mètres, tout proche de la rive. La façade de l'église va jusqu'au jardin qui borde la rivière. Elle comporte un curieux clocher-mur. Une haute clôture protège le cloître (pl. 79). Dans la nef de l'église se trouvent exposées des mosaïques du Musée celtibérique. L'ambiance est agréable, calme et sereine. Un air champêtre très marqué. Le jardin du cloître est bien entretenu : fin gazon sur lequel se détache le magnifique dessin de la pierre.

Dès l'abord, au seul aperçu de cette enceinte admirable, un mouvement d'étonnement est inévitable. Le spectacle qui s'offre à nous est réellement surprenant. Le cloître a perdu sa toiture et les arcs déploient à l'air libre la curieuse variété de leurs styles. Comme s'il s'agissait d'une exposition de divers modéles à choisir, comme si en fin de compte on n'avait pas pris de décision ferme, et l'on avait terminé le cloître sans opter pour l'une ou l'autre forme architecturale. Car la majorité, pour ne pas dire la totalité, des cloîtres que nous avons vus, étaient habituellement l'expression d'un style unique. Tout au plus dans certains cas pouvait-on saisir l'amorce d'une transition. Mais ici, à San Juan de Duero, tout semble avoir été exécuté au même moment, sans grand écart entre le commencement et la fin des travaux. Il faut donc suppposer une intention délibérée à cette succession de formes variées. En entrant, nous voyons devant nous quatre arcs de style roman normal. C'est aussi le cas de ceux qui complètent l'angle, bien qu'ils soient reconstruits. Mais rapidement on dirait que ces arcs en plein cintre serein se sont mis en mouvement, qu'ils sont devenus fous. Tandis qu'ils s'avancent vers l'angle Nord-Est, ils se transforment en arcs brisés avec une tendance orientale (pl. 77). Au Sud-Ouest ils sont brisés mais audacieusement entrecroisés. Et le mouvement s'accélère au point qu'à l'angle Sud-Est convergent deux rangées d'arcs qui non seulement s'entrecroisent mais en plus se recroisent et s'entrelacent à leur point de départ (pl. 81). Cette œuvre, si originale et inaccoutumée, possède en trois des angles du cloître des pans coupés où se trouve une porte dont l'arc est en fer à cheval, du type brisé, ce qui achève de nous envelopper dans une ambiance d'exotisme arabe.

Une telle impression s'accentue et se confirme lorsque nous entrons dans l'église. Une nef rectangulaire de longueur moyenne. Elle se rétrécit dans le chœur. L'arc triomphal est fortement brisé et l'abside est semi-cylindrique. Mais à cette structure si courante, on a apporté une innovation curieuse. Dans les coins de la nef, là où elle se raccorde à la travée droite de l'abside, on a édifié deux ciboriums romans, formant des édicules, avec chacun leur autel. Celui qui se trouve à droite, du côté de l'épître, porte une coupole conique (pl. 73), et l'autre, du côté de l'évangile, une coupole hémisphérique (pl. 72). L'une et l'autre coupole leur donnent un air de marabout. L'impression est si forte que du centre de l'église et dans la perspective où nous le regardons, l'arc triomphal, resserré à la base par les deux coupoles, semble un arc en fer à cheval lancéolé. Nous nous trouvons, semble-t-il, bien loin du haut Duero. Est-on devant un témoin de l'art syrien préislamique ? Ou peut-être devant une œuvre née du complexe romano-oriental résultant des premières croisades ? A un kilomètre de Santo Domingo qui semblait nous placer au centre de la France, San Juan de Duero nous transporte à l'improviste au fond de l'Orient méditerranéen.

TABLE DES PLANCHES

68

70

73

74

78

COMMENT VISITER SAN JUAN DE DUERO

Comme à Santo Domingo, l'histoire ne nous apporte aucune donnée qui puisse expliquer le phénomène de San Juan de Duero. La seule chose qu'on nous dise est qu'il y eut ici un hôpital de l'ordre de Saint-Jean de Jérusalem. En réalité la référence est encore plus maigre : nous savons qu'il y eut à Soria un centre sanjuaniste, et que dans un document de la fin du XIVe siècle on mentionne le commandeur de l'ordre à Soria. Qu'il fût de San Juan de Duero, c'est une précision que nous tirons d'une ferme tradition et du fait que, dans l'église elle-même, on voit des pierres tombales de quelques-uns de ses abbés.

A Soria, en ces années de la fin du XIIe siècle et de la première moitié du XIIIe, il y eut trois établissements appartenant aux ordres militaires. Le Temple avait son couvent à San Polo, de l'autre côté du fleuve, près de la rive du Duero, au départ de la route de Calatayud ; il en reste l'église. Dans le haut de la cité et, à l'époque, en dehors des murailles, le Salvador appartenait à Calatrava. Et enfin San Juan de Duero était entre les mains de l'Hôpital. Outre celle-ci, les sanjuanistes possédaient deux autres maisons dans l'actuelle province de Soria, l'une à Agreda, la seconde à Almazán. On ne sait pas exactement comment ils sont venus s'établir en ce lieu, mais le voisinage de l'Aragon a conduit à supposer de façon très vraisemblable que leur arrivée a sans doute été la conséquence du testament d'Alfonso I *el Batallador,* roi d'Aragon, monarque généreux qui mourut sans enfant et donna tout son royaume en héritage au Saint-Sépulcre, et aux

chevaliers du Temple et de l'Hôpital de Jérusalem. « Que tout soit, disait-il, pour le Sépulcre du Christ, et l'Hôpital des pauvres et le Temple du Seigneur, en sorte qu'ils le possèdent et le divisent en trois parts égales. » Il est clair que ce testament n'a pas été exécuté. Il avait été passé en 1131 et ratifié en 1133, très peu de temps avant la mort du roi. On ne pouvait douter que telle fut sa volonté, mais les *Cortes* d'Aragon, réunis à Borja, firent sortir de son monastère le prince Don Ramiro, qu'en sa qualité de moine on appela « el rey cogulla » (le roi encapuchonné), et le placèrent sur le trône. Cette affaire donne cependant une bonne idée de la place et de l'influence que les ordres de Jérusalem devaient exercer dans le pays durant le règne d'Alfonso I, le roi qui repeupla Soria ; et sans qu'il soit nécessaire d'en appeler aux termes précis de son testament, ce qui retarderait par trop la date de leur fondation, cela peut expliquer l'existence des trois centres sanjuanistes d'Agreda, Soria et Almazán à l'intérieur du royaume.

Lors de leur installation à San Juan de Duero, les chevaliers trouvèrent une église modeste, quasi-élémentaire, avec une nef et un chevet plus étroit que la nef, modèle caractéristique de la région dont on trouve tant d'exemples dans le haut Duero. Ce n'était pas une église importante, mais son emplacement parut tout à fait adapté aux fins de l'ordre : un peu à l'écart du noyau urbain, de l'autre côté du fleuve, près du pont et de la route d'Aragon. Ils purent commodément installer là un hôpital et même une léproserie. De ce

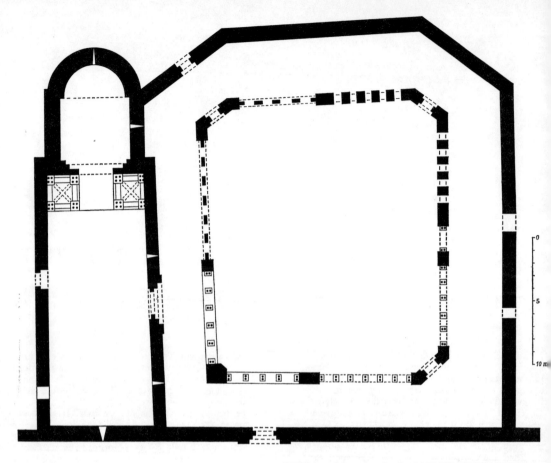

0
5
10 m

SORIA   Monasterio de SAN JUAN DE DUERO

qui fut l'hôpital il ne reste rien, mais l'église est toujours la même. Pour l'adapter aux nécessités de leur rite oriental, ils construisirent les deux ciboriums aux coupoles de marabout. De cette façon la nef se trouvait très rétrécie et en tendant entre les deux un rideau ou bien en montant un retable avec des peintures, ils constituaient une véritable iconostase afin d'isoler le sanctuaire au moment de la consécration selon les règles de leur liturgie.

Ces deux édicules sont le seul élément intéressant que l'on puisse trouver dans cette église. L'abside est de type courant, semicylindrique et en pierre. Elle comporte une travée droite. Elle est voûtée en cul-de-four puis en berceau, l'un et l'autre brisés. Son seul élément décoratif est constitué par les chapiteaux de l'arc triomphal, au thème végétal fait d'acanthes et de pommes de pin, finement sculptées mais un peu maniérées. La couverture de la nef est à deux versants formant un angle peu prononcé. Sa charpente est en bois, comme elle devait l'être à l'origine, car celle que nous voyons aujourd'hui est récente.

Tout cela est très courant dans le roman de Soria et sa banalité contribue à faire ressortir la note exotique des baldaquins. Ce qui est exotique, ce sont les coupoles et l'idée de les avoir placées là, car pour les lignes générales de leur construction, ces édicules sont authentiquement romans. Dans l'un et l'autre, quatre arcs en plein cintre lisses s'appuient sur quatre piliers formés de quatre colonnes juxtaposées. Bases attiques romanes, chapiteaux quadruples. Chaque face se termine par une corniche lisse à la hauteur des claveaux de l'arc et les écoinçons sont également sans décoration. Les chapiteaux présentent une histoire suivie. Chaque baldaquin ne comporte qu'une seule colonne et un seul chapiteau isolés, car les trois autres sont adossées soit aux parois latérales soit au mur qui les sépare du sanctuaire. Sur le baldaquin de droite, côté de l'épître, le sculpteur a disposé une suite de scènes de la vie du Christ. Sur le chapiteau de la colonne isolée, le plus proche du milieu de la nef, se déroule, au moyen d'une sculpture de petits personnages très expressifs, la première partie de l'évangile de l'Enfance. Sur la première face, nous voyons l'Annonciation et la Visitation. Sur la seconde, la Nativité. La Vierge est dans un lit assez rustique et tient au-dessus d'elle un berceau où se trouve l'Enfant. Par derrière, l'âne et le bœuf montrent leurs têtes. La troisième face, celle de l'intérieur, est peut-être la plus vivante et la plus originale. Elle a pour sujet l'Adoration des bergers : trois bergers bien du pays, vêtus d'une espèce de *kapusai* basque, un ange et un chien. Sculpture très remarquable, car avec le minimum d'éléments, l'artiste a su marquer chez les bergers un vif sentiment de joie. La série

s'achève sur des rois mages aux visages de bonzes, tous les trois avec leur offrande à la main. A leurs pieds, les moutons des bergers donnent vie à cette scène. Le chapiteau que nous examinons ensuite est celui de la colonne la plus proche du sanctuaire. A l'angle un roi Hérode assis avec une grande épée. Comme sur le portail de Santo Domingo, il reçoit les conseils empressés d'un démon grotesque et horrible. Sur les côtés, scènes du Massacre des Innocents. Sur le chapiteau du fond du baldaquin, les têtes principales sont détruites. Il devait s'agir de la Résurrection du Christ. Deux anges aux grandes ailes étendues dominent la scène. A gauche se trouvait le tombeau du sépulcre et de l'autre côté un personnage agenouillé. A l'angle du chapiteau un personnage décapité qui pourrait être le Seigneur ressuscité. Et le dernier chapiteau de ce baldaquin, sur le premier arc et du côté du mur de l'église, représente la fuite en Égypte selon les normes traditionnelles de l'iconographie classique.

Toute cette sculpture est très vigoureuse, bien que passablement élémentaire et grossière, avec une tendance à la caricature. Il est difficile de découvrir sa filiation précise, mais elle apparaît incontestablement comme une œuvre d'origine locale, et l'on pourrait signaler quelques points de contact avec certains reliefs historiés de San Pedro. A la même série appartient un chapiteau de l'autre baldaquin, celui du côté de l'évangile. C'est le chapiteau collé au mur de l'église et proche de la sépulture d'un des abbés. Il représente la mort du Baptiste et le thème principal est le banquet d'Hérode (pl. 75). Les plis de la nappe sont traités de façon très curieuse. Dans un coin un soldat, vêtu d'une cotte de mailles, saisit par les cheveux la tête de saint Jean, qu'il tire d'une forteresse, allusion sans aucun doute à celle de Machéronte, forteresse qui dans sa construction très soignée présente un arc brisé outrepassé. Les autres chapiteaux de cet édicule ne font pas partie de la même série et de ce fait sont peut-être plus intéressants. Sur la colonne isolée, nous voyons aux angles des griffons, dont certains barbus, et au milieu des monstres ailés à face de lion, le tout imitation lointaine et caricaturale de l'art de Silos (pl. 76). Le chapiteau qui se trouve au fond, en diagonale par rapport à ce dernier, porte sur une de ses faces une paire de monstres qui se tournent le dos, mais sur l'autre face le cou démesuré d'un monstre traverse le chapiteau. Sur l'un des bords, il semble qu'un soldat monte la garde, et sur l'autre ainsi que dans la partie inférieure se trouvent des lions ou des chiens avec leurs petits. La fantaisie augmente avec le dernier des chapiteaux, celui qui touche au sanctuaire. C'est sans aucun doute le plus mouvementé de la collection. Des soldats en cotte de mailles luttent contre divers monstres, entre autres une hydre dont la figure absurde traverse tout le chapiteau et qui à son tour, sur la troisième face, se voit attaquée par un centaure sagittaire.

Dans la sculpture des baldaquins, l'influence du milieu local est très prononcée, et dans le caractère caricatural et exagéré des attitudes comme dans l'aspect élémentaire, on peut découvrir certains indices d'un art mudéjare rural. On éprouve la même impression si l'on examine de près le type de construction des deux coupoles, hémisphérique et conique, qui confèrent à cette église une saveur exotique si prononcée. A l'extérieur elles sont recouvertes de chaux ou de mortier et de moellons. Vues de l'intérieur, elles sont de pierre bien taillée et de structure pyramidale (pl. 74). On a respecté la base carrée sans la transformer en une circonférence comme dans la plupart des coupoles, en faisant monter quatre plans jusqu'à un sommet. Aux arêtes, de grosses nervures de pierre en forme de tore. Dans la coupole hémisphérique, elles présentent une certaine courbure. Ces fortes nervures partent de masques et d'un rameau sculpté qui font office de consoles. C'est dire qu'à l'intérieur de ces coupoles, nous sommes tout proches de l'authentique roman de Soria. L'inspiration de ces baldaquins exotiques a pu naître dans l'esprit d'un chevalier de Saint-Jean qui s'efforçait d'oublier dans la *meseta* sa nostalgie palestinienne. Peut-être pour satisfaire aux exigences de la liturgie. Mais dans son exécution même, on découvre aussitôt les modes de construction mudéjares : c'est l'œuvre d'un artisan mauresque sous l'emprise du roman du haut Duero, originaire de San Esteban de Gormaz.

Par contre, quelle que soit son origine, dans le cloître se manifeste une main plus délicate. Un travail de meilleure qualité dans l'exécution. Il s'agit d'une construction importante, née sous la direction d'un esprit original et presque désinvolte. Car on ne peut supposer que l'accumulation d'arcs de types variés et d'une telle fantaisie ne soit que désordre et anarchie. Il y a ici un plan, une distribution logique, un dessein de juxtaposer de façon ordonnée divers styles d'architecture. C'est là précisément le grand mérite de San Juan de Duero. Pour avoir la vue d'ensemble la plus complète de ce cloître, le mieux sera de se placer au centre du petit jardin gazonné qui occupe sa cour intérieure. On croit généralement que, outre l'arc, le facteur constitutif d'un cloître est la galerie. Un cloître est formé de quatre galeries d'arcs qui se referment et délimitent une cour carrée. Mais ici, à San Juan de Duero, ce n'est pas ce facteur-là qu'il faut considérer. L'élément de base dans ce cloître, c'est l'angle. Ce cloître s'est formé par la réunion de quatre angles. L'angle acquiert une personnalité nouvelle et unique. Et ici chacun des angles est formé d'arcs de type distinct.

Depuis le centre de la pelouse du cloître, regardons l'angle Nord-Ouest. C'est celui par lequel nous sommes entrés en venant du chemin.

Les arcs sont en plein cintre parfait, les colonnes sont montées par paires sur un bahut. Par l'arc pris dans son ensemble et sa structure générale, par les fûts de ses colonnes doubles et même par le style de ses chapiteaux, cet angle rappelle de façon très nette une portion quelconque du cloître supérieur de Santo Domingo de Silos. Il est très raisonnable de penser que l'œuvre a été commencée en cet endroit, et cette affinité nous permet de fixer une date entre la fin du xiie siècle et le début du xiiie. En longeant le mur de l'église, passons à l'angle suivant, qui est l'angle Nord-Est. Dans son entier, sur ses deux côtés, il se compose d'arcs brisés avec une légère tendance au fer à cheval : insinuation, mais déjà très perceptible, de l'art mauresque (pl. 77). La séparation d'avec les arcs de l'angle précédent s'effectue au moyen d'un pilier. Les colonnes qui dans le tronçon précédent étaient doubles deviennent maintenant quadruples. Au sommet de l'angle en pan coupé et entre deux piliers se trouve une porte à l'arc brisé outrepassé sur des jambages en pierre carrés et lisses. L'arc comporte une archivolte sculptée de larges dents de scie. Façon de faire analogue à un ornement très courant dans l'architecture mudéjare et dont elle pourrait fort bien être une copie, ornement fait de briques mises de champ et en forme d'escalier. Les piliers qui entourent cette porte et, en général, toutes celles du cloître, sont pourvus de colonnes adossées. Dans le haut de ces piliers, à cet angle-ci, on voit clairement qu'on avait l'intention de continuer à monter la construction.

Passons maintenant à l'angle opposé. C'est l'angle Nord-Ouest, et par lui s'est prolongé – sans doute très rapidement d'après l'analogie des colonnes et des chapiteaux – l'angle initial fait d'arcs romans. Mais ici les arcs, qui par ailleurs sont brisés avec également une légère tendance au fer à cheval, se sont transformés en arcs entrecroisés. Comme il n'y a pas d'autre construction, et pas de couverture ni de remplissage, les branches des arcs se croisent en formant un dessin ajouré. Dans ces croisements les arcs passent alternativement les uns devant ou derrière les autres. Ils comportent un départ commun pour chaque paire d'arc, et ce claveau repose sur les colonnes doubles de structure romane orthodoxe, et sur des chapiteaux du style de transition. La porte dans le pan coupé du sommet est aussi faite d'un arc brisé outrepassé, avec l'archivolte en dents de scie. Mais elle diffère des deux autres en ce que l'arc ne s'appuie pas sur des pilastres lisses mais sur des colonnes doubles avec chapiteaux, du même type que les autres colonnes de cet angle (pl. coul. p. 193). Et pour finir nous passons à l'angle Sud-Est, celui où sans aucun doute se termine le périmètre de ce monument si curieux, et où l'originalité s'est surpassée. Dans les arcs précédemment décrits, l'entrecroisement est simple : les arcs se croisent dans leur volée mais ils restent unis dans la base commune qui leur sert de point de départ sur chaque chapiteau. Cette fois-ci, en ce dernier angle que nous examinons, les arcs, tout en gardant l'entrecroisement de leur volée, se recroisent à leur point de départ (pl. 81). Leur structure est celle d'une arabesque continue qui ne s'interrompt pas aux points d'appui. C'est ce détail qui donne un caractère plus audacieux à cet angle Sud-Est où culmine la fantaisie du cloître de San Juan de Duero. Ces boucles inférieures des arcs reposent sur des piliers volumineux, de section carrée, qui sont décorés de cannelures et de stries et s'appuient sur des bases de même type avec diverses moulures (pl. 80). Un détail curieux attire l'attention sur la colonnade Sud du cloître, c'est le point de séparation des arcs à simple et à double entrecroisement. Il n'est pas constitué par un seul pilier comme sur les autres façades, mais par deux entre lesquels il reste suffisamment de place pour un arc à simple entrecroisement avec cette particularité qu'au milieu le claveau commun est pendant, sans aucun appui ni support (pl. 82).

Telle est la vision d'ensemble du cloître de San Juan de Duero contemplé dans toute son originalité depuis le centre de son jardin intérieur. Maintenant, nous approchant des arcs, nous nous arrêtons à deux détails. Tout d'abord à la sculpture des chapiteaux, que d'une façon tout à fait générale on peut ramener à trois types. Quelques-uns sont décorés de paires de monstres, d'autres d'entrelacs ou de motifs de vannerie faits d'un double cordon qui se déroule en de curieux dessins, et ceux qui constituent la majorité sont du style de transition vers le gothique, aux thèmes de feuilles stylisées qui parfois atteignent à une simplicité cistercienne. Dans ces trois types de chapiteaux on peut percevoir un rapport plus ou moins lointain avec le cloître de Silos. En second lieu il faut, lorsque nous contemplons de près ces arcs, nous arrêter un instant à la qualité du travail ou de la taille de la pierre. Le travail est très

délicat et exécuté avec beaucoup de sûreté de main. La taille est de type mozarabe. La complication de l'entrecroisement et de la boucle, dans les arcs les plus originaux, comporte une difficulté résolue avec une maestria incontestable. Il s'agit là d'une exécution remarquable et très soignée, qu'il faut envisager précisément à l'époque tardive du roman de Soria où l'œuvre s'achève. La tendance générale de cette époque était au genre rural un peu dégénéré. Ici au contraire se maintient une excellente école de construction. La grande originalité réside dans l'idée, dans l'esprit de celui qui a formé le projet de cette œuvre. Dans cette grande liberté de conception d'un cloître qui rompt avec tout ce qui est traditionnel, et qui change à chaque angle le caractère de ses arcs. Mais on doit reconnaître que l'œuvre exécutée répond fort bien au caractère libre et original de l'idée première. Dans ces conditions il est très naturel de penser que l'équipe des constructeurs est venue du dehors. Et si l'on veut se risquer à indiquer une provenance, on pourrait la faire venir en droite ligne de Tolède et de Cordoue.

San Juan de Duero, comme tous les grands édifices, garde son secret. Surtout en ce qui concerne son petit cloître qui offre à ciel ouvert la variété merveilleuse de ses arcs, on peut se permettre toutes les conjectures et toutes les imaginations : les Normands, la Sicile, Amalfi, sans parler de lointaines origines dans l'Orient syrien. Et la présence des chevaliers Hospitaliers de Saint-Jean dans la Soria médiévale se prête elle aussi à de telles interprétations. La fantaisie de ces arcs aux entrecroisements et aux boucles variés déconcerte dans les terres austères de la Celtibérie la plus reculée. Mais il y a dans ce cloître trois portes, en trois de ses angles à pan coupé, qui avec leurs arcs califals brisés et en fer à cheval et avec leurs dents de scie qui semblent copiées sur la brique mudéjare, sont sans aucun doute le principe de solution du problème.

NOTES

SUR QUELQUES AUTRES ÉGLISES ROMANES DE SORIA

COLLÉGIALE DE SAN PEDRO

Elle se trouve sur le passage lorsque de Santo Domingo ou du centre de la cité on descend vers San Juan de Duero. Le bâtiment actuel est du XVIᵉ siècle. La façade est plateresque, et c'est ce style qui domine à l'intérieur où l'on peut admirer plusieurs magnifiques retables d'un art typiquement espagnol.

A l'intérieur de la collégiale, à l'emplacement d'un ancien transept demeurent encore trois fenêtres, témoins de la construction romane primitive. Elles sont très ébrasées, avec de hautes colonnes élégantes, des chapiteaux et des archivoltes décorés qui par leur style semblent être de la même époque que le cloître. Ce cloître et une partie de la salle capitulaire sont les éléments romans importants qui sont arrivés jusqu'à nous, mais le cloître, qui est très beau, a perdu au cours des reconstructions successives toute sa galerie Sud, et avec elle une partie de son charme très prenant. Il s'agit, malgré tout, d'une construction superbe, d'un style roman déjà assez évolué.

La galerie la plus complète est celle de la face Nord. Elle comprend trois séries de cinq arcs. Dans la galerie Ouest, il y a deux séries de cinq arcs et une plus courte de deux, tandis que dans la galerie Est les séries de quatre arcs sont au nombre de deux et une troisième en comporte cinq. Entre chaque série il y a de forts piliers dotés de colonnes adossées avec leurs chapiteaux y compris le côté qui donne sur la prairie ou le jardin du cloître. L'œuvre tout entière est en général très soignée,

et même raffinée dans les détails. En certains endroits, la pierre est un peu usée et abîmée.

Les colonnes qui sont très légères et très élégantes sont toujours doublées mais non gémellées. Les chapiteaux sont de nobles proportions. Sur le côté des piliers tourné vers le jardin, au-dessus de la ligne des tailloirs, un groupe de trois colonnes juxtaposées monte jusqu'au bord du toit, et dans l'une des séries d'arcs à la même hauteur se trouve une colonne supérieure au-dessus de chaque paire de colonnes du bas. Ce détail est un peu trop baroque. La longue corniche moulurée du bord du toit prend appui sur une très brillante collection de modillons, dont un grand nombre ont des formes géométriques : proues, bâtonnets, cylindres, entailles, etc. Très soignée également l'archivolte des arcs, décorée surtout d'une suite de pointes de diamant.

La sculpture est, d'une façon générale, dérivée de celle de Silos, mais non selon une filiation directe et immédiate. C'est seulement un important facteur d'inspiration. Il y a un bon nombre d'animaux affrontés, harpies, griffons, pélicans, etc. qui proviennent du cloître inférieur de Silos, et d'autres motifs qui s'inspirent du cloître supérieur; ainsi par exemple le sagittaire ou le chapiteau des trois rois. Il y a également d'assez nombreux motifs végétaux, feuilles, pommes de pin, fruits, avec rinceaux ajourés et cannelés de diverses sortes. Dans cette ligne caractéristique de Silos, le sculpteur reste très personnel. On trouve aussi de beaux chapiteaux historiés.

200

D'autres éléments romans curieux demeurent à l'intérieur de la galerie Est du cloître où se trouve la salle capitulaire. On y voit plusieurs portes et fenêtres à la très belle décoration, dont la caractéristique principale est d'être dotées d'arcs et de roses lobulés où se marque une influence califale. On y trouve encore de curieux tombeaux marqués aussi de l'empreinte mauresque (cf. *Glossaire* pl. 77).

SAN JUAN DE RABANERA

Cette église occupe pratiquement le centre de la cité, sur une petite place qui se forme dans le cours de la rue des *Caballeros*. Tour carrée, vigoureuse, du type classique des tours de la région de Burgos qui abritent une coupole, et corps de nef que termine un beau portail orienté vers l'Ouest et en avancée sur la façade. Ce portail, à trois colonnes de chaque côté plus les jambages de la porte munis eux aussi de colonnes adossées, provient de l'église de San Nicolás et, bien que de ce fait il ne corresponde pas à la vérité archéologique, il faut dire en toute justice qu'il s'intègre fort bien à son nouvel emplacement. Il comporte quatre beaux chapiteaux historiés à droite et à gauche, trois archivoltes décorées et surtout un remarquable tympan qui représente le patron de sa première église, saint Nicolas entouré de ses prêtres dans une fonction liturgique.

A la droite de ce portail, si nous longeons la face Sud de l'église, nous découvrons quelques éléments originaux de San Juan de Rabanera. Un beau portail roman avec un tympan orné de rosaces, décoration classique de cette église. Le fronton Sud du transept, tout entier de la construction primitive, se termine par une curieuse sculpture au pignon. Sur l'abside nous rencontrons à nouveau le thème des rosaces. Cette abside est très originale. La partie arrondie, semi-circulaire, est divisée verticalement par trois contreforts qui sont striés dans leur partie supérieure. Le contrefort médian est dans l'axe de l'église, en sorte que le milieu de l'arrondi n'est pas marqué par la fenêtre selon la structure habituelle. A droite et à gauche de cet axe il y a deux fenêtres, et à la suite, de chaque côté, deux arcs aveugles élégamment décorés. Les fenêtres sont très largement ouvertes, avec une colonne de chaque côté, l'arc supérieur fait d'une grosse baguette, et une double archivolte de boules et de stries qui se prolonge le long des jambages. Les chapiteaux sont ornés de feuilles et d'acanthes, et ont à côté d'eux de petites rosaces. Les tailloirs et l'imposte sont de billettes. Dans la décoration des arcs aveugles dominent de grandes rosaces encadrées, sur des galeries de cinq petits arcs et surmontées dans le haut par sept autres arcs disposés géométriquement et de la clé desquels pend une fleur. L'ensemble de l'abside est très original et l'on peut dire que c'est un cas unique en Castille. Le haut du mur comporte une bonne série de modillons.

A l'intérieur, San Juan de Rabanera est une église avec arcs très brisés, passablement encombrée d'autels et de retables. Son élément décoratif le plus important est la coupole. L'abside est munie d'une couverture mauresque à fortes nervures. Il y a une très belle voûte dans le chœur, en berceau brisé, soutenue par deux arcs entrecroisés. Puis c'est la coupole du transept montée sur des trompes décorées très curieuses. Ce sont des arcs dont le fond est constitué par un plan vertical percé d'un trou circulaire, terminé dans le haut par une rosace. Il s'y trouve des reliefs avec des représentations d'animaux en diverses attitudes et un petit piédestal en forme de chapiteau.

On peut trouver bien d'autres détails intéressants dans cette église de construction soignée : deux absidioles, une dans chaque bras du transept, des arcs aveugles également très décorés dans le chœur, une sculpture abondante composée de niches, de moulures et de chapiteaux, ces derniers le plus souvent ornés de thèmes végétaux et rattachés à l'art de transition.

SAN POLO

Situé de l'autre côté du fleuve et non loin de San Juan de Duero. Face à la plage de Soria et proche du point de départ des routes de Tarazona et de Calatayud. Ce fut un monastère de templiers dont il ne reste plus debout que l'église intégrée dans une vieille et vaste demeure bien négligée. On entre par des portes aux arcs gothiques et à l'intérieur on trouve une longue nef terminée par un chevet rectangulaire lui aussi, mais un peu plus étroit. A l'extérieur il est aussi de forme carrée. Un arc triomphal en plein cintre sépare la nef du chevet, et à l'intérieur de ce dernier se trouve un nouvel arc parallèle au précédent qui sépare le chœur de l'abside proprement dite. Les voûtes sont en croisées d'ogives et couvertes en briques. Ce dernier détail témoigne d'une influence mudéjare qui a fort bien pu s'exercer à San Polo par l'intermédiaire du centre Hospitalier voisin de San Juan de Duero, car il paraît certain qu'à la suppression de l'ordre du Temple, San Polo passa sous la juridiction et la dépendance de San Juan.

DIMENSIONS DE SAN JUAN DE DUERO

CLOITRE

Hauteur des murs : 3 m 60.
Galerie Nord :
   longueur : 20 m 20.
   largeur : 3 m 95.
Galerie Sud :
   longueur : 19 m.
   largeur : 4 m 45.
Galerie Est :
   longueur : 16 m.
   largeur : 4 m 37.
Galerie Ouest :
   longueur : 17 m 50.
   largeur : 3 m 78.
Bases :
   longueur : 50/60 cm.
   largeur : 34/50 cm.
   hauteur : 25/44 cm.
Hauteur des fûts : 108/115 cm.
Chapiteaux :
   longueur : 50 cm.
   largeur : 34 cm.
   hauteur : 40 cm.
Cour intérieure :
   longueur de la galerie Nord : 18 m 60.
   longueur de la galerie Sud : 18 m 20.
   longueur de la galerie Est : 15 m 25.
   longueur de la galerie Ouest : 15 m 80.

extérieur

Hauteur des murs : 8 m 30.
Hauteur extérieure de l'abside : 6 m 85.

intérieur

Hauteur de la nef : environ 9 m 75.
Hauteur de l'arc principal : 8 m 25.
Hauteur de la calotte de l'abside : 8 m 25.
Largeur de la nef : 8 m 45.
Largeur de la travée droite de l'abside : 5 m 87.
Largeur de l'hémicycle : 5 m 43.
Longueur totale de l'église : 28 m 65.
Longueur de la nef : 19 m 70.
Profondeur de l'abside (y compris la travée droite) :
     8 m 95.
Longueur de la travée droite : 6 m 25.
Longueur de l'hémicycle : 2 m 70.

édicule de droite

Profondeur : 2 m 70.
Largeur : 2 m 70.
Hauteur : 5 m.

édicule de gauche

Profondeur : 2 m 60.
Largeur : 2 m 63.
Hauteur : 4 m 52.

SÉGOVIE

La table des planches illustrant ce chapitre se trouve à la page 210.

ROME a laissé ici, à côté d'une place fortifiée, un prodigieux aqueduc. Dans ses pierres prend naissance l'humanisme ségovien, la sérénité et l'équilibre classique que l'on respire en cette cité. Plus tard l'esprit de Rome revivra dans la noble architecture civile de ses palais et dans les lignes majestueuses de sa cathédrale. Dans la tradition qui s'intercale entre les deux extrêmes de l'architecture ségovienne, se situe cette admirable collection d'églises romanes que nous découvrons en flânant à travers les rues et les places silencieuses, havres de calme et de paix. Le roman ségovien fait ainsi le lien entre les pierres romaines de l'aqueduc et le plus bel ensemble architectural de l'Espagne du XVIe siècle.

INVENTAIRE ROMAN DE SÉGOVIE

La structure particulière de Ségovie vient de la longue épine dorsale ou long éperon sur lequel elle est bâtie. Celui-ci se déploie à peu près d'Est en Ouest, et ses flancs très escarpés lancent leur flèche vers le ciel au sommet formé par l'Alcazar qui domine le confluent des rivières Clamores et Eresma. Tendance à s'élever qui, dans une autre perspective ségovienne classique, la vue de l'Ouest depuis la *Cuesta de los Hoyos* (coteau des fosses), se trouve marquée par la tour de la cathédrale, dont l'élan vers le haut semble encore souligné avec insistance par les nombreux pinacles qui, de la tour elle-même et des coupoles ainsi que des murs de la nef et du transept, se dressent vers le ciel comme autant de flèches.

Ce long éperon est pris entre des murailles qui demeurent encore dans leur quasi totalité. Mais les murailles de Ségovie n'ont pas la forte personnalité de celles d'Avila. Elles passent inaperçues dans les faubourgs, et dans quelques portions seulement apparaissent davantage comme des murs de soutènement que comme un ouvrage défensif puissant. Cette muraille sépare deux zones bien différentes. D'un côté, sur la hauteur, la cité monumentale, et de l'autre les faubourgs, qui sont le débordement de la vitalité ségovienne. Trop plein qui s'est manifesté de nos jours avec les divers quartiers neufs, mais qui, semble-t-il, a eu lieu au Moyen Age, ce Moyen Age auquel il faut toujours se référer pour étudier les racines de l'art roman. Dès ce moment la population des faubourgs possède son caractère propre, au point que pour définir dans sa totalité l'âme de Ségovie, l'expression la plus traditionnelle combine et distingue ces deux réalités : la *ciudad* (cité) et la *tierra* (campagne) unies dans une communauté qui ne porte pas atteinte à la valeur de chacune de ses composantes.

Le voyageur qui arrive à Ségovie fait son entrée par les faubourgs, et généralement par la *plaza del Azoguejo,* mot qui résulte d'une nette réminiscence mauresque et veut dire « le petit souk ». A l'ombre du prestigieux aqueduc qui préside à la vie de la cité comme il orne ses armes, on se trouve en présence du spectacle le plus animé de la vitalité ségovienne. Les habitants des villages viennent en grand nombre dans les vastes autobus, les touristes les plus divers leur font une concurrence animée, avec les contrastes vigoureux d'un soleil qui dessine des ombres nettes et accusées. Et là, autour de l'aqueduc, nous constaterons, au nombre respectable des auberges et des tavernes, que ce peuple de *ciudad y tierra* est bien attaché aux réalités de ce monde et que, même si la tour et les pinacles de la cathédrale pointent obstinément vers le ciel, il est naturellement jouisseur et vit intensément sa vie présente.

Mais pour peu que nous montions par la *calle Real* (rue Royale) vers l'église de San Martín, chemin qui nous mène aussi à la cathédrale, ou si de l'autre côté de l'aqueduc nous remontons la rue plus tranquille de San Juan pour parvenir dans le beau quartier de places et de palais qui entoure San Juan de los Caballeros, nous nous trouverons en présence d'une autre physionomie, d'une autre dimension de Ségovie : la cité tranquille renfermée dans ses murailles, où ne monte pas la rumeur des faubourgs. Profonde impression de sérénité, de gravité, de retenue. Le tout très seizième siècle. L'architecture seigneuriale, le port noble des habitants, et jusqu'au parler castillan que l'on peut entendre, légèrement cadencé et archaïsant.

Un pas de plus et la réalité complexe de Ségovie s'enrichira considérablement, si en arrivant aux petits jardins qui précèdent l'Alcazar sur sa face Nord, nous nous rappelons qu'ici même, à nos pieds, dans la vallée tranquille et bruissante de l'Eresma, non loin du Parral, monastère des Hiéronymites, à côté de la Vera Cruz et de la Fuencisla, se trouve le modeste couvent carmélitain où vécut saint Jean de la Croix et où reposent aujourd'hui ses restes dans un horrible mausolée. Nouvelle dimension de Ségovie : le couvent, avec ses grottes et ses ermitages creusés dans la montagne, avec le petit Christ peint sur parchemin, nous parle et nous dit que cette terre est aussi une terre d'élévations mystiques et spirituelles.

(suite à la page 229)

TABLE DES PLANCHES

210

83

84

Au binôme *ciudad y tierra* on peut ajouter un terme : *cielo* (ciel). Et ainsi, dans l'équilibre et le contraste de ces forces, et dans l'élan positif que toutes trois impriment à la vie, nous pourrons donner sens et valeur aux plus importants chapitres de la vie et de l'histoire ségoviennes.

De cette vie et de cette histoire fait partie l'art roman qui à Ségovie se présente en une extraordinaire densité de souvenirs, de vestiges et de témoins. Le seul inventaire de ses églises romanes suffit à mettre en relief un phénomène important : il y a un art roman, propre à la cité, qui a puissamment influé sur l'évolution de l'esprit ségovien. Il y a au total vingt églises ségoviennes où l'on peut trouver des vestiges romans. Et ces vestiges sont dans la majorité des cas l'église entière, bien que le passage des siècles et des divers styles ait un peu défiguré l'aspect roman original. Lorsqu'on les nettoie et les restaure, lorsqu'on démonte leurs grands retables baroques et enlève les couches de plâtre superposées, leur structure originelle apparaît. Certaine fort belle, comme celle de l'église de *San Millán,* proche de l'Azoguejo, qui est la transposition castillane de la cathédrale pyrénéenne de Jaca. Elle fut, dit-on, transplantée dans ce pays par un célèbre roi d'Aragon, appelé *El Batallador* (le batailleur) par antonomase, qui épousa une princesse castillane. Le mariage ne fut pas heureux car c'était une veuve, mais le roi d'Aragon gouverna la Castille suffisamment longtemps pour que dans le faubourg de Ségovie s'élevât l'église de San Millán (pl. 83 à 86). Église qui, aragonaise dans ses origines, n'en est pas moins finalement profondément castillane, car nous y trouvons les trois éléments caractéristiques des églises ségoviennes : les galeries ou porches couverts, la tour qui ici est très ancienne, et les nombreux traits mudéjares, conséquence sans nul doute du rôle joué par des ouvriers mauresques dans sa construction.

Et puisque nous avons commencé par San Millán qui méritait bien d'inaugurer le parcours, nous continuerons par les églises voisines du même faubourg. Tout à côté, *San Clemente,* avec une nef unique, une belle abside et une tour; un peu plus loin *Santa Eulalia* et *Santo Tomás.* Dans le même faubourg, mais de l'autre côté de l'Azoguejo, *San Justo* et *San Salvador* dont les tours se profilent à travers les arcs de l'aqueduc, formant l'une des vues les plus caractéristiques de Ségovie. Plus éloigné du centre de la ville, le quartier de *San Lorenzo,* avec la belle église qui porte ce nom, très riche en souvenirs mauresques dont le principal est son arrogante tour mudéjare (pl. 91). A San Lorenzo nous entrons déjà dans la vallée de l'Eresma, au fond de laquelle il nous faudra pénétrer pour voir les deux dernières églises romanes extra muros de Ségovie : *San Marcos,* petite église au pied de l'Alcazar déjà toute proche de celle de la Fuencisla, et la très curieuse église de la *Vera Cruz,* au départ de la côte de Zamarramala, imitation du Saint-Sépulcre de Jérusalem, dont on attribue l'érection aux chevaliers du Temple (pl. 92 à 98).

Si nous entreprenons la visite de la zone comprise entre les murailles, il semblera normal d'emprunter à partir de l'Azoguejo la voie d'accès la plus facile et la plus proche que constitue la calle Real. Bien qu'il s'y trouve toujours quelque groupe de touristes, elle nous fait très vite entrer, avec la casa de los Picos et celle de Tordesillas, dans l'atmosphère de la vieille Ségovie. Atmosphère peut-être un peu trop réussie. La place de Medina toute proche, qui sous un certain angle offre à la vue la tour de Lozoya et la maison de Juan Bravo, avec la statue de ce dernier au centre, et dans le fond une suite de perrons, forme une scène magnifique pour représenter quelqu'une des grandes œuvres dramatiques du Siècle d'or espagnol.

C'est ici même que se trouve l'église *San Martín,* sans doute d'origine française, à l'intérieur de laquelle on peut voir des vestiges d'une construction primitive, recouverte par un ouvrage postérieur dans la tour et les galeries (pl. 87 à 90). Plus ancienne encore est celle de *San Juan de los Caballeros,* aujourd'hui musée de céramique. Elle se trouve un peu à l'écart de notre parcours et il nous faut nous y rendre en pointant vers l'Est, dans une flânerie très agréable à travers les places et les ruelles ségoviennes. Nous gravissons d'abord les gradins de Juan Bravo. Une des places s'appelle plaza de los Huertos (place des jardins), une autre porte le nom charmant de las Arquetas de la Reina (les coffrets de la reine), plus loin se trouve celle de San Facundo. Au passage nous pouvons visiter le musée archéologique et le musée de la province. Nous prenons enfin la rue de San Agustín et nous pénétrons au cœur de la zone où l'architecture civile caractéristique du XVIe siècle subsiste en sa plus forte densité. Nous voici sur la place du Cronista Colmenares (chroniqueur Colmenares), et au fond nous apercevons l'église de San Juan, appelée de los Caballeros (des chevaliers) parce que là tenait ses assises la noble assemblée des illustres familles de Ségovie. Ici encore il y eut une église plus ancienne teintée d'influences mozarabes, qui fut achevée dans le style roman avec trois absides, des galeries et une tour.

Tout à côté de San Juan, nous pouvons voir également à l'endroit où s'achève l'aqueduc l'église de *San Sebastián,* qui conserve des restes romans à l'extérieur et aussi à l'intérieur, mais ceux-ci très dissimulés sous des adjonctions baroques. Cependant de San Juan nous allons nous diriger vers l'Alcazar par la partie la plus élevée de la cité. Nous prenons sur notre droite des petites rues qui, par celle de Toray et celle de *San Nicolás,* nous font arriver à l'église ainsi appelée. Petite et modeste, avec une abside qui au premier abord paraît double, car il y a une absidiole complémentaire à la base de la tour. Un peu au delà se trouve la *Trinidad,* où l'on a récemment démonté un retable et mis à découvert un beau chevet à la double arcature, aveugle dans sa partie basse et percée de fenêtres dans la partie supérieure. Et rencontrant au passage la modeste église de *San Quirce* sur la place du même nom, qui, comme San Nicolas, comporte à côté de son abside une absidiole au pied de la tour, nous arrivons à *San Esteban,* dont la haute tour à cinq étages montés sur un massif inférieur aveugle déjà élevé peut nous servir de guide dans cette étape de notre parcours (pl. coul. p. 211). Bien que tardive et datant du XIIIe siècle, c'est la plus svelte des tours de Ségovie et elle préfigure en quelque sorte l'élégance de la tour de la cathédrale. L'église se complète d'une galerie aux arcs en plein cintre appuyés sur de hautes colonnes.

De San Esteban nous pouvons, pour compléter notre inventaire, nous diriger vers la porte de Santiago dans la muraille, par où l'on sort pour le monastère du Parral. Ici se trouve l'église de *San Pedro de los Picos,* ainsi appelée parce qu'elle comportait jadis des créneaux dentelés en briques à la forte saveur mauresque. Mais il sera préférable de faire le trajet de San Esteban à San Andrés en passant par le couvent de carmélites que fonda sainte Thérèse, et en nous rapprochant de ce quartier, lui aussi très typique de Ségovie, qu'est celui des chanoines, dans la zone qui s'étend entre l'Alcazar et la cathédrale. Belle église que celle de *San Andrés*, avec ses absides aux lignes pures qui s'offrent de façon parfaite à la vue du visiteur, et sa haute tour qui, de noble souche romane comme celles de San Martín, de San Millán et autres, apparaît défigurée par une couverture et une flèche en ardoise du style madrilène de l'époque des souverains de la maison d'Autriche.

Il nous faut aussi mentionner les ruines de *San Gil* et de *San Blas* et les abondants témoins de l'architecture civile à l'Alcazar et à ses alentours. Dans ces rues où nous voici parvenus, Canongia Vieja et Canongia Nueva (l'ancien et le nouveau canonicat) (Daoiz et Velarde), nous découvrons des restes curieux : portes vitrées, auvents et modillons dans les maisons qui furent occupées jadis par les chanoines groupés en un même quartier au XIIe siècle. Accordons encore un souvenir aux nombreuses églises détruites au cours des ans. Ségovie a possédé jusqu'à trente paroisses, et parmi celles qui ont disparu, certaines viendraient grossir sans doute la liste des églises romanes. Le résultat de cet inventaire fait ressortir une concentration d'architecture romane qui n'a pu qu'en de rares endroits se produire et surtout survivre et demeurer jusqu'à nos jours. L'explication de ce phénomène tient en ceci : à Ségovie le style roman s'est maintenu plus longtemps qu'en aucune autre cité. Encore à la fin du XIIIe siècle et au XIVe on construisait en roman. D'où le caractère tardif de beaucoup de ses monuments. Les érudits ségoviens ont toujours réagi contre ceux qui considèrent comme tardif le roman de leur cité. En un sens ils ont raison. San Millán est la preuve qu'au XIIe siècle on construisait en roman de bonne époque à Ségovie. Mais il n'est pas moins certain que dans ses caractéristiques générales, le roman de Ségovie est un peu tardif. San Juan de los Caballeros et San Martín elle-même reçurent leur forme actuelle à une époque très postérieure à leurs éléments primitifs. On peut dire la même chose des diverses églises que nous avons visitées sur notre parcours. D'autres sont tardives par le moment même de leur construction comme la Vera Cruz ou San Esteban. Et en tout cas c'est l'impression que l'on garde en ce qui concerne les deux caractéristiques les plus nettes du roman ségovien : les tours et les galeries.

On peut presque dire de ces tours que, à part celle de San Millán qui est très ancienne et peut-être celle de San Lorenzo, toutes les autres présentent à l'évidence de nombreux éléments du style de transition. En tout cas, les tours sont toujours postérieures aux églises. Elles sont en général implantées à côté de l'autel majeur et respectent le chevet de l'église. Certaines comportent une absidiole, et seules celles de San Martín et de la Trinidad s'élèvent à la croisée du transept. Plus curieuse est l'installation de galeries ou de portiques couverts. En général on attribue cette forme très ségovienne à l'intense vie corporative de la cité, car les corporations se réunissaient en assemblées sur le parvis des églises et, le climat étant rude, elles durent rechercher cet abri. Il se peut qu'un élément de cet ordre ait influé sur leur diffusion, mais si l'on recherche des antécédents, il sera bon de se rappeler que la première des galeries-porches espagnoles, de date certaine, se trouve en terre ségovienne : celle de San Salvador de Sepúlveda. Comme l'indique une pierre de son abside, elle est de 1093. Si l'on tient compte en outre que cette galerie de Sepúlveda qui aujourd'hui se limite à la face Sud de l'église, se prolongeait à l'origine du côté Ouest au bas de la nef, cette seconde partie ayant été détruite au XVIe siècle, il paraîtra bien normal de voir en elle le prototype des galeries ségoviennes. Et par l'intermédiaire de Sepúlveda, celles-ci pourraient s'intégrer au courant général des galeries-porches de Castille. Son centre de diffusion est la vallée du Haut Duero, et le type d'ornementation le plus répandu est un héritage de la faune décorative du cloître inférieur de Silos, dont certains animaux affrontés pris dans des tiges végétales et quelques harpies énigmatiques figurent aussi dans les galeries ségoviennes. Celles-ci n'appliquent pas de règles fixes pour leur construction, éloignées qu'elles sont déjà de l'orthodoxie initiale des sept arcs. Ainsi par exemple à San Salvador, San Lorenzo, San Juan de los Caballeros, San Esteban, elles correspondent aux faces Sud et Ouest. La Trinidad par contre n'a qu'une galerie Sud. San Millán, une au Nord et une au Sud. Le cas le plus curieux est celui de San Martín qui en possède trois : au Nord, au Sud et à l'Ouest. La première a été transformée en chapelle.

Au point de vue décoratif, les portails dont les archivoltes s'ornent de fleurs et de rosaces aux pétales en nombre varié sont typiques de Ségovie. Les rosaces figurent également comme motif décoratif en dehors des portails. De même sont remarquables les corniches, plus ou moins inspirées de celles de San Juan de los Caballeros : combinaison de petits arcs, parfois lobulés, de modillons et de métopes dont l'ensemble forme un avant-toit de grande richesse.

Enfin parmi les traits les plus marquants du style ségovien, il faut signaler les nombreux éléments mudéjares de la construction. L'appareil aux angles en pierre de taille rappelle celle de Tolède. Influence due sans aucun doute aux nombreux maîtres d'œuvre et maçons mauresques du faubourg. Et la marque mudéjare ne se limite pas au roman de Ségovie mais s'étend à tous les genres et tous les styles de construction. Aux voûtes de l'Alcazar, au portail de Santiago, au pan de muraille à côté de l'église de San Andrés, à des églises postérieures comme El Parral et San Antonio el Real, et à de nombreuses maisons et palais où l'on admire de magnifiques plafonds à caissons et ce si curieux sgraffite des façades. Pour le roman, l'exemple le plus notable de cette influence mauresque ou mudéjare se trouve dans la coupole de San Millán, renforcée à la manière califale de deux paires d'arcs ou nervures prismatiques qui s'entrecroisent dans le haut en laissant l'espace d'une ouverture. Cette coupole possède également un antécédent à Jaca, et près d'un siècle plus tard on en verra un reflet à la Vera Cruz. Autre réminiscence mauresque à noter : la tour de briques de San Lorenzo, ainsi que d'autres détails de cette église. Mauresque aussi la tour de San Millán, qui présente des arcs en fer à cheval, et celle de San Juan de los Caballeros qui comporte un complément en brique. Enfin les plafonds plats ornés de soffites sont très courants. Une fois encore le plus représentatif est celui de San Millán en bois sculpté de façon excellente avec des inscriptions coufiques, mais dont malheureusement il ne reste qu'une très petite partie.

San Millán se présente donc comme le type achevé de ce qu'on peut appeler à Ségovie l'art roman du faubourg. Le faubourg de Ségovie existait déjà avant le repeuplement, alors que l'actuelle enceinte fortifiée était abandonnée. Tous les chroniqueurs de Ségovie reprennent la description de l'historien arabe El Edrisi qui au XIIe siècle disait que Ségovie n'était pas une cité mais un groupe de hameaux. Et l'on pouvait certainement considérer comme hameaux les faubourgs d'aujourd'hui, celui de San Millán, celui de San Justo et San Salvador, celui de San Lorenzo, où se trouvaient groupés les ouvriers, les artisans et les maures.

L'autre élément représentatif du roman ségovien sera San Juan de los Caballeros. Sur un plan basilical antique viendront se greffer les absides romanes, ainsi que la tour et les galeries qui lui donnent une touche locale. C'est l'église des gentilshommes de noble lignage enrichis dans le commerce des tissus fabriqués avec la laine de mérinos, apprêtés dans les foulons du faubourg et teints par les teinturiers du Clamores. Ce sont les chevaliers qui vivaient dans les nobles palais des rues étroites et des places cachées que l'on peut voir à l'entour de San Juan.

Enveloppé dans les conjectures et les interrogations, reste enfin le roman primitif de San Martín. On a dit qu'il pouvait être le fruit d'une influence directe de France. N'oublions pas que celui qui repeupla Ségovie fut le comte Raymond de Bourgogne, premier mari de Doña Urraca, fille d'Alfonso VI. Nous le verrons plus tard amener des maîtres tailleurs de pierre de France pour élever les murailles d'Avila. Il semble que le comte Raymond amena à Ségovie un évêque, Pierre d'Agen, et peut-être fit-il une première fondation de San Martín. Au plan carré dont nous ignorons l'origine est venu s'adjoindre ce portail aux quatre apôtres en position de cariatides, qui pourraient se rattacher à quelque précédent transpyrénéen.

Le roman représenté par ces trois monuments proliféra à Ségovie. On peut dire qu'il a rempli trois siècles de vie et d'architecture ségoviennes. Il rendit impossible la floraison d'un art gothique. De l'aqueduc romain, Ségovie passa à ses églises romanes, puis du roman au plateresque. À un plateresque sobre et monumental. Et c'est dans ces trois styles que prend forme tout ce qu'il y a de classique dans l'âme de Ségovie.

SAN MILLAN

De l'Azoguejo, point de départ de notre itinéraire, l'accès à San Millán est très facile et très pratique. Il suffit de suivre la large avenue de Fernández Ladreda qui conduit directement à l'église. Grâce à une restauration et à un nettoyage soignés, l'extérieur de ce grandiose édifice laisse voir aujourd'hui toutes ses beautés (pl. 86). Plus qu'à une paroisse de faubourg d'une grande ville, il ressemble, selon l'expression d'un grand écrivain, à une majestueuse abbaye dans la campagne. De la vaste galerie, le long de la face Nord, on découvre une vue étendue sur la ville haute, avec la tour du Palais de Lozoya, celle de l'église de San Martín, et surtout la flèche de la cathédrale. La noble façade occidentale révèle la structure à trois nefs de l'église qui se termine par un beau chevet à trois absides. Une quatrième abside, légèrement postérieure au reste de l'édifice, sert aujourd'hui de sacristie. Avec, le long de ses flancs Nord et Sud, ses deux galeries-porches aux lignes élégantes et harmonieuses, sa quadruple abside et la tour carrée du transept, San Millán offre l'un des ensembles les plus suggestifs du roman castillan.

VISITE

COMMENT VISITER L'ÉGLISE DE SAN MILLAN

L'église de San Millán est située dans le quartier appelé Arrabal mayor (le grand faubourg) où se trouvaient groupées pendant le Moyen Age une grande partie des fabriques de tissu et qui, encore au XVIᵉ siècle, comptait une population assez nombreuse. Entre l'église et les murailles s'étendait le quartier maure avec sa population de maçons, de sculpteurs de plafonds à caissons, de maréchaux-ferrants et de potiers.

Centre d'une paroisse d'artisans, l'église figure peu dans les chroniques de la cité, et l'on ne peut rien affirmer avec certitude à propos de ses constructeurs et de l'époque à laquelle elle fut achevée. Un fait cependant est certain : avant le repeuplement définitif de Ségovie, dans le dernier tiers du XIᵉ siècle, existait déjà en ce lieu une église dédiée à San Millán, saint très vénéré dans l'Espagne des Xᵉ et XIᵉ siècles; de cette église, seule la tour est parvenue jusqu'à nous.

Quant à la grande construction romane, les auteurs ont à son sujet des opinions diverses. Mais celle qui prévaut aujourd'hui est qu'elle fut édifiée avec l'approbation et l'appui du roi d'Aragon, Alfonso I el Batallador, entre les années 1111 et 1126, époque à laquelle il régna en Castille.

Il est très difficile de situer exactement l'histoire de cette construction. San Millán est le seul cas où nous retrouvions dans sa structure fondamentale le plan de la cathédrale de Jaca.

Dans l'ordre décoratif, la cathédrale aragonaise a exercé une influence profonde et immédiate sur Frómista, d'où elle s'est étendue à d'autres monuments castillans. Mais à San Millán, l'élément décoratif ne semble pas dérivé de Jaca, et l'on constate par contre que la structure en est une fidèle copie. En raison du temps qui s'est écoulé entre l'une et l'autre construction, on pourrait y voir un recul dans l'évolution du roman. Lorsqu'on repeupla Ségovie, on avait déjà construit San Martín de Frómista, la seconde église de San Isidoro de León, et l'ouvrage de la cathédrale de Saint-Jacques de Compostelle se trouvait bien avancé. On ne peut non plus admettre que la diffusion géographique de l'influence de Jaca ait été plus lente vers la Castille, puisque le plan de sa cathédrale, beau mais inaccoutumé, ne se trouve repris nulle part, pas même le long du chemin de Saint-Jacques où le sillage de Jaca est bien manifeste. La seule chose qu'on puisse supposer est que le constructeur de San Millán fut le même que celui de Jaca, ou l'un de ses plus intimes collaborateurs. De toute manière, cette question demeurera toujours une curieuse inconnue dans l'histoire du roman de Castille.

Si l'on considère, par contre, les événements qui se déroulaient alors sur le territoire castillan, l'explication donnée paraîtra un peu plus naturelle et plus logique. Alfonso I avait contracté mariage en 1109 avec l'héritière du

237

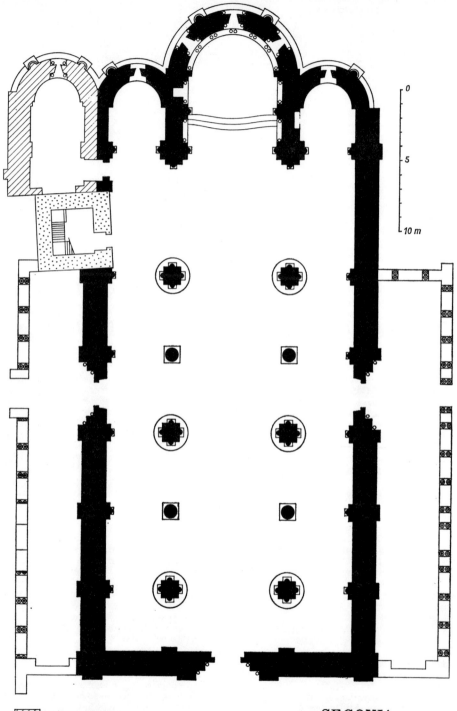

0

5

10 m

SEGOVIA
SAN MILLÁN

trône de Castille Doña Urraca. Mais les profonds désaccords qui se produisirent aussitôt entre les époux donnèrent lieu à une série de révoltes et de luttes entre castillans et aragonais. En 1111, Alfonso gagna la bataille de Candespino, près de Sepúlveda, et quelques jours après entra à Tolède. A partir de cette date, il commença à porter le titre de roi de Castille et de León. Parmi les forteresses occupées par une garnison aragonaise figurait Ségovie.

En dépit des diverses vicissitudes de son mariage malheureux, le roi semble avoir éprouvé pour cette cité une prédilection particulière, peut-être parce que la proximité des bois lui permettait des parties de chasse, ou bien aussi parce qu'il trouvait chez les Ségoviens l'appui nécessaire pour faire face aux intrigues de la reine et de ses partisans; et ceci au point qu'en 1123 encore, il confirmait des donations faites à l'évêque de Ségovie.

Ainsi tenant compte de cette sympathie d'Alfonso, il semble également fort naturel qu'il ait désiré laisser dans la cité un souvenir de Jaca, la capitale de son royaume. Tel est l'argument principal utilisé pour assigner à San Millán de Ségovie cette filiation aragonaise directe et pour en fixer la date entre 1111 et 1126.

Nous commençons notre visite extérieure par la façade principale orientée à l'Ouest. Elle est d'une composition très sobre et très expressive. A l'origine, la nef centrale s'élevait plus haut que les nefs latérales, mais une reconstruction, effectuée encore à l'époque romane, a rehaussé ces dernières pour recouvrir d'un seul toit à deux versants les trois nefs de l'église. Au milieu de la façade s'ouvre un portail bien castillan, aux archivoltes décorées de rosaces à quatre et huit pétales alternant avec des baguettes, et bordées de trois rangées de billettes. Les chapiteaux s'ornent de figures humaines à cheval sur des quadrupèdes, de harpies enveloppées dans de vastes capes descendant jusqu'aux pieds, et de centaures affrontés. Au-dessus du portail une grande fenêtre à l'arc de baguette reposant sur des colonnes, et au-dessous d'elle trois autres petites fenêtres qui furent certainement percées plus tard. Les nefs latérales sont éclairées chacune par une fenêtre sans décoration, et leur séparation d'avec la nef centrale est marquée par deux contreforts.

Le mur extérieur de la nef latérale Nord est renforcé de contreforts reliés entre eux par des arcs en plein cintre, disposition inhabituelle à Ségovie, mais qui se présente en d'autres monuments romans, comme par exemple la cathédrale de Saint-Jacques de Compostelle. Tout le long de la face Nord se déroule une corniche chanfreinée sur des modillons aux motifs végétaux, très semblables, par la composition et la technique, à ceux de quelques tailloirs à l'intérieur. Dans la partie basse,

couverte par la galerie-porche, s'ouvre un portail analogue au portail principal et présentant un peu plus de relief dans sa décoration. Le porche offre une série de dix arcs plus celui de l'entrée. Sa construction, postérieure à celle de l'église, date seulement du XIIIe siècle, sans parler des chapiteaux et des tailloirs du XVIe siècle si bien accordés à l'ensemble qu'ils passent inaperçus. On peut dans la composition observer un certain rythme et une certaine symétrie, les arcs étant répartis en groupes de trois séparés par un autre arc qui prend appui sur des pilastres et non sur des colonnes doubles, comme les autres. Parallèlement aux arcs se déroule un bandeau finement travaillé. Au-dessus, une intéressante corniche aux modillons séparés par des métopes décorées de rosaces, d'entrelacs et de monstres divers.

A l'extrémité orientale de cette façade Nord se trouve adossée la tour, qui constitue l'un des traits singuliers de cet édifice, car ses murs ne sont point parallèles à ceux de l'église. Elle présente une base étroite et une très faible hauteur pour une église aussi somptueuse. Ses deux étages comportent sur chaque face une fenêtre à l'arc en fer à cheval, légèrement surhaussé et appuyé sur des impostes dont le profil rappelle l'art mozarabe. Jusqu'à maintenant la tour tout entière était recouverte d'une couche de chaux, et l'on est en train de procéder à un nettoyage soigneux qui permettra d'apprécier davantage son incontestable ancienneté.

A l'extérieur on peut encore voir les absides, dominées par la tour carrée du transept avec sa corniche à modillons et ses fenêtres simples (pl. 86). La disposition des absides correspond aux trois nefs de l'église, avec en plus une quatrième, complètement injustifiée, qui sert aujourd'hui de sacristie. Les deux absides latérales comportent, au milieu de la partie arrondie, une colonne-contrefort et, dans le panneau voisin de l'abside principale, une fenêtre simple. L'abside centrale, elle, est percée de trois fenêtres, toutes en plein cintre et pourvues de colonnes aux chapiteaux végétaux. Les tailloirs se prolongent par une imposte faite de rosaces inscrites dans leurs propres tiges, et qui à cette hauteur fait tout le tour de la partie arrondie. De type végétal également la corniche sur des modillons où s'intercalent des métopes avec de grandes rosaces, très fréquentes dans le roman ségovien. La quatrième abside doit être de peu postérieure à la construction puisque son plan est parfaitement roman. Elle comporte deux colonnes adossées et une fenêtre dans le panneau central, semblable à celles de l'abside principale.

La façade Sud est d'allure plus ségovienne et diffère ainsi de celle du Nord (pl. 83). Elle se compose d'un mur lisse, couronné par une corniche dont certaines portions sont décorées d'une torsade et le reste de billettes. La même diversité s'observe sur les modillons dont certains en courbe de nacelle alternent avec d'autres

239

en spirale ou au décor roman du XIIᵉ siècle. La structure de la galerie de ce côté est la même que celle du Nord, y compris la corniche qui se déroule dans le haut. Le bahut sur lequel est montée l'arcature Nord est plus élevé, ce qui lui fait perdre en intimité. Il n'en est pas de même pour celle du Sud puisque la rue passe à son niveau normal, permettant une vision plus directe des chapiteaux (pl. 84). La variété qu'on y observe est également plus grande. Les motifs qu'on y trouve figurés sont de droite à gauche :

1. – Chapiteau et tailloir restaurés.
2. – Griffons affrontés.
3. – Chapiteau historié. Difficile à interpréter.
4. – Animaux affrontés, pris dans de grosses lianes.
5. – Lions superposés.
6. – Oiseaux affrontés.
7. – Scènes de l'Annonciation, de la Visitation, de la Nativité.
8. – Sur les faces Ouest et Sud : voyage des Mages; sur les deux autres, l'adoration de l'Enfant et l'apparition d'un ange aux Mages pendant leur sommeil, les avertissant de ne pas retourner voir Hérode.
9. – Sur la face Nord : Christ en majesté avec les symboles des quatre Évangélistes; sur les autres faces, dix Apôtres.
10. – Entrelacs végétaux.
11. – Quatre personnages dont les bords de la tunique et du manteau sont perlés. Encadrant les figures, des arcs en plein cintre également perlés et soutenus par des colonnes torses.
12. – Feuilles de grande dimension très stylisées.
13. – Harpies.
14. – Sur la face Nord, les scènes simultanées du baiser de Judas et de l'arrestation. Sur les autres, un groupe de personnages représentant peut-être les Apôtres et le Christ sur le chemin du Calvaire.
15. – Restauré.
16. – Deux harpies et un centaure.

Au total, la sculpture qui décore ces porches de San Millán donne l'impression d'une œuvre tardive et exécutée le plus souvent sans grande finesse. Par les thèmes indiqués, on voit qu'elle est le résultat d'influences très répandues dans le roman espagnol, et tout semble laisser entendre qu'elles se sont exercées à Ségovie non directement mais par étapes intermédiaires qui ont entraîné une exécution très maniérée.

Le portail d'entrée de l'église, de côté, ressemble davantage à ceux du roman du Nord, avec un tympan composé de plusieurs claveaux et décoré de figures difficiles à interpréter, en raison de leur état de grande détérioration.

Avec cet ensemble extérieur plutôt bigarré contraste l'intérieur, qui est l'une des compositions les plus pures et les plus harmonieuses du roman de Castille. Nous sommes dans une église à trois nefs, au transept marqué seulement par une coupole centrale, et à trois absides. Disposition semblable à celle de la cathédrale de Jaca avec laquelle, comme nous l'avons dit, l'église de San Millán offre des similitudes tout à fait singulières : toutes deux ont cinq travées, et dans l'une et l'autre les nefs sont séparées par des piliers composés alternant avec de robustes colonnes surmontées de chapiteaux de grande dimension. A San Millán comme à Jaca, le transept est couvert d'une coupole sur trompes; celle-ci à Ségovie est renforcée par des paires d'arcs qui partent des côtés et non du sommet des trompes, et se croisent en laissant au centre un espace carré, simplification du système musulman de Cordoue et de Tolède. Les bras du transept sont couverts en berceau. Dans les nefs il y a de fausses voûtes en plâtre baroques construites en 1669, mais on a des indices montrant que l'on projetait de vraies voûtes. Peut-être a-t-on pensé à couvrir la nef centrale d'une voûte en berceau contrebutée par une autre voûte en quart de cercle couvrant les nefs latérales comme à Saint-Jacques de Compostelle et à San Vicente d'Avila, quoique les nefs latérales de San Millán ne semblent pas avoir comporté deux étages. De toutes façons et quelle que puisse être la portée de ces conjectures, il est certain qu'une couverture plane en bois a existé. Manière de faire éminemment mozarabe, comportant des inscriptions coufiques et des consoles reprenant le modèle des modillons en spirale, traversés par une ligne de décoration florale. On peut faire remonter son origine nettement califale jusqu'à la mosquée de Qayrawan, datée des environs de 1038.

L'abside centrale de la cathédrale de Jaca a disparu, et nous ne savons pas ce qu'elle était : mais on a gardé celle de San Millán de Ségovie, qui présente dans sa partie basse une très belle arcature aveugle (pl. 85). Elle se compose de dix arcs au demi-cercle en forme de tore, six dans l'hémicycle et deux de chaque côté de la travée droite, avec de larges tailloirs et de gros chapiteaux. Ceux-ci reposent dans l'abside sur des colonnes accouplées, et dans la travée droite sur une colonne simple. Au-dessus des arcs se déploie un bandeau, et à ce niveau s'ouvrent trois sveltes fenêtres en plein cintre, fort ébrasées et soutenues par des colonnes aux fins chapiteaux végétaux. Un second bandeau est situé au niveau du départ des voûtes. Celle de la travée droite se trouve renforcée par un arc doubleau dont les colonnes descendent jusqu'au socle général de l'église.

L'ornementation des nefs se réduit aux tailloirs et aux chapiteaux, les uns historiés, d'autres de type corinthien, mais tous de belle facture. Méritent une mention spéciale les chapiteaux de la colonne et du pilier composé les plus proches du transept du côté droit. Le premier représente les Mages sur le chemin de Bethléem, et la Vierge avec l'Enfant, l'autre la Fuite en Égypte. En face du premier, du côté gauche se trouve un autre chapiteau décoré de personnages que nous n'avons pas réussi à identifier. L'un d'eux tient d'une main un chevreau et de l'autre un énorme poisson. Les tailloirs portent une décoration très semblable à celle de Jaca, León et Frómista, et sur l'un d'entre eux dans le chœur est gravée la croix des Hospitaliers de Saint-Jean de Jérusalem.

Lorsqu'on a récemment démonté les retables adossés aux piliers qui séparent l'abside centrale des latérales, on a vu apparaître sur leurs faces quatre personnages peints à la détrempe, presque grandeur nature, qu'on peut dater du xIIIe siècle. Ils représentent : ceux de droite saint Julien et sainte Basilissa, ceux de gauche un saint et une sainte très difficiles à identifier en raison de leur mauvais état de conservation.

Dans l'arcature de l'abside, nous voyons des sirènes à double queue de poisson, des oiseaux affrontés et des animaux fantastiques du type traditionnel. Le chapiteau central de l'hémicycle offre davantage d'intérêt. Il représente deux chevaliers avec l'habit d'un ordre militaire se serrant la main en signe d'amitié, ou plutôt d'adieu car les chevaux se dirigent dans des directions opposées.

Toute cette sculpture, sans atteindre à une grande qualité, est vigoureuse et décorative, incontestablement antérieure à celle des galeries des deux porches. De l'échelonnement de son œuvre sculpturale, il semble résulter que nous nous trouvons à San Millán devant une construction réalisée par étapes. Nous pouvons en indiquer principalement trois. La tour, qui est la pièce la plus ancienne; le corps des nefs et de l'abside, qui correspond à la date généralement attribuée à l'église; et enfin les galeries qui, comme la majorité de celles de Ségovie, sont un peu tardives. Il apparaît ainsi qu'une antique église de San Millán fut modifiée au moment du repeuplement ou quelques années plus tard. Conservant alors seulement la tour de l'église antérieure, on construisit les nefs actuelles qui rappellent nettement Jaca. On pourrait dire qu'avec le temps cette construction un peu exotique est devenue nettement ségovienne par l'adjonction des galeries caractéristiques du roman local.

extérieur
Hauteur des murs de la nef : 11 m 25.
Hauteur de l'abside centrale : 10 m 50.
Hauteur de l'abside côté évangile : 7 m 50.
Hauteur de l'abside côté épître : 7 m 30.

portail Ouest
Hauteur de l'archivolte extérieure : 7 m 75.
Hauteur de l'arc d'entrée : 4 m 90.
Largeur entre les colonnes extrêmes : 5 m 05.
Largeur de l'arc d'entrée : 2 m 10.

galerie Sud
Hauteur : 90 cm.
Hauteur de la base des colonnes : 30 cm.
Largeur de la base des colonnes : 30 cm.
Longueur de la base des colonnes : 55 cm.
Hauteur du fût : 1 m 60.
Hauteur du chapiteau : 38 cm.
Largeur du chapiteau : 54 cm.
Longueur du chapiteau : 60 cm.
Hauteur du tailloir : 20 cm.
Largeur du tailloir : 60 cm.
Longueur du tailloir : 80 cm.

portail Sud
Hauteur de l'archivolte extérieure : 6 m 20.
Hauteur de l'arc d'entrée : 3 m 40.
Largeur entre les colonnes extrêmes : 4 m 85.
Largeur de l'arc d'entrée : 1 m 90.

intérieur
Longueur totale de l'église : 44 m 20.
Longueur des nefs : 26 m 78.
Longueur du transept : 18 m 45.
Profondeur de l'abside centrale : 8 m 60.
Profondeur des absides latérales : 5 m.
Largeur de la nef principale : 8 m 80.
Largeur des nefs latérales : 4 m 94.
Largeur du transept : 8 m 84.
Largeur de l'abside centrale : 6 m.
Largeur des absides latérales : 2 m 85.
Hauteur de la coupole au transept : 19 m.
Hauteur de l'abside centrale : 13 m 90.
Hauteur des absides latérales : 10 m 25.

SAN MARTIN

A l'Azoguejo, point de départ de tous nos itinéraires ségoviens, prend naissance la « calle Real », qui débute par une côte assez prononcée. Elle passe d'abord devant la célèbre *Casa de los Picos*. Un vieux palais ségovien était appelé par les gens la « Casa del Judio » (maison du juif). Son propriétaire, chevalier de noble lignée, dans le dessein de changer le nom de sa résidence, imagina le curieux artifice d'orner toute sa façade de pierres taillées en pointes de diamant. L'effet fut décisif. C'est le palais que depuis des siècles on appelle la « casa de los picos » (maison des pointes).

Si nous poursuivons notre marche, nous arrivons bientôt à la place de Medina del Campo présidée par la statue de Juan Bravo, héros des libertés castillanes, qui souleva Ségovie, sa patrie, contre l'influence des nombreux flamands qui entouraient l'empereur Charles-Quint. Ici nous nous trouvons au cœur de l'ambiance ségovienne. Ambiance typique et populaire qui après tant de siècles nous reporte à l'Espagne du XVIe siècle, époque dont on peut dire qu'elle fut celle de la grandeur de Ségovie.

Le côté gauche de cette élégante place est formé par le chevet de l'église de San Martín. Une rue passe un peu en contrebas de la face Sud flanquée d'une magnifique construction romane qui attire tout de suite l'attention : c'est une galerie de treize arcs tous à la suite, sans interruption de pilastres, et montés sur des colonnes gémellées très sveltes. On dirait la galerie d'un cloître ouvert sur la rue (pl. 87). Dominant le tout, une belle tour carrée, romane dans ses deux premiers étages avec de belles fenêtres divisées par une colonne jouant le rôle de meneau, et dont le troisième étage est coiffé d'un toit d'ardoise, d'époque certainement très postérieure.

Lorsqu'à l'extrémité de la galerie qui donne sur la rue nous montons la petite côte qui passe entre l'église et la bibliothèque publique, édifice à la saveur espagnole très marquée, nous arrivons au portail principal de l'église de San Martín (pl. 88). De sa décoration nous pouvons dire qu'elle est à la fois riche et sobre. Grand portail aux quatre arcs en rigoureux plein cintre, dont les archivoltes sont faites alternativement d'une grosse baguette et de délicats reliefs géométriques aux dessins entrecroisés de formes diverses, reliefs où l'on a toujours reconnu une certaine influence mauresque. Ces arcs partent de quatre piliers prismatiques à droite et à gauche, aux arêtes remplacées par un tore. Le second et le quatrième pilier de chaque côté s'arrêtent à la moitié de leur hauteur pour se transformer en de délicates statues en position de cariatides, surmontées de chapiteaux qui à gauche semblent représenter des prisonniers, les fers aux pieds, et à droite portent l'un une décoration de fin entrelacs, et l'autre une harpie emprisonnée dans du feuillage, issue plus ou moins directement de la faune de Silos (pl. 89). L'ensemble est d'une grande noblesse. Pour accéder à la porte, il faut gravir quelques marches, ce qui donne à la perspective plus de solennité. Sur la partie Nord on a récemment découvert une galerie qui avait été intégrée dans un mur épais au moment de la construction de chapelles. Aujourd'hui cette galerie ancienne se présente sous forme d'une arcature aveugle.

Le parcours extérieur de l'église s'achève sur les absides qui s'étendent sur la place San Martín.

VISITE

COMMENT VISITER L'ÉGLISE DE SAN MARTIN

L'intérieur de l'église de San Martín, qui fut peut-être la plus importante et la plus riche de la cité, est entièrement refait et, aujourd'hui encore, c'est un véritable musée de peinture et de sculpture, où brillent particulièrement un retable gothique dans la chapelle des Herrera, des tableaux dus à un atelier ségovien du XVᵉ siècle, un triptyque amené de Flandre à la fin du XVIᵉ siècle, le Christ au tombeau de Gregorio Hernandez, et un Saint François, de Pedro de Mena, qui n'est pas inférieur au célèbre tableau de la cathédrale de Tolède. Néanmoins, c'est à peine si nous connaissons d'autres éléments de son histoire que ceux fournis par l'examen de son architecture.

La partie la plus ancienne est sans nul doute le noyau central, qui est de structure carrée, et se trouve divisé par des colonnes en neuf compartiments à la façon de la célèbre église de Cristo de la Luz à Tolède. Il faut considérer cette structure comme essentiellement préromane, relevant de cet art que l'on considère tantôt comme visigothique ou mozarabe et tantôt comme l'art du repeuplement. Au XIIᵉ siècle, après la reconquête définitive de Ségovie, cette église acquit une grande importance. On ne sait pas exactement quelle fut son histoire, mais le chroniqueur ségovien du XVIIᵉ siècle, Don Diego de Colmenares, le plus fin connaisseur de sa ville, découvrit à Valladolid un manuscrit ancien des *Morales* de saint Grégoire où le colophon écrit par le copiste

était ainsi conçu : « Fin du livre des Morales sur Job... écrit dans la cité de Ségovie près de San Martín, église à laquelle appartient ce livre. L'an du Seigneur 1140 selon le comput français, et selon les Espagnols l'ère 1178. Sous le règne d'Alfonso, Pierre étant évêque de la dite cité. L'ordre d'écrire ce livre fut donné par Pierre, abbé de l'église de San Martín,... aidé par le clergé de cette même église qui est fort célèbre et jouit d'une prééminence dans toute l'Espagne... Calvetus fournit le parchemin au prêtre Bernardo Franco, qui l'écrivit en une année. »

De ce texte on pourra conclure que dans la première moitié du XIIᵉ siècle et avant 1140 fonctionnait un « scriptorium » incorporé à San Martín et que l'église était tenue par des clercs dont on fait un grand éloge en les considérant comme renommés dans toute l'Espagne chrétienne. L'évêque mentionné est Pierre d'Agen, qui gouverna le diocèse de Ségovie de 1109 à 1149. Sa présence dans la capitale castillane fut sans aucun doute une manifestation de plus de l'influence de l'élément français dans l'église espagnole de l'époque, au sein du mouvement dont on attribue en gros l'origine à la grande abbaye de Cluny.

Signalons une autre donnée plus précise permettant de poser les jalons de l'histoire de San Martín : la présence dans la galerie Ouest d'une inscription non antérieure à 1200 indiquant qu'en cet endroit se trouve enterré le prêtre Lope à qui l'on donne le titre de copiste. De plus sur le portail Sud, gravée sur l'une de ses saillies, se trouve une autre inscription où l'on dit que Blasco Pérez fit donation à San Martín de maisons destinées à payer les frais des travaux effectués dans l'église. Cette inscription date de 1262.

En résumé, on peut reconnaître à San Martín trois étapes assez bien définies : l'antécédent préroman, l'étape marquée d'une certaine influence française où une école de copistes existait à côté de l'église, et pour finir les œuvres réalisées à la fin du XIIIe siècle. A cela s'ajoute le fait qu'au cours d'une des révoltes nées à Ségovie pendant la minorité d'Alfonso XI, en l'an 1362, les ségoviens mirent le feu à la tour de San Martín que l'on dut reconstruire ensuite après l'incendie. Avec cela nous possédons un aperçu plus ou moins complet de ce que l'histoire peut nous apprendre au sujet de cette belle église.

La remarquable sculpture de San Martín est rehaussée d'importants éléments décoratifs. On y discerne également différentes étapes, divers sculpteurs, d'où en définitive, une nouvelle inconnue à propos des origines de cette église, que l'histoire entoure de tant de conjectures.

Un premier style, un premier temps, se présente aujourd'hui à nos yeux, illustré par les quatre personnages formant cariatides que l'on trouve sur le portail à l'entrée de la nef (pl. 88 et 89). On dit généralement que ce sont des Apôtres; mais le premier sur la droite doit être Moïse, car il tient à la main la représentation stylisée la plus classique des tables de la Loi.

Les quatre personnages sont de la même main. Belles sculptures romanes à l'attitude finement hiératique, aux manteaux abondamment plissés le long du corps, d'une stylisation pleine de simplicité; trois d'entre elles par le port de tête et la barbe divisée rappellent un peu les Prophètes de Moissac et de Souillac, bien que ceux de Ségovie gardent une attitude sereine, sans agiter ni remuer bras et jambes. C'est en cela qu'ils se distinguent aussi des personnages qui occupent le grand portail occidental de San Vicente d'Avila. Ceux-ci, d'un mouvement plus gothique, ont une robe aux plis classiques vaporeux qui laissent transparaître l'anatomie des membres. Figures extatiques, à l'esprit concentré et aux vêtements délicatement descriptifs, les personnages de San Martín de Ségovie méritent une place à part dans la statuaire castillane. On a dit qu'ils se rattachaient peut-être à Chartres, par l'intermédiaire de Santa María la Real de Sangüesa. Mais ceux de Ségovie nous semblent un peu antérieurs à ceux de Sangüesa.

Nous passons à l'autre extrémité de l'église et sur l'abside principale nous trouvons, encastré dans le mur, un haut relief très beau du titulaire de l'église, saint Martin. La tête n'est

pas très marquée, et cependant se montre très expressive et très spirituelle. Le saint a une chevelure qui rappelle en moins bien celle de la statuaire romaine, et porte par-dessus une mitre hémisphérique. De la main gauche il tient une lourde crosse et de la droite il fait le geste de bénir avec deux doigts étendus en un raccourci un peu exagéré. Le corps est plutôt large surtout aux épaules et par rapport à la grosseur de la tête; il porte un manteau aux plis délicats faits de lignes droites et courbes d'un grand charme. Les plis de la tunique tombent droit tout en étant finement travaillés, et au bas dépassent les pieds déjà chaussés à la mode gothique. L'ensemble a l'allure d'une pierre tombale. On a coutume de mettre ce relief en relation avec la statue de sainte Sabine du portail méridional de San Vicente d'Avila. Celle-ci présente une certaine ressemblance dans la position des mains et la courbure des épaules. La sainte porte un manteau brodé, ce qui complique un peu, et une préoccupation anatomique, pour les jambes, se révèle à travers la tunique. A la vérité le jeu des tissus du Saint Martin est beaucoup plus simple, et la forme qu'ils affectent sur le flanc gauche présente une saveur plus directement classique.

Devant ces figures, les sculptures des galeries-porches apparaissent très grossières et tardives. Elles comportent une belle collection de thèmes historiés qui sont en général des scènes bibliques à part certaines consacrées à la vie de saint Martin. Les tailloirs sont très soignés. Mais leur sculpture comme celle des chapiteaux n'est pas de première qualité, bien que douée d'expression et de mouvement. Elle constitue une preuve du phénomène qui se présente à Ségovie comme un caractère général : les galeries sont une addition postérieure à la construction des églises romanes. Nous pensons principalement aux chapiteaux de la galerie Nord. Et nous faisons entrer dans ce groupe ceux de la galerie Ouest, à gauche du perron qui donne accès au portail principal de l'église (pl. 90). C'est d'eux précisément que partira notre numérotation. Nous les choisissons parce qu'ils sont historiés pour la plupart, et qu'en définitive ce sont les chapiteaux de la meilleure qualité de tout l'ensemble.

1 et 2. – Thèmes végétaux.

3. – Représentation de la Dernière Cène. La table fait tout le tour du chapiteau. Sur l'une des faces les plus larges apparaît le Seigneur avec quatre de ses Apôtres, parmi lesquels on distingue saint Jean, penché sur l'épaule du Seigneur, et Judas qui à droite reçoit la bouchée des mains de Jésus, tandis qu'il tend le bras pour prendre un poisson qui se trouve devant lui sur un plat. Le poisson est le symbole du Christ et représente ici la communion sacrilège. Le reste du chapiteau est consacré aux autres Apôtres. Le mauvais

état de conservation ne permet pas d'apprécier l'expression de leurs visages. Tous, y compris Judas, sont pourvus d'un nimbe. Le tailloir est orné d'une tige ondulée avec des feuilles au fort relief enroulées en spirale.

4. – Le décor du tailloir est semblable au précédent, mais les feuilles sont plus grandes. L'un et l'autre rappellent la flore qui décore les archivoltes du portail principal de San Vicente d'Avila. Sur le chapiteau figure le Massacre des Innocents. Devant trois mères qui, horrifiées, se couvrent le visage de leurs mains, un soldat tue un enfant dont le corps tombe sur ceux des enfants déjà massacrés. Derrière ce soldat en apparaît un autre en train lui aussi de tuer un enfant. On en aperçoit encore deux autres à demi masqués par le précédent, et une femme avec le cadavre de son fils dans les bras.

5. – Le roi David entouré d'un groupe de musiciens. Le roi apparaît à gauche, assis de profil, les jambes croisées pour appuyer l'instrument sur son genou, et tirant les cordes de la main droite. A côté de lui un autre musicien jouant d'un instrument à cordes avec la main. Sur les deux autres faces, un groupe de spectateurs. L'un d'eux se baisse pour permettre aux autres de voir.

6. – Dans la partie haute du chapiteau, trois sortes de petites niches, aux arcs outrepassés soutenus par trois colonnes et entourés d'arcs brisés, sous lesquels apparaissent la Vierge et l'Ange dans la scène de l'Annonciation. La Vierge, placée de face, tient dans sa main gauche un livre et lève la main droite. A côté d'elle l'ange, debout, se tournant légèrement vers elle. Sur les faces plus étroites du chapiteau, deux autres personnages, l'un de face et l'autre de profil, également sous des arcs.

7. – Motifs végétaux. Le tailloir porte un feuillage ondulant bien sculpté.

8. – Christ en majesté dans une mandorle soutenue par quatre anges.

9. – Présentation de Jésus au Temple. Porté dans les bras de sa mère, l'Enfant touche l'autel de ses mains. De l'autre côté, Siméon le tient dans ses bras avec un geste plein de tendresse. Sur l'autel une croix à deux bras, et descendant du ciel la main de Dieu le Père qui touche la tête de l'Enfant. Derrière la Vierge apparaissent deux personnages qui sont certainement saint Joseph et Anne la prophétesse.

10. – Joseph et Marie sur le chemin de Bethléem. Saint Joseph s'avance à droite tirant la longe d'un petit âne, très abîmé, monté par la Vierge, lassée par le chemin à en juger par l'attitude du corps et l'inclinaison de la tête. Dans le fond un palmier, et entourant les personnages, des arcs lobulés.

11. – Très difficile à interpréter. On a voulu y voir des scènes de la vie de saint Martin. Parmi elles, l'épisode connu du manteau.

12. – Résurrection de Lazare et entrée de Jésus à Jérusalem. Les deux scènes se déroulent sous des arcs lobulés. A la droite du spectateur, Lazare sort et tend les bras vers le Seigneur qui se trouve au pied du tombeau et le touche avec un bâton. A la tête du sépulcre on voit Marie, la sœur de Lazare dont elle soutient la tête de ses mains. Sur la face la plus large qui se trouve du côté intérieur, toujours sur la droite, le Christ monté sur l'ânon, la main droite levée pour bénir. Un jeune homme étend son manteau devant l'âne, un autre apparaît juché sur un arbre, et deux autres se montrent un peu en arrière. Sur le tailloir un remarquable motif de vannerie.

13, 14 et 15. – Lisses.

16. – Tailloir au motif de vannerie, très délicat. Sur le chapiteau, les scènes simultanées du baiser de Judas et l'arrestation. Le traître s'approche sur la gauche tandis que des soldats saisissent le Seigneur par les bras. Sur la face de droite du chapiteau, des soldats montant la garde.

17, 18 et 19. – Lisses.

20. – Combat de deux soldats. Celui de gauche tient au bras un bouclier allongé et avance l'épée nue contre son adversaire qui se protège d'un bouclier arrondi. Tous deux sont vêtus de cottes de mailles.

21. – Lutte de deux guerriers contre une bête aux serres d'oiseau de proie, au corps d'homme et à la tête de démon. L'un d'eux empoigne la bête par le bras et l'attaque à l'épée. Sur le reste du chapiteau, des personnages difficiles à interpréter. Certains ont voulu y voir des scènes de jongleurs.

22. – Entrelacs végétaux.

Dans la galerie Sud (pl. 87) et dans la partie de la galerie Ouest dont on n'a pas décrit les chapiteaux en détail, on trouve des thèmes végétaux avec des feuilles décoratives très stylisées et des animaux affrontés en diverses attitudes, qui font que cette galerie produit une vive impression de parenté avec celles de Soria et de la Sierra de la Demanda.

En fin de compte, un ensemble de sculpture abondante et décorative : elle confère une allure extraordinaire à cette église de San Martín, qui doit par ailleurs à sa longue galerie ouverte au Sud et à l'Ouest sur la Calle Real elle-même, un cachet très particulier et fort agréable. Cette galerie offre un excellent abri les jours d'hiver. Elle a certainement constitué jadis l'agora de la cité, le point de réunion des corporations ségoviennes, un lieu de tranquillité et une paisible promenade.

SAN LORENZO

Cette église s'élève dans le quartier bien caractéristique qui porte son nom, encadrée par l'intéressante architecture des maisons d'une petite place irrégulière. Par son plan elle diffère un peu des autres églises ségoviennes. Elle n'a qu'une nef, couverte d'une charpente en bois, suivie d'un transept aux bras très marqués et de trois absides semi-circulaires au chevet. Sur le bras gauche du transept, une tour élevée, et de l'autre côté la galerie caractéristique qui se prolonge ensuite devant la façade de l'église (pl. 91). L'ensemble constitue en outre un curieux mélange du roman de pierre et du roman de brique. Sont en pierres de taille le chevet et la galerie; les murs semblent faits de chaux et de pierre; la brique a servi pour la tour et pour un portail à l'arc outrepassé qui, du côté Ouest, permet de passer de la galerie à l'intérieur de l'église. La tour est, à de légères différences près, une copie de celles de Sahagún : disposition pyramidale avec réduction du plan et augmentation du nombre des fenêtres à chaque étage afin de garantir la stabilité et de diminuer le poids. Tous les arcs sont en plein cintre, sans double rouleau, mais du fait que les impostes sont en assez forte saillie, certains des arcs font l'effet d'être en fer à cheval. Les quatre étages sont séparés par des bandeaux en briques disposées en dents de scie.

Dans la galerie, les appuis sont constitués par des colonnes à double fût et à base simple et les arcs sont en plein cintre. Ceux du côté Ouest, à arête vive, sont entourés d'une moulure en zigzags; ceux du côté Sud, ont leurs arêtes chanfreinées et ornées d'un gros tore, tandis que parallèlement se déploie un cordon de billettes. Les chapiteaux constituent un ensemble très remarquable, orné de fins entrelacs, d'animaux superposés, de griffons pris dans du feuillage rappelant celui de Silos, de grandes feuilles recourbées, etc. Mêlées à ces motifs, quelques scènes, difficiles à interpréter en raison de leur mauvais état de conservation. La corniche présente également quelque intérêt, avec ses modillons historiés et ses métopes aux riches fleurons, semblables à ceux que nous avons vus à San Millán.

En parfaite harmonie avec l'ensemble, les trois arrondis des absides se présentent à la partie orientale. La composition de l'abside centrale est très simple : une partie basse, limitée par un bandeau de baguettes, au niveau duquel s'amorcent trois fenêtres aux arcs en plein cintre ornés de billettes sur le devant, avec des chapiteaux dont le décor religieux est riche et d'une grande pureté. Sur la fenêtre voisine de l'absidiole de droite, ce sont les scènes de l'Annonciation et de la Visitation, et sur les trois autres, trois épisodes différents du martyre de saint Laurent, ainsi que le sacrifice d'Isaac. Les absides latérales présentent la même structure, mais un peu simplifiée.

LA VERA CRUZ

L'église de la Vera Cruz se trouve située sur un petit terre-plein pierreux, face à la ville et proche de la route qui monte du quartier de San Marcos au village de Zamarramala. De la date de sa consécration, il résulte que c'est une des églises romanes les plus tardives de Ségovie. Mais la tradition constante de son ancienne appartenance aux templiers, la perfection qu'y revêt un plan dont on trouve seulement l'ébauche en d'autres églises, et pour finir sa conservation dans un état très proche de sa sobriété et de sa pureté primitives en font l'un des monuments les plus suggestifs et les plus intéressants de Ségovie.

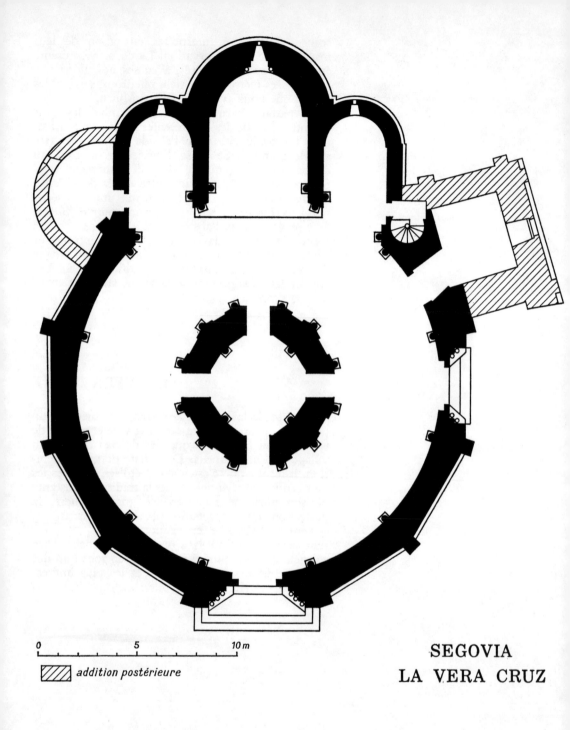

0   5   10 m

SEGOVIA
LA VERA CRUZ

VISITE

COMMENT VISITER L'ÉGLISE DE LA VERA CRUZ

Les données documentaires que nous possédons sur ce singulier édifice sont très succinctes, mais suffisantes pour enserrer la date de sa fondation entre certaines limites. A l'intérieur de l'église et en face de la porte latérale Sud, on trouve, encastrée dans le mur de l'édicule central, une pierre portant le texte suivant : DEDICATIO : ECCLESIE : BEATI : SEPULCRI : IDUS : APRILIS : ERA : M : CC : XLVI : D'après lui, la dédicace a eu lieu le 13 avril 1208. Sa construction ne doit donc pas être bien antérieure à cette date. Peut-être s'est-elle déroulée en 1200, ou au moins aux alentours de cette année.

Que l'église ait appartenu à un groupement religieux, c'est ce que semble suggérer le distique qui précède la date de la dédicace : HEC : SACRA : FUNDANTES : CELESTI : SEDE : LOCENTUR : ATQUE : GUBERNANTES : IN : EADEM : CONSOCIENTUR : On a interprété le mot « gubernantes » comme se rapportant, en fait, aux supérieurs d'un ordre religieux. Mais est-ce que ce fut les templiers ou les chevaliers du Saint Sépulcre qui fondèrent la Vera Cruz de Ségovie ? De 1636 au début du XXᵉ siècle, on a dit et redit que les fondateurs étaient les templiers. C'est ce qu'écrivit pour la première fois Diego de Colmenares dans son *Histoire de Ségovie*, et c'est ce qu'ont répété, sous une forme ou sous une autre tous ceux qui se sont occupés de cette

église. Pour affirmer une telle chose on se basait sur un bref d'Honorius III, document que le pape aurait envoyé aux templiers en même temps qu'une relique de la Vraie Croix le 13 mai 1224. Le texte de ce bref est conservé dans les archives de la paroisse de Zamarramala. Mais la critique récente a démontré qu'il s'agissait d'un faux établi à la fin du XVIᵉ siècle. Il ne mérite donc aucune créance, faute de caractère historique.

Les ressemblances qu'offrent la Vera Cruz avec l'église de Tomar au Portugal qui appartenait certainement aux templiers et qui est antérieure d'un demi-siècle à notre église ségovienne (l'ordre de la construire fut donné en 1162 par le prieur de l'ordre des templiers au Portugal, Don Giraldino Paes), est sans aucun doute le meilleur appui de cette thèse de l'attribution aux templiers.

L'analogie qui existe entre la Vera Cruz et la mosquée d'Omar à Jérusalem est également en faveur de cette opinion. Et il est bien connu que depuis le début du XIIᵉ siècle cette mosquée, censée être le temple de Salomon, appartient à l'ordre naissant des Chevaliers du Temple.

A l'encontre de cette thèse, d'autres soutiennent que la Vera Cruz de Ségovie n'a jamais appartenu aux templiers mais aux Chevaliers du Saint Sépulcre. Et déjà le titre même donné à l'église sur la pierre commémorative de la dédicace incline à penser ainsi : DEDICATIO ECCLESIE BEATI SEPULCRI... D'autre part, au centre de l'édicule de la Vera Cruz, à son étage supérieur, se trouve un bloc prismatique en forme d'autel (pl. 97). On a émis l'hypothèse qu'il s'agissait d'une représentation du Saint Sépulcre, et en effet il est possible qu'à un moment donné, mais à une époque tardive, il ait servi à supporter une urne où était représenté le Christ mort, car dans la convention que ratifièrent en 1692 les habitants de Zamarramala avec la vénérable Assemblée de l'ordre de Saint-Jean au sujet du transfert de la paroisse de la Vera Cruz à l'église de la Magdalena, dans le village, il est dit : « Et de même soit porté et transféré à la dite église de la Magdalena (de Zamarramala) le saint Sépulcre qui se trouve dans la dite église de la Vera Cruz, car on lui y rend un grand culte. »

En outre, le fait que la basilique du Saint Sépulcre de Jérusalem soit une construction ronde (surtout avant la malheureuse restauration des grecs au siècle dernier) et que dans l'Europe médiévale nous trouvions des églises appartenant aux Chevaliers du Saint Sépulcre semblables à cette église ségovienne, rend cette opinion très vraisemblable.

En fin de compte, on a émis une hypothèse conciliatrice : le marquis de Lozoya en est venu à croire possible que les templiers aient été à l'origine du plan de la construction, et que celle-ci soit passée ensuite, pour des raisons que nous ignorons, entre les mains des Chevaliers du Saint Sépulcre qui la consacrèrent tardivement, en 1208. Ainsi s'expliquerait l'extraordinaire archaïsme de l'édifice qu'ont noté tous ceux qui ont étudié la Vera Cruz. C'est le même archéologue qui a fait remarquer l'existence, au Nord de l'Italie, d'un groupe d'églises offrant de grandes analogies avec celle de la Vera Cruz : celle du Calvaire ou du Saint Sépulcre de Bologne qui fait partie de l'ensemble de Santo Stefano, et surtout l'église lombarde de Santo Tomás in Lemine, à Almenno San Salvatore, près de Bergame.

Aux IXe et Xe siècles était courante en Espagne la présence de tailleurs de pierre lombards, et dans la seconde moitié du XIIe siècle travaillaient encore dans la péninsule des équipes provenant de l'Italie du Nord. Il est possible que certains de ces groupes de tailleurs de pierre soient venus à Ségovie où l'on construisait tellement en ces années-là, qu'ils aient contribué à l'établissement du plan et à l'exécution de l'église de la Vera Cruz, et qu'ils aient adopté pour celle-ci une structure similaire à celle de certaines églises lombardes, bien connues d'eux.

Le plan est celui d'un polygone à douze côtés, sur trois desquels sont greffées les absides orientées à l'Est. C'est postérieurement, mais encore en style roman, que l'on dut construire la tour, adossée au Midi, puis une quatrième abside, au Nord, qui modifièrent un peu la structure primitive. A l'extérieur, les angles sont renforcés par des contreforts simples, et une corniche sur des modillons lisses fait le tour du bâtiment (pl. 92). Il y a deux portails simples dont la décoration répond à la thématique habituelle du roman ségovien. L'un d'eux, le principal, ouvert à l'Ouest, est formé d'un premier arc en plein cintre orné d'une grosse baguette et de trois autres décorés de dessins en zigzags et bordés d'une fine moulure de billettes à l'extérieur (pl. 93). Les colonnes sont au nombre de trois de chaque côté, avec des chapiteaux historiés sauf un qui est de type corinthien, et des tailloirs au profil de scotie ornés de palmettes. Actuellement ce portail comporte un tympan lisse reposant sur deux grandes consoles de granit, mais il doit lui être postérieur, à en juger entre autres par l'appareillage de ses claveaux, qui n'est pas très roman. Parmi les chapiteaux, il est juste de signaler celui vers l'extérieur du côté gauche et n'a plus actuellement de colonne. Il représente deux démons grotesques et au milieu un autre personnage qu'ils tiennent avec des cordes sur lesquelles ils tirent comme pour l'étrangler. Le chapiteau situé vers l'intérieur de ce même côté présente des harpies enveloppées dans de grands manteaux, identiques à celles que l'on voit sur le portail principal de San Millán. Les chapiteaux de droite portent les sujets suivants; harpies aux ailes déployées, oiseaux affrontés et deux guerriers en cotte de mailles luttant corps à corps. Au-dessus de l'archivolte extérieure s'étend un petit auvent soutenu par des modillons bien abîmés, entre lesquels se trouvent des métopes ornées des fleurons courants et d'autres thèmes végétaux.

Au midi s'ouvre un autre portail analogue au précédent, mais plus petit et plus sobrement décoré. Il possède deux colonnes de chaque côté, avec deux chapiteaux de type corinthien, un autre de harpies et un quatrième où apparaissent deux personnages sous des arcs trilobés, représentant sans doute l'Annonciation, car celui de droite tient à la main quelque chose qui semble être un sceptre. Les archivoltes sont en plein cintre, sans autre ornement qu'une simple baguette et un cordon de billettes qui les entoure. Entre ce portail et l'absidiole du côté de l'épître apparaît la tour actuelle, qui, tout en étant romane dans ses deux premiers étages, semble cependant, comme nous l'avons dit plus haut, avoir été mise en chantier plus tard que l'église. En avant de celle-ci en effet et à courte distance, à moitié enterré à cause de la dénivellation du sol, se trouve un premier étage roman voûté en berceau brisé qui semble correspondre à un campanile détaché. La tour actuelle est très restaurée. Les absides comme tous les murs de façade sont en moellons recouverts de chaux, et ont un aspect pauvre et grossier. L'abside ajoutée au Nord est, elle aussi, en moellons et en briques et présente un caractère mauresque très marqué.

Mis à part les éléments de construction postérieure tels que la tour et l'abside dont nous venons de parler, l'ensemble présente de curieuses ressemblances avec l'église italienne de Santo Tomás in Lemine, comme nous l'avons déjà fait remarquer. Dans les deux églises le mur offre à l'extérieur la forme d'un dodécagone dont les angles sont renforcés par des demi-colonnes à Santo Tomás et par de fins contreforts à la Vera Cruz. La structure des façades Ouest est analogue, avec des arcs en plein cintre soutenus par des colonnes, sous une fenêtre dont l'arc est lui aussi en demi-cercle. Les corniches du mur extérieur et de la lanterne qui surmonte la nef sont également d'aspect semblable, bien qu'à la Vera Cruz cette corniche s'appuie sur des modillons de type castillan et à Santo Tomás sur de petits arcs lombards.

A l'intérieur la ressemblance entre Santo Tomás in Lemine et la Vera Cruz est moins sensible. La première comporte, comme la plupart des églises de ce type en Europe, un déambulatoire à deux étages, celui du haut formant un triforium autour de l'édicule central avec lequel la nef basse et la nef haute communiquent au moyen d'arcatures reposant sur des colonnes. Ceci donne à l'église lombarde une transparence qui fait défaut à celle de Ségovie. L'intérieur de cette dernière, parfaitement circulaire, possède en son centre, un édicule à douze côtés parallèles à ceux du dodécagone extérieur, qui dépasse le niveau du toit pour former une lanterne (pl. 94 et 95). Cet édicule comporte deux étages. Le premier, de faible hauteur, est une espèce de crypte couverte d'une voûte simple et solide en croisée d'ogives dont les nervures prennent appui sur quatre colonnes situées sur des côtés symétriques du polygone (pl. 96). Cette chambre communique avec la nef qui l'entoure par le moyen de quatre arcs légèrement brisés ouverts dans les parois en direction des quatre points cardinaux. L'étage supérieur est plus intéressant. On y monte par un escalier double situé des deux côtés de la porte Ouest de la partie basse, ces trois éléments formant un bel ensemble très décoratif. L'enceinte elle-même est couverte d'une voûte de type cordouan de l'époque califale, soutenue par quatre arcs parallèles deux à deux qui se coupent en ménageant au centre un espace rectangulaire (pl. 98). C'est un cas de plus du transfert de savantes structures mauresques dans des monuments romans, trait « qui constitue l'un des apports majeurs de l'Espagne à l'évolution de l'art médiéval ». Sous cette voûte est dressé au centre de la salle un bloc prismatique en forme d'autel, dont la décoration révèle une tentative romantique pour évoquer l'Orient en pleine *meseta* castillane (pl. 97). Sur toute la face antérieure se déploie une suite d'arcs en plein-cintre qui s'entrecroisent en formant des arcs brisés et s'appuient sur des colonnettes torses pleines de mouvement.

Nous avons déjà rencontré le thème oriental des arcs entrecroisés dans un autre monument tout à fait remarquable, attribué aux Chevaliers de Saint-Jean de Jérusalem : le cloître de San Juan de Duero. Sur les faces latérales de la table se trouve également une série d'arcs entrecroisés qui prennent appui sur des colonnes lisses, mais qui laissent au départ un espace rectangulaire occupé par un petit arc sur des colonnes rappelant le mihrrab d'une mosquée. L'éclairage de cet étage supérieur se fait par trois fenêtres percées dans trois de ses côtés et six autres plus petites ouvertes dans la partie haute, presque au niveau du départ de la voûte. Sur la paroi du côté extérieur les deux étages présentent une arcature aveugle aux arcs légèrement brisés (pl. 94 et 95).

L'édicule ainsi décrit est ce qui fait la nouveauté de la Vera Cruz par rapport à toutes les églises de disposition analogue. Seule l'église de Tomar au Portugal possède avec elle une certaine parenté. Cet édifice se compose d'un édicule central avec des arcs dans le bas et dans le haut de chacune des faces, et des demi-colonnes aux angles, et qui comporte un seul étage comme toutes les églises de ce type. Néanmoins la présence d'un bandeau semblable à celui qui, à la Vera Cruz, marque la séparation des deux étages et des deux arcatures conduit à penser qu'à Tomar également on avait projeté un double étage, ou que peut-être cet étage exista à un moment donné sous forme d'un plancher en bois et fut détruit au cours de la réforme du roi Manuel el Afortunado. Autour de l'édicule s'étend la nef qui forme un polygone à seize côtés, auxquels correspondent autant de portions de voûte.

De leur côté, les défenseurs de la théorie selon laquelle la Vera Cruz aurait été construite par les templiers, ont souligné les similitudes de structure qu'elle présente avec la mosquée d'Omar. Dans les deux constructions on trouve un plan dodécagonal et un édicule central à deux étages. Celui de la Vera Cruz possède quatre entrées dans sa partie inférieure, et la mosquée en question est également pourvue de quatre portes orientées de la même façon. Selon les descriptions des pèlerins, la lanterne de la coupole de la mosquée d'Omar avait douze fenêtres. Et c'est exactement douze fenêtres que comporte l'étage supérieur de l'édicule central de la Vera Cruz, avec la particularité d'une disposition asymétrique montrant que le constructeur avait seulement pour but d'obtenir un nombre symbolique.

Mise à part sa structure architecturale, l'église n'offre pas d'éléments intéressants. La nef circulaire est divisée par des arcs doubleaux en douze sections de forme trapézoïdale couvertes d'une voûte en berceau. C'est aussi le cas de la voûte de la travée droite des absides dont la partie semi-circulaire est couverte d'un cul-de-four. La décoration est très sobre et très élégante. Les arcs sont en plein-cintre et de section carrée, sauf à l'étage inférieur de l'édicule central où ils sont décorés de baguettes. Les chapiteaux des colonnes sur lesquelles s'appuient les arcs doubleaux sont de type corinthien très simple, ceux de la fenêtre de l'abside centrale sont ornés de volutes. Cette fenêtre est en fait une archère très ébrasée, aux archivoltes lisses bordées de billettes; au-dessus se trouve actuellement un beau Christ du XIIIe siècle.

A titre d'œuvres de valeur secondaire, on peut également signaler, dans cette église, la chapelle située au premier étage de la tour et à laquelle on accède par le déambulatoire. On y conserve un petit retable gothique en pierre creusé de niches, très orné, et daté de 1520, où l'on vénérait la relique de la Vraie Croix qui a donné son nom à l'église, ainsi que des peintures murales représentant la Cène et remontant au milieu du XVe siècle. Également, quelques fragments d'une autre grande composition, qui représente peut-être le châtiment infligé à un templier, sur le mur de la nef correspondant à la tour, et d'autres encore dans la travée droite du chœur, représentant deux évangélistes. C'est là que se trouvait le retable que nous voyons actuellement contre le mur Nord et qui, selon une inscription, fut terminé en 1516, sur une commande de Fray Juan de Ávila. Il présente huit bustes d'Apôtres et des scènes de la Passion et de la Résurrection du Seigneur dans un style archaïsant et pauvre.

Le caractère singulier de l'édifice de la Vera Cruz, qu'il soit attribué aux templiers ou aux Chevaliers du Saint Sépulcre, ne cesse d'attirer l'attention des archéologues et des savants. On l'a comparé à l'église de Tomar au Portugal, à la mosquée d'Omar, censée être le Temple de Salomon; mais on pourrait aussi le mettre en relation avec les églises du XIe siècle imitées d'anciens baptistères, comme Santo Tomás in Lemine, d'Almenno San Salvatore, en Lombardie.

De toutes manières, sa structure étrange et belle et sa nette saveur orientale, produisent une impression de mystère qui augmente encore son charme.

NOTES

SUR QUELQUES AUTRES ÉGLISES DE SÉGOVIE

SAN JUAN DE LOS CABALLEROS

On l'appelle ainsi parce qu'y siégeait la noble Assemblée des dignitaires, qui depuis une époque éloignée avait pour fonction à Ségovie de représenter le patriciat local (caballero = chevalier). L'église se compose de trois nefs, d'un transept, dont le bras droit supporte une tour, et d'une galerie-porche au Sud qui oblique ensuite vers le Nord en longeant la face Ouest au bas de la nef. A l'extérieur se détache la tour avec sa base robuste, un second étage percé d'arcades doubles en plein cintre, et un troisième qui ne conserve plus qu'une des anciennes fenêtres romanes, les autres ayant été remplacées par des arcs en accolade qui en abritent deux autres plus petits en plein cintre et construits en brique. L'abside centrale ne comporte pas de modillons et les colonnes appuyées sur des contreforts prismatiques rejoignent directement la corniche. Les fenêtres se réduisent pratiquement à de simples meurtrières, sous un arc en plein cintre reposant sur des colonnes, et une imposte de billettes anime seule l'austérité de l'ensemble. Les deux autres sont un peu plus riches. Celle de l'épître présente une belle fenêtre avec une abondante décoration sur les impostes et les chapiteaux. Celle du côté de l'évangile se rattache à l'abside principale près d'une des colonnes de celle-ci qui, par exception, est pourvue d'un chapiteau mais placé plus bas que la normale, étant donné l'élévation des murs.

La décoration de la galerie-porche, avec neuf arcs au Sud et trois à l'Ouest, est très importante. Dans ses chapiteaux et surtout dans la corniche, la plus riche du roman ségovien, l'artiste montre qu'il a assimilé tous les féconds enseignements du roman du XIe siècle. Les chapiteaux présentent des entrelacs végétaux, des animaux fantastiques, des cavaliers combattant des monstres et des scènes de l'enfance de Jésus. La corniche se compose d'impostes au thème proche de l'entrelacs sur une rangée de petits arcs trilobés soutenus par des modillons alternant avec des métopes aux thèmes floraux variés. Sous les petits arcs apparaissent des animaux, des guerriers, des musiciens, des êtres humains groupés par deux, etc., débordant d'esprit et d'expression, bien que la pierre n'ait pas permis une trop grande délicatesse.

A l'intérieur, les nefs latérales, notablement plus étroites que la nef centrale, en sont séparées par de grands arcs, très surhaussés, et légèrement en fer à cheval, reposant sur des piliers cylindriques sans chapiteaux. Un quatrième arc donne accès aux chapelles du transept qui ne devaient pas être en communication avec la nef latérale correspondante, en particulier du côté de l'épître dont le bras supporte la charge de la tour. La couverture primitive semble avoir été en bois, dans le style de la charpente mauresque, et semblable à celle que comportait l'église de San Millán. Les absides sont couvertes du traditionnel berceau plein cintre dans la travée droite et d'un cul-de-four dans la partie arrondie.

En ce qui concerne la chronologie, l'abside centrale, la plus ancienne assurément de l'ensemble, pourrait dater de la fin du XIe siècle ou du début du suivant. C'est au cours du XIIe siècle bien entamé qu'ont dû être construites les nefs et l'abside du côté de l'épître; ensuite, la galerie Sud et le portail Ouest. L'abside du côté de l'évangile a sans doute été élevée la dernière, car elle est déjà couverte en croisée d'ogives et présente des arcs légèrement brisés à l'extérieur des fenêtres.

A l'heure actuelle cette église est occupée par le Musée de céramique Daniel Zuloaga, où l'on conserve, outre des meubles et d'autres objets du XVIIe siècle, la céramique éblouissante de Daniel Zuloaga et les toiles et aquarelles de son neveu Ignacio Zuloaga.

SANTISIMA TRINIDAD

Grâce aux récentes restaurations, c'est l'une des églises de la cité qui possède le caractère roman le plus marqué. Elle se compose d'une nef continue au berceau légèrement brisé soutenu par des arcs doubleaux, puis d'un corps rectangulaire en guise de transept au-dessus duquel s'élève la tour, et d'une abside semi-circulaire superbe très décorée, qui rappelle celle de San Millán. Comme celle-ci, elle présente dans sa partie inférieure une belle arcature aveugle de quatre arcs – deux de chaque côté – dans la travée droite et de quatre autres arcs dans l'hémicycle, au-dessus desquels s'ouvrent trois sveltes fenêtres en plein cintre. Les chapiteaux très bien travaillés, sont ornés de feuilles recourbées, d'animaux fantastiques et d'entrelacs végétaux. Celui qui occupe le milieu du demi-cercle doit être plus tardif et d'une main différente; sur sa face antérieure il présente un Christ dans une mandorle soutenue par quatre anges, et sur les faces latérales des personnages assis et un peu grossiers.

A l'extérieur, l'église possède deux portails aux archivoltes desquels alternent les voussures lisses et d'autres ornées d'une grosse baguette, les unes et les autres soutenues par des colonnes aux chapiteaux historiés très fins, et entourées d'une moulure extérieure faite de trois rangées de billettes. Le portail qui s'ouvre au bas de la nef est orné d'un chrisme, thème rare dans le roman castillan, et ses chapiteaux représentent des quadrupèdes et des oiseaux affrontés, excepté celui situé le plus à l'extérieur sur la gauche, qui semble représenter deux démons tourmentant une âme renversée à terre. Sur le portail Sud, le chapiteau le plus à l'intérieur à droite est intéressant : sous des arcs en plein cintre sont figurées les scènes de la Visitation et de la Nativité. Le chapiteau qui lui fait face sur la gauche est orné de griffons, et le plus à l'extérieur de chaque côté d'entrelacs végétaux. La galerie qui s'étend le long de cette face

Sud présente des arcs en plein cintre et des chapiteaux de feuilles grossièrement travaillées.

SAN ESTEBAN

L'église de San Esteban est célèbre pour sa grande tour, l'une des plus belles des tours romanes d'Espagne (pl. couleurs p. 211). Son robuste soubassement s'élève à la hauteur de la nef principale, et sur ce fondement se dressent cinq étages, séparés par des imposées et ornés d'élégantes fenêtres jumelées, à l'exception du dernier qui en comporte trois sur chaque face, plus petites et simples. Les fenêtres du premier et du second étage sont aveugles, et ne comportent qu'une seule colonne sur leurs jambages; mais au second et au troisième étage les voussures se multiplient et avec elles les colonnes qui les soutiennent, formant ainsi de très beaux faisceaux et entremêlant le décor de leurs chapiteaux. Les arêtes de la tour, depuis le soubassement jusqu'au dernier étage, sont chanfreinées et portent des colonnes adossées très sveltes. L'ensemble date des premières années du XIIIe siècle; mais il faut mentionner quelques restaurations récentes. A peu près de la même époque est la galerie qui, partant du pied de la tour, flanque l'église au Sud puis, après un angle du plus bel effet, se continue sur la face Ouest. Les arcs sont en plein cintre, avec une décoration de zigzags à l'intérieur et à l'extérieur, et les chapiteaux présentent des thèmes végétaux, des harpies affrontées, l'Adoration des Mages et quelques autres scènes difficiles à interpréter en raison de leur mauvais état de conservation. L'église, petite par rapport à la tour, comporte trois nefs; mais, comme quelques autres églises de Ségovie, elle fut maladroitement retouchée au XVIIIe siècle. Le seul objet intéressant qu'elle conserve est un Christ gothique avec les personnages de la Vierge et de saint Jean sur les côtés, en provenance de l'ancienne paroisse de Santiago.

SAN JUSTO

Des dégagements récents ont transformé cette rude église mauresque en l'un des monuments essentiels du roman ségovien. A la tête d'un petit quartier industriel, l'église de San Justo est dépourvue d'histoire. Deux circonstances faisaient cependant qu'elle occupait un poste d'honneur parmi les églises ségoviennes. La première est le fait de conserver à l'intérieur l'image d'un Christ dit « des Gascons », importante sculpture en bois polychrome du XIVe siècle; et la seconde est qu'y fut baptisé en juillet 1530 saint Alphonse Rodriguez, le saint marchand d'étoffe, devenu l'illustre frère coadjuteur de la Compagnie de Jésus.

A l'extérieur, on remarque une tour de pierre calcaire, dorée par le temps, peut-être la plus belle des tours ségoviennes après celle de San Esteban. Dans sa partie ancienne elle

256

se compose de trois étages, le premier plein, le second orné d'une double arcature aveugle sur chaque face, et le troisième avec un ornement analogue dans les ouïes des cloches. L'abside, en maçonnerie mauresque, est très pauvre, presque sans aucun ornement. Le portail occidental comporte deux colonnes avec un chapiteau historié sur l'une et un chapiteau de type corinthien sur l'autre, et trois archivoltes, celle du milieu faite d'une baguette, les autres de rosaces, ces archivoltes étant séparées les unes des autres par des rangées de billettes ; le tout est finement sculpté et en faible relief.

A l'intérieur, qui comporte une seule nef, un beau portail dans le mur Nord donnait accès à une chapelle, du style de transition entre le roman et le gothique, et située sous la tour. Ce portail est peut-être la plus belle œuvre sculptée du roman ségovien. Il possède un tympan, cas exceptionnel à Ségovie, avec un relief très délicat qui représente la découverte, devant une reine et un évêque, des reliques des martyrs saint Juste et saint Pasteur, patrons de l'église. L'œuvre semble due à un sculpteur de la seconde moitié du XIIᵉ siècle, peut-être un étranger. Avec ce portail contrastent la pauvreté et la rudesse de la construction, œuvre sans nul doute des maçons du quartier maure tout proche. L'arc triomphal est en briques et les murs sont percés de fenêtres. Après que l'on eut récemment débarrassé de son revêtement baroque le mur oriental où s'ouvre l'arc triomphal, de chaque côté de celui-ci sont apparues de fines peintures murales du style français ogival. A gauche une représentation de la Cène et de l'autre côté un groupe d'anges. D'après les spécialistes, San Justo

constitue l'un des ensembles picturaux les plus importants d'Espagne, d'intérêt comparable à celui de San Baudilio de Berlanga, Maderuelo, Tahull et San Isidoro de León. Les peintures couvrent presque la totalité des murs, la voûte en plein cintre et toute l'abside. Le fond de celle-ci est occupé par le Pantocrator entouré d'une curieuse mandorle formée des vingt-quatre Vieillards de l'Apocalypse et flanquée des symboles du Tétramorphe. Dans le demi-cercle, de chaque côté de la fenêtre toute simple, la Crucifixion à gauche et la Descente de croix à droite. Au centre de la voûte en berceau, l'Agneau entre quatre groupes de personnages difficiles à interpréter. L'élément le plus important de la décoration picturale de cette église se trouve sur les murs latéraux du chœur où se déroulent avec une impressionnante richesse de détails les scènes de l'Arrestation du Christ et de la Cène. Merveilleuse également la richesse décorative de l'intrados des arcs. Adam et Ève au moment du péché, deux personnages nus – peut-être Caïn et Abel –, d'un art apparenté à celui de Maderuelo, avec encore un éléphant et sa tour, des figures de saints, des poissons, des oiseaux aux cous enlacés comme sur les coffrets arabes.

Deux artistes semblent être intervenus dans l'exécution de ces peintures. L'un plus âgé et plus grossier, peut-être arabe, a peint le Pantocrator, tout à fait oriental avec des yeux énormes et une chevelure noire. Plus tard l'œuvre fut complétée par un autre artiste qui, sans aucun doute, connaissait la décoration des églises voisines de Maderuelo et San Baudilio de Berlanga. Les couleurs employées par l'un et l'autre sont : bleu, rouge orangé, blanc et noir, qui, atténués par le temps, sont d'un effet agréable.

DIMENSIONS DE LA VERA CRUZ

extérieur

Hauteur des murs : 10 m 25.
Hauteur de l'abside principale : 8 m 15.
Hauteur de l'abside latérale côté évangile : 7 m 10.
Hauteur de l'abside latérale côté épître : 7 m 40.

portail Ouest

Hauteur de l'archivolte extérieure : 5 m 70.
Hauteur de l'arc d'entrée : 2 m 10.
Largeur entre les colonnes extrêmes : 4 m.
Largeur de l'arc d'entrée : 1 m 95.

portail latéral Sud

Hauteur de l'archivolte extérieure : 5 m 60.
Hauteur de l'arc d'entrée : 3 m 85.
Largeur entre les colonnes extrêmes : 3 m 57.
Largeur de l'arc d'entrée : 1 m 87.

intérieur

Longueur totale de l'église : 25 m 35.
Profondeur de l'abside centrale : 6 m 50.
Profondeur des absides latérales : 3 m 95.
Largeur de la nef circulaire : 5 m 35.
Largeur de l'édicule intérieur, y compris les murs :
   7 m 60.
Largeur de l'abside centrale : 6 m 50.
Largeur des absides latérales : 3 m 30.
Hauteur de la nef circulaire : 8 m 55.
Hauteur de l'abside centrale : 7 m 95.
Hauteur des absides latérales : 7 m 75.

ਬ

AVILA

La table des planches illustrant ce chapitre se trouve à la page 280.

vue panoramique d'Avila,
depuis «los cuatro postes» ▷

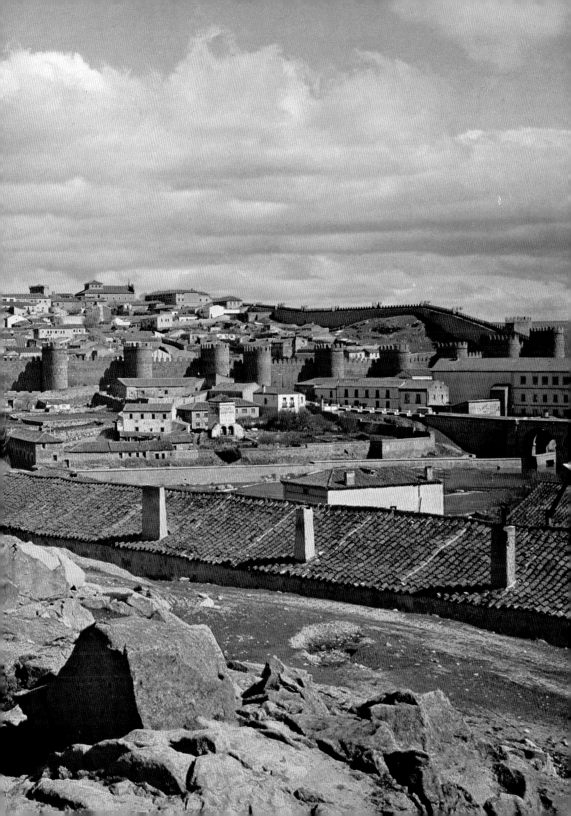

SAINTE Thérèse a imprimé pour toujours à Avila son caractère de cité spirituelle et mystique. Avec le réalisme merveilleux d'une très haute contemplation, la sainte voyait le « château intérieur » de l'âme sur le modèle de son Avila de tours et de murailles. La citadelle de Dieu devient à la fois intime et militante. Avec l'esprit noble et courageux qui caractérise si bien la personne et l'œuvre de la sainte, c'est la tradition et l'âme d'un peuple qui vit entouré et protégé par l'admirable enceinte de ses murailles. Sur un fondement essentiellement roman. Sur ces vigoureuses murailles romanes qui depuis neuf siècles enserrent la place forte de Dieu sur la meseta de Castille.

LA TRADITION ROMANE D'AVILA

La *meseta* s'est élevée lentement et insensiblement. Peu à peu, sans altération majeure de ses lignes essentielles, le paysage se trouve bordé de montagnes. Terres rouges de Mingorría qu'enserrent ces murettes de pierre particulières aux régions montagneuses de l'Espagne. De temps en temps, la tache argentée de quelques oliviers. La vallée d'Amblés, riche en champs de céréales, est fermée dans le lointain par l'énorme masse bleutée des monts de Credos, et les chaînes brunâtres de la Paramera. Ici et là, disséminés dans la plaine, les grands rochers gris – *los cantos* – qui semblent avoir été lancés du haut des montagnes par quelque géant préhistorique.

C'est alors qu'Avila se montre à nous, entourée de son chapelet de murailles. Chapelet qui à la surface du mur aux tons chauds et gris se trouve ponctué de tours, de nombreuses tours qui se détachent sur les ombres obliques d'un soleil matinal (pl. couleurs p. 262). Au sommet du groupe des maisons qui mêle le gris de la pierre au rougeoiement des toits et à la blancheur de quelques façades, domine la cathédrale avec sa tour vigoureuse qui semble douloureusement mutilée. La cité s'étend paisiblement sur un coteau qui descend vers l'Adaja. Il y a de l'allégresse dans le paysage, les arbres laissent voir des feuilles encore tendres et transparentes. Près de l'ermitage de San Segundo, les brebis paissent dans un pré. Et au-dessus de nos têtes brille un ciel clair d'un bleu très pur que traversent quelques nuages rapides.

Car nous sommes venus au printemps, l'époque la meilleure pour Avila. Chaque localité en effet a sa saison. Pour Ségovie c'est l'été. L'or de ses palais gagne beaucoup à être vu sous la forte lumière d'un soleil d'été qui accuse les ombres. Et Salamanque est un « plateresque rosier d'automne », comme l'a dit l'un de ses plus grands esprits. Nous voici à Avila, et au printemps. Nous nous dégagerons ainsi de tant de lieux communs si souvent répétés à propos de la noble capitale castillane. Surtout nous nous épargnerons de la contempler avec cette espèce de cruauté mentale romantique, dans le style janséniste de Montherlant, qui ne voit en elle que monceaux de pierres, austères chevaliers aux complexes rigides, visages émaciés, tremblements d'illuminés, et vents froids qui durcissent les âmes tout autant que les terres brunes et desséchées de la *meseta*. Le printemps existe aussi à Avila, et aux jours ensoleillés où les champs s'émaillent de fleurs, nous pouvons mieux pénétrer dans l'âme de la cité, comme aussi dans le secret de sa survivance. Ni ville-monastère, ni ville-musée. Mais ville à la puissante personnalité, qui vit aujourd'hui, et – luxe rare pour une ville – vit de sa vie propre, en un monde de haute valeur spirituelle, à la fois délicat et très ferme, comme on l'a dit en une formule très heureuse; et cela avec la vitalité et l'allégresse qui lui sont propres. Délicate et très ferme, telle était aussi l'âme de sainte Thérèse, sous tant d'aspects incarnation et symbole de son pays. Cette âme joyeuse et printanière de sainte Thérèse qui se reflète si bien dans le printemps de sa terre castillane. Air ténu, ciel très pur, et soleil qu'on dirait de cristal.

L'âme d'Avila a reçu ses qualités fondamentales dès le temps lointain de la Reconquête et du repeuplement. Âme qui se cristallisa et qui perdure dans ses murailles. Là aussi le roman est l'art de la formation de la Castille, de sa fondation. Et pour Avila, de sa seconde et définitive fondation. Car, en dépit d'une histoire très lointaine qu'illustre également à sa manière l'ascétisme rigoureux de son évêque Priscillien, Avila était restée sans habitants après l'invasion sarrasine. Lorsque les fronts se stabilisèrent sur la ligne du Duero, la zone qui s'étendait de cette ligne jusqu'aux chaînes de Credos et Gudarrama était inhabitée. Encore plus déserte et désolée après le passage d'Almanzor dans un sens puis dans l'autre. Alfonso VI, roi et courageux général, met fin à cette situation par la conquête de Tolède en 1085. Coup très sérieux porté à la stratégie péninsulaire. Il s'est avancé en flèche vers le Sud, et franchissant les montagnes, il atteint le Tage. Il devient nécessaire d'établir des positions de liaison qui maintiennent la communication avec le front avancé, et consolident en outre le nouveau territoire chrétien. C'est ainsi que sont nées à une nouvelle vie trois des plus illustres cités espagnoles : Salamanque, Avila et Ségovie.

Un noble français, le comte Raymond de Bourgogne, avait épousé l'infante Doña Urraca, et le roi confia à son gendre la défense des terres récemment conquises. Ce fut lui qui peupla Avila. Le roi accorda d'importants privilèges et beaucoup de gens du Nord commencèrent à arriver. L'entreprise du repeuplement, la progression des familles qui venaient assurer leur main-mise sur les campagnes abandonnées, avait quelque chose d'un exode biblique. On possède la *Cronica de la población de Ávila* (chronique du peuplement d'Avila), document très curieux, où l'on nous dit qu'au cours de la première de ces campagnes, arrivèrent les hommes des Cinco Villas et ceux de Lara et de Covaleda. Ces derniers venaient en avant, amenant leurs oiseaux à l'entrée de la ville, et leurs augures, ayant tiré les horoscopes, déclarèrent que le lieu était bon à habiter, et ils s'y établirent, tout près de la rivière. C'était des hommes qui alternaient la noble tâche de créer une ville avec le dur exercice de la guerre. Leur décision et leur énergie eurent un prompt résultat. En 1105 nous voyons en campagne une milice d'Avila qui a combattu les maures sur le territoire actuel de Saragosse et de Cuenca. A cette date s'était déjà produit l'événement décisif du repeuplement d'Avila. Elle avait bouclé le circuit de ses murailles. De ces murailles, celles-là même que nous contemplons aujourd'hui.

La tradition rapporte qu'elles s'élevèrent en neuf ans, entre 1090 et 1099, et il est très possible qu'il en soit ainsi, car l'un des aspects les plus admirés de cet ouvrage est l'unité parfaite de son élan créateur et de son exécution, en un seul et même style. La chronique raconte que, parmi ceux qui arrivaient pour repeupler la ville, venaient « des maîtres-géomètres, des ouvriers-maçons et tailleurs de pierre, des charrois de matériel, quantité de fer, d'acier et d'arbalètes, beaucoup de pièces de monnaie, et six cents charrettes avec beaucoup de bétail et de troupeaux ». Tout donne l'impression d'une vaste entreprise, menée avec beaucoup de foi et une audace pleine d'initiative. Volonté décidée de s'établir fermement sur cette terre qui était déjà à cette époque la terre avancée de la Castille. Et en même temps avec le sentiment intime et familier que l'on éprouve à l'abri de murailles. Une cité où l'on entre par une porte a quelque chose d'une maison familiale, comme l'a dit, en songeant à Avila, l'un de nos plus illustres penseurs.

Nous voici aux derniers jours du XIᵉ siècle. C'est le moment où se déroule en Castille la grande campagne du roman. Et ce sont aussi des murailles romanes qui s'élevèrent à Avila. A cet ouvrage travaillèrent, à ce qu'on dit, deux mille ouvriers et tailleurs de pierre, et pour diriger les travaux Raymond, le comte français gendre du roi Don Alfonso, amena des maîtres-d'œuvre de première catégorie. On connaît le nom de deux d'entre eux : le français Florin de Pituenga et un certain Casandro, qui, semble-t-il, était romain encore qu'on le dise aussi germain. De toute façon, quels qu'aient été les constructeurs, le fait indiscutable est qu'une œuvre éminemment européenne s'est trouvée réalisée dans la plus haute des cités de la *meseta* castillane, en un point bien éloigné du chemin de Saint-Jacques, et pour autant des influences qui se sont exercées de façon habituelle dans la diffusion du roman à travers la Castille. Cette œuvre du meilleur style européen est celle qui a défini la manière d'être et l'esprit de la ville la plus représentative de Castille. Car Avila est un peu comme la quintessence de l'âme castillane. Et ce qui est curieux, c'est qu'élevées dans la zone des combats contre les maures et par une main-d'œuvre comportant un bon nombre de maçons musulmans, les murailles d'Avila ne présentent pas de caractères mauresques ou mudéjares. On observe seulement sur la façade Nord, à côté des créneaux, quelques tronçons et réparations dont la maçonnerie est exécutée en brique.

Les murailles forment une enceinte continue de deux mille cinq cent seize mètres de périmètre et sont jalonnées de quatre-vingt-huit grosses tours de vingt mètres de haut. Elles sont construites en granit provenant de la montagne voisine, d'une couleur essentiellement grise, dorée par les gelées et les vents. Elles se composent de pierres de taille, quelques unes de plus grande dimension et fort bien travaillées, d'autres plus petites et de forme moins régulière prises dans un mortier qui, après neuf siècles d'intempéries, est devenu dur comme la pierre elle-même. La qualité de la construction varie selon les exigences militaires concernant les divers secteurs de la muraille. Dans son ensemble, celle-ci dessine un rectangle assez allongé qui descend jusqu'à l'Adaja en suivant la courbe de la colline. L'ouvrage est plus fort dans la partie haute orientée à l'Est. La surface du sol est plane, d'où un plus grand risque d'attaque. Ce secteur est défendu par quinze tours. Là se trouvent les meilleurs points d'appui de cette magnifique forteresse : la tour de l'hommage, les grosses tourelles des portes de l'Alcazar et de San Vicente, et l'importante abside à meurtrières de la cathédrale que les habitants d'Avila appellent le « cimorro » (pl. 100). Au Sud et au Nord vers la vallée d'Amblés et vers le lit du torrent Ajates, celui que l'on franchit pour se rendre au couvent de l'Incarnation, la muraille reste sur la hauteur, ce qui justifie une construction moins résistante. Sur la face Sud, il y a en tout vingt-cinq tourelles, et trente sur la face Nord. A l'Ouest où la muraille rencontre l'Adaja, elle retrouve sa solidité : douze tours auxquelles préside la porte dite *puerta del puente* (porte du pont).

Ainsi s'organise un système de défense militaire unique au monde, et en parfait état de conservation. Avec quelques retouches infimes, et encore celles-ci, comme on peut le constater dans la tour de l'hommage de l'Alcazar, laissent voir très nettement qu'elles sont le fait d'une restauration récente. Dans un seul secteur, celui de la rue de San Segundo, quelques maisons s'appuient à sa façade extérieure, et l'on peut parcourir tout le circuit sur le chemin de ronde. Il est juste d'accorder une mention particulière aux deux grandes portes jumelées de l'Alcazar et de San Vicente, car c'est en elles que l'on perçoit de la façon la plus complète la structure romane de la construction. Roman représenté par une architecture purement civile et en outre parfaitement fonctionnelle. Deux grosses tours, les plus massives de ce puissant ensemble, flanquent chacune des deux portes. Dans le fond, la muraille se trouve en retrait et percée d'une porte basse et de faible dimension par rapport à celle des tours. Cette porte est en plein cintre. Et dans le haut, allant d'une tour à l'autre, un grand arc, sorte de pont aérien, qui confère à la construction sa grâce et son élégance, en même temps que son efficacité, car depuis ce pont on prenait de haut et à revers les attaquants de la porte. Ensemble sobre où s'harmonisent droites et courbes de la façon la plus heureuse. On y trouve ce qui est nécessaire et utile à la défense, mais conçu et réalisé de telle sorte qu'on atteint à une beauté sereine et parfaitement adaptée à son but.

Sur cette face de la muraille, la plus haute et la plus exposée, le système de défense des portes de l'Alcazar et de San Vicente se complète par l'abside de la cathédrale. Une abside qui est une muraille et plus encore : le bastion le plus puissant de la muraille. Abside romane semi-circulaire, avec alternance de contreforts et de colonnes adossées dans la partie arrondie. Mais au niveau de la corniche supérieure, là où dans les autres absides romanes une série de modillons supporte l'avancée du toit, ici, dans la cathédrale-forteresse d'Avila, une série de consoles curvilignes étagées sur trois rangs soutiennent des mâchicoulis continus que l'on devine très efficaces pour une dernière défense, la muraille se complétant d'une triple ligne crénelée. Cette abside, bastion de la forteresse de Dieu et des hommes, nous la voyons aujourd'hui avec sa structure originale depuis le paisible lieu de passage urbain qu'est la rue de San Segundo.

Véritable symbole du christianisme militant qui s'est forgé dans la lutte contre les maures, mais aussi curieux exemple de disposition architecturale.

Ce n'est pas dans l'abside seulement, mais dans tout son plan et de façon très marquée dans la nef centrale, que la cathédrale présente cette allure de forteresse, soulignée de façon parlante par les taches sanguinolentes de sa pierre dorée. Une telle allure lui vient de la construction romane primitive. Mais la cathédrale d'Avila, comme tant de cathédrales espagnoles, fut achevée et couverte dans le style gothique. La nef élancée vers le haut se fait étroite sans cependant présenter cette note aérienne de l'architecture gothique. Sur le fondement de quelque construction antérieure qui devait être une église à trois absides, la partie romane que nous connaissons aujourd'hui est de la deuxième moitié du XIIᵉ siècle. Elle fut dessinée et commencée par le maître Fruchel et nous pouvons considérer comme son œuvre – sans certitude absolue de l'attribution – l'abside, le chœur et, dans ses lignes générales, la nef jusqu'au transept. Le chevet est fortifié par le *cimorro* où se trouvent enfoncées cinq chapelles absidales qui s'ouvrent sur un déambulatoire à double allée. Les éléments architecturaux qui se présentent à nous aujourd'hui sont très mêlés. On y trouve une alliance de roman et de gothique, surtout dans les colonnes. Est romane la courbe du chœur, qui constitue une seconde abside, une abside intérieure, comportant deux étages d'arcs.

Certains sont géminés avec une colonne formant meneau, et à la lumière ténue des vitraux on dirait des arcs en fer à cheval, mais ce sont en réalité comme des oculus prolongés vers le bas par une ouverture. Chaque paire de petits arcs s'inscrit dans un système d'arcs en plein cintre doublés et assez profonds. Les arcs supérieurs sont d'un roman correct, avec une colonne munie de son chapiteau de chaque côté. Tous ces chapiteaux sont ornés d'un thème végétal très stylisé correspondant bien à l'époque supposée de la construction. Le déambulatoire est couvert d'un toit. Du dehors on voit très bien la double courbe concentrique du *cimorro* comme abside extérieure, et du chœur comme abside intérieure. De la première à la seconde on a établi, à une époque certainement un peu postérieure, un système très agile d'arcs-boutants. Ils sont de la même pierre (granit gris) que l'abside forteresse. Par contre celle de l'intérieur, celle du chœur, est faite de la pierre dorée veinée de rouge qui provient des carrières de la vallée d'Amblés. L'ensemble contemplé depuis le chemin de ronde est d'un dynamisme remarquable. Les arcs-boutants, en plus du mouvement qu'ils impriment à l'ouvrage, semblent des liens ou des ponts lancés entre la forteresse et l'église. Celle-ci avec l'indéniable élégance d'un roman de transition, celle-là avec la robustesse de sa ceinture de pierre grise. Fusion sans confusion du militaire et du religieux, château-fort et église : synthèse si profondément intégrée à l'âme de cette ville.

Ensuite, si nous poursuivons notre itinéraire, si nous continuons notre enquête sur le roman d'Avila, nous nous rendrons compte d'un fait curieux. Il est très certain que la vie médiévale se renfermait dans la cité qu'entourent les murailles. La gent noble, provenant uniquement de ceux qui avaient assuré le repeuplement, possédait ses palais à l'intérieur, près du mur dont elle défendait l'un des secteurs. Les métiers des artisans étaient répartis par quartiers : dans le quartier Nord, les tailleurs de pierre; près de la porte de l'Adaja, les teinturiers, meuniers, tanneurs; dans la zone Ouest, les juifs et les maisons de débauche. Seuls demeuraient hors des portes, sur les pentes descendant vers la plaine d'Amblés, les maures et les mauresques de la colonie arabe. Et néanmoins nous constatons que les principales églises romanes, celles qui subsistent encore aujourd'hui, sont toutes situées hors de l'enceinte des murailles.

La plus ancienne est celle de San Andrés, au Sud-Est, vers l'Ajates, dans une zone englobée aujourd'hui par la ville elle-même. Il se peut qu'elle soit contemporaine de la construction des murailles. Bien que modeste par ses dimensions, on y trouve le roman caractéristique de l'époque, à cheval sur deux siècles, le xiᵉ et le xiiᵉ siècle. A faible distance, plus proche encore des murailles et en face de la puissante porte du même nom, se trouve la célèbre basilique de San Vicente. Il semble que Fruchel soit également intervenu dans cette église. Construite lentement, sur des fondements d'un roman très pur, elle s'achemine peu à peu vers l'art de transition et est couverte d'une voûte gothique. C'est peut-être la plus savante des églises romanes de Castille. Dans ses murs se trouve exprimée toute l'expérience de cet art qui avait déjà mûri à Saint-Jacques de Compostelle. Face à la porte de l'Alcazar, au milieu du grand espace qui est aujourd'hui la place Sainte-Thérèse, l'agora d'Avila, se trouve l'église de San Pedro, dont le plan est excellent, mais qui ne brille pas par sa sculpture. Sa grâce et sa beauté lui viennent de sa géométrie, du coup d'œil dégagé que l'on peut en avoir et de la couleur de sa pierre. Dans ces trois églises, de merveilleuses absides, du modèle classique triple, qui atteint à un prodige d'élégance et de symétrie dans les trois hémicycles pleins de légèreté de San Vicente.

Enfin, c'est également extra muros que se trouve la petite église de San Segundo. Simple et humble, avec sa note avant tout bucolique. C'est l'ermitage que nous voyons à côté de l'Adaja, au premier plan d'Avila, lorsqu'on la contemple dans la prespective si connue que l'on peut en avoir depuis les « Cuatro Postes » (quatre colonnes).

BASILIQUE DE SAN VICENTE

C'est le grand monument roman d'Avila. Elle se trouve hors des portes, là où se rejoignent les façades Est et Nord des murailles. La voie d'accès la plus proche est la porte de San Vicente. De la cathédrale, on peut également franchir les murailles par une porte plus petite appelée porte des Abbés ou du Poids. De cet endroit, la vue qu'offre la basilique de San Vicente est grandiose. La rue descend progressivement et l'on peut embrasser d'un coup d'œil tout l'ensemble.

Comme celle de la cathédrale, la tour de San Vicente donne l'impression d'avoir été tronquée. En réalité la construction romane n'eut pas de tour. Des deux côtés du porche principal, correctement orienté vers l'Ouest, on voit les bases ou le premier étage de tours en projet qui ne furent pas construites, mais sur l'une de ces bases on éleva en 1440 un clocher avec un petit crénelage.

La face Sud de San Vicente, qui est celle par où l'on y accède, présente également une altération de sa forme originale. A la fin du XIIIe siècle ou au commencement du suivant on lui a adjoint un portique (à l'endroit même où sont placées généralement les galeries-porches propres au roman de Castille). L'œuvre tardive à laquelle nous faisons allusion garde les arcs en plein cintre, mais ses colonnes sont du type gothique et trop hautes (ce qui fait perdre toute intimité à ce portique).

A l'Est la basilique présente sa façade la plus harmonieuse et en même temps la plus parfaitement romane : ce sont les absides, situées dans un jardin très simple (pl. 107). Une tour carrée, du type de ces tours castillanes à la croisée du transept, s'élève au-dessus de la ligne allongée que forme la nef transversale de ce transept, et au premier plan s'avancent avec une parfaite régularité et une rigoureuse symétrie les trois hémicycles des absides.

Elles sont d'une structure toute simple. Une première zone lisse, assez élevée, limitée par une imposte de rosaces, et sur cette imposte trois fenêtres marquant le centre de trois panneaux verticaux séparés entre eux par des colonnes adossées. Les fenêtres sont en rigoureux plein-cintre. Leurs colonnes, une de chaque côté, portent des chapiteaux simples de thème surtout végétal. Les absides latérales reproduisent en plus petit la structure architecturale de l'abside centrale. Belle collection de modillons qui se continue également sous l'avant-toit des bras du transept.

La tour qui se trouve au centre de cette perspective se compose de deux étages séparés par une moulure simple. A l'étage supérieur, elle est pourvue de fenêtres aux arcs brisés.

Les absides présentent dans leur partie inférieure des fenêtres en plein-cintre de dimension réduite. Elles sont entièrement lisses et ont pour but d'éclairer la crypte de la basilique où l'on rend un culte à la Vierge de la Soterraña (Souterraine), Vierge pour laquelle le roi Fernando III le Saint éprouvait déjà de la dévotion.

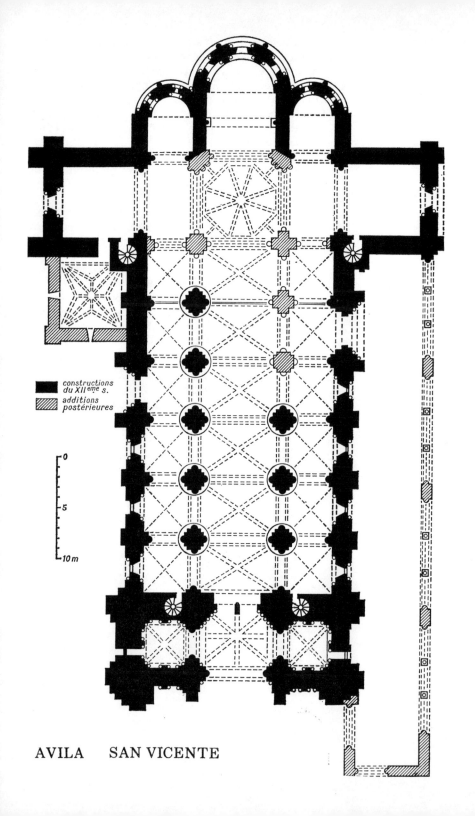

0

5

10 m

AVILA   SAN VICENTE

VISITE

COMMENT VISITER LA BASILIQUE DE SAN VICENTE

Selon une antique tradition, la basilique occupe l'endroit où, au début du IVe siècle, furent martyrisés Vincent et ses sœurs, Sabine et Christète, et où peu après s'éleva l'église qui garda leurs reliques jusqu'au XIe siècle. La dite église subit certainement le même sort que le reste de la cité au cours des campagnes dévastatrices d'Almanzor vers 994, et se trouvait abandonnée lorsque San García transféra une partie des reliques des martyrs dans son monastère de San Pedro de Arlanza. La translation s'effectua au milieu d'un grand concours de nobles castillans, évêques et abbés, parmi lesquels saint Dominique de Silos, selon ce que rapporte Grimaldo, son disciple et biographe qui nous raconte l'événement. On en ignore la date exacte mais ce doit être avant le 20 avril 1062, car alors une charte de Fernando I compte déjà les martyrs parmi les patrons d'Arlanza. Une trentaine d'années plus tard, Avila était repeuplée définitivement et presque au même moment étaient posés les fondements de la basilique que nous voyons aujourd'hui.

Les travaux commencèrent par la crypte, puis s'élevèrent les prodigieux demi-cylindres des absides ainsi que le transept et la partie basse des nefs, dont nous savons qu'elles étaient déjà fort avancées vers 1109. Si les travaux s'étaient poursuivis à ce rythme, avec une telle sobriété d'ornementation et une telle pureté d'expression romane, San Vicente aurait

rivalisé avec les grandes œuvres du siècle précédent. Mais à la date susdite, les travaux tombèrent en panne, et ne reprirent pas avant le milieu du XIIe siècle, sous la direction cette fois d'un maître d'œuvre anonyme que l'on suppose avoir été le maître Fruchel, dont nous avons parlé à propos du déambulatoire et du chœur de la cathédrale. Dans cette étape finale on observe, en effet, un changement du style, qui devient si proche de celui des éléments de la cathédrale cités plus haut, qu'il incite à le rattacher au même architecte. C'est à lui qu'on doit, semble-t-il, l'achèvement des nefs, l'adjonction d'une nouvelle travée et le portail Ouest. Selon le témoignage du roi Alfonso X le Sage, l'église, qui se trouvait en mauvais état et menaçait ruine, dut subir une série de restaurations tout au long du XIIIe siècle, en raison desquelles privilèges et donations furent accordés par les rois Fernando III, Alfonso X et son fils Sancho IV. De la fin de ce siècle datent la voûte de la coupole et le portique ajouté sur la face Sud. Les travaux devaient être entièrement terminés au début du XIVe siècle. Lorsque Fernando IV confirme les donations de ses parents et grands-parents, on ne parle plus de travaux ni de restaurations mais seulement du règlement intérieur en vue d'une plus grande splendeur du culte. A la fin du XIXe siècle et au début du XXe, il fut nécessaire d'entreprendre dans l'église d'importants travaux de restaurations qui sous bien des aspects lui ont fait du tort, parce qu'excessifs et trop radicaux.

La sobriété décorative de l'édifice est remarquable. L'ornementation se limite presque exclusivement aux modillons et aux métopes de la corniche Sud, aux portails Ouest et Sud et au magnifique cénotaphe des martyrs, dans le transept.

Sur le côté Sud, qui est celui par où l'on accède normalement à l'église, la façade est décorée d'une grande fenêtre à double ébrasement, et une autre rangée d'ouvertures se présente entre les saillies de courts contreforts, donnant de la lumière à la nef centrale pardessus le triforium.

Au-dessus de ces ouvertures se déroule une belle corniche composée, comme dans les églises de Ségovie, de petits arcs en pleincintre sous lesquels se montrent des têtes d'hommes ou d'animaux, et de métopes aux thèmes floraux variés.

Le reste de la façade demeure caché par le portique auquel nous avons déjà fait allusion. Tout près du bras du transept s'ouvre le portail qui donne accès à l'église de ce côté.

Portail important et intéressant. Au point de vue architectural, il est du type normal, avec un bandeau d'entrelacs végétaux et des archivoltes où alternent baguette et frise de fleurs entourée de tiges.

Les chapiteaux ornés de quadrupèdes et d'oiseaux affrontés sont assez vulgaires. Par contre de très belles statues se trouvent engagées dans les jambages de la porte. A droite, de l'intérieur vers l'extérieur : un roi assis que l'on a voulu identifier à Alfonso VI, une femme debout et un homme, un livre à la main, qui représentent sainte Sabine et saint Vincent, ou la reine Urraca et le comte Raymond, selon les goûts (pl. 110). Du côté opposé, l'Annonciation (pl. 109).

Les deux statues les plus en dehors du côté droit appartiennent à la première moitié du XIIe siècle et peuvent compter parmi les meilleurs qu'a produites l'Espagne à cette époque. Ce sont des personnages un peu aplatis, dans une attitude hiératique, vêtus de robes aux plis rigides mais exécutés par un maître qui mouvait le ciseau avec une habileté sans égale et ne négligeait pas une certaine recherche du naturel. Avec cette stylisation du corps et du vêtement se trouve contraster, dans la représentation supposée de sainte Sabine, l'animation du visage dont les traits impassibles semblent s'éclairer d'un léger sourire. La statue de saint Vincent, un peu plus animée et expressive, dont le manteau présente une ondulation plus marquée et dont les cheveux et la barbe sont fort bien traités, n'a rien à envier à celles du portail occidental et se révèle de conception plus classique encore. Le chapiteau à droite de cette dernière statue, avec des personnages assis, est sans aucun doute du même artiste, en raison d'analogies évidentes avec les précédentes.

Les deux personnages qui forment du côté gauche le groupe de l'Annonciation sont l'œuvre du maître qui a exécuté le portail principal. La Vierge se présente assise sous une sorte de dais, un livre dans la main droite et tournée vers l'ange qui est figuré debout et presque de profil. La représentation de ce dernier se fait remarquer par son exceptionnelle qualité, bien qu'avec le temps le nez et la bouche aient été abîmés.

Les plis des vêtements sont merveilleusement traités, laissant deviner l'anatomie et particulièrement celle de la jambe droite. Sur les ailes, l'attention est attirée par la façon minutieuse et soignée dont on a traité chacune des plumes. Le personnage de la Vierge est de taille un peu plus petite, et s'en trouve moins réussi. Le souci de donner du relief aux jambes a conduit le sculpteur à marquer de façon exagérée la disposition des vêtements qui sont beaucoup trop rigides. Ce portail passe un peu inaperçu aux yeux des visiteurs, car l'église en comporte un autre, orienté à l'Ouest, qui est l'un des plus beaux du roman espagnol de la seconde moitié du XIIe siècle.

San Vicente, dans ce portail Ouest, atteint à un sommet de virtuosité technique et à une beauté incomparable (pl. 111). On y peut apprécier davantage les caractéristiques de cet artiste génial que l'on identifie communément avec le Maître Fruchel. Il a conçu son œuvre comme un grand arc qui se décompose en cinq archivoltes soutenues par autant de colonnes de chaque côté. L'archivolte la plus à l'extérieur, qui n'est pas aussi ornée, repose sur des colonnes lisses. L'intérieur de l'arc est occupé par un grand tympan; celui-ci se dédouble à son tour en deux arcs géminés et un peu surhaussés qui s'appuient sur des consoles aux deux extrémités et, au milieu, sur un trumeau qui divise en deux la porte d'entrée. Ainsi se dessine une ordonnance architecturale qui se trouve enrichie des motifs décoratifs les plus variés sur les archivoltes, les chapiteaux et les tailloirs, certains des fûts de colonnes et même les impostes. Par ailleurs aux pieds-droits et au trumeau se trouvent adossées une série d'intéressantes figures sculptées. Sur le trumeau, c'est le personnage du Christ en majesté, la main gauche sur la poitrine et la main droite posée sur la jambe, enveloppé d'une tunique serrée à la taille tandis que son manteau lui couvre les épaules et est ramené sur les genoux. A droite et à gauche du chapiteau, deux têtes de taureau, et en face d'elles sur les pieds-droits de la porte, deux têtes de lion. En dessous de ces dernières, assis dans la même posture que le Christ, se trouvent les figures de deux Apôtres, peut-être saint Pierre et saint Paul, dont les pieds sont également posés sur des lions. Sur les colonnes qui soutiennent les quatre premières archivoltes, encore huit Apôtres debout, les deux dernières colonnes demeurant lisses sur toute leur hauteur (pl. 114).

Sur les petits arcs dessinés au-dessus de la porte, l'archivolte est faite de feuilles d'acanthe, et les petits tympans nous montrent deux scènes différentes d'une même histoire : celui de gauche représente le mauvais riche devant une table bien fournie et le pauvre Lazare avec les chiens qui lèchent ses plaies; celui de droite raconte la mort de l'un et de l'autre, avec les anges et les démons classiques emportant les âmes (pl. 113). Les chapiteaux sont de deux types différents. Ceux qui surmontent la tête des Apôtres sont corinthiens, d'inspiration entièrement classique, et leurs belles feuilles sont richement sculptées. Celui du trumeau est de même type, mais adapté à sa fonction de pilastre. Par contre les colonnes qui servent d'appui aux statues se terminent par des chapiteaux historiés qui représentent des animaux fantastiques affrontés sous des arcs en plein cintre et au milieu de feuillages. Malheureusement cette série inférieure se trouve très abîmée et l'on ne peut guère apprécier leurs traits stylistiques.

Dans le grand arc ébrasé, on s'est abstenu presque complètement de représenter des monstres, et l'on a accordé la plus grande place au thème végétal. La flore très variée, composée de rinceaux, tiges frisées et fleurons, est parfois sculptée avec une telle habileté et une telle virtuosité, qu'elle est complètement ajourée, détachée de la moulure où elle se développa et seulement retenue par ses extrémités (pl. 112).

Travail étonnant que l'on n'avait vu jusqu'alors que dans quelques églises de France comme, par exemple, Saint-Lazare d'Avallon. La voussure la plus petite abonde en représentations d'oiseaux, de griffons, de sirènes masculines et féminines, de lions, etc., tous pris dans des plantes et des tiges perlées. Les feuilles enroulées en spirale de la deuxième archivolte représentent un thème que l'on avait déjà traité dans quelque église de la province de Burgos, mais il est exécuté ici par un maître qui prend plaisir à faire une vraie dentelle de pierre. Cet effort pour traiter en haut relief les motifs décoratifs explique que l'archivolte médiane se présente à nous extrêmement abîmée. On peut néanmoins apprécier encore des grappes de raisin et des feuilles de vigne inscrites dans leurs propres tiges. L'archivolte suivante se trouve encore pourvue d'une décoration végétale, aux feuilles palmilobées entourées d'une tige autour de laquelle s'enroulent ses extrémités. L'archivolte la plus grande est par contre marquée d'une grande simplicité, car elle ne présente qu'une série de petits arcs avec deux boules à l'intérieur. Il faut accorder une attention spéciale à la moulure qui dans le haut limite le portail. Un peu à la façon de modillons et de métopes, elle porte vingt-six petits arcs bas sous lesquels apparaissent de gracieuses petites figures d'hommes et de femmes, certaines poitrine nue et affrontées par paires.

Toutes ces beautés, si nombreuses qu'elles soient, ne forment qu'un splendide encadrement destiné à mettre en valeur les personnages qui ornent les colonnes et le trumeau, constituant le grand motif décoratif de ce portail.

Comme à la *Camara Santa* de la cathédrale d'Oviedo et sur le portail de la Gloire à Compostelle, les Apôtres ont en mains un livre ou un rouleau déployé, et sont groupés deux par deux, dans l'attitude du dialogue, comme s'ils parlaient à voix basse, impressionnés par la solennité du lieu.

On a voulu, avec beaucoup d'insistance, mettre ces sculptures d'Avila en relation avec celles des monuments d'Oviedo et de Santiago cités plus haut. Problème longuement débattu, et qui jusqu'à maintenant n'a pas reçu de solution satisfaisante. Mais on ne peut mettre en doute que l'un des points de contact les plus suggestifs, celui qui du point de vue esthétique relie leur art, est cette idée, ce procédé expressif consistant à placer les personnages par paires, et comme en conversation confidentielle. Conversation sainte, dit Bertaux, qui unifie subtilement la composition, établissant un lien spirituel, et non purement morphologique, entre les sculptures qui décorent les éléments architecturaux. Mais on peut encore faire observer un autre détail intéressant : c'est la gradation qui se marque parmi les Apôtres lorsqu'on va de l'extérieur à l'intérieur du portail. Aux deux extrêmes, les personnages sont très minces, à peine plus larges que la colonne à laquelle ils sont adossés, et seule la petite tête se tourne vers l'Apôtre voisin. Les deux Apôtres qui suivent présentent plus de vivacité et sont, pour ainsi dire, plus incarnés. Leurs proportions et leur façon même de se tenir debout apparaissent plus naturelles. Les jambes sous les vêtements ont gagné en mouvement, et le style même des plis est différent. On arrive ainsi aux statues des pieds-droits et du trumeau, qui marquent le point culminant de cet effort pour donner du volume aux personnages et pour mettre en valeur les formes que l'on devine sous les vêtements; ceux-ci par les plis qu'ils forment autour des jambes, contribuent puissamment à rehausser le relief. En même temps, pour mieux marquer la chose, les plis se multiplient au point de se répéter d'une façon presque fatigante. Finalement les extrémités des manteaux s'enroulent parfois en une spirale très développée.

Il est bien dommage que tous ces personnages se trouvent assez abîmés. On peut néanmoins admirer encore la force expressive des têtes et la vigueur que devaient avoir les visages énergiquement modelés.

279

(suite à la page 297)

TABLE DES PLANCHES

280

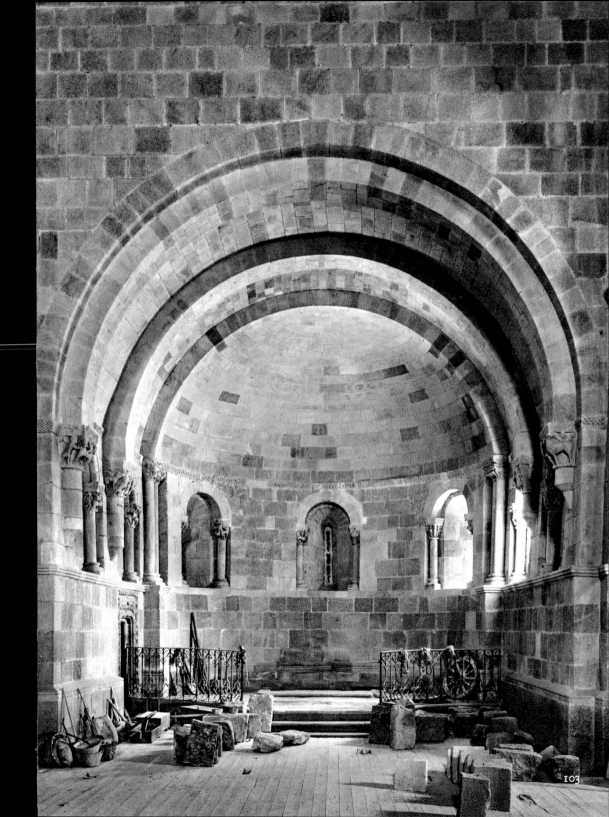

La composition de ce portail peut être considérée comme extraordinairement originale, bien que l'on trouve en abondance, en France surtout, des œuvres antérieures qui contribuent à l'expliquer.

La conception et la disposition du portail nous entraînent, en effet, jusqu'aux églises bourguignonnes de Vézelay et d'Autun. A Vézelay, nous trouvons comme une annonce des deux séries de colonnes qui se différencient nettement par les deux niveaux de leurs appuis. Le trumeau reçoit également un grand développement, et les archivoltes de l'arc offrent une lointaine ressemblance dans le fait que des représentations d'animaux s'y trouvent enlacées dans d'autres motifs décoratifs que l'on voit à San Vicente d'Avila. A Saint-Lazare d'Autun on retrouve les mêmes parentés pour l'arc, et le développement du trumeau est identique mais ici les colonnes sont d'une seule venue. Dans cette même église nous trouvons également le précédent le plus proche de la parabole du mauvais riche et du pauvre Lazare. La composition diffère un peu de celle de San Vicente, mais la façon de comprendre le thème est très semblable.

Comme antécédent important on peut citer aussi l'église de Sainte-Marie d'Oloron dans les contreforts des Pyrénées françaises. Sur le portail au pied de la nef, se présente un grand tympan divisé en deux petits arcs comme à Avila et avec deux scènes sous chacun d'eux. La seule différence, c'est que dans l'église Sainte-Marie la superficie laissée libre entre les petits arcs et le grand arc qui les entoure est décorée, tandis qu'elle est lisse à Avila. Ces points de contact ainsi que d'autres que l'on pourrait relever sont une bonne preuve de la formation étendue du constructeur d'Avila. On peut bien signaler des antécédents mais on ne peut en aucun cas déterminer une source unique d'inspiration. Le Maître nous offre ainsi le fruit d'une parfaite assimilation de l'art de son temps.

A l'intérieur, l'église se compose de trois nefs, avec un transept aux bras très marqués, et au chevet, trois absides, avec une crypte nécessaire pour compenser l'inégalité du terrain sur lequel est établi l'édifice. Les nefs comportent chacune six travées, et sont séparées entre elles par de vigoureux arcs en plein-cintre. Comme à l'extérieur, on perçoit clairement que l'église a été construite un peu par morceaux (pl. 108). A en juger par l'implantation des piliers, on projetait au départ une structure bourguignonne, et l'on a suivi ce parti jusqu'au premier étage, les nefs latérales étant voûtées d'arêtes. Le plan fut déjà modifié lorsqu'on bâtit le transept qui se compose d'arcs presque bombés sous lesquels s'abritent d'autres arcs géminés en plein-cintre, aux grands chapiteaux floraux, et au-dessous un cordon décoré de typiques fleurons.

De toutes manières jusqu'ici rien ne sort du traditionnel et c'est le plein-cintre qui prévaut. Les bras du transept sont couverts d'une voûte en berceau et les absides d'un cul-de-four. Dans la nef principale, par contre, nous n'avons plus la voûte en berceau soutenue par des arcs doubleaux, comme on l'avait, semble-t-il, prévu en disposant les piliers à recevoir ces arcs doubleaux à double rouleau, mais une voûte en croisée d'ogives aux voûtains en brique.

Pour y parvenir, l'architecte dut s'ingénier et utiliser les redents du pilier pour y monter des chapiteaux en biais, comme on l'avait fait dans certaines églises françaises.

Il semble que le plan primitif comportait aussi le projet d'ériger une grande coupole, un peu comme celles que possèdent la collégiale de Toro et la cathédrale de Zamora ainsi que la cathédrale « vieille » de Salamanque. Mais l'excessive lenteur avec laquelle on exécuta les travaux fit renoncer à ce premier projet et à la croisée du transept l'on éleva à sa place une coupole octogonale à nervures, qui fut l'une des premières coupoles gothiques d'Espagne. Dans son ensemble, l'église produit un effet grandiose par la sûreté de ses proportions et la justesse de ses lignes, sans que détruisent cette impression les compléments gothiques. Il faut se rappeler, néanmoins, qu'après la restauration assez malheureuse de la fin du siècle dernier, certaines choses se sont trouvées un peu défigurées. C'est ce qui est arrivé, par exemple, au triforium dont la voûte en quart de cercle a été remplacée par un système d'arcs-boutants qui accentuent son caractère gothique.

La sculpture, si riche sur les portails, se réduit ici à l'intérieur à des bulbes et à des feuilles schématiques, alternant sur les chapiteaux avec les thèmes si souvent repris des harpies, des lions, de personnages à cheval sur des quadrupèdes, et d'un éléphant avec une petite tour sur le dos.

Un peu plus intéressants, les reliefs des titulaires, conservés dans la partie haute de l'abside de droite, et retouchés, semble-t-il d'après leurs vêtements, par le sculpteur Vasco de la Zarza, au XVIe siècle.

Mais le plus important, c'est – bien qu'il s'agisse d'une grande sculpture de transition avec plus de traits gothiques que de romans – le célèbre cénotaphe des titulaires de l'église. Lorsqu'on entre par le portail Sud, on remarque à droite et dans l'axe du transept une construction de dimensions considérables, couronnée par un toit pointu qui est en réalité le dessus d'un baldaquin gothique flamboyant soutenu par quatre grosses colonnes.

Pour le tombeau situé sous le baldaquin on n'a pas adopté le type habituel du sarcophage, mais celui d'une table rectangulaire soutenue par des colonnes. Celles-ci sont groupées par quatre aux angles, puis viennent deux paires séparées par une colonne seule. Les petits côtés du cénotaphe ne comportent qu'une seule colonne, remplacée sur l'un d'entre eux par la figure d'un homme paraissant accablé sous la charge qu'il supporte. Les fûts des colonnes sont ornés de boules, de stries hélicoïdales et d'entrelacs capricieux, et leurs chapiteaux de feuilles qui rappellent les feuilles d'acanthe caractéristiques de l'ordre corinthien. Des chapiteaux partent de petits arcs à trois lobes sur les petits côtés et à cinq sur les grands, et dans les espaces libres s'intercalent six petits reliefs avec des personnages assis ou debout, lisant ou jouant de la harpe. Au-dessus des chapiteaux des angles, les reliefs portent des paires de personnages sous des arcs en plein-cintre, qui semblent représenter les Apôtres car ils sont douze.

La partie haute du tombeau est comme un corps de bâtiment couvert d'un toit à deux versants, de la forme adoptée pour la nef principale et les nefs latérales d'une église. Sur les deux pignons et sur les faces allongées qui forment comme une frise continue, se trouvent sculptés une série de reliefs d'une valeur exceptionnelle.

Sur les pignons apparaissent le Christ en majesté avec le lion et le taureau, et l'Adoration des Mages sous un petit dais gothique, complétée par d'autres scènes rappelant le voyage des Mages et l'apparition de l'ange les avertissant de ne pas retourner voir Hérode. Sur les côtés sont disposées (entre des tourelles rappelant celles qui flanquent la tour du Gallo dans la cathédrale « vieille » de Salamanque) dix scènes où l'on raconte le martyre de saint Vincent et de ses deux sœurs.

Sur le premier de ces tableaux nous voyons le jeune Vincent devant le préfet Dacien qui l'exhorte à abandonner sa religion. Sur le second il est amené par force à offrir de l'encens à Jupiter, mais à peine touchée la pierre qui se trouve devant l'autel, la trace de ses pieds y reste imprimée. C'est ensuite la prison du saint et la visite de ses deux sœurs qui par leurs prières et leurs larmes le persuadent de s'enfuir de la prison. Dans les deux dernières scènes nous voyons les martyrs entrer par la porte des murailles d'Avila, suivis de près par les soldats que le préfet Dacien a envoyés à leur poursuite. Sur le premier tableau du côté opposé est évoqué le moment où les martyrs sont dépouillés de leurs vêtements et conduits au supplice. A la suite, les saints sont suspendus par le cou à de petites fourches en bois, et leurs mains et leurs pieds sont introduits entre les branches de bâtons croisés en sautoir pour leur disloquer les os. Les corps lacérés et exsangues, sont placés ensuite entre deux madriers et les têtes broyées de façon barbare,

tandis que dans la partie haute deux anges emportent sur un linge leurs trois âmes jusqu'à Dieu, représenté par une main. Puis on voit un juif qui lorsqu'il se disposait à profaner les corps des martyrs se trouva attaqué par un serpent d'une telle férocité qu'impressionné par le fait il promit de se faire baptiser et de construire une basilique en l'honneur des trois saints. Enfin, un sculpteur en train de travailler aux sarcophages. La vie et l'animation que manifestent ces personnages est réellement extraordinaire.

Attachons-nous, par exemple, à la scène – peut-être la plus suggestive de toutes – où deux soldats dévêtent avec une odieuse brutalité Vincent et ses sœurs, et les conduisent au martyre en les tenant aux cheveux. Malgré toutes leurs imperfections, ces trois petits personnages nus comptent parmi les plus beaux de la sculpture médiévale espagnole. Dans la scène suivante, l'expression du visage des martyrs est d'une sérénité impassible, contrastant avec celle des bourreaux, tendus en un suprême effort pour écarter les branches des instruments de supplice et disloquer ainsi les corps. On peut également considérer comme de grandes réussites la scène qui rapporte les coups infligés aux têtes et surtout la dernière scène de ce côté où le sculpteur courbé sculpte les sarcophages sous un portique dont on voit trois arcades. Du côté opposé fait également preuve d'un grand réalisme la figure d'un soldat qui se dresse sur l'arçon pour ressaisir les rênes d'un cheval qui se trouve derrière et les confier à un compagnon qui reçoit des ordres.

« Le relief de toutes ces figures est admirable par sa profondeur et par la douceur de son modelé, qui n'exclut pas les accents les plus dramatiques, et le plissé des vêtements rejette de façon quasi absolue tout conventionnalisme, et manifeste l'observation du réel. » Le Pantocrator et l'Adoration des Mages sont également d'une grande valeur, mais beaucoup moins originaux.

Ainsi s'achève la visite de ce remarquable monument. San Vicente constitue une image très authentique de l'époque à laquelle il a été construit. Les travaux en s'étendant sur une longue période, ont permis – cas si fréquent dans tant d'églises espagnoles – à deux styles de se superposer : le roman pour les fondations et les premiers développements, le gothique pour la couverture de la nef principale. La sculpture est à cheval sur les deux époques, d'où sa singulière beauté : elle correspond au moment où la parfaite maturité du roman s'ouvre aux élégances du gothique.

DIMENSIONS DE SAN VICENTE

extérieur
Hauteur des murs des nefs latérales : 12 m.
Hauteur de l'abside principale : 19 m.
Hauteur des absides latérales : 15 m.

portail Ouest
Hauteur de l'archivolte extérieure : 8 m 45.
Distance du sol aux tailloirs des chapiteaux : 4 m 45.
Hauteur de l'arc d'entrée : 4 m 45.
Largeur entre les colonnes extrêmes : 7 m 55.
Largeur de l'arc d'entrée : 4 m 25.

portail Sud
Hauteur de l'archivolte extérieure : 7 m.
Distance du sol aux tailloirs des chapiteaux : 3 m 25.
Hauteur de l'arc d'entrée : 4 m.
Largeur entre les colonnes extrêmes : 6 m.
Largeur de l'arc d'entrée : 2 m 20.

intérieur
Hauteur de la nef principale : 19 m.
Hauteur des nefs latérales : 9 m 50.
Hauteur du triforium : 2 m 90.
Hauteur de la coupole à la croisée du transept : 25 m.
Longueur totale de l'église (hors tout) : 66 m.
Longueur des nefs depuis le porche jusqu'au transept : 35 m.
Longueur du transept : 40 m 50.
Largeur de la nef principale : 7 m 70.
Largeur des nefs latérales : 4 m 50.
Largeur du transept : 23 m 20.

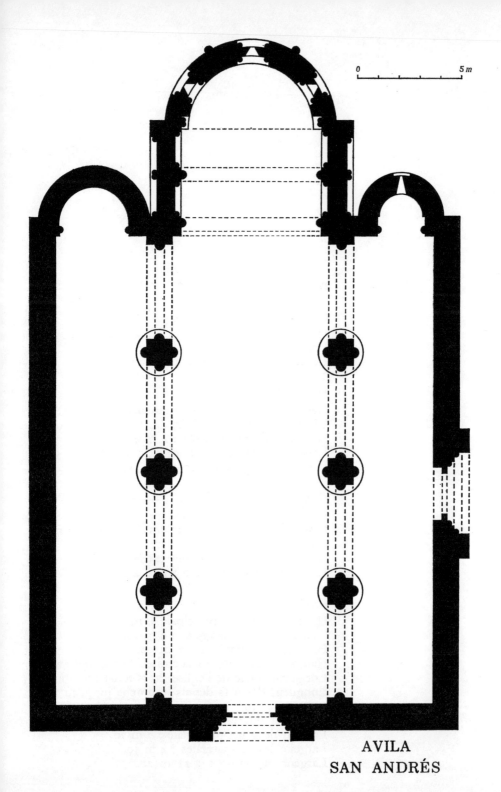

AVILA
SAN ANDRÉS

SAN ANDRÉS

Nous poursuivons notre itinéraire hors des murailles et à très faible distance de San Vicente nous trouvons une petite église d'un roman très pur, demeurée assez longtemps abandonnée et qui, à l'heure actuelle, fait l'objet d'une restauration soignée. Pour y arriver, il nous faut prendre le chemin qui suit la façade Nord de San Vicente, traverser la grand'route de Villacastín à Vigo et passer ensuite par la rue de la Parrilla ou par celle de Valseca. Toutes deux sont parallèles et nous mènent directement à l'église de San Andrés.

De dimensions réduites, elle comporte néanmoins tous les éléments nécessaires pour constituer un monument roman complet que, d'après ses caractéristiques générales, on peut dater de la fin du XIe siècle. Il s'agit en fait de l'église romane la plus ancienne d'Avila. San Andrés étant postérieure au repeuplement que l'on peut estimer avoir commencé vers 1089 ou 1090, on est contraint d'y voir une œuvre des dix dernières années du siècle. A ce moment, on construisait les murailles d'Avila. Le fait que l'église en soit à environ trois cents mètres fait supposer qu'elle a sans doute été commencée avant leur implantation. Dans le quartier Nord étaient établis les tailleurs de pierre et maîtres d'œuvre travaillant au monument plus important qui s'élevait alors à Avila, à savoir sa défense fortifiée. Nous pouvons supposer que San Andrés était l'église de la corporation des tailleurs de pierre, et ainsi s'expliqueraient un bon nombre de détails qui montrent en cette construction une œuvre réalisée avec soin et intérêt.

VISITE

COMMENT VISITER L'ÉGLISE SAN ANDRÉS

Le chevet est sans aucun doute ce qui reste de plus ancien, et se compose de trois absides de dimensions inégales (pl. 101). L'abside centrale correspondant au chœur s'avance davantage et se trouve décorée d'une arcature aveugle basse dans la partie rectiligne. Dans l'hémicycle, deux séries de bandeaux et des colonnes adossées encadrant des fenêtres. Celles-ci sont en forme de meurtrières, avec des colonnettes de chaque côté et des chapiteaux presque complètement détruits. Quant aux absides latérales, celle de l'évangile est entièrement lisse et sans fenêtre; celle de l'épître comporte en son milieu une fenêtre sans colonne ni moulure, et au-dessus d'elle un bandeau orné d'un thème végétal.

Le portail principal, orienté vers l'Ouest, présente la forme ébrasée habituelle, mais ses archivoltes sont décorées de rosaces inscrites dans des cercles, motif que reprennent ensuite exactement les autres monuments romans d'Avila. Les chapiteaux s'ornent de paires d'animaux, de harpies et de monstres, et les impostes de fleurs à quatre pétales. La moulure qui couronne le portail est de billettes. Le même schéma architectural se répète sur le portail situé au Sud (pl. 102). La tour qui s'élève à gauche du portail principal est postérieure à tout le reste.

A l'intérieur, l'église comporte trois nefs, séparées par trois piliers carrés de chaque côté, avec socle circulaire et quatre demi-colonnes adossées; ces piliers supportent des grands arcs, en plein cintre et à double rouleau. Il n'y a pas d'appuis latéraux ni de voûtes, mais les fûts destinés à recevoir les arcs doubleaux se terminent sans chapiteaux, sous une charpente généralement en bois à deux versants. Les chapiteaux des colonnes adossées sont simples et portent presque tous des feuilles fendues et à rebord.

Comme à l'extérieur, le plus intéressant est l'abside centrale (pl. 103). Abside spacieuse, à grande visibilité et de forte architecture. Elle conserve en outre la plus riche collection de chapiteaux historiés d'Avila. La travée droite, à peu près aussi large que la nef, est décorée jusqu'à la moitié de sa hauteur d'arcs aveugles, de structure identique à celle des arcs que l'on voit à l'extérieur. Les colonnettes qui soutiennent les archivoltes reposent sur une corniche faite d'une triple baguette. Au-dessus des arcs, un autre cordon de rosaces entre des cercles, et couvrant le tout la voûte en plein-cintre renforcée par un arc doubleau. Les colonnes qui soutiennent ce dernier comme celles de l'arc triomphal ne descendent pas jusqu'au sol mais s'achèvent, à peine commencées, par une sorte de culot. Un autre arc sur colonnes doubles marque l'entrée de l'abside proprement dite. Dans le mur de gauche, près de la partie arrondie, on voit une porte à

302

l'arc en accolade, bordée de boules, qui donne accès à une sacristie adossée au xve siècle à l'abside latérale de ce côté.

La sculpture des chapiteaux résume la thématique du xie siècle, peu évoluée. Avec leur rudesse accentuée, ces chapiteaux forment cependant une série très remarquable. Pour que l'on puisse mieux les identifier nous allons les énumérer de gauche à droite, à partir de l'arc triomphal. Voici les thèmes.

1. – Personnages nus à cheval sur des quadrupèdes.
2. – Figure d'homme, et à son côté un félin dressé sur ses pattes et introduisant l'une de ses pattes de devant dans la bouche d'un masque situé à la partie supérieure.
3. – Figure d'homme que deux serpents mordent au visage.
4. – Lions à une seule tête à l'angle des deux faces du chapiteau (pl. 106).
5. – Difficile à interpréter.
6. – Pousses végétales avec pommes de pin.
7. – Deux gracieux échassiers mordant un serpent qui à son tour mord l'un d'eux au cou (pl. 105). Tailloir de billettes en partie détruit.
8. – Animaux affrontés.
9. – Un félin mord une cigogne ou une autruche qui se défend en lui mordant la patte.
10. – Feuilles dont les extrémités portent des boules.
11. – Des feuilles encore, et en haut relief.
12. – Cavalier combattant contre un monstre. Sur le tailloir, de beaux entrelacs où la figure d'un homme se trouve emprisonnée (pl. 104).
13. – Entrelacs très abîmés.
14. – Un homme étranglant deux oiseaux. Sur le tailloir, deux autres oiseaux posés sur une patte qui s'atteignent de l'autre et se mordent réciproquement le cou. Sur la face tournée vers l'intérieur de l'arc, on voit deux oiseaux picorant un arbre placé au milieu.
15. – Feuilles très simples. Sur le tailloir, un cheval harnaché que mord par derrière un basilic.
16. – Deux personnages très allongés et paraissant se battre. Ils ont perdu leurs bras.
17. – Une femme nue, les bras croisés et les cheveux dénoués, tenue par les pattes de devant de deux lions.

Les proportions des absides latérales par rapport à l'abside centrale paraissent étranges : elles sont si petites et si différentes l'une de l'autre que celle de l'épître est à peine plus large qu'une simple niche. Elles correspondent chacune à un goût différent, car alors que celle de gauche reproduit le plan de l'abside centrale, celle de droite est entourée d'un bel arc à cinq lobes, inspiré des modèles de Cordoue.

Les caractéristiques de l'église de San Andrés amènent à penser qu'elle fut décorée par un sculpteur subissant l'influence du second artiste de San Isidoro de León. Elle constituerait ainsi une enclave de la province de León en pleine Castille. L'origine de cette influence doit être attribuée à la participation des habitants des provinces de León et de Galice à l'œuvre du repeuplement. L'influence de León se manifeste à travers San Andrés dans les petites églises d'Avila et c'est peut-être au même type de décoration que se rattachaient les constructions primitives de la cathédrale et de San Vicente, mais celles-ci disparurent ensuite à cause de la longueur démesurée des travaux, et avec l'arrivée de maîtres qui mettaient en œuvre les dernières nouveautés architecturales.

NOTES

CIRCUIT DES AUTRES ÉGLISES ROMANES D'AVILA

Depuis la petite place de San Andrés, nous retournons à la grand'route Villacastín-Vigo. Mais auparavant nous pouvons nous arrêter un instant aux ermitages de San Martín et de Nuestra Señora de la Cabeza, au bout de la rue d'Ajates. La première garde de l'époque romane une tour légère, moitié pierre moitié brique, aux nombreux traits mudéjares. Celle de Nuestra Señora de la Cabeza fut consacrée en 1210 par l'évêque Pierre et servit longtemps de paroisse sous le nom de San Bartolomé. Elle conserve sa structure romano-mauresque et ses trois absides du XIIIe siècle restaurées à une époque plus tardive, semble-t-il.

ERMITAGE DE SAN SECUNDO

A l'angle Nord-Ouest de la cité, entre la rivière Adaja et les murailles, se trouve l'ermitage de San Segundo, modeste construction du XIIe siècle avec trois absides, un clocher-mur et une couverture en bois. Sur la face Sud s'ouvre le portail principal avec des archivoltes où alternent la baguette lisse et les fleurons identiques à ceux que nous avons vus à San Andrés. L'intérieur est divisé en trois nefs, avec des colonnes lisses et de grands arcs en plein-cintre du XVIe siècle. De la même époque sont la charpente actuelle et le petit portail qui donne à l'Ouest. En 1519 on trouva dans l'un de ses murs un tombeau avec une caisse contenant des ossements humains et quelques autres objets. Sur le couvercle de la caisse, on lisait l'inscription SANCTUS SECUNDUS; aussi crut-on pendant longtemps qu'Avila avait été fondée par ce saint, l'un des sept disciples envoyés par saint Pierre pour évangéliser la péninsule ibérique. En souvenir de cet événement on disposa près du maître-autel ce qui est peut-être la meilleure sculpture d'Avila : une grande statue de saint Second en albâtre, œuvre de Juan de Juni, à qui Doña Mariana de Mendoza la commanda en 1572, et qui fut placée en cet endroit deux ans plus tard. Le saint apparaît vêtu de ses ornements pontificaux et dans une attitude habile qui détermine de larges plis dans la chape, tout entière marquée d'intenses contrastes entre l'ombre et la lumière. L'exécution est très délicate et très pure, sans pour cela nuire à l'expression et à la vie intense que manifeste cette grande œuvre sculpturale.

SAN NICOLÁS

Continuant à faire le tour des murailles, nous enfilons sur la droite ce qu'on appelle le Paseo del Rastro, qui nous conduira à la place de Sainte Thérèse de Jésus ou du Mercado Grande (Grand Marché). Au bout de ce *paseo* (boulevard) s'étendent les quartiers populaires d'Avila, et parmi leurs maisons se détachent les églises de Santiago, gothique avec un retable d'une certaine valeur, et de San Nicolás qui conserve une abside romane très simple et deux portails. Le portail Nord par où l'on entre à l'église comporte deux archivoltes décorées des fleurons et des billettes classiques, l'arc intérieur lobulé et des chapiteaux simples assez endommagés. Celui du Sud est pourvu d'archivoltes de billettes et d'un cordon orné de fines tresses.

SAN PEDRO

En face de la porte de l'Alcazar, dans les murailles, et de l'autre côté de la place Sainte Thérèse, s'élève la belle église de Saint-Pierre, du type de San Vicente, peut-être un peu plus ancienne et de catégorie artistique nettement inférieure. Elle se compose de trois nefs, d'un transept aux bras très allongés et de trois absides. Commencée en style roman, c'est à celui-ci que se rattachent le chevet, les portails et les fenêtres du reste de l'église. Sans doute à cause de la lenteur et de l'interruption des travaux, l'église ne fut achevée qu'à l'époque gothique dont on reconnaît clairement le style, dans les chapiteaux et les corniches, et dans le voûtement des nefs et du transept. La façade principale elle-même présente une magnifique rose gothique avec douze colonnettes rayonnantes et des restes des anciens vitraux. Les absides sont plus basses que celles de San Vicente et, comme elles, possèdent une riche corniche, trois étages de cordons et de sveltes colonnes encadrant les fenêtres. Des deux portails, le plus riche de détails et de décoration est celui du Nord, avec ses chapiteaux végétaux finement travaillés et ses archivoltes où alternent rosaces et pointes de diamant. La coupole pourrait bien être du XVe siècle. La sacristie, le portail de la façade Ouest et la tour sont également étrangers à l'œuvre médiévale. Le nombre exagéré des autels à l'intérieur empêche de voir convenablement la structure romane de l'église, qu'à certains détails on devine d'une grande précision géométrique.

extérieur

Hauteur de l'abside principale : 6 m 40.
Hauteur de l'abside latérale, côté évangile : 5 m 85.
Hauteur de l'abside latérale, côté épître : 5 m 50.
Hauteur de la nef principale : 11 m 45.
Hauteur des nefs latérales : 7 m 60.

portail Ouest

Hauteur de l'archivolte extérieure : 5 m 10.
Hauteur de l'arc de l'entrée : 3 m 85.
Largeur entre les colonnes extrêmes : 3 m 80.
Largeur de l'arc d'entrée : 1 m 60.

portail Sud

Hauteur de l'archivolte extérieure : 5 m 40.
Hauteur de l'arc d'entrée : 4 m.
Largeur entre les colonnes extrêmes : 3 m 85.
Largeur de l'arc d'entrée : 2 m 10.

intérieur

Longueur totale de l'église : 29 m 75.
Longueur des nefs : 21 m 75.
Largeur de la nef principale : 7 m 45.
Largeur des nefs latérales : 4 m 10.
Profondeur de l'abside principale, y compris la
    travée droite : 8 m.
Profondeur de l'abside latérale de droite : 1 m 80.
Profondeur de l'abside latérale de gauche : 2 m 40.
Diamètre du demi-cercle de l'abside centrale : 6 m 25.
Largeur de la travée droite de l'abside centrale :
    6 m 70.
Largeur de l'abside latérale de droite : 2 m 35.
Largeur de l'abside latérale de gauche : 3 m 40.
Hauteur de l'abside principale : 7 m 35.
Hauteur de l'abside latérale de droite : 5 m 40.
Hauteur de l'abside latérale de gauche : 6 m 25.

CUVES BAPTISMALES

La table des planches illustrant ce chapitre se trouve à la page 312.

Bien des villages de Castille conservent dans leur église de belles cuves baptismales que l'on peut considérer comme romanes. Elles appartiennent dans la grande majorité des cas à cette catégorie intermédiaire où le roman s'unit à l'art populaire. On pourrait dire, pour les définir plus exactement, qu'elles sont les manifestations d'un art populaire et local inspiré du roman. C'est dans la province de Burgos qu'elles sont les plus nombreuses. On trouve dans celle de Soria les exemplaires les plus rustiques et les plus primitifs. Et dans certaines cuves du pays de Palencia, les artistes qui les ont décorées, tout en appartenant à un milieu rural et local, ont réussi à exprimer une note profonde de l'âme populaire. Ces cuves baptismales nous marquent bien à quel point le roman avait pénétré dans la vie castillane. C'est avant tout cette valeur de témoignage que nous leur donnons en examinant quelques uns de leurs exemplaires les plus curieux et les plus importants.

REDECILLA DEL CAMINO

Ce chemin auquel fait allusion le nom du village, c'est celui de Santiago de Compostella, que dans la Castille du Moyen Age on nommait habituellement *el camino francés*, le chemin français. Redecilla se trouve dans la province de Burgos à son extrémité Nord-Est. C'est le premier village de cette province aux confins de la Rioja, lorsqu'on arrive de Pampelune et de Logroño par la route de Santo Domingo de la Calzada. Petit village sans importance qui n'offre à l'attention du voyageur que cette cuve baptismale, curieuse par son allure mozarabe. Elle se présente dans sa propre église au milieu d'un décor moderne qui, s'il la prive de son ambiance, en permet au moins l'examen de façon plus commode et plus détaillée.

Elle a, au moins dans sa structure générale, la forme d'une coupe hémisphérique et se trouve montée sur un piédestal relativement haut (pl. 129). Celui-ci se compose de plusieurs colonnes adossées à un pilier central. Ces colonnes comportent en pied leurs bases attiques qui forment une moulure continue servant elle-même de base au piédestal. On a l'impression d'un faisceau de colonnes et pour autant d'une richesse décorative, alors qu'en réalité ces colonnes ne sont pas juxtaposées. Et bien qu'il ne s'harmonise pas avec le style de la coupe, le support confère une note à la fois légère et vigoureuse à l'ensemble.

La coupe est de grande dimension, et tout entière sculptée, ajourée même, sans laisser un seul espace lisse sur sa grande surface. Un type uniforme de décoration, mais réparti sur plusieurs registres séparés entre eux par des bandes très étroites qui tantôt sont faites d'une torsade, tantôt d'un zigzag, parfois de petits disques ronds. Les cavités creusées dans la pierre et disposées sur plusieurs registres représentent des portes et des fenêtres. Elles sont de diverses sortes. Il y en a de carrées, d'autres avec un arc en plein cintre, et aussi une ligne d'oculus. L'ensemble donne l'idée d'un grand édifice, une sorte de grand palais, tout entier percé de fenêtres. La surface extérieure de la coupe ne garde pas une convexité uniforme. Elle est marquée dans le sens vertical par des stries saillantes et volumineuses, réparties de façon régulière, qui forment comme les tours de ce grand édifice. Et entre ces tours, on a placé des galeries fermées en encorbellement, couvertes d'un petit toit triangulaire très aigu terminé par une boule. Le bord supérieur de la coupe est orné d'une frise faite d'un double cordon tressé avec élégance.

Réalisation très originale à laquelle il est difficile d'attribuer une filiation plus ou moins directe. Avec son apparence de rudesse et d'art primitif, elle présente certains détails d'exécution consciencieuse et délicate. La grande originalité réside dans le thème décoratif qu'a choisi le sculpteur. Bien que Redecilla soit sur le chemin de Saint-Jacques, il ne semble pas que l'on puisse mettre cette cuve baptismale en relation avec l'art qui se propageait le long de la route de Compostelle, ni avec les influences du roman français. Par contre le type d'interprétation donné à l'édifice et au palais représenté sur la cuve ressemble à celui des miniaturistes médiévaux de souche hispanique. Redecilla del Camino se situe relativement près de l'abbaye de San Millán de la Cogolla, qui fut le centre le plus important du courant mozarabe espagnol. C'est un trait bien mozarabe que cette tendance à ajourer la pierre, si manifeste sur cette cuve baptismale. Et au sein de l'aire d'influence de la grande abbaye de la Rioja, on ne doit pas non plus dédaigner celle que sur une œuvre de ce genre, de dimension certes bien différente, ont pu exercer les sculptures sur ivoire que l'on réalisait à San Millán.

COJOBAR

Parmi toutes les cuves baptismales de Castille, celle de Cojóbar est l'une des plus finement exécutées. On n'y découvre point les défauts propres à l'œuvre d'un tailleur de pierre local. Très sobre dans sa décoration, sculptée avec délicatesse et romane dans sa structure générale, quoique précisément par sa délicatesse et sa sobriété elle annonce déjà un art de transition.

(suite à la page 329)

T A B L E   D E S   P L A N C H E S

312

116

117

124

128

129

Cojóbar est un village de faible importance situé à quinze kilomètres de Burgos. On prend d'abord la route de Madrid puis au bout de cinq kilomètres, à Sarracín, celle de Soria. C'est cette même route qui mène à San Quirce et à Silos, à Quintanilla de las Viñas et au groupe des galeries-porches de la Sierra de la Demanda aux environs de Salas de los Infantes. Il n'est pas nécessaire d'aller jusqu'au bout de cet itinéraire : très peu après Sarracín, cinq kilomètres plus loin, nous prenons un embranchement à gauche. Très vite nous parvenons à Cojóbar, qui se trouve sur la ligne du chemin de fer de Santander à la Méditerranée dont le parcours en cet endroit est très voisin de celui de la route.

C'est dans l'église paroissiale du village que se trouve cette belle cuve baptismale. Elle est du type de la coupe hémisphérique mais sans le pied ou le support qui lui donnerait la sveltesse des coupes de cristal (pl. 127). Elle fait partie de ces cuves basses qui reposent sur un piédestal très court, dont la moulure présente un double mouvement, convexe et concave. La décoration de la cuve est simple, mais tout à fait réussie. Elle se réduit à une arcature aveugle aux arcs en plein cintre légèrement surhaussés. Les colonnes sont sveltes, elles s'appuient sur des bases attiques, et les chapiteaux sont simplement taillés en plans, sans aucun décor. Dans les angles ou écoinçons que forment les arcs entre eux, se trouvent de simples palmettes stylisées, et en bordure se déroule un double liseré, le premier très étroit orné de têtes de clou, et le second, formant le bord, décoré d'une torsade. Le piédestal garde la même sobriété. Sur la plus haute et la plus étroite de ses moulures on retrouve le même thème torsadé, et sur la moulure inférieure, des arcs faits de demi-cercles tangents, avec des incisions géométriques dans les angles ainsi formés.

Avec une décoration si simple et si dépouillée, l'élégance de cette cuve réside dans la pureté avec laquelle les arcs et surtout les colonnes se placent et se présentent sur la courbure convexe de ce grand vase de pierre. Le fond sur lequel se détachent les arcs est complètement lisse, et les deux courbes, celle du galbe du vase et celle de l'arcature aveugle, dessinent un mouvement harmonieux et simple. Le tout fort bien exécuté avec une grande finesse de travail, et surtout avec une admirable sobriété. La moindre tentative pour surcharger l'ensemble, l'amorce d'une décoration sur les chapiteaux, la simple esquisse de personnages dans le fond des arcs aurait fait perdre son charme à cette pièce remarquable. Et à l'intérieur, les grandes cannelures de la coupe contribuent à produire une impression de richesse (pl. 128). Les stries creusées à la façon d'une coquille Saint-Jacques, vont en se rétrécissant vers le centre. Sur le bord supérieur, leur section donne vingt-quatre lobes dont les points de rencontre se prolongent en autant de nervures qui descendent jusqu'au fond de la coupe où elles concourent en son centre. Régularité géomérique parfaite.

La proximité de Burgos peut fournir une explication aux qualités de la cuve baptismale de Cojóbar, village qui par ailleurs se trouve situé à mi-chemin entre deux monuments d'importance. D'un côté l'abbaye historique de San Pedro de Cardeña, de l'autre l'église romane de San Quirce.

CASCAJARES DE LA SIERRA

C'est un très petit village qui se trouve sur la route de Burgos à Soria, quelque dix kilomètres avant d'arriver à Salas de los Infantes. Il possède une église paroissiale romane. A l'extérieur, la seule chose digne d'intérêt est l'abside qui est hémisphérique et simple. Elle comporte en son milieu un petit arc en plein cintre aux colonnes terminées par des chapiteaux décorés de boules. Des modillons simples, dont certains avec des figures. A l'intérieur, l'arc triomphal est roman, ainsi que quelques autres vestiges, mais les parois sont recouvertes de chaux et de plus un retable masque l'abside.

La cuve baptismale est très mal placée, comme coincée dans un angle du bâtiment, en sorte qu'on ne peut l'examiner que partiellement. Elle est en pierre et a la forme d'un tronc de cône reposant sur sa petite base (pl. 126). Elle ne comporte ni soubassement ni pied. Elle repose directement sur un marchepied de forme circulaire dont les pierres sont taillées selon les rayons du cercle.

La sculpture est vigoureuse et décidée, mais en même temps présente des éléments d'une grande délicatesse. La décoration se compose essentiellement d'une arcature qui fait tout le tour. Les colonnes sont doubles et sont surmontées de chapiteaux de la plus grande simplicité cistercienne. L'intérieur des arcs est occupé par diverses figures. Des douze qui composent l'ensemble, on ne peut en raison de la disposition de la cuve, voir que huit qui, de gauche à droite, représentent : trois poissons superposés, tous orientés dans le même sens; une biche; un jeune faon – ces deux dernières sculptures sont délicates et pleines de naturel –; ensuite vient un lion, qui ressemble beaucoup à ceux du cloître de Silos, il tourne la tête en arrière, l'air féroce, et possède une forte encolure; sa queue lui passe entre les pattes puis s'enroule autour de sa taille; le relief suivant est une simple croix de Malte; puis vient un autre lion, en position normale cette fois, la queue dressée. Enfin à l'intérieur des deux arcs qui sur la droite sont déjà partiellement cachés, nous pouvons voir des reliefs symétriques. Il s'agit de deux animaux qui s'affrontent, chacun restant dans sa niche. En raison de leur anatomie, on peut les définir comme des griffons : corps de lion avec des ailes, et bec d'aigle qui mord ses propres ailes.

De telles figures proviennent de la collection animalière de Silos. Ce trait est caractéristique de toute la zone où se trouve situé Cascajares de la Sierra. Dans les hauteurs et les contreforts de la Demanda, on trouve cette curieuse multiplicité d'églises avec galeries-porches. La sculpture est pour tout ce groupe originaire de Silos, ce qui semble fort naturel étant donné la proximité du célèbre cloître de l'abbaye. Et dans toutes ces églises, comme à Cascajares, la sculpture révèle des artistes locaux qui, comme on peut s'en rendre compte par le faon de cette cuve baptismale, ne dédaignaient pas non plus de s'inspirer directement de l'observation de la nature. A en juger par son rapport avec les monuments cités plus haut et par certains détails de l'abside, on peut dater l'église et la cuve de Cascajares de la fin du XIIe siècle.

Dans le haut, la cuve est ornée tout autour d'une frise continue d'entrelacs et de rinceaux traités avec ampleur et volume. Dans les angles formés par les arcs, des palmettes.

CILLAMAYOR

Dans la zone minière au Nord de Palencia, le village de Cillamayor se trouve sur la route qui d'Aguilar de Campóo conduit à Barruelo de Santullán et à Brañosera. Mais il n'est pas nécessaire d'emprunter de tels chemins pour découvrir cette curieuse cuve baptismale qui se trouve actuellement, fort bien présentée, au Musée Fontaneda d'Aguilar de Campóo où, à la suite d'une initiative privée, se trouvent rassemblés avec beaucoup de goût de nombreux témoins de l'art de cette riche région romane, évitant ainsi leur dispersion.

C'est une cuve de forme classique, formant comme un tronc de cône, avec une certaine courbure, peu marquée d'ailleurs, de la surface extérieure (pl. 123 et 124). Elle est présentée sur un socle de pierre rond, au large chanfrein, qui semble un élément moderne. D'après sa structure, elle a pu constituer en son temps une cuve pour administrer le baptême par immersion, bien que par ailleurs on la considère comme une œuvre très tardive, datant d'une époque où cette pratique baptismale était tombée en désuétude. L'impression première est celle d'un caractère primitif très marqué, ce qui ne veut pas dire qu'elle remonte à des temps très lointains. Dans la plus grande partie de sa surface, la cuve est lisse, et seule est sculptée sur le devant une partie qui occupe au plus un tiers de la circonférence. Le thème décoratif central est un carré fait d'un grand entrelacs, ornement médiéval très courant dans les manuscrits décorés de miniatures. C'est une taille en profondeur qui forme comme un grand labyrinthe autour d'une croix placée au centre. Diverses courbes, une à chaque coin et une au milieu de chaque côté, sortent du carré. Aux extrémités, il y a comme des pointes de flèches marquées de rayures à l'intérieur. A côté est sculptée une figure humaine. C'est là qu'on ressent fortement le caractère primitif de l'œuvre. Elle est exécutée en authentique bas-relief, à savoir en creusant la pierre dans une zone de vaste périmètre sur laquelle se détache ensuite le volume de la figure sculptée. Cette dernière ne possède pas de traits qui permettent de l'individualiser. La tête est simplement une boule allongée où ne figurent ni la bouche, ni le nez, ni les yeux. Le personnage porte une sorte de veste et une petite jupe. Il tend la main gauche vers l'entrelacs décoratif compliqué et de la main droite il soutient une espèce de balai qui pourrait être aussi un énorme pinceau ou bien l'instrument avec lequel il a taillé ou gratté la pierre. Car il semble tout naturel que ce personnage soit une allusion à l'auteur, qui de la main gauche, indique quelle est son œuvre. C'est un artiste qui aime bien se mettre en avant car de l'autre côté il a signé en grosses lettres très claires ME FIZO PEDRO DE CILLA (Pedro de Cilla m'a fait).

De cet ensemble de données il résulte qu'on peut considérer la cuve comme une œuvre issue du milieu local, sans relations spéciales avec les divers groupes du roman de Palencia. Ses archaïsmes sont davantage le témoignage d'une rudesse rustique tardive que la marque d'une véritable ancienneté. Le fait que la cuve ne soit pas signée en latin donne à entendre qu'elle a été exécutée seulement au XIIe siècle, et par l'étude comparée des vêtements on a conclu pareillement que les jupes du personnage constituent un argument invitant à lui fixer une date d'exécution tardive.

L'église de Cillamayor appartenait, à la fin du XIIIe siècle, au monastère prémontré de Santa María la Real d'Aguilar de Campóo. On y trouve encore quelques vestiges romans qui se rattachent aux écoles régionales du Nord de la province de Palencia, mais sans lien stylistique avec la cuve baptismale.

COLMENARES

Le village de Colmenares est dans la région de Cervera de Pisuerga au Nord de Palencia. A environ cinq kilomètres de Cervera sur la route qui va à Burgos, à Dehesa de Montejo, on abandonne cette direction pour faire autant de kilomètres sur une route de catégorie inférieure qui descend par la vallée de l'Ojeda et conduit directement à Colmenares. La cuve baptismale que nous allons examiner justifie pleinement ce détour. Elle est mal placée pour qu'on puisse la contempler. Adossée à une paroi, elle ne laisse voir qu'imparfaitement une partie des scènes qui y sont sculptées.

C'est à coup sûr la plus importante des cuves historiées, au moins de Palencia, et peut-être de toute la Castille. Le trait caractéristique de la cuve de Colmenares est l'aspect pathétique très marqué de ses personnages (pl. 118). Sa forme schématique est celle d'un tronc de cône, sur une base circulaire ornée de rinceaux qui dessinent une guirlande coupée en plusieurs tronçons par des têtes humaines. Dans la partie supérieure, la cuve comporte un rebord fait de deux moulures limitées par une suite de demi-cercles découpés. C'est une stylisation qui s'inspire heureusement des eaux qui remplissent un vase. Tout le reste de la cuve est occupé par des personnages sculptés de façon vigoureuse. Chacun d'eux mesure approximativement cinquante centimètres de haut. Les têtes sont grandes, un peu disproportionnées. La partie actuellement visible commence à gauche par une scène baptismale. Une grande cuve pour l'immersion. Un prêtre ou prélat qui arbore une croix. D'autres en longues robes tombant jusqu'aux pieds amènent des enfants pour recevoir le sacrement. Ce premier groupe se termine sur un personnage qui, d'après le bonnet ou la coiffure qu'il porte, doit être une dame. Sans solution de continuité, se suivent trois figures d'hommes qui, semble-t-il, se battent entre eux. Ce sont là les visages les plus expressifs et les plus émouvants de toute cette sculpture. On ne comprend pas très bien qui ils sont et ce qu'ils font. A la suite, le groupe des trois Maries, leurs flacons à la main et la tête surmontée d'une coiffure faite de rouleaux ou de chignons analogues à ceux de la femme qui fait partie du groupe de la scène baptismale. Accroupis et placés aux pieds des Maries se trouvent plusieurs soldats vêtus de cottes de mailles. Pour finir, le tombeau du Seigneur, figuré par une espèce d'autel ou de petite chapelle. A droite et à gauche, deux anges, l'un thuriféraire et l'autre étendant la main comme s'il voulait dire quelque chose à la première des Maries qui se penche vers lui. Les vêtements et le plissé sont assez conventionnels. La grande force de cette sculpture réside dans les attitudes, un peu exagérées par la forme de la cuve, et dans les visages et les mains, profondément expressifs et taillés par plans (pl. 119 à 121), avec un schématisme des yeux et de l'attitude si réussi qu'il devient difficile de l'attribuer uniquement aux manières de faire naïves et rudes d'un sculpteur local.

A cette sculpture on peut trouver des relations et parentés avec d'autres œuvres de l'art de Palencia. Par exemple certaines expressions des visages rappellent par leur simplicité des attitudes et des gestes que l'on peut observer sur les célèbres chapiteaux provenant de Lebanza. Non loin de Colmenares se trouve le village de Peranzacas où, dans l'église de l'Assomption, figure un portail et sur celui-ci une archivolte avec des personnages présentant une certaine parenté avec ceux de Colmenares. Enfin le thème apparaît repris à peu de chose près, avec des variantes, sur la cuve baptismale du village assez éloigné de Calahorra de Boedo (pl. 116 et 117).

Les trois Maries, les soldats, le tombeau vide, le tout marqué d'un certain reflet de la Résurrection du premier Maître de Silos. Mais à Calahorra le thème est moins dense et moins pathétique, il se complique d'autres histoires, et il est exécuté de façon peu soignée. En définitive malgré l'identité du sujet, la comparaison des deux cuves fait surtout ressortir leurs différences.

GUARDO

Devant la cuve baptismale de Guardo, par contre, on comprend tout de suite que c'est l'œuvre d'un artiste local, même s'il est juste de reconnaître qu'il n'est pas dépourvu d'un souffle génial. Rude mais extrêmement résolu et expressif. A la hauteur du thème qui semble suggéré par son œuvre et qui n'est rien moins que le problème de la vie et de la mort. Très belle pièce, robuste et franche, très profondément rattachée aux racines de l'art hispanique.

Guardo se trouve à l'extrémité de la province de Palencia, aux confins de celle de León, sur la route qui, de la capitale de la province, conduit par Carrión et Saldaña à la montagne de Riaño au pays de León. Une autre route transversale mène aussi à Guardo, perpendiculaire à la première et provenant de Cervera de Pisuerga. Guardo se trouve donc assez en marge de la grande concentration romane de la province de Palencia, qui est toute orientée en général vers les terres de l'Est et jusqu'aux confins de la province de Burgos. A Guardo et dans son église, on ne trouve comme vestige roman que cette cuve baptismale, qui présente elle aussi ce défaut assez général d'être adossée au mur, ce qui empêche de l'apprécier et de la goûter dans sa totalité. C'est une pièce du type habituel en tronc de cône, sans courbure de la surface extérieure et sans pied ni support. Elle repose sur un simple marche-pied circulaire (pl. 115).

Dans le haut, se déroule tout autour une grecque classique, sculptée avec plus ou moins de régularité, qui fait défaut par endroits. Tout le reste de la cuve est décoré de figures d'interprétation difficile, ou qui du moins ne se prêtent qu'à une interprétation en profondeur. Le trait le plus curieux et sans aucun doute chargé de sens, c'est la division de la surface décorée en deux registres, sans que la séparation

entre les deux soit le moins du monde régulière ou
à niveau fixe. Au registre du haut l'artiste a accordé
plus d'importance car il correspond aux figures les
plus grandes. Mais c'est la partie inférieure qui est
la plus significative, qui confère à l'ensemble un
sens, une signification, un symbolisme. Dans les
parties les plus visibles, ce registre inférieur est
occupé par des personnages qui paraissent enterrés.
On voit clairement comment l'un d'eux soulève la
dalle de son tombeau. Dans la partie supérieure,
sous des arcs rudimentaires de dimensions diverses,
dont l'arcature n'est pas véritablement courbe mais
forme un toit à deux versants, sont situées les
sculptures les plus importantes de cette cuve. *De
gauche à droite*. Un homme, peut-être un soldat, porte
une épée courte et une grande cape. Il est en partie
masqué par le mur. Ce personnage occupe toute la
hauteur utilisable de la cuve, et ne comporte donc
pas un répondant inférieur lui conférant une signification particulière. Il est suivi d'un centaure sagittaire au corps monstrueux d'un animal qui ressemble
plus à un éléphant qu'à un cheval. Au-dessous
figurent deux oiseaux affrontés, grossièrement sculptés, et au-dessus, monté sur le dos du centaure, un
autre quadrupède de plus petite taille. A la suite
vient une figure énigmatique : celle d'un homme,
les jambes écartées, les mains appuyées sur le pubis.
Incontestablement elle symbolise une réalité en
rapport avec l'instinct génésique, éloquente, expressive et à vrai dire osée. Impression confirmée par
le fait qu'au-dessous, sur l'autre registre du relief,
lui correspond un personnage féminin, enterré,
couché sur le roc mais vivant et en mouvement.
Adam et Ève ? L'arc suivant est occupé par deux
personnages, l'un avec une grande robe, l'autre nu.
C'est peut-être, en suivant la même ligne d'interprétation, Dieu le Père créant, ou plutôt modelant
un Adam d'allure très simiesque. Au-dessous, un
oiseau grossièrement sculpté. Puis vient un arc de
plus grande dimension que les autres, et les côtés
de l'angle sont formés par deux anges, ce qui laisse
supposer qu'on lui attache une plus grande importance. Il est occupé par un homme et une femme,
nus à part une ceinture très mince, qui vont l'un
vers l'autre. La sculpture est exécutée avec délicatesse. Bien qu'elle soit rude et peu soignée, on y sent
l'intention amoureuse. Les personnages sont encore
séparés, mais un élan et un mouvement animent
leurs jambes et le geste de leurs bras trahit on ne sait

quelle tendresse. Sous ce groupe et sous le suivant se trouve le relief des morts qui ressuscitent, réalité symbolisée par les pierres tombales qui se soulèvent. Dans le deuxième groupe, nous voyons à nouveau un personnage en robe plissée et devant lui une femme, semble-t-il, qui amorce un agenouillement. Enfin, déjà masqué par la paroi, il y a un ange qui monte vers le ciel.

D'après cette description, qui s'est efforcée d'être très fidèle, il est incontestable que celui qui a sculpté cette cuve baptismale était un artiste doué de puissance créatrice et animé d'une profonde préoccupation métaphysique. Le thème qu'il cherche à exprimer, le problème de la vie et de la mort, il le présente en un mélange de signes chrétiens et naturalistes qui assurément concourent à le formuler. Il cherche à les dominer, à les unifier. Il les déploie sur deux plans, mais intimement liés l'un à l'autre. Dans les scènes fondamentales, il semble que c'est la force de l'instinct qui s'impose. Mais il s'y trouve une allusion à l'œuvre créatrice de Dieu, les morts sont des morts qui vivent et ressuscitent, un ange monte au ciel. Grâce à cela est sauvegardé pour l'essentiel le sens chrétien de la composition. Mais de toutes manières il s'agit d'un christianisme très proche de la nature, tout comme est directe, expressive et naturelle la sculpture par laquelle l'artiste de Guardo a donné forme à ses idées.

ARENILLAS DE SAN PELAYO

Après la forte impression produite par les personnages sculptés sur la cuve de Guardo, et l'accent pathétique des visages de celle de Colmenares, la cuve baptismale d'Arenillas nous fera éprouver un sentiment paisible de calme et de repos. Ici, point de problème fondamental. Tout se réduit à la décoration pure. Une cuve de pierre en forme de tronc de cône et reposant de façon normale sur sa section la plus faible est sculptée de deux frises, l'une dans le haut et l'autre à la base (pl. 122). La première se compose d'une suite de rosaces tangentes; les plus simples sont formées de fleurs à cinq pétales, et alternent avec d'autres faites d'une double fleur, l'intérieur étant chargé d'un autre groupe de pétales. La frise inférieure constitue une succession de motifs végétaux, encadrés dans les maillons d'une grande chaîne qui forme comme une guirlande.

Dans la bande médiane lisse laissée par les deux frises, on a sculpté, à intervalle, des croix dont l'entaille est peu profonde. En fait, tous les éléments décoratifs de cette cuve sont finement sculptés en faible relief, d'où une impression de grande douceur. La cuve repose sur une base simple, un grand marchepied carré en pierre, dont le bord est orné d'une moulure.

Arenillas est un village situé au centre de la province de Palencia. Il n'est pas d'accès facile à qui n'est pas accoutumé à ses chemins. Il se trouve dans la région de la Valdavia. Si nous venons de Guardo, il nous faut suivre tout d'abord la route de Cervera de Pisuerga. Au bout d'environ huit kilomètres, nous la quittons pour prendre à Las Heras celle qui par la Venta del Cuerno nous conduit à la vallée de la rivière Valdavia. Après l'avoir descendue et traversé un village nommé Buenavista, nous trouvons celui d'Arenillas de San Pelayo, entre Renedo et Villaeles de Valdavia. Il y eut là un ancien monastère prémontré dont les restes forment le bâtiment de l'église paroissiale. Celle-ci possède un beau portail avec plusieurs archivoltes décorées dont une historiée. Ses chapiteaux, de grandes dimensions, sont beaux. Mais il ne semble pas que ces restes romans de l'église d'Arenillas aient un lien avec la sculpture de sa cuve baptismale.

BOADILLA DEL CAMINO

C'est le village qui précède Frómista sur le chemin de Saint-Jacques. Malgré un voisinage artistique et roman aussi illustre, et sa situation sur la voie de communication la plus importante du Moyen Age, par où arrivèrent en Castille et au León les effluves de l'art transpyrénéen et ses équipes de tailleurs de pierre itinérants, la cuve baptismale de Boadilla del Camino doit cependant être plutôt rattachée aux lignes caractéristiques d'un art populaire. Car on incline toujours à considérer comme plutôt populaire le traitement d'un thème ou problème décoratif au moyen de formules uniquement géométriques. Ce qui ne veut pas dire que l'excellent sculpteur de Boadilla del Camino n'ait eu aucun contact avec le grand art qui parvenait à son village par le chemin de Saint-Jacques. On en a une marque suffisamment claire dans le magnifique piédestal sur lequel repose cette cuve. Il est constitué d'un faisceau de douze colonnes très courtes (pl. 130). Les fûts sont, pour ainsi dire, réduits à leur plus simple expression. Les bases des colonnes, qui se trouvent former le socle de la cuve, conservent leur dimension normale et les chapiteaux, bien qu'un peu aplatis, continuent à jouer leur rôle. De ces détails nous pouvons conclure que la cuve est de l'époque de transition. Les chapiteaux sont du modèle cistercien caractéristique où les feuilles d'acanthe atteignent par leur stylisation à la plus grande simplicité et ne gardent une frisure à leur extrémité que comme une concession à l'art décoratif. A ce même style se rattachent les bases qui comportent une boule à l'endroit de leur intersection, et la griffe, si typique de l'art roman, au lieu d'être recourbée vers le bas l'est vers le haut. Si nous allongions les fûts de ce faisceau de colonnes, nous arriverions à un art encore plus stylisé que celui de San Andrés de Arroyo.

Sur ce piédestal très artistique, dont elle est séparée par une moulure circulaire, repose la coupe de la cuve. Elle est d'une forme intermédiaire qu'on pourrait définir aussi bien comme un court tronc de cône avec une forte courbure que comme une demi-sphère un peu aplatie. Elle comporte trois registres distincts de décoration géométrique. Sur le registre inférieur figurent des arcs doubles assez surbaissés. Ils se rejoignent sur un pseudo chapiteau ou un claveau commun. A l'intérieur des arcs se trouve un angle au sommet dirigé vers le haut. Une cannelure concave tout autour de la cuve, marquée par endroits de quelques croix plus larges que hautes sépare le premier motif décoratif du second. Celui-ci constitue la bande médiane et se compose d'arcs en plein cintre qui s'entrecroisent de façon à ce que leurs branches dessinent deux arcs brisés à l'intérieur des arcs romans. La dernière décoration, située le long du bord, est une série de cercles tangents qui fait tout le tour (pl. 131). Dans chaque cercle sont inscrites des croix ou des rosaces de divers genres. Toute la surface de la cuve est sculptée, sans laisser aucun espace libre. Dans ce style géométrique, l'ensemble est très décoratif. La sculpture est fine et la géométrie relativement exacte. En définitive on observe ou on devine une différence de conception entre le piédestal, influencé par le courant artistique du début du xiiie siècle, et la sculpture géométrique de la coupe qui nous paraît plutôt populaire.

Para llegar a Silos, se sigue primero la carretera de Burgos a Soria, y en Cuevas de San Clemente se toma una desviación hacia la derecha que pasando por Mecerreyes y Covarrubias, pueblo este que bien merece una visita, conduce al valle de Tabladillo, en el que está la Abadía. Un pueblo típicamente serrano y las monumentales construcciones del monasterio que son del estilo neoclásico español del siglo XVIII. La iglesia fué proyectada por Ventura Rodríguez. Entramos por ella, cruzamos la llamada Puerta de las Vírgenes y por una escalera muy empinada llegamos al claustro románico. Es el resto de un admirable conjunto. La iglesia románica desapareció en el siglo XVIII, y en el XIX, con ocasion de la desamorticaxión se dispersaron muchas de las obras de arte y de las colecciones bibliograficas que en el monasterio se guardaban.

Su historia está intimamente vinculada a la figura de Santo Domingo de Silos, que el año 1041 llegó al antiguo monasterio de San Sebastián de Silos procedente de San Millán de la Cogolla, famoso centro de cultura y vida espiritual situado en la Rioja. Santo Domingo creó en Silos todo un movimiento religioso y artistico y agrandó una vieja iglesia que era sin duda de origen visigótico. De la iglesia del Santo no queda nada pues fué objeto de sucesivas ampliaciones y de la posterior demolición en el siglo XVIII. Junto a la Iglesia, el Santo dió comienzo a un clustro, que es el que hoy conocemos, en sus galerías Este y Norte, y a su muerte en 1073 fué enterrado precisamente en el centro de esta última al pié de un capitel que lleva una inscripción en que se hace así constar.

Comenzado en tiempo del Santo, en su total ejecución se tardó casi un siglo. En el XII se completaron las galerías Oeste y Sur del claustro bajo y cuando concluía se hizo el claustro alto, en el que aunque los arcos son románicos de medio punto, sin embargo la escultura de los capiteles es ya de transición, con clara tendencia al arte cisterciense.

Tan primorosa es la escultura del claustro bajo de Silos que no han faltado tentativas de fecharla en época mas tardía. El error nace por lo general, de crerle posterior a la llamada Puerta de las Virgenes que es ya de comienzos del siglo XII. Pero la estructura de la construcción confirma la atribución al siglo XI. Este claustro perteneció a la iglesia que construyó Santo Domingo. Estaba a su mismo nivel, y se entraba en él por una puerta de

San Miguel, en el frente Sur de la Iglesia, junto al altar de la Virgen de Marzo. La puerta de las Virgenes fué construida mas tarde en un nivel superior cuando se amplió la iglesia del Santo, y su escalera, que no responde a la idea funcional de las antiguas construcciones monasticas, fué un arreglo forzado para descender precisamente al claustro que ya existía.

Dos artistas, ambos excelentes y de primerísima calidad, han trabajado en la escultura del claustro bajo de Silos. Ambos anónimos. De ellos solo conocemos su obra. El llamado primer maestro es el mas antiguo y el mas original. Es autor de la totalidad de los capiteles de las galerías Este y Norte, de cuatro más que estan al comienzo de la galería Oeste y de seis de los grandes relieves situados en los ángulos, que se denominan comínmente las « estaciones » del Claustro. Su principal originalidad está en la manera en que concibe y da forma a los mas fabulosos animales : aves como si fuesen pelicanos o avestruces pero con cabezas y patas de gacela, grifos de varias clases, cuerpos de águila con cabeza de león, una fauna inquietante de arpías. Otros capiteles de excepcional calidad representan luchas de animales o animales superpuestos. Hay dos con figuras humanas y bastantes de tema vegetal en los que los clásicos acantos se han transformado en hojas carnosas surcadas por profundas estrías, con hermosos frutos en sus extremos.

Este mismo artista ha tallado seis de los grandes relieves del claustro. En el ángulo Sudeste, la Ascensión del Señor y una talla gemela que tradicionalmente se dice que es Pentecostés. En el ángulo Nordeste un bellísimo Descendimiento y una composición del Santo Entierro con una alusiva Resurrección. Pero los mas conocidos los los relieves del ángulo Noroeste. Una monumental escena de los peregrinos de Emaus y otra llena de fuerza e intención que representa la negación de Santo Tomás.

Merece atención especial cuanto se refiere a los detalles de ejecución de la obra de este artista. En los capiteles la incisión es muy leve, sin gran profundidad, en talla de bisel, preciosista, composición lineal y simétrica, primor y arcaísmo, una cierta rigidez, recuerda los tejidos y tapices persas y árabes, ejecutados con técnica de talla en marfil. También en las estaciones surge el recuerdo de las placas de los eborarios, realizadas en gran tamaño. La influencia aquí sería mas bien bizantina, pero en movimiento. No hay ninguna figura quieta. Una gran tensión espiritual. un enorme hieratismo. Y si en muchos aspectos se ha podido pensar que fué un artista de la España árabe, conviene advertir que en su composición y simbolismo es profundamente cristiano.

Del segundo artista es el resto de la talla del claustro bajo. Cabría discutir si son de su mano algunos capiteles y los dos relieves del ángulo Suroeste. Las caracteristicas de este escultor son ya típicamente románicas. Talla de normal relieve, fuerte expresión caricaturesca, escultura realista. Sigue bajo la influencia del primer maestro, sus tallas son en gran parte animales monstruosos afrontados, bocas deformes, ojos abultados, expresión de gran ferocidad, cuellos alargadísimos y robustos que cruzan todo el capitel. Todo ello aunque exagerado muy realista. En las tallas vegetales hay acantos de tipo califal, muy calados con el trépano, que ya parecen helechos.

Las dos estaciones que restan son primorosas, pero de cierta influencia gótica. La Anunciación y Coronación de la Virgen es una talla bellísima, de una dignidad y elegancia dificilmente superables. El Arbol de Jesé, es un tema movido y muy decorativo.

Este arte del claustro de Silos, en su conjunto, no puede explicarse si no se tiene en cuenta el ambiente histórico cultural del monasterio en el Siglo XI. En Silos se produce un arte nuevo en el que vitalmente se funden muchos elementos radicales de la España de la Reconquista. La tradición visigótica y del clasicismo grecoromano, la técnica árabe y la doctrina cristiana, todo ello bajo el signo del arte románico que era la gran novedad de la época. Del impulso artistico-cultural-religioso que Santo Domingo supo infundir a su monasterio quedan como testimonio, ademas del claustro bajo y su escultura, los grandes códices miniados de Paris, y el *Beato* de Londres; los magníficos esmaltes hispano-árabes del Museo de Burgos y del propio monasterio; la famosa biblioteca de la liturgia mozárabe, dispersa en gran parte, pero de las que también queda buen depósito en la Biblioteca del monasterio. Todo el arte de Silos responde a esa gran simbiosis que se operó en la España de la Reconquista.

Indice de Ilustraciones

341

40 *Detalle del anterior : dos Apostoles.*
P. 93 *(En colores). Detalle del retablo anterior :*
Cristo en la gloria, rodeado del tetramorfos.

P. 104 *(En colores). Arqueta del marfil esmaltado,*
procedente de Silos, conservada actualmente en
el museo de Burgos : la tapa de la arqueta.

Galerías Porticadas

Son unos claustros exteriores cortos, que por lo general forman la fachada Sur del templo. Su localización se situa principalmente en las provincias de Burgos, Soria y Segovia. Al llegar a la ciudad de Segovia, son ya verdaderos pórticos y avanzan al pié de la nave. Aunque está en la provincia de Burgos, la más hermosa de las galerías porticadas, la de Rebolledo de la Torre, queda algo lejos de este centro geográfico y en los confines ya de la provincia de Palencia.

En su mas remoto omigen el *nartex* es la evolución lógica del *atrium*. En España se ha señalado una vinculación entre la galería porticada y los *nartex* sirios, que pudieron llegar a esta zona de Castilla a través del califato cordobés. El mas importante de los monumentos mozárabes, que es San Miguel de Escalada, en León, tiene una impresionante galería de once arcos de herradura, que recuerdan mucho los siete arcos de una miniatura del *beato* de Burgo de Osma. También es curioso que cuando las galerías responden al modelo más perfecto deben llevar asímismo siete arcos, en los que que ha querido ver una representación de las siete iglesias del Apocalipsis.

La mas antigua, con fecha señalada, es la de Sepúlveda. Casi del mismo tiempo son las de San Esteban de Gormaz, de muy fuerte influencia morisca. De San Esteban se difunden por la zona del Duero y se extienden también por la sierra de la Demanda, al Norte y muy cerca de la abadía de Silos, con una fuerte influencia de la estructura de los arcos y la talla de los capiteles del claustro silense. La de Rebolledo de la Torre es una construcción tardía. En su vigorosa y muy decorativa escultura se descubre también la influencia del románico de Palencia.

SAN SALVADOR DE SEPÚLVEDA

Sepúlveda está al Norte de la provincia de Segovia, con facil acceso de la carretera de Irún a Madrid, por el pueblo de Boceguillas. La iglesia de San Salvador está en lo alto del pueblo, que es muy típico, con un castillo sobre la plaza y varias iglesias románicas interesantes.

La galería corre por el frente Sur de una hermosa iglesia románica muy completa, con recia torre y ábside de medio tambor reforzado al exterior con seis columnas adosadas. La galería conserva ocho arcos que se apoyan alternativamente en columnas y en unos machones prismáticos bastante anchos. Cada columna soporta un fuerte capitel. La escultura es de poco interes y lo que mas destaca es su primitivismo. Los capiteles en total, son cuatro, con temas de bulbos, figuras humanas y uno con hojas anchas muy estilizadas y con grandes frutos, que es el mejor conservado. Las columnas asientan sobre alto podio.

En el abside esta esculpida una inscripción que dice : ERA MCXXXI, que corresponde al año 1093. El conjunto es rústico, pero de estructura correctamente románica, sin sello especial morisco o mudejar.

SAN ESTEBAN DE GORMAZ

A orillas del Duero, ya en la provincia de Soria a treinta y siete kilómetros de Aranda. Es un pueblo en que al paso de la Reconquista quedó una fuerte concentración morisca. Una influencia que se advierte en sus dos importantes galerías porticadas.

La iglesia de San Miguel, que se encuentra en una pequeña loma y dentro del pueblo, es un monumento curioso e importante, que pudiera ser por su estructura y construcción incluso anterior a San Salvador de Sepúlveda. Tiene una galería sobre su frente sur, que es típica entre la de su clase. Consta de siete arcos, incluida la puerta de entrada, que es el arco central. Se llega a ella por una escalinata que le presta alguna monumentalidad. Las columnas son cortas y achaparradas con basas y capiteles de gran volumen. La iglesia es románica con abside semicircular y una torre al exterior algo separada por su frente Norte. Lo mas curioso de la galería es su arcaismo, representado por las dimensiones de las partes de las columnas, y la notoria influencia morisca o mozárabe en la escultura tanto de los capiteles como de los numerosos canecillos que decoran el edificio. Los temas escultóricos, todos de influencia oriental, muestran en los capiteles hombres vestidos a la usanza árabe, animales cuidadosamente esculpidos que parecen ilustración de apólogos : caballo, ave de rapiña, pavo real, una serpiente, y unas fortalezas o castillos morunos con sus correspondientes arcos de herradura y cabezas de soldados que asoman por entre las almenas. Se trata sin duda alguna de algún constructor morisco, que quiso hacer un trabajo románico, pero que en su escultura recogió escenas de la vida del pueblo y de su aún muy reciente tradición califal.

El Rivero, es la otra iglesia de San Esteban de Gormaz que tiene adosada una galería porticada. Está mas en lo alto de la villa, algo apartada y con excelentes vistas sobre la vega del Duero. La iglesia es mas grande y monumental que San Miguel, mucho mas retocada y con menos elementos originales. Indudable parece que San Miguel le sirvió de modelo. La galería porticada consta de nueve arcos. Cinco, mas el de entrada son antiguos y decorados. los tres restantes son lisos y van sobre machones. Las columnas son más normales. Se reduce el tamaño de las basas y de los capiteles y los fustes son más esbeltos. Los temas escultóricos son parecidos a los de San Miguel. Volvemos a encontrar hombres vestidos de *caftán* y turbante, animales, alguno que lucha con un hombre, la sirena con cabeza humana y turbante, varios de talla vegetal. Se vé que son imitación de los de San Miguel y muchos de ellos estan bastante destrozados.

EL GRUPO DE LA SIERRA DE LA DEMANDA

Al Norte de Salas de los Infantes y en sus inmediaciones, encontramos cuatro notables ejemplares de galerías porticadas. La explicación más lógica de este fenomeno es la presencia en estos pueblos de tallistas y canteros que habían trabajado en las obras de la próxima Abadía de Santo Domingo de Silos. Se advierte esta influencia tanto en la estructura de los arcos como en los temas de la escultura que abarca tanto los de la serie monstruosa y animalística del primer maestro, como los acantos y hojas estilizadas del claustro superior. Pineda y Canales de la Sierra se encuentran rebasadas ya las alturas de la Demanda. Canales en la vertiente riojana. En cambio Vizcainos de la Sierra y Jaramillo de la Fuente, están por las estribaciones meridionales. Donde se inician los campos de Lara.

Pineda de la Sierra es un pequeño pueblo de montaña. Pasado el de Barbadillo del Pez se toma un ramal por la izquierda, que dá la vuelta a la llamada Sierra Mencía, pasando por el puerto del Manquillo. Una iglesia fuerte y robusta con solida torre cuadrada. La galería de Pineda es de las más hermosas. Tiene en el centro un verdadero pórtico con cinco arcos a su derecha y seis a su izquierda. Columnas dobles y fuertes que están unidas. Capiteles dobles. Tema escultórico vegetal y muy estilizado con influencia de los capiteles del claustro alto de Silos. Hay tres capiteles con figuras de largo ropaje. Bajo la galería es muy interesante la portada de la iglesia. Cinco columnas por cada lado y cuatro menores en los ángulos. Sensación de gran riqueza en el conjunto. Capiteles grandes que enlazan formando una gran cenefa, aunque el tema no es continuo. Hay unos historiados y otros de animales fabulosos enfrentados. Los arcos son de grueso bocel y en las enjutas hay dos tallas de figuras de gran tamaño. Este pórtico puede ser de fines del siglo XII. En cambio la galería es posterior, de entrado ya el siglo XIII.

Canales de la Sierra pertenece a la provincia de Logroño, y en la escultura de su galería porticada se advierte una influencia que viene del Norte y le hace distinta de las otras de la Sierra de la Demanda. La galería pertenece a la ermita de San Bartolomé y se encuentra en una pequeña altura a la salida de la carretera hacia Logroño. Debió ser una galería de siete arcos. Se han perdido tres y el arco que sirve de portal queda descentrado y solo le quedan los arcos de la derecha. El portal de entrada luce una gran arquivolta con hojas rizadas y estriadas muy anchas. Prácticamente una hoja por cada dovela. Una de las columnas es de torneado salomónico y los capiteles muy hermosos uno de talla vegetal y el otro de pájaros. Tambien son muy hermosos los capiteles de los arcos. Hay dos de temas historiados, uno de hojas hermosísimas y otro de dos monstruos que muerden una figura. Excelentes cimacios y varios tipos de arquivoltas. Tiene también un pórtico de la iglesia bajo la galería, con cuatro capiteles. Tres de ellos de talla vegetal, hojas de varios tipos de talla brillante y el cuarto representa unas cabezas monstruosas. En general la talla no depende de Silos y aparecen modalidades francesas que circulaban ya por el Camino de Santiago.

Vizcainos de la Sierra, cuenta con una iglesia pequeña pero muy completa, toda ella románica. Piedra bien cortada, abside semicircular con columnas adosadas y hermosa torre al pié de la nave. Varias ventanas románicas, una de ellas muy hermosa al pié de la torre. La galería es muy breve. Un arco central y dos laterales, con cuatro capiteles de talla animalista. Grifos, leones, arpías y aves pareadas, todas ellas de remota procedencia silense. Un pórtico interior con dos columnas y capiteles por cada lado. En los de la izquierda se repite el tema de los animales monstruosos y en cambio en uno de la izquierda hay escultura naturalista : un cervatillo. En el inmediato un león que devora a un hombre. Vizcainos de la Sierra está del lado meridional de la Sierra de la Demanda. Poco después de pasar por Barbadillo del Pez en dirección de Salas de los Infantes, se toma una desviación a la derecha.

Jaramillo de la Fuente, está siguiendo la carretera de Vizcaínos en la dirección de Burgos. La iglesia tiene tres elementos románicos : la torre, el ábside y la galería. La torre es fuerte y esbelta y lleva en sus dos tramos mas altos hermosas ventanas dobles. El ábside es de los más finos y delicados de esta zona. De riguroso medio tambor con una preciosa ventana en el centro. La galería tiene siete arcadas contando con el que hace de puerta. En las esculturas hay cabezas de reyes, hojas estilizadas, animales, grifos, arpías y unos mascarones o carátulas. Talla muy cuidada. Y el pórtico de la iglesia es también curioso. Sus capiteles son de distinta mano que los anteriores y parece que pueden tener alguna relación con los de la Puerta de las Vírgenes de Silos, sobre todo uno que representa la figura de un hombre con un león por cada lado y está tallado y estilizado en líneas circulares. Los demás son la sirena de dos colas, Sansón en lucha con el león y unos felinos rampantes.

REBOLLEDO DE LA TORRE

La mas hermosa de las galerías porticadas de Castilla se encuentra en el extremo Noroeste de la provincia de Burgos. Para llegar a Rebolledo se hace preciso alcanzar la carretera de Palencia a Santander, de la que se sale hacia la derecha un poco mas arriba de Alar del Rey. Un pequeño pueblo, agradable, de cierto aire norteño, con un castillo en el centro y en lo alto, la iglesia parroquial con su galería porticada. Iglesia muy cuidada con mezcla de estilos : románico y gótico, y una hermosa torre del Renacimiento con sus pináculos y sus gárgolas. La galería es el resto de la primitiva construcción románica. Tiene su historia en una inscripción tallada en una ventana, donde se indica su fecha : 1186 y el nombre de su constructor : el maestro Juan de Piasca.

Cuenta con diez arcos de medio punto riguroso, mas el que hace de puerta, que es apuntado y se adelanta algo de la línea general formando un verdadero pórtico. Cinco de las columnas son sencillas y ocho dobles. Obra de talla muy cuidada, en piedra de buena calidad y bien cortada. Tiene unas columnas adosadas al cuerpo que forma la galería, que terminan en lo alto en capiteles que van en fila con una serie brillante de canecillos.

La escultura que es de mucha variedad, alterna en temas vegetales, otros de animales fabulosos, y algunas historias interesantes. La muerte del avaro, San Miguel disputando un alma al demonio, un precioso torneo, y la lucha de Sansón con el león. Este último capitel tiene grandes puntos de contacto con otro que proce-

dente de Aguilar de Campóo se encuentra en el Museo Arqueológico de Madrid. En general puede decirse que toda esta escultura de Rebolledo de la Torre, con una cierta influencia de tema vegetal y animalístico procedente de Silos, pertenece en realidad a formas avanzadas del románico palentino.

En el frente occidental de la galería hay una primorosa ventana, que por el interior ofrece un friso con la historia de la tentación en el Paraíso Terrenal. Su talla recuerda la de los eborarios y tiene un gran sabor morisco o mudejar. Por el exterior tiene capiteles con animales afrontados, una hermosísima arquivolta de talla de hojas anchas con unos grandes frutos que parecen florones góticos y en el centro una columna de parteluz que lleva como capitel la cabeza de un león reciamente tallada. Esta es la ventana en que está la inscripción en que se consigna la historia, la fecha y el autor de la galería de Rebolledo de la Torre.

Indice de Ilustraciones

EL ROMÁNICO DEL ALTO DUERO

En la cabecera del Duero se da una importante concentración de arte románico. Un románico castellano, robusto y austero con mucha participación de elementos moriscos y rurales. Remontamos el Duero desde Aranda y muy pronto entramos en tierras de Soria. San Esteban de Gormaz, con sus dos iglesias del Rivero y de San Miguel, nos ofrece las primeras muestras de esa forma tan típica y local que es la galería porticada. Son de complejo morisco. La Reconquista tuvo un largo momento de estancamiento en esta zona, lo que determinó un amplio margen de convivencia. Sobre este fundamento de la galería porticada viene a incorporarse luego el otro que da el sello a todo el románico de Soria. La influencia de la escultura de Silos, representada sobre todo por capiteles de animales amparejados, de forma de cesta, y de hojas carnosas con frutos de piñas.

En el Burgo de Osma quedan restos de una sala capitular con escultura que parece de la misma mano del segundo artista de Silos. Al Norte y al Sur del Duero en las galerías porticadas de muchos pueblos se advierte la doble influencia morisca y silense. Las piezas más importantes, las de más belleza, se descubren en la zona Sur en las galerías de Santa María de Caracena y de la ermita de Termes. Por Calatañazor la influencia de Silos salta a Soria la capital donde tiene su mejor reflejo en el claustro de San Pedro.

La nota morisca a su vez, alcanza una alta categoría artística en la cúpula de la iglesia de San Miguel de Almazán. Es de fuertes nervios formados por ocho grandes grandes arcos que se cruzan, sobre una iglesia ya de transición, con arcos muy apuntados, perfectamente conservada. Es como si a un templo cisterciense se le hubiese cubierto con la cúpula de una mezquita.

Todos estos factores concurren sobre la Capital. El claustro de San Pedro, muy delicado y fino recuerda el de Silos. San Juan de Duero nos trae un sabor oriental muy característico. Y sobre Soria converge también otra influencia, que si solo alcanza a una sola obra aislada, consigue no obstante en ella una categoría extraordinaria. Es la fachada de la iglesia de Santo Domingo, que en sus líneas generales trae el recuerdo de Notre-Dame-la-Grande de Poitiers.

LA FACHADA DE SANTO DOMINGO

Se encuentra en lo alto de la ciudad, subiendo por la cuesta de la Aduana vieja. Una esplendida fachada de sillería admirablemente cortada, con una piedra de tonos intensos y calientes. Dos hileras de arcos ciegos que en dos órdenes o dos pisos prestan toda su finura y gracia al conjunto. En el centro una gran portada, que es en lo escultórico y decorativo lo mejor de esta iglesia, con tímpano y arquivoltas muy labrados. En lo alto un magnífico rosetón que tiene el mismo diametro que la anchura de la portada. Y remata el frente una cruz tallada que cierra el ángulo de dos aguas del piñon.

Aunque muy español en su ejecución, es indudable que este frente de Santo Domingo es de ascendencia francesa. A falta de una historia circunstanciada, existe una tradición que vincula esta iglesia al rey Alfonso VIII de Castilla y a su esposa Doña Leonor de Aquitania. Esta Doña Leonor era hija de Enrique II de Inglaterra y de su matrimonio con la duquesa de Anjou, Poitou y Aquitania. A derecha e izquierda de esta portada admirable hay estatuas de reyes, en quienes se ha querido ver a Don Alfonso y a Doña Leonor. El antecedente aquitano de esta, justificaría la llegada a Soria de equipos de canteros del Poitou o cuando menos de Burdeos.

En la escultura de Santo Domingo, se muestra también la influencia francesa. No responde a ninguno de los ejemplares del arte de la región. La portada propiamente dicha lleva cinco columnas por cada lado, rematadas en los correspondientes capiteles, algunos unidos o dobles, de hermosísima talla. Representan la historia de nuestros primeros padres, que se inicia a la izquierda con la creación de Adan y concluye a la derecha con la muerte de Abel. Talla fuerte, expresiva, realista, de época algo avanzada, que ya en los pliegues de la ropa tiende a la transición.

Sobre este conjunto de capiteles se asientan cuatro arcos de medio punto que llevan en su intradós una extraordinaria galería de pequeñas estatuas y en el centro un tímpano de medio punto. Preside este timpano una gran estatua de impresionante serenidad y fuerza, que representa al Padre Eterno portando en sus rodillas a Jesus niño. La cabeza del Padre es magnífica y va coronada. Una sensación de mirada que penetra mucho mas allá de las representaciones sensibles. El Niño con los brazos abiertos en actitud acogedora presta al grupo la nota de ternura y naturalidad. Completan el timpano seis figuras. Sentados a ambos lados La Virgen y San José, y al rededor cuatro ángeles que llevan los símbolos del tetramorfos.

345

De los cuatro arcos de esta gran portada, el primero representa a los veinticuatro ancianos del Apocalipsis, tema muy típico del románico francés. Dentro del modelo un tanto convencional, tienen indudable realismo, sin actitudes afectadas. Tañen diversos instrumentos de música. La siguiente arquivolta va dedicada totalmente a la historia de los Santos Inocentes, con profusión de escenas de mucha agilidad y movimiento. Las dos últimas están dedicadas a escenas de la vida de Cristo. En la tercera arquivolta, desde la Anunciación hasta la Huida a Egipto y en la cuarta la historia de la Pasión, desde el Huerto hasta la aparición de Cristo resucitado. La impresión es magnífica. De un conjunto escultórico verdaderamente denso y activo. Una talla fina y a la vez expresiva con gran valor decorativo.

Encima un gran rosetón que avalora la riqueza decorativa de esta fachada. Por detrás asoma la masa cuadrada de una torre románica. Y en el interior de la iglesia, tan solo los dos primeros tramos de la nave corresponden a la época en que se hizo la gran fachada.

SAN JUAN DE DUERO

De las alturas de Santo Domingo, o del centro de la ciudad, bajamos hacia el Duero, pasando por delante de la colegiata de San Pedro. Pasamos el puente, y muy cerca, del otro lado del río, esta este originalísimo monumento. Lo mas original del conjunto de San Juan de Duero es el claustro por la variedad de estilos de sus arcos. En el interior de la iglesia destaca la nota oriental de dos edículos o templetes con cúpula inmediatos al presbiterio.

La iglesia es de planta normal muy típica del románico de Soria. Una nave rectangular que se estrecha algo en la boca del presbiterio o santuario que concluye en ábside semicircular. El arco de triunfo es apuntado y también es de transición gótica la cubierta de piedra del presbiterio. Se trataría de una de tantas iglesias sorianas, si no contase con la adición de los dos edículos. El de la derecha, por el lado de la Epístola, tiene una cúpula cónica. El del lado del Evangelio tiene en cambio cúpula semiesférica. Los edículos estan formados por cuatro arcos románicos de medio punto que apoyan en las correspondientes columnas y capiteles. Cada templete solo tiene un capitel exento, cuadruple, sobre columna de fuste cuadruple también y basa ática. Los demás capiteles y columnas se apoyan sobre las paredes laterales y sobre un muro que las separa del presbiterio.

En el templete de la derecha el artista ha desarrollado escenas de la vida de Cristo, repartidas en los distintos capiteles. Escultura fuerte con tendencia a lo caricaturesco, algo ruda y elemental. De la misma mano es también uno de los capiteles del edículo de la izquierda, con la escena del festín de Herodes y la muerte del Bautista. Sacan a este de una fortaleza, con

el dato típico de un arco de herradura. Los demás capiteles salen fuera de la serie y representan formas de monstruos, esfinges y hasta una hidra de siete cabezas a la que atacan unos soldados con cota de malla. A modo de recuerdo o trasunto caricaturesco del arte de Silos.

La construcción de ambos edículos está sin duda en relación con lo que sabemos de la historia de San Juan de Duero. Fué un hospital de la Orden de San Juan de Jerusalen. Además de este de Soria, parece que hubo hospitales o monasterios sanjuanistas en Agreda y Almazán. Sin duda estos caballeros trajeron a San Juan de Duero la tradición oriental. Encontraron una iglesia modesta típica de la región y la adaptaron a las necesidades del culto y liturgia orientales que ellos practicaban, mediante estos dos edículos que estrechan la boca del santuario. Entre ellos pudieron tender una cortina o montar un retablo, que constituyese un verdadero iconostasio.

La impresión oriental se confirma en el claustro originalísimo. En los demás claustros se juzga siempre por galerías, que por lo general responden todas ellas a una unidad de construcción. En este claustro de San Juan de Duero, se ha de considerar la obra por ángulos, pues cada uno de los cuatro ángulos son de arcos distintos. El ángulo Nordeste, por donde se entra, es de arcos románicos de correcto medio punto. El siguiente, que es el Sudeste, esta integrado por arcos de ojiva con tendencia a la herradura. El de Noroeste, es de columnas románicas, rematadas en arcos góticos con tendencia tambien a la herradura, pero arcos que se cruzan entre sí. Por último se cierra el perímetro en el ángulo Sudoeste donde los arcos se cruzan en doble cruce o lazada que se inicia sobre las columnas que son de machón prismático.

Este conjunto es la gran originalidad de San Juan de Duero. En los chaflanes de los angulos hay unas puertas con arco de herradura ogival, y una especie de arquivolta en serreta de tipo mozárabe. Morisco o mozárabe tiene que ser su origen. Procedente en último término de Córdoba, pero muy verosimilmente con una etapa en Toledo.

El claustro no lleva cubierta. No se sabe si ha estado cubierto o no. Realmente es así, tal como hoy está, como puede mejor admirarse la idea genial o absurda de quien lo planeó y ejecutó.

Indice de Ilustraciones

Segovia

El románico segoviano enlaza la tradición de las piedras romanas del famoso acueducto con el más bello conjunto arquitectónico de la España del siglo XVI, que se encuentra por entre las calles y plazuelas del barrio alto segoviano. En total son veinte las iglesias segovianas en las que cabe hallar vestigios y testimonios románicos. Y en muchas ocasiones ese testimonio es la iglesia entera, aunque su arquitectura esté desfigurada por obras de estilos posteriores.

Empezamos por el arrabal, que es la zona típica de la vitalidad segoviana y muy cerca de la plaza del Azoguejo, nos encontramos con la preciosa iglesia románica de San Millán. Está construida siguiendo las líneas de la Catedral de Jaca y se supone que pudo levantarse entre 1111 y 1126, por influencia del rey de Aragón Alfonso el *Batallador*, en el tiempo en que, por su matrimonio con la reina Doña Urraca, lo fué de Castilla. A la estructura aragonesa se le han añadido unas clásicas galerías segovianas. Por esta zona del Arrabal, están también San Clemente, Santa Eulalia y Santo Tomás, y un poco más alejadas San Justo y San Salvador. En el barrio de su nombre, San Lorenzo, cerca del Eresma, que tiene una torre románica de ladrillo de innegable influencia morisca. Si seguimos el curso del Eresma, ya al pié del espolón del Alcazar encontramos las dos ultimas iglesias románicas de extramuros de Segovia : la pequeña de San Marcos y la famosa de la Vera Cruz, que se atribuye a los caballeros templarios.

En el recinto amurallado destacan San Martín, de origen posiblemente francés, con obra posterior de galerías y torre, y San Juan de los Caballeros, edificada sobre antigua planta basilical y con el típico aditamento segoviano de galerías y torre. En el recorrido que media entre San Juan y el Alcazar, por la parte alta de la ciudad, se encuentran las iglesias menores de San Sebastián, San Nicolás, la Trinidad, con hermosa cabecera de doble arcatura interior, San Quirce, San Pedro de los Picos, San Andrés y San Esteban. Esta última es la más destacada, por su airosa torre la más alta entre las románicas segovianas y con su galería también muy esbelta y de un momento ya tardío. Unanse las ruinas de San Blas y San Gil, y los muchos restos de arquitectura románica civil, y tendremos una de las concentraciones más importantes de construcciones románicas.

Su explicación está en el hecho de que en Segovia el románico ha perdurado hasta el siglo XIV, faltando en cambio construcciones que correspondan al florecimiento gótico del XIII y del XIV. De ahí que aunque haya iglesias románicas edificadas en el XII, como característica se puede señalar al románico segoviano en general la condición tardía.

Lo típico de estas iglesias segovianas son las torres y las galerías, que dan la nota local. En lo decorativo, las arquivoltas con flores o rosas de variado número de pétalos, y así mismo la riqueza de los aleros, entre los que destaca el de San Juan de los Caballeros. Por último, se acusan también bastantes mudejarismos. La cúpula de San Millán y su torre, la torre de San Lorenzo, techos planos y aljarafes, el tipo de construcción.

De lo morisco, puede ser iglesia representativa San Millan. Del tipo más castellano, San Juan de los Caballeros. Y cabría señalar alguna influencia francesa en San Martín. Las tres iglesias que dan la nota en el románico de Segovia.

SAN MILLÁN

Se halla al sur de la población y no lejos del acueducto. El acceso más directo y cómodo es la avenida de Fernández Ladreda. Como cabeza de un barrio de menestrales, la iglesia de San Millán apenas si tiene historia, y nada puede afirmarse sobre la disposición y fecha en que se construyó la iglesia prerrománica o mozárabe, de la que únicamente nos queda la torre. Hay, sin embargo, un hecho cierto : que dicha iglesia existía ya en el último cuarto del siglo XI, cuando Segovia se repobla definitivamente. En cuanto a la gran fábrica románica, la opinión más común es que fue edificada con la aprobación y apoyo del rey de Aragón Alfonso I el Batallador, entre los años 1111 y 1126, época durante la cual reinó en Castilla. Solo así se explica el que S. Millán sea una réplica exacta de la catedral de Jaca, capital por aquel entonces del reino aragonés.

Como su modelo, es iglesia de tres naves, crucero alineado con ellas y tres ábsides semicirculares en la cabecera. La torre adosada al brazo izquierdo del crucero y dos galerías, al norte y al sur, completan la planta. Al exterior luce hoy todas sus bellezas después de una reciente restauración. La fachada principal, orientada a poniente, es de composición muy sobria y expresiva. Tiene en el centro una gran portada con columnas provistas de capiteles historiados y arquivoltas decoradas cor rosetas de cuatro y ocho pétalos, alternando con baquetones. Sobre la puerta tres ventanas pequeñas, sin adornos, y encima otro gran ventanal con baquetón sobre columnas. Análogas son las portadas que se abren en las fachadas norte y sur, si bien con algo más relieve en la decoración. La del sur lleva además un tímpano con figuras de interpretación difícil, por estar muy deterioradas. Al extremo de la fachada norte se alza la torre, que, como resto de un edificio anterior, resulta de dimensiones muy pequeñas para templo tan suntuoso. Sus dos cuerpos llevan en cada frente una ventana con arco de herradura, algo peraltado y apoyado en impostas que recuerdan lo mozárabe.

En las galerías los apoyos son de doble fuste sobre basas sencillas, y los arcos de medio punto. Paralela a éstos corre una imposta finamente labrada, y, sobre ella, una rica cornisa con canecillos y metopas de rosetones, entrelazos y monstruos diversos. Los capiteles de la galería norte son todos vegetales, y algunos obra del siglo XVI, si bien muy entonados con el conjunto. En los del lado sur los motivos representados son : la Anunciación, la Visitación, la Adoración de los Magos, Cristo en Majestad, el beso de Judas, etc. Mezclados con estas escenas aparecen grifos afrontados, leones superpuestos, arpías, entrelazos y hojas

estilizadas. Toda esta escultura es ya obra tardía y realizada sin gran finura. Por los temas señalados se ve que concurren en ella influencias muy generalizadas en el románico español y parecen haber llegado a Segovia por etapas intermedias, que han amanerado mucho su ejecución.

En el interior, las naves constan de cinco tramos cada una y están separadas por apoyos en los que alternan pilares cruciformes y columnas. El crucero se cubre con cúpula sobre trompas reforzada por pares de arcos que arrancan de los lados y se cruzan dejando en el centro un espacio cuadrado según el esquema musulmán de Córdoba y Toledo. La cubierta de la cabecera se hace en la forma tradicional; pero la de las naves es una incógnita. Existió ciertamente un riquísimo alfarje morisco, del que se conserva una colección de canecillos y algunos otros elementos con temas decorativos a base de entrelazos geométricos muy sencillos y un tallo ondulante con hojas; pero hay indicios que permiten suponer que se pensó cubrirlas con bóvedas. El ábside central luce una hermosa arquería ciega con seis arcos en el semicírculo y cuatro, dos a cada lado, en su tramo recto, el cual aparece dividido por la mitad mediante un arco fajón cuyos apoyos descienden hasta el zócalo general del templo.

En las naves la decoración se reduce a los ábacos y capiteles, unos historiados, otros de tradición corintia, pero todos de bella factura. Sobresalen entre ellos los dos más próximos al crucero por la derecha, con escenas de la Adoración de los Magos y la huída a Egipto. Los de la arquería del ábside se adornan con sirenas, aves afrontadas y animales fantásticos. Particular interés ofrece el capitel central del semicírculo, en el que se representa la despedida de dos caballeros vestidos con hábito de una orden militar.

Toda esta escultura, sin llegar a una talla de gran calidad, es fuerte y decorativa. Indudablemente anterior a la de las galerías del exterior. Del escalonamiento de su obra escultórica parece deducirse que en S. Millán nos hallamos ante una construcción hecha un poco por etapas. Fundamentalmente se le pueden señalar tres momentos. La torre, que es la pieza más antigua, la fábrica de naves y ábsides, que responden a la fecha que generalmente se atribuye a la iglesia, y, por último, las galerías, que, como casi todas las segovianas, son algo tardías.

SAN MARTÍN

Desde el Azoguejo, centro neurálgico de la vida urbana, arranca la calle Real con un comienzo de cuesta bastante pronunciado. A la mitad del camino se encuentra, por la derecha, la famosa Casa de los Picos, y, unos cien metros más adelante, la primorosa plaza de Juan Bravo. A la izquierda de ésta se alza la iglesia de San Martín. Lo primero que llama la atención es una galería de trece arcos montados sobre columnas dobles muy esbeltas. Por encima de ella una torre cuadrada, románica en sus dos primeros cuerpos con bellos ventanales, y, sobre éstos, un tercer piso más moderno. Si, continuando en la dirección de la calle, torcemos a la derecha, entre la iglesia y la biblioteca pública, nos encontramos con la portada principal. Una portada que es a la vez rica y sobria de decoración. En sus arquivoltas alternan un grueso baquetón y delicadas tallas geométricas con dibujos que se cruzan en varias formas, a las que se ha atribuído una cierta influencia morisca. Las arquivoltas parten de cuatro machones prismáticos por cada lado con aristas aboceladas. El segundo y el cuarto machón de cada parte se interrumpen a la mitad de su altura, convirtiéndose en delicadísimas estatuas, a modo de cariátides, rematadas por capiteles, que, a la izquierda, representan prisioneros con grilletes en los pies, y, a la derecha, entrelazos y una arpía aprisionada entre follaje. El conjunto es de gran nobleza.

En su interior, la iglesia se halla totalmente deformada. Lo más antiguo es, sin duda, el núcleo central, que es de estructura cuadrada y está dividido por columnas en nueve compartimientos. Esta estructura ha de tomarse como perteneciente a ese arte que tanto se llama mozárabe como de la reconquista. En el siglo XII, cuando se repuebla definitivamente Segovia, San Martín adquiere gran importancia. En años anteriores a 1140 funciona ya incorporado a él un scriptorium y el templo está regido por un cabildo del que se hace grandes elogios en un manuscrito allí copiado en la fecha antes citada. Otra inscripción del pórtico nos habla de unas casas cedidas en 1262 por Blasco Pérez a San Martín, para contribuir a las obras de la iglesia. La torre hubo de ser reconstruída como consecuencia de un incendio ocurrido en una revuelta durante la minoría del rey Alfonso XI, el año 1362.

La escultura está avalorada con notables elementos decorativos. En ellos se advierten diferentes etapas y distintas manos. Un primer estilo lo constituyen las cuatro figuras que, a modo de cariátides, se encuentran en la fachada principal. Bellísimas esculturas en actitud hierática, los mantos muy pegados al cuerpo, limpiamente estilizados y tres de ellos con un gesto en el rostro y unas barbas partidas que pueden recordar a los profetas de Moisac y Souillac, aunque las de Segovia guardan una actitud quieta y no agitan brazos y piernas. En esto se distinguen también de las estatuas del gran pórtico de San Vicente de Avila. Se ha dicho que pudieran proceder de Chartres a través de Santa María la Real de Sangüesa. Pero estas estatuas de Segovia parecen más antiguas que las de la iglesia navarra.

Al otro extremo de la iglesia, en el ábside principal, se encuentra empotrado un relieve del titular de la iglesia, San Martín. Su cabeza resulta muy expresiva y espiritual. Tiene una cabellera que recuerda en inferior calidad la de la estatuaria romana, y por encima se cubre con mitra semiesférica. En la mano izquierda sostiene un fuerte báculo y con la derecha hace señal de bendecir con dos de sus dedos extendidos en un escorzo algo forzado. Su cuerpo, más bien ancho, lleva un manto con delicados pliegues en líneas curvas y rectas de gran suavidad. Suele ponerse este conjunto en relación con la estatua de Santa Sabina en la portada meridional de San Vicente de Avila. Y, efectivamente, puede hallarse alguna semejanza en la actitud de las manos y en la curvatura de los hombros. Pero el plegado de paños de San Martín es mucho más limpio y la forma en que se marca por su costado izquierdo tiene un sabor más directamente clásico.

La escultura de las galerías resulta más ruda y tardía. Los ábacos son muy cuidados, pero su talla como la de los capiteles no es de primor, aunque sí de expresión y movimiento. Nos referimos principalmente a la galería norte y a la parte alta de la occidental. Los temas, a partir de esta última, son: La Cena, la matanza de los Inocentes, el rey David entre músicos, la Anunciación, la presentación del Niño en el Templo, la resurrección de Lázaro y la entrada en Jerusalén. Junto con estas escenas aparecen entrelazos vegetales, la misa de San Martín, el conocido episodio de la capa, luchas de guerreros entre sí o con monstruos y algunas otras difíciles de interpretar. En la galería Sur los temas son hojas bien talladas y animales afrontados en actitudes diversas.

En conjunto, una escultura abundante y muy decorativa que da un extraordinario empaque a esta iglesia de San Martín, la cual posee además ese extraordinario y agradabilísimo ambiente que le dan sus galerías abiertas a la calle Real.

LA VERA CRUZ

La iglesia de la Vera Cruz se halla emplazada al norte de la ciudad, junto a la carretera que sube del barrio de San Marcos a la aldea de Zamarramala. Por la fecha de su dedicación resulta ser una de las más tardías entre las románicas de la ciudad; pero la perfección con que se desarrolla en ella un plan que en otras aparece sólo como esbozo, su persistente acento oriental y su excelente estado de conservación hacen de ella uno de los monumentos más sugestivos e interesantes de Segovia.

Desde mediados del siglo XVII se viene afirmando que es obra de los Templarios; y así parece confirmarlo la estructura misma de la iglesia en relación evidente con la Mezquita de Omar, en Jerusalén, y con la iglesia de Tomar, en Portugal, ambas propiedad de los Templarios. Otros, basándose en la inscripción votiva del templo, lo atribuyen a los Caballeros del Santo Sepulcro. Recientemente se han subrayado las semejanzas que el edificio guarda con algunas iglesias rotondas del norte de Italia, particularmente con Santo Tomás in Lémine, en Almenno San Salvatore, y se ha apuntado la posibilidad de que los constructores de la Vera Cruz se inspirasen en ellas.

En su exterior es un polígono de doce lados interrumpido hacia Oriente por el triple ábside de la cabecera y por la torre, al mediodía. Los ángulos se refuerzan con sencillos contrafuertes, y corre en torno una cornisa sobre canecillos lisos. Tiene dos portadas, sencillas y con la temática habitual en el románico segoviano. La principal, abierta a poniente, lleva cuatro arquivoltas, la interior de grueso baquetón y las restantes decoradas con zigzags, y capiteles sencillos, de arpías, aves afrontadas, dos soldados combatiendo cuerpo a cuerpo y dos grotescos diablos que sujetan con sogas a otra figura como queriéndola ahogar. Cerrando el medio punto va un tímpano apoyado en dos grandes ménsulas de granito, que parece más moderno. La portada lateral Sur es análoga, pero menos rica, pues sólo tiene dos pares de columnas con dos capiteles historiados y otros dos vegetales, arcos lisos y moldura envolvente de billetes. Junto a esta portada destaca la torre, románica en sus dos primeros cuerpos; pero posterior, a lo que parece, a otra independiente de la iglesia, de la que se conserva medio enterrado por el desnivel del terreno un primer cuerpo cubierto con bóveda de cañón apuntado.

El interés de esta iglesia singular se concentra en su interior. Dentro del recinto, y en correspondencia con el dodecágono externo, se alza un edículo también de doce lados, dividido en dos pisos. El inferior, de poca altura, es una especie de cripta, cubierta con bóveda de crucería, cuyos nervios apoyan en cuatro columnas situadas en los vértices simétricos del polígono. Esta estancia comunica con la nave circundante por medio de cuatro puertas de arco apuntado, orientadas a los cuatro puntos cardinales. El piso alto, al que se sube por una doble escalera, está cubierto con bóveda de abolengo musulmán reforzada por cuatro arcos que se cruzan dejando en el centro un espacio rectangular como en la iglesia de S. Millán. Bajo esta bóveda se alza en el centro del recinto un bloque prismático en forma de altar ricamente decorado en sus frentes y costados con arcos de medio punto que se cruzan y arcos de herradura que, unidos a la bóveda mahometana, dan al recinto un marcado acento oriental. La iluminación de este piso superior se obtiene mediante tres ventanas abiertas en tres de sus lados y por otras nueve más pequeñas que se hallan en la parte alta. En el exterior del edículo, ambos pisos presentan una arquería ciega ligeramente apuntada.

Aparte su estructura arquitectónica, la iglesia no ofrece detalles de interés. La nave que rodea al edículo está dividida por arcos fajones en doce tramos trapezoidales cubiertos con bóveda de medio cañón. De medio cañón es, también, la bóveda en el tramo recto de los ábsides y de horno en el semicírculo de los mismos. La decoración, muy sobria. Todos los arcos son de medio punto y de sección recta, menos en el piso bajo del edículo que se decoran con baquetones. Los capiteles presentan hojas esquemáticas, y volutas los de la ventana del ábside central, que en realidad es una saetera con arcos lisos, bordeados de billetes. Sobre esta ventana está colocado hoy un bello Cristo del siglo XIII.

Tal es a grandes líneas este monumento segoviano, cuya traza, bella y extraña, tanto interés despierta en arqueólogos y turistas.

Índice de Ilustraciones

Santa Teresa contemplaba el « castillo interior » del alma como un trasunto de Avila con sus torres y sus murallas. La ciudadela de Dios se hace íntima y militante, asentada sobre el fundamento esencialmente románico de las murallas abulenses. También aquí el románico es el arte de la fundación de Castilla. A pesar de su origen remotísimo, Avila llegó al momento de la Reconquista con la tierra yerma y desolada. En 1085, Alfonso VI conquistó Toledo. Para establecer enlace entre su posición avanzada y la retaguardia cristiana se repoblaron tres de las mas ilustres ciudades españolas : Salamanca, Avila y Segovia.

El repoblador de Avila fué el Conde Don Raimundo de Borgoña, casado con Doña Urraca, hija del rey de Castilla. Del norte llegaron las gentes que habían de repoblar Avila. De Galicia y de Asturias, de las tierras de Castilla y de Navarra. Entonces se levantaron estas murallas de Avila que hoy contemplamos. La tradición dice que se construyeron entre 1090 y 1099, trabajando en ellas dos mil peones y canteros. Don Raimundo trajo de Francia maestros para la obra y se recuerdan los nombres de Florín de Pituenga y un tal Casandro. Así fué como se levantó en Avila esta construcción del más puro estilo románico y europeo, siendo curiosa en ella la falta de mudejarismos. Tienen dos mil quinientos diez y seis metros de perímetro y están jalonadas por ochenta y ocho torreones de veinte metros de altura. En conjunto dibujan un rectángulo alargado que desciende por la loma hasta las orillas del rio Adaja.

La parte mas recia es la del Este, donde se ven las fortificaciones mas importantes. Como allí el terreno es llano y la defensa es por tanto mas dificil, pues no va apoyada en condiciones naturales, se articuló un sistema que jalonan la torre del homenaje del Alcazar, mas las dos puertas del Alcazar y San Vicente y el abside-fortaleza de la Catedral que la gente del pueblo llama el « cimorro ». Las mencionadas puertas son gemelas, de bellísima estructura formada por dos grandes y fuertes cubos mas un pasadizo aereo entre ambas. Son excelentes muestras del arte románico como arquitectura civil. El ábside de la Catedral, que se vé muy bien por la calle de San Segundo, es el más poderoso bastión de la muralla. Es un enorme tambor de planta semicircular, rematado con un matacán corrido y una triple línea de muralla almenada. En este ábside estan como enquistadas las capillas absidiales de la Catedral comunicadas por girola semicircular con deambulatorio doble. Por encima del « cimorro » se vé un ábside interno románico, que es el de la capilla mayor. Y entre ambos ábsides se lanzan una serie de arbotantes de período de transición, que dan mucho movimiento y dinamismo a la obra. El resto de la Catedral se completó en gótico, pero de sus comienzos conserva un aspecto de fortaleza.

Las demás iglesias románicas que se conservan en Avila, se encuentran fuera de las murallas. La mas antigua es San Andrés, por Sudeste hacia el arroyo Ajates. Pequeña, de tres absides con caracteristicas muy típicas de fines del siglo XI. En la misma dirección, pero mas cerca de las murallas, la Basílica de San Vicente. Tardó mucho en levantarse sobre fundamento románico muy puro. A lo largo del siglo XII es una gran iglesia que recoge toda la experiencia del románico ya maduro. Merecen señalarse también, la iglesia de San Pedro, en la plaza de Santa Teresa, de bello y decorativo conjunto, y la ermita de San Segundo, junto al Adaja.

SAN VICENTE

Es el gran monumento románico de Avila. Se encuentra fuera de las murallas, allí donde se unen el lienzo norte y el oriental. Según una antigua tradición, en este lugar fueron martirizados a principios del siglo IV los hermanos Vicente, Sabina y Cristeta, y poco después se levantó una iglesia en su honor. Arruinada ésta durante las campañas de Almanzor, fue sustituída en los últimos años del siglo XI por la actual, con planta de tres naves, crucero muy saliente, tres ábsides y cripta en la parte de la cabecera. Las obras se hallaban ya muy adelantadas en 1109. Pero quedaron interrumpidas por esa fecha y no volvieron a reanudarse hasta la segunda mitad del s. XII, ahora con la probable intervención del Maestro Fruchel, que ya conocía los primeros balbuceos del gótico y a quien hemos visto trabajando en la cabecera de la catedral. A la primera etapa constructiva pertenecen sin duda los ábsides, el crucero y la parte baja de las naves. Obra de Fruchel sería, en cambio, la terminación de las naves, la prolongación de un nuevo tramo y la portada principal. Todavía después de dirigirla éste, se prolongan los trabajos y restauraciones a lo largo del siglo XIII, de cuya época son la cúpula del cimborrio y el extraño pórtico que corre por el lado Sur. Modernamente ha sufrido una restauración que en muchos aspectos la ha perjudicado por demasiado radical.

Vista desde la carretera de acceso, la basílica de San Vicente presenta un magnífico exterior, que luce maravillosamente por su aislamiento total. Al oeste se abre la portada principal, flanqueada por dos torres con arquerías ciegas en su parte baja y en la alta dobles ventanas ajimezadas. El cuerpo superior de la torre del Norte es adición del s. xv. Al sur aparece el brazo del crucero con gran ventana románica, y, bajo el ya citado pórtico, la fachada lateral del templo. Por oriente muestra éste su frente más armonioso y a la vez más románico. Una gran torre se alza sobre la línea alargada que forma la nave transversal del crucero, y, por delante, con perfecta simetría, avanzan los tres ábsides, lisos y muy esbeltos, con largas columnas enmarcando ventanas y tres series de impostas repartidas en su altura.

Es notable la sobriedad decorativa. Se concentra casi exclusivamente en las portadas y en el cenotafio de los mártires, en el interior del crucero. La portada lateral Sur responde, en lo arquitectónico, al tipo normal, con imposta de entrelazos y arquivoltas en las que alternan un baquetón y una cenefa de flores entre tallos. Los capiteles, de cuadrúpedos y aves, resultan vulgares. Son, en cambio, bellísimas las estátuas empotradas, a uno y otro lado, en las jambas de la puerta. A la derecha, un rey sentado, que se ha identificado con Alfonso VI, una mujer de pie y un hombre con un libro en la mano, que representan a Santa Sabina y San Vicente, o según otros, al Conde Don Raimundo y su esposa Doña Urraca. En el lado opuesto, el ángel y la Virgen formando el grupo de la Anunciación.

La portada principal es una de las más bellas del románico español de la segunda mitad del s. xii. Su gran arco de medio punto se descompone en cinco arquivoltas, que descansan sobre columnas, y se cierra con un tímpano, desdoblado a su vez en dos arquitos gemelos apoyados en los extremos sobre ménsulas y en el centro sobre un parteluz. Adosada a éste aparece una bella estatua sedente de Cristo, soportada por una columna con estrías elicoidales. A derecha e izquierda del capitel del parteluz, dos cabezas de toro, y, frente a ellas, en las jambas de la puerta, dos cabezas de león. Bajo éstas, vueltas hacia Cristo, dos figuras de apóstoles, quizás San Pedro y San Pablo, y en las columnas que sostienen las cuatro arquivoltas interiores otros ocho apóstoles con rollos o libros en las manos y conversando por parejas. Las dos columnas exteriores quedan lisas en toda su longitud. Sobre los tímpanos que se forman encima de la puerta se representan con fino relieve escenas de la parábola del rico Epulón y el pobre Lázaro : el mendigo ante la mesa del rico y los perros que le lamen las llagas, a la izquierda, y la muerte de Lázaro y del rico, cuyas almas son llevadas por ángeles

y demonios, respectivamente, a la derecha. Las arquivoltas van decoradas con roleos, tallos ondulados y florones, labrados con tal habilidad, que a veces quedan completamente en hueco, despegados de la moldura de que nacen. Por encima de ellas corre una especie de tejaroz con 26 arquillos, bajo los cuales asoman graciosamente figuritas de hombre y de mujer.

En el interior, la nave principal presenta sobre los arcos de comunicación con las naves laterales una imposta de florones, y, encima, triforio con arcos casi escarzanos, bajo los cuales se cobijan otros de medio punto con grandes capiteles florales. Las bóvedas son de horno en los ábsides, de medio cañón en los brazos del crucero y de arista en las naves laterales. En la nave mayor es ya de crucería. La escultura se reduce a bulbos y hojas esquemáticas, con las que alternan en los capiteles arpías, leones, figuras cabalgando sobre cuadrúpedos, etc. Mayor interés ofrece, por más que se trate de una gran escultura de transición, el cenotafio de los titulares de la iglesia. Sobre una especie de mesa rectangular, sustentada por arquitos lobulados que apoyan en columnas, reposa el sepulcro con cubierta a dos vertientes. En sus dos frentes y en los costados largos, que forman una especie de friso contínuo, se hallan esculpidos una serie de relieves de excepcional valor. En los testeros, Cristo en Majestad, a un lado, y la adoración de los Magos, al otro. En los costados se disponen, entre torrecillas que recuerdan a las que flanquean la torre del Gallo en la catedral vieja de Salamanca, diez escenas en las que se narra la vida y martirio de los tres santos, con su huída, su prendimiento y diversas etapas de su suplicio.

En resumen, San Vicente es una representación muy auténtica de la época en que fue construído. La lentitud en las obras hizo que se superpusiesen dos estilos : el románico del fundamento y de los primeros desarrollos y el gótico de la nave mayor. Entre ambas épocas queda fluctuando su escultura y de ahí su singular belleza.

SAN ANDRÉS

Se halla también fuera de las murallas y a corta distancia de S. Vicente. Para llegar hasta ella, basta cruzar la carretera, y tomar la calle de la Parrilla o la de Valseca. Ambas nos llevan directamente a la iglesia de S. Andrés. De proporciones modestas, posee, no obstante, los elementos necesarios para integrar un completo monumento románico, que, por sus calidades generales, puede considerarse como de finales del siglo xi. Se trata, en efecto, del templo románico más antiguo de Avila. Su emplazamiento a unos 300 metros de las murallas hace suponer que quizá estuviese ya iniciado con anterioridad al planteamiento de aquellas. Es posible incluso que sirviera como iglesia al gremio de canteros y maestros de obras asentados en el barrio norte, y así se explicarían gran número de detalles que hacen de esta construcción una obra realizada con interés y esmero. Lo más antiguo que en ella existe es la cabecera, compuesta de tres ábsides, desiguales en cuanto a su tamaño. El central, muy saliente, lleva por dentro y por fuera una arquería baja en los tramos rectos, y en el tambor dos series de impostas y columnas adosadas enmarcando las ventanas. Los laterales son muy sencillos; sin ventanas el del evangelio, y con una sola el de la epístola. Orientadas al Sur y a poniente, se abren en la forma abocinada habitual dos portadas, cuyas arquivoltas se decoran con rosetas entre círculos, modelo que repiten luego los restantes monumentos románicos de Avila.

En el interior la iglesia es de tres naves separadas por pilares, sobre los que van arcos de medio punto, y, sobre ellos, una armadura de madera a dos vertientes. Los capiteles son sencillos, de hojas hendidas. Como al exterior, lo más interesante es el ábside central. Un ábside espacioso, con mucha visibilidad y recia arquitectura. Que guarda además la más rica serie de capiteles historiados de Avila. Sus temas figurativos son : dos hombres luchando; mujer desnuda con los brazos cruzados, cogiendo las patas de dos leones puestos a sus lados; hombres desnudos cabalgando sobre cuadrúpedos; otro mordido por serpientes; otro ahogando unas aves; caballero combatiendo contra un dragón; leones afrontados con cabeza única, etc. Los hay también con hojas sencillas o con bolas en las puntas. Todos bajo cimacios variadísimos, algunos figurados. En el absidiolo de la derecha, poco más ancho que una horna-

cina, el arco de ingreso es de cinco lóbulos, inspirado en modelos cordobeses.

El conjunto puede ser obra de un tallista que seguía las influencias del segundo maestro de San Isidoro de León. Sería, pues, un área de lo leonés en el centro de Castilla. El origen de esta influencia ha de ponerse en la aportación leonesa y gallega a la repoblación de la ciudad de Avila.

Indice de Ilustraciones

Pilas bautismales

En muchos pueblos de Castilla se conservan pilas bautismales que pueden ser consideradas como manifestaciones de un arte popular inspirado en el románico. Su mayor número esta en la provincia de Burgos. Las de la provincia de Soria son mas rusticas y primitivas. En la de Palencia, dentro del medio rural, sus artistas han llegado a expresar el alma profunda del pueblo.

REDECILLA DEL CAMINO

Es el primer pueblo de Burgos en los confines con la Rioja. Tiene una hermosa pila

bautismal, muy curiosa con matices mozárabes. Se exhibe en la iglesia parroquial. Un pedestal alto formado por varias columnas adosadas a un machón central. La copa es de grandes dimensiones toda ella esculpida sin dejar un espacio libre. El conjunto da idea de una gran construcción, como un palacio, con muchas torres y ventanas. Entre torre y torre unos como miradores de vuelo libre con un tejadillo triangular. Tiene la talla rasgos de algún primitivismo pero también de delicada ejecución. Puede haber en esta pila influencias de San Millán de la Cogulla, importante centro del mozarabismo castellano, que no está lejos de Redecilla. También de San Millan le puede venir una cierta calidad de talla en marfil.

COJÓBAR

Una de las pilas mas elegantes entre las castellanas. Una pila baja de copa semiesférica que descansa en una peana baja. La decoración es muy simple. Se reduce a una arquería ciega con arcos de medio punto, un tanto peraltados. Columnas muy esbeltas, que siguen la curvatura de la copa. Por el borde superior una doble cenefa. Un conjunto sobrio y una talla muy cuidada. En el interior un gran acanalado en forma de concha. Cojóbar está cerca de Burgos. Se sigue la carretera de Madrid y en Sarracín se toma la de Soria. A unos cinco kilómetros, veremos un ramal a izquierda que conduce al pueblo.

CASCAJARES DE LA SIERRA

Sobre la carretera de Burgos a Soria, unos diez kilómetros antes de llegar a Salas de los Infantes. La pila está en la iglesia perroquial : Una pila de talla fuerte que por su situación en un angulo no puede ser examinada en su totalidad. Una gran arquería a toda la vuelta. En el centro de cada arco unas figuras. Se pueden ver ocho, que representan : Tres peces superpuestos, una bicha, un cervatillo, un león muy parecido a los del claustro de Silos, una cruz de Malta, otro león y unos animales que se afrontan desde sus nichos. Influencia de la muy próxima Abadía de Silos, aunque algunas figuras como la del cervatillo y la bicha, tienen un sentido mas naturalista.

CILLAMAYOR

La pila procede del pueblo de su nombre, pero se exhibe en el Museo Fontaneda de Aguilar de Campoo. Forma como de cono truncado con cierta curvatura, aunque no muy pronunciada en la superficie exterior. Solo un tercio de esa superficie está tallado. La talla representa un gran entrelazado, como un gran laberinto en torno a una cruz que ocupa el centro. A su lado hay esculpida una figura humana muy elemental. Viste un faldellín y maneja una como escoba. Parece alusión al autor del entrelazado que firma así : « Me fizo Pedro de Cilla ». Es obra tardía de rustica rudeza.

COLMENARES

Hermosísima pila de tema historiado con figuras de fuerte patetismo. Para llegar a Colmenares, en la provincia de Palencia, de la carretera de Burgos a Cervera, se entra por Dehesa de Montejo en el Valle de Ojeda. Una pila de cono truncado sobre peana redonda. Casi toda la superficie ocupada por figuras como de medio metro de altura con grandes cabezas un tanto desproporcionadas. Entre una escena bautismal y la del sepulcro del Señor, con los soldados la cota de malla y las

tres Marias, aparecen tres hombres que forcejean entre sí. Son las cabezas mas patéticas y angustiadas de toda la escultura. Su fuerza está en las actitudes, algo forzadas por la curvatura de la pila, en los rostros e incluso en como se mueven las manos. Todo ello profundamente expresivo y vivo.

GUARDO

También en la provincia de Palencia, en su extremo occidental y confin de León. Se sigue la carretera que de la capital, por Carrión y Saldaña conduce a Riaño en la montaña. Una escultura algo ruda, pero de contenido profundo y hasta enigmático. Dos escenas de sentido al parecer genésico. Un hombre con las piernas abiertas y las manos apoyadas en el pubis. Abajo, como soterrada, una mujer en la peña, pero no es un cadaver. Al otro lado, hombre y mujer desnudos, con brevísimo ceñidor que tienden uno a otro. Hay movimiento, impulso y un no sé qué de ternura. Debajo, una talla de muertos que resucitan. Y entre ambos grandes grupos, una figura con gran ropón y otra desnuda, que pueden ser Dios Padre en el momento de crear a Adan, cuando está modelándole. Tratado con energía, sin primor, pero con cierto genio. La pila no se vé en su integridad por estar también adosada a la pared.

ARENILLAS DE SAN PELAYO

Un pueblo que se encuentra en el centro mismo de la provincia de Palencia. En la región de la Valdavia. Por la carretera que sigue el curso del río de este nombre, entre Renedo y Villaeles de Valdavia. La pila es de pura talla decorativa finamente esculpida con sensación de gran suavidad. Algo de tejido. Dos cenefas. La más alta de rosetones, alternando dos modelos de folios, hojas y pétalos. La inferior de tallas vegetales, en cadena formando una guirnalda. Es pila de forma cónica truncada, que asienta sobre base sencilla con una moldura en sus bordes.

BOADILLA DEL CAMINO

Es el pueblo anterior a Frómista en el Camino de Santiago. La pila que vamos a visitar, responde a las caracteristicas de un arte de transición propio de las peregrinaciones. Un riquísimo pedestal formado por doce columnas muy bajas de fuste, basas normales que unidas forman el zócalo de la pila y capiteles de simplicidad ya cisterciense. Encima la copa que solo lleva tres pisos distintos de decoración geométrica. En el inferior unos arcos dobles bastante rebajados, con unos ángulos en el centro. Una banda intermedia de bocel con algunas cruces. El segundo piso es de arcos de medio punto que se cruzan dibujando unos arcos ojivales. Y en el tercero, circulos tangentes que llevan insertos rosetas y cruces.

354

Silos

To reach Silos, one first takes the road from Burgos to Soria, then to Cuevas de San Clemente, one takes a fork on the right, which passes through Mecerreyes and Covarrubias (the latter village being well worth a visit), and leads to the valley of Tabladillo, where the Abbey stands. It is a typical *serrano* (mountain) village, and the monumental buildings of the monastery are in the Spanish neoclassical style of the 18th century. The architect of the church was Ventura Rodriguez. We enter, passing the doorway called « Las Virgines » (the Virgins' doorway) and at the foot of a very steep flight of stairs we find the Romanesque cloister. This is all that remains of an admirable ensemble. The Romanesque church disappeared in the 18th century, and in the 19th century the church possessions, including many works of art and the collections of books kept in the monastery, were sent away to different destinations.

The history of the abbey is intimately linked with the figure of Saint Dominic of Silos, who in 1041 arrived at the ancient monastery of Saint Sebastian of Silos on his way from San Millán de la Cogolla, a famous centre for culture and spiritual life, which is situated in the Rioja. Saint Dominic created at Silos an entire artistic and religious movement and enlarged an old church which was certainly of Visigothic origin. Nothing remains of the saint's church for it was the object of successive enlargements before being demolished in the 18th century. By the side of the church the saint began a cloister – the one we know today – of which he built the East and North galleries, and at his death in 1073 he was buried precisely in the middle of the latter, at the foot of a pillar, whose capital bears an inscription testifying to this fact.

Begun in the lifetime of the saint, the cloister did not reach completion until almost a century later. In the 12th century were added the West and South galleries of the lower cloister; and once this was finished, work began on the upper cloister, where the semi-circular arches are Romanesque, but where, nevertheless the sculpture of the capitals is already of a transitional style, with a sharp tendency towards Cistercian art.

The sculpture of the lower cloister at Silos is so remarkable that there has been no shortage of attempts to assign a later date to it. The origin of this mistake usually resides in the fact that it is thought to be later than the Virgins' doorway, which dates from the beginning of the 12th century. But the construction of the edifice confirms that it belongs to the 11th century. This cloister belonged to the church which Saint Dominic built. It was at the same level, and one entered by a door called « Saint Michael's door », on the south side of the church, near the present altar of the Virgin of Marzo. The Virgins' doorway was constructed later on a higher level, when the church of the Saint was enlarged, and its flight of stairs, which does not correspond with the functional character of the ancient monastic constructions, constituted a makeshift solution imposed by the very necessity of going down into the cloister which existed already.

Two artists, both excellent and of the very highest value worked on the decoration of the lower cloister at Silos. Both remain anonymous. All that we know of them is their work. The one called the « first master » is the elder and the more original. He is the author of all the capitals in the East and North galleries, of four others at the beginning of the West gallery, and of six of the eight great reliefs found in the corners and usually known as the « stations » of the cloister. Its main originality consists in the way it is conceived and the way it realises the most fabulous animals : birds resembling pelicans or ostriches but with the head and legs of a gazelle, gryphons of different categories, the body of an eagle and the head of a lion, and an alarming fauna of harpies. Other capitals of exceptional quality representing the combats of animals, or animals superimposed upon one another. Two capitals have human forms upon them, and a good number have a plant motif in which the classical acanthuses have been transformed into thick leaves marked with deep stripes, and having fine fruit at their extremity.

This same artist sculpted six of the great reliefs of the cloister. In the South East corner is the Ascension of Our Lord and a relief paired with it, traditionally held to represent Whitsun. In the North East corner is a very fine Descent from the Cross and a composition showing the Entombment, which suggests the Resurrection. But the best known reliefs are those of the North West corner : a monumental scene of the pilgrims of Emmaus, and another, full of vigour and intensity, representing the doubt of St. Thomas.

In the work of this artist, the study of the details of its execution deserves special attention. On the capitals the chisel strokes are very light, without great depth and the dressing is bevelled; preciosity, linear and symmetrical composition, delicacy and archaism; a certain stiffness recalls the Persian and Arabic fabrics and carpets, executed according to the technique of sculpture on ivory. The stations too evoke the memory of panels of sculpted ivory, but on a larger scale. There may be said to be a Byzantine influence here, but in addition there is movement. No figure is at rest. Great spiritual tension, extraordinary hieratic qualities, and if from many points of view one may think that the artist is from the Arabian part of Spain, it should be noticed that in its composition and its symbolism it is profoundly Christian.

To the second artist we owe the rest of the sculpture of the lower cloister. It is a moot point whether certain capitals and the two reliefs in the South West corner should be attributed to him. The characteristics of this sculptor are already typical of the Romanesque: the usual accentuation of the relief in the dressing, a marked caricatural expression, realistic sculpture. He remains under the influence of the first master, his sculpture is composed for the most part of pairs of monsters facing each other, their mouths are mis-shapen, their eyes bulging, their expression one of great ferocity, their necks sturdy and covering the width of the whole capital. The ensemble is very realistic, although exaggerated. The plant motifs include caliphal acanthuses, deeply undercut with a trepan, which already resemble ferns.

The last two stations are very fine, but clearly influenced by the Gothic. The Annunciation and the Coronation of the Virgin is an extremely beautiful relief, of a dignity and an elegance which are difficult to surpass. The Tree of Jesse constitutes a moving and highly decorative theme.

On the whole, this art in the cloister at Silos can be explained only if the historico-cultural milieu of the monastery in the 11th century is taken into consideration. At Silos is born a new art, in which numerous elements basic to Spain of the Reconquest blend in a vital way : the visigothic tradition, the Graeco-Roman classical tradition, Arabic technique and Christian doctrine, all permeated with Romanesque art, which was the great novelty of the period. Of the artistic, cultural and religious enthusiasm with which St. Dominic was able to inspire his monastery, there remains much evidence : besides the lower cloister and its sculpture, the great illuminated manuscripts in Paris and the Beatus in London; the magnificent Hispano-arabic enamels in the museum at Burgos and in the monastery itself; the famous library of Mozarabic liturgy, to a great extent dispersed, but a nevertheless important part of which remains in the library of the monastery. The entire art at Silos corresponds with the great symbiosis which occurred in Spain of the Reconquest.

List of plates

These are short outside cloisters, which in general form the South facade of the church. They are found principally in the provinces of Burgos, Soria and Segovia. When their diffusion reaches the city of Segovia, they are already real porticoes and they extend to the bottom of the nave. While still being situated in the province of Burgos, the finest of the gallery-porches, that of Rebolledo de la Torre, is somewhat distant from this geographical centre and is even on the borders of the province of Palencia.

In its most distant origins, the narthex is the logical evolution of the atrium. In Spain the link has been noticed which exists between the gallery-porch and the Syrian narthexes whose form may have reached this part of Castile through the intermediary of the caliphate of Cordova. The most important of the Moza-rabic monuments, San Miguel de Escalada in the province of León, possesses an impressive gallery of eleven horseshoe arches, which are very reminiscent of seven arches from a minia-ture of the Beatus of Burgo de Osma. It is also curious to note that when the galleries correspond with the most perfect type, they necessarily contain the same seven arches, in which some people have tried to see a represen-tation of the seven churches of the Apocalypse.

The oldest gallery-porch to bear a date is that of Sepúlveda. Of approximately the same period are those of San Esteban de Gormaz, which are marked by a very strong Moorish influence. From San Esteban the galleries spread in the zone of the Duero and also extend to the Sierra de la Demanda, to the north and in the vicinity of the Abbey of Silos, whose cloister exerts a strong influence over the structure of the arches and the sculpture of the capitals. The gallery of Rebolledo de la Torre is a late construction. In its vigorous and highly decorative sculpture, the influence of the Romanesque art of the province of Palencia can be detected.

SAN SALVADOR DE SEPÚLVEDA

Sepúlveda is in the north of the province of Segovia, within easy access of the Irun-Madrid road, which one leaves at the village of Boceguillas. The church of San Salvador is situated in the upper part of the village, which is very typical with its fortified castle in the main square and various interesting Romanesque churches.

The gallery runs along the South face of a fine and very complete Romanesque church, with a large tower and a semicircular apse, reinforced on the outside by six semi-embedded columns. Of the gallery there remains eight arches resting alternately on columns and fairly large prismatic pillars. Each column bears a large capital. The sculpture is of little interest, and its most striking feature is its primitive character. There are in all four capitals, all decorated with bulbs and human figures, except for one, which is the best preserved, and is decorated with large, very stylised leaves and large fruit. The columns are mounted on a high podium.

On the apse is carved an inscription with : Era MCXXXI, which corresponds to the year 1093. The ensemble is rustic, but of authentic Romanesque structure, with no very special Moorish or Mudejar mark.

SAN ESTEBAN DE GORMAZ

On the banks of the Duero, in the province of Soria, thirty-seven kilometres from Aranda. It is a village in which the passage of the Reconquest left behind a pronounced Moorish concentration, which has left its distinguishing mark on its two important gallery-porches.

The church of San Miguel, which stands on a small knoll within the village, is a curious and important monument which by its struc-ture and its construction could be prior to San Salvador de Sepúlveda itself. The church has on its South side a gallery which is a model of its kind, consisting of seven arches, including that of the entrance door which forms the central arch. It can be reached by some steps which give it a certain monumental character. The columns are short and thick, with volu-minous bases and capitals. The church is Romanesque, with a semicircular apse and an outside tower slightly apart on the North side. The most curious feature of the gallery is its archaism, revealed by the dimensions of the different parts of the columns and the evident Moorish or Mozarabic influence in the sculpture both of the capitals and of the numerous modil-lions which adorn the edifice. The sculptural themes, all of oriental influence, depict on the capitals men dressed in the style of Arabs, carefully sculpted animals which seem to illus-trate apologues : horse, bird of prey, peacock, snake, and Moorish fortresses or fortified castles with their horseshoe arches and the soldiers' heads appearing on the battlements. There is absolutely no doubt that they are the work of a Moorish builder who wanted to create a building in the Romanesque style, but who in his sculpture gave new life to scenes from village life and his recent past in the service of the caliph.

El Rivero is the second church of San Esteban which has a gallery-porch backing on to it. It is situated a little higher up in the village, is somewhat isolated, and from it one has a very fine view over the plain of the Duera. The church is larger and more monumental than that of San Miguel, has undergone many more alterations and has fewer original elements. It seems certain that San Miguel served as a model for it. The gallery-porch is composed of nine arches. Five, plus that of the entrance, are ancient and decorated, the three others are smooth and rest upon pillars. The columns are more conventional than at San Miguel. The volume of the capitals and the bases is less and the shafts are slimmer. The sculptural themes are similar to those of San Miguel. We find again men clad in the caftan and the turban, some animals, one of which is struggling with a man, the human-headed siren wearing a turban, and several capitals having plant life as their theme. It can be seen that they are an imitation of those of San Miguel and a number of them are somewhat damaged.

THE GROUP OF THE SIERRA DE LA DEMANDA

To the North of Salas de las Infantes and its surroundings, we encounter four remarkable examples of gallery-porches. The most natural explanation of this phenomenon is the presence in these villages of sculptors and stone cutters who had worked on the building of the nearby Santo Domingo de Silos. This influence is noticeable both in the structure of the arches and in the themes of the sculpture, which include the monster and animal scenes of the first master as well as the acanthuses and stylised leaves of the upper cloister. Pineda and Canales de la Sierra are beyond the heights of la Demanda, Canales being on the slopes of the Rioja. On the other hand Vizcainos de la Sierra and Jaramillo de la Fuente are situated on the southern foot-hills, where the plains of Lara begin.

Pineda de la Sierra is a small mountain village. Once past the village of Barbadillo del Pez, one takes the left fork which goes right round the mountain mass passing by the peak of Manquillo. A powerful, robust church with a sturdy square tower. The gallery at Pineda is one of the finest. It includes in its centre a real doorway with five arches on its right and six on its left. Double, voluminous columns, side by side. Double capitals. A very stylised plant theme on the sculpture, with an influence on the capitals of the upper cloister at Silos. On certain capitals, figures in long robes.

The doorway of the church, situated under the gallery, is very interesting. Five columns on each side, and four others in the corners. The ensemble gives an impression of great richness. The capitals are important, as they are linked to form one large frieze, and yet the theme is not continuous. Some are historiated, others decorated with fabulous animals facing one another. The arches are made of a large torus, and in the corner-stones are two sculpted figures of large dimensions. The entrance could date from the end of the 12th century. The gallery, on the other hand is later, dating from the beginning of the 13th century.

Canales de la Sierra belongs to the province of Logroño, and one can observe in the sculpture of its gallery-porch an influence which comes from the north and differentiates it from the other galleries of the Sierra de la Demanda. The gallery forms part of the hermitage of Saint Bartholomew and stands on a small elevation just off the road which leads to Logroño. It must have been a gallery with seven arches. But it has lost three of them, and the arch which serves as an entrance is out of centre, with only three arches on its right. The main entrance presents a great archivolt with very broad curly, hatched leaves. Practically one leaf for each arch-stone. One of the columns is twisted, and of its very fine capitals, one has a plant motif and the other is decorated with birds. The capitals of the arches are also very fine. Two are historiated, one is decorated with very elegant leaves and another with two monsters which are biting a human figure. Excellent abacuses and varied types of archivolts. There is also an entrance to the church under the gallery, with four capitals. Three of them with plant motifs, different sorts of leaves brilliantly executed, and the fourth represents monstruous heads. In general the sculpture is not dependent upon Silos, and one can detect French methods, which were already becoming widespread, thanks to the path of Santiago.

Vizcainos de la Sierra possesses a small, but very complete, and entirely Romanesque church. The stone is well dressed, it has a semicircular apse with semi-embedded columns, and a fine tower at the bottom of the nave. Several Romanesque windows, one of which, at the foot of the tower, is very fine. The gallery is very short. One central arch and two side arches with four capitals decorated with animals. Gryphons, lions, harpies and pairs of birds, all coming from Silos in some way. An inside doorway, with on each side two columns surmounted by capitals. On those to the left we again find the theme of the monstrous animals, on one of those on the right however we find a naturalist sculpture : a roe-deer, and on the other a lion devouring a man. Vizcainos de la Sierra is on the southern side of the Sierra de la Demanda. Shortly after passing Barbadillo del Pez in the direction of Salas de los Infantes, one takes a fork to the right.

Jaramillo de la Fuente is on the Vizcainos road, but one continues along it in the direction of Burgos. The church possesses three Romanesque elements : the tower, the apse and the gallery. The tower is vigorous and slender and has, on its two upper storeys, some fine double windows. The apse is one of the finest and most delicate of the region. A perfect semi-circle with a charming central window. The gallery possesses seven archways, counting that which serves as an entrance. The sculptures consist of kings' heads, stylised leaves, animals, gryphons, harpies and a few masks. The dressing is very meticulous. The entrance door to the church is curious, too. Its capitals are not made by the same hand as the previous ones and it seems that they may have a certain connection with those of the Virgins' doorway at Silos, in particular that which represents a man between two lions and is sculpted and stylised by means of curved lines. The others represent the two-tailed siren, Samson fighting a lion and rampant felines.

REBOLLEDO DE LA TORRE

The finest of the gallery-porches in Castile is in the North West corner of the province of Burgos. In order to reach Rebolledo, one must rejoin the road from Palencia to Santander, and from here a road forks off to the right just after Alar del Rey. A pleasant little village, which has already something of the North about it, with a fortified castle in the middle of it, and in its upper parts, the parish church with its gallery porch. A very trim well-kept church presenting a mixture of Romanesque and Gothic styles, and a Renaissance tower with pinnacles and gargoyles. The gallery is all that remains of the original Romanesque construction. Its history is revealed to us by an inscription carved on one of the windows, in which is indicated its date 1186, and the name of its builder : the master Juan de Piasca.

It contains ten strictly semicircular arches, plus that of the entrance which is pointed and projects somewhat by comparison with the general alignment, constituting a real doorway. Five of the columns are simple and eight double. Meticulous sculptural work in good quality stone which has been well dressed. Some columns are semiembedded in the body of the gallery and end at the top in capitals which integrate to give a brilliant series of modillions.

The sculpture, which is most varied, includes, one after the other, plant motifs, fabulous animals and some interesting historiated decoration : the death of the miser, St. Michael fighting with the demon for a soul, a remarkable tournament and Samson's combat against

the lion. This last capital has many points in common with the one which, originally found in Aguilar de Campóo, is now to be found in the archaeological museum in Madrid. By and large, one may say that all this sculpture from Rebolledo de la Torre, marked by a certain influence of the plant and animal themes coming from Silos, belongs in fact to the advanced forms of the Romanesque in the province of Palencia.

On the West side of the gallery is a very pretty window, which on the inside is decorated with a frieze showing the Temptation of Adam and Eve in the Earthly Paradise. Its manner recalls that of the ivory workers and has a pronounced Moorish or Mudejar flavour. On the outside the window has two capitals showing animals facing one another, a very fine archivolt decorated with large leaves and fruit which resemble Gothic finials, and in the middle a column in the style of a mullion which has for its capital a vigorously sculpted lion's head. It is on this window that we find the inscription giving the history, date and author of the gallery at Rebolledo de la Torre.

List of plates

64 *Capital of the above gallery : gryphons.*
65 *Jaramillo de la Fuente. Exterior view of the*

apsidal window.
66 *The South gallery of the above church.*

Soria

THE ROMANESQUE OF THE UPPER DUERO

At the sources of the Duero there is an important concentration of Romanesque works. A Castilian Romanesque, robust and austere, with a high proportion of Moorish and rural elements. We follow the Duero upstream from Aranda and we very quickly enter the territory of Soria. San Esteban de Gormaz with its two churches, Rivera and San Miguel, offers us the first indications of this form, which is so special and so local : the gallery-porch. They are the work of the Moorish complex. In this region there was a long period of stagnation in the Reconquest, which to a large extent brought about a communal life. To this basic element, the gallery-porch, was later added the element that sets its seal upon all the Romanesque of Soria : the influence of the sculpture at Silos, represented above all by capitals decorated with pairs of animals, basket-work motifs and thick leaves bearing pine cones instead of fruit.

At El Burgo de Osma the remains subsist of a capitular room, whose sculpture seems to be the work of the second artist of Silos. To the North and South of the Duero, in the gallery-porches of numerous villages one can detect the dual influence of the Moorish element and of Silos. The finest and most important examples are in the South zone with the galleries of Santa María de Caracenas and the hermitage of Termes. Passing through Catalañazor, the influence of Silos finally reaches Soria, the capital of the province, where we find the best example of it in the cloister of San Pedro. In its turn, the Moorish note reaches a high artistic level in the cupola of the church of San Miguel at Almazán. This consists of pronounced fillets formed by eight great arches which intersect, and rises above a very well preserved church of transitional style, having arches with a very acute angle. One might almost say that it was a Cistercian church with the cupola of a mosque to complete it.

All these factors meet in the capital. The cloister of San Pedro, very delicate and very pure, recalls that of Silos. San Juan de Duero

361

offers a very characteristic oriental flavour. Yet another influence is found at Soria, and if it concerns but a single work, nevertheless reaches an extraordinary class. It is the facade of the church of Santo Domingo, which in its general lines recalls Notre-Dame-la-Grande at Poitiers.

THE FACADE OF SANTO DOMINGO

It is in the upper part of the city, as one goes up the hill of the *Aduana Vieja* (the former custom-house). A splendid stone facade, admirably dressed, having warm, intense tones. Two groups of blind arches, which in two registers give the ensemble all its finesse and its grace. In the middle, a large main entrance, the best thing in this church from an architectural and decorative point of view, with a very intricate tympanum and archivolts. In the upper part is a magnificent rose, whose diameter is equal to the width of the main entrance itself. The facade is completed by a sculpted cross at the apex of the angle of the gable.

Although very Spanish in its execution, this facade of Santo Domingo is indubitably of French ancestry. For want of a detailed historical account, there exists a tradition which links this church with King Alfonso VIII of Castile and his wife, Queen Eleanor of Aquitaine. This Eleanor was the daughter of Henry II of England and his wife, the Duchess of Anjou, Poitou and Aquitaine. On right and left of this admirable main entrance are two statues of sovereigns, which, some have claimed, represent Don Alfonso and Queen Eleanor. The ancestry of the latter would explain the fact that teams of stone cutters from the Poitou region, or at least from Bordeaux, came to Soria.

In the sculpture too of Santo Domingo, the French influence can be detected. This sculpture does not correspond to any of the various examples of art in the region. Strictly speaking the main entrance consists of five columns on each side, surmounted by capitals, some in groups or double, which are very well sculpted. They represent the story of our earliest ancestors, beginning on the left with the creation of Adam and ending on the right with the death of Abel. The dressing is vigorous, expressive, realistic, of a rather late period, which, in the folds of the garments, already gives a glimpse of transitional art.

On this group of capitals rest four semicircular arches, whose archivolts present an extraordinary gallery of small statues, whereas, a semicircular tympanum takes up the space in the middle. This tympanum is dominated by a great statue of impressive power and serenity, which represents the Eternal Father with the Child Jesus on his knee. On his magnificent head the Father is wearing a crown. His gaze gives the impression of going well beyond perceptible appearances. The Child, his arms open in a gesture of welcome, is natural and gives the group its note of tenderness. Six figures complete the tympanum. Seated on either side, the Virgin and St. Joseph surrounded by four angels bearing the symbols of the tetramorph.

Of the four archivolts of this great main entrance, the first represents the twenty-four Elders of the Apocalypse a theme quite typical of the French Romanesque. Despite the somewhat conventional aspect of the subject, they show an indubitable realism, without affected attitudes. They are playing various musical instruments. The next archivolt is entirely devoted to the story of the Holy Innocents in a profusion of scenes which are full of vivacity and movement. The last two represent scenes from the life of Christ, the third archivolt from the Annunciation to the Flight into Egypt, and the fourth the story of the Passion from the Mount of Olives to the appearance of the resurrected Christ. The impression conveyed is marvellous. As a sculptural ensemble, it has undoubted density and liveliness. The dressing is at once delicate and expressive, and the work is of great decorative value.

In the upper part, a great rose which increases even more the richness of this facade. Behind, rises the square mass of a Romanesque tower. And inside the church only the first two bays of the nave are of the period when the great facade was realised.

SAN JUAN DE DUERO

From the upper district in which Santo Domingo stands, or from the centre of the city, we go down towards the Duero, passing the collegiate church of San Pedro. We go past the harbour, and quite near it, on the other side of the river is this monument, which is so original. Constituted on the whole by San Juan de Duero, the most original element is the cloister, because of the variety in the style of its arches. Inside the church, one's attention is attracted by the oriental note of

two small edifices with cupolas situated near the sanctuary.

The church has the quite typical lay-out of the Romanesque in Soria. A rectangular nave which becomes a little narrower at the entrance to the sanctuary ending in a semicircular apse. The triumphal arch is a pointed arch and the stone vault of the sanctuary is also of transitional style, close to Gothic. It would be no different from the numerous churches in the province of Soria, were it not for the two aedicules which have been added. The one on the right, on the epistle side, has a conical cupola. The one on the gospel-side, however, has a hemispherical cupola. The aedicules are formed by four semi-circular Romanesque arches supported by columns with capitals. Each ciborium has merely one isolated capital, quadruple like the Attic-based column which it surmounts. The other capitals and columns are semi-embedded in the side walls and the wall which separates them from the sanctuary.

In the ciborium on the right, the artist has represented a series of scenes from Christ's life, dispersed on the various capitals. Vigorous sculpture with a tendency towards caricature, fairly crude and elementary. To the same artist we owe one of the capitals of the small edifice on the left, with the scene of Herod's banquet, and the death of John the Baptist. The latter is drawn from a fortress, which has a remarkable feature, a horseshoe arch. The other capitals are not part of the same series, and represent monsters, sphinxes, and even a seven-headed hydra being attacked by soldiers wearing coats of mail. A sort of reminder or caricatural transposition of Silos art.

The construction of the two aedicules is without any doubt in relation with what we know of the history of San Juan de Duero. It was a hospital belonging to the order of St John of Jerusalem. Besides the one at Soria it seems that there were hospitals and monasteries of the same order at Agreda and Almazán. These knights certainly brought the oriental tradition to San Juan de Duero. They found there a modest church conforming to the regional type and adapted it to the needs of the cult and the oriental liturgy which they practiced, thanks to these two aedicules which narrow the entrance to the sanctuary. Between the two, they could extend hangings or set up a retable which constituted a real iconostasis.

The impression of orientalism is confirmed in the very original cloister. In the other cloisters, it is the galleries that are studied, and in general they all correspond to a unity of structure. In this cloister of San Juan de Duero, one must consider the work, corner by corner, for each of the four corners is composed of different arches. The North-West corner, by which one enters, has two semi-circular Romanesque arches. The next one, the North East corner, is composed of broken arches of a shape akin to that of a horse-shoe. The South West corner is made of Romanesque columns supporting Gothic arches which also have something of the shape of a horse-shoe, but these arches intersect. Finally the perimeter is completed by the South East corner, where the arches intersect in a double stepping whose curve rests on prismatic pillars.

This ensemble constitutes the great originality of the work. In the cant-walls of the corners are doors with a broken horse-shoe arch and a sort of serrated archivolt of Mozarabic type. Its origin must be Moorish or Mozarabic, coming originally from Cordova, but very probably calling at Toledo on the way.

The cloister is uncovered. It is not known whether it ever was covered. In fact, it is in its present state that one can best admire the brilliant idea of the man who conceived and built it.

List of plates

Segovia

The Romanesque art of Segovia makes the link between the tradition of the Roman stones of the famous aqueduct and the finest architectural ensemble of 16th century Spain, which can be found among the streets and small squares of the upper districts of Segovia. There are in all twenty churches in which Romanesque remains and evidence can be found. And in many cases, this evidence is the whole church, although its architecture has been disfigured by works of later styles.

Let us begin by the suburb which is the zone of Segovian vitality par excellence, and quite near the square of the Azoguejo we find the charming Romanesque church of San Millán. It is constructed after the plan of the cathedral at Jaca, and it is thought to have been built between 1111 and 1126, under the influence of the King of Aragon, Alfonso the Warrior, at the time when, by virtue of his marriage to the queen Doña Urraca, he was also King of Castile. To the Aragon structure have been added classical Segovian galleries. In this same zone of the suburb are also San Clemente, Santa Eulalia and Santo Tomás, and a short distance away, San Justo and San Salvador. In the district which bears its name rises San Lorenzo, near the Eresma, which has a Romanesque brick tower of quite distinct Moorish influence. If we follow the course of the Eresma, at the very foot of the Alcazar spur, we come upon the last two Romanesque churches outside the walls of Segovia : the little church of San Marcos, and the famous edifice of the Vera Cruz which is attributed to the Knights of the Temple.

Within the walls, the most remarkable are San Martín, perhaps of French origin, to which have been later added some galleries and a tower, and San Juan de los Caballeros, constructed on an ancient basilical plan, and also possessing the typically Segovian addition of a tower and galleries. On the journey from San Juan to the Alcazar, in the upper part of the town, we find the minor churches of San Sebastian, San Nicolas, la Trinidad with its fine apse and its double arcature on the inside, San Quirce, San Pedro de los Picos, San Andrés and San Esteban. The last mentioned is the most striking, with its slender tower, the tallest of all the Romanesque towers in Segovia, and its gallery which is also very slender and of a fairly late period. If one adds to these the ruins of San Blas and San Gil, and the numerous remains of Romanesque civil architecture, one has one of the most important collections of Romanesque monuments.

One fact explains this concentration, and that is that in Segovia the Romanesque continued into the 14th century, whilst on the other hand there is an absence of constructions corresponding with the Gothic prime of the 13th and 14th centuries. So, although Romanesque churches built in the 12th century do exist, the Segovian Romanesque can, on the whole, be said to be of a later period.

The specific elements of these Segovian churches are the towers and the galleries which set their regional stamp upon them. As far as the decoration is concerned, there are archivolts with flowers or roses with various numbers of petals, and the lavishly decorated eaves, amongst which those of San Juan de los Caballeros are outstanding. Finally one can also detect a large number of Mudejar features : the cupola of San Millán and its tower, the tower of San Lorenzo, the flat roofs and the terraces, and the type of construction.

As for the Moorish influence, San Millán could constitute a representative church. Of the more Castilian type, there is San Juan de los Caballeros. And a certain French influence may be noticed at San Martín. Thus, these three churches are characteristic of the Segovian Romanesque.

SAN MILLÁN

From the Azoguejo, the starting point of our itinerary, it is very easy and convenient to reach San Millán. We have merely to follow the wide avenue Fernandez Ladreda which leads directly to the Church.

The church of San Millán is part of the district called Arrabal mayor (the great suburb) where in the Middle Ages were clustered many of the cloth factories, and which even in the 16th century had a fairly sizeable population. Before the lasting repopulation of Segovia, in the last third of the 11th century there already existed in this place a church dedicated to San Millán, a saint who was particularly venerated in 10th and 11th century Spain; of this church only the tower has lasted to the present day.

As for the great Romanesque construction, different writers have different opinions about it. But the one most widely held nowadays is that it was built with the approval and support of the King of Aragon, Alfonso the Warrior, between the years 1111 and 1126, when he was reigning in Castile.

We begin our visit of the outside of the church with the principal facade, which faces West. Its composition is very sober and very expressive. In the middle of the facade is a typical Castilian doorway with archivolts decorated with rosettes of four and eight petals alternating with beading, and surrounded by three rows of billets. The capitals are adorned with human figures on the backs of quadrupeds, harpies swathed in vast capes which go down to their feet and centaurs in combat.

The outer wall of the North side nave is reinforced by abutments connected to one another by semicircular arches. In the lower part, covered by the gallery-porch, is another entrance similar to the main one. The porch contains a series of ten arches, plus that of the entrance itself. Its construction dates only from the 13th century, later therefore than that of the church, not counting the capitals and the abacuses of the 16th century, which blend so well with the ensemble that they pass unnoticed.

At the East end of this North facade is the semiembedded tower, which constitutes one of the singular features of this edifice, for its walls are not parallel with those of the church. Its two storeys have on each side a window with a horseshoe arch, slightly raised and resting on imposts whose profile is reminiscent of Mozarabic art.

On the outside one can still see the apses, dominated by the square tower of the transept with its cornice decorated with modillions and its simple windows.

The South facade is much more Segovian in style and is thus different from its northern counterpart. It consists of a smooth wall, crowned by a cornice, certain portions of which are decorated by a cable moulding and the rest by billets. The structure of the gallery on this side is the same as that of the one on the North facade, including the cornice which runs along the upper part. The saddlebacked coping upon which the North arcature rises is higher, which makes it less intimate. The same does not apply to that of the South, since the street passes at its normal level, permitting a more direct view of the capitals.

There is a great contrast between the rather motley exterior and the interior, which is one of the most pure and harmonious compositions of Romanesque art in Castile. We are in a church which has three naves, a transept marked only by a central cupola, and three apses. The disposition is similar to that of the cathedral at Jaca, with which, as we have said, it has quite remarkable similarities. The central apse of the cathedral at Jaca has disappeared and we do not know what it was like; but that of San Millán at Segovia has been preserved and presents in its lower part a very fine blind arcature.

The ornamentation of the naves is limited to the abacuses and the capitals, some historiated, some of the Corinthian type, but all well made. The capitals of the column and the composite pillar nearest the transept on the North side deserve a special mention. The first represents the Magi on the road to Bethlehem, and the Virgin with the Child, the other the Flight into Egypt.

From the length of time spanning its sculptural works, it would seem that at San Millán we are faced with a building constructed in stages. We can distinguish three main stages. The tower, which is the oldest part; the body of the naves and the apses, which correspond to the date generally attributed to the church; and lastly the galleries, which, like the majority of those in Segovia, are somewhat late. It would thus appear that the ancient church of San Millán was modified at the time of the repopulation or a few years later. Then keeping only the tower of the previous church, they constructed the present naves which are so strongly reminiscent of Jaca. In short one might say that over the years this slightly exotic construction has taken on a pronounced Segovian appearance due to the addition of galleries which are characteristic of the local Romanesque art.

SAN MARTÍN

At the Azoguejo, the starting point of all our itineraries in Segovia, begins the « calle Real », rather steeply sloping initially. Before long it goes past the famous *Casa de los Picos*. If we keep on walking, we soon arrive at the square of Medina del Campo, which is dominated by the statue of Juan Bravo, the hero of the Castilian liberties, who led this home town, Segovia, against the influence of the numerous Flemish advisers of the Emperor, Charles V.

The left hand side of this elegant square is formed by the church of San Martín. What attracts the attention at once, is a gallery consisting of thirteen arches, uninterrupted by pilasters, and mounted on very slender twin columns. Dominating it all is a fine square tower, of which the first two tiers are Romanesque and the third is covered with a slate roof, which is certainly of a very much later period.

If, at the end of the gallery which gives on to the street, we climb the small slope passing between the church and the public library, a building with a very marked Spanish flavour, we arrive at the main entrance to the church of San Martín. A great doorway consisting of four strictly semi-circular arches, whose archi-

volts are composed alternately of a large fillet and delicate geometrical reliefs with interlocking designs of various shapes, in these reliefs a certain Moorish influence has always been noted. These arches start from four prismatic pillars to right and left, whose edges are replaced by a roundel. The second and fourth pillar on each side stop half way up and become delicate statues in the position of caryatids, surmounted by capitals which on the left seem to represent prisoners with irons on their feet, and on their right bear, in one case, a decoration of fine twinings, and in the other a harpy imprisoned in some foliage, and originating more or less directly in the fauna of Silos. The ensemble has a great nobility. The figures forming caryatids are generally held to be apostles; but the first on the right must be Moses, for he is holding in his hand the most classical stylised representation of the law tables.

The four figures are the work of the same hand. Fine Romanesque sculptures in a delicately hieratic attitude, their cloaks having numerous folds over the whole length of their bodies, stylised and full of simplicity; three of them, by the carriage of their heads and the style of their beards are somewhat reminiscent of the prophets at Moissac or Souillac, although the Segovian ones maintain a serene attitude without moving their arms or legs. This is also the distinguishing feature of the figures on the great West entrance of San Vicente d'Avila. These, of a more Gothic movement, have a robe with indistinct classical folds which reveal the anatomy of the limbs. With their ecstatic faces, the concentration in their minds and their delicately descriptive clothes, the figures of San Martín at Segovia deserve a special place in Castilian statuary.

Going to the other end of the church, we find on the principal apse, embedded in the wall, a very fine high relief of St. Martin, the saint to whom the church is dedicated. The head is not very marked, and yet is very expressive and very spiritual. The ensemble looks like a tombstone. This relief is usually associated with the statue of St. Sabina on the South entrance of San Vicente at Avila. In fact, the style of the clothing of St. Martin is much simpler, and their form on the left side offers a flavour which is more directly classical.

Compared with these figures, the sculptures of the gallery-porches appear very crude and late. They include a fine collection of historiated themes which are generally biblical scenes, apart from certain ones, which are devoted to the life of St. Martin. The abacuses are very carefully executed. But their sculpture, like that of the capitals is not of great quality, although endowed with expression and movement. It constitutes a proof of the phenomenon which occurs as a general characteristic at Segovia : the galleries are a later addition to the construction of the Romanesque churches.

To sum up, an ensemble of abundant and decorative sculpture which gives a remarkable appearance to this church of San Martín, which incidentally owes its very special and very pleasant stamp to its long gallery, which opens on the South and West sides on to the Calle Real. This gallery provides excellent shelter in winter. In the past it certainly constituted the agora of the city, the meeting point of the Segovian corporations, a place of tranquility and a peaceful spot for the knights and clergymen of this typically Castilian city to walk in.

THE VERA CRUZ

Attributed to the Templars, this church is one of the most original in Segovia. Situated outside the town boundaries away from all living accommodation, it has a very special structure. Presenting on the outside the shape of a twelve-sided polygon extended on the East by three parallel apses, the building is composed on the inside of a circular wall limiting the ambulatory which surrounds a twelve-sided central aedicule. Communication with the outside is made by two doors with semi-circular arches and the ensemble is completed by a steeple, which was added subsequently. The central aedicule has two storeys. The lower one presents four openings, made by a pointed arch, and forms a low room. The upper storey, to which one gains access by two staircases, constitutes an actual chapel with its altar decorated with arcatures. Its

windows having the form of semicircular arches, this chapel is surmounted by a ribbed vault rather similar to those of certain mosques, and typical examples of which are found in other edifices connected with the Templars.

The ensemble of the architecture clearly belongs to the Romanesque style despite the rather late date of its execution, and one cannot but feel the very special charm which emanates from it.

Avila

St. Teresa used to gaze upon the « interior castle » of the soul as a transposition of Avila with its towers and its walls. God's citadel becomes intimate and militant in its site on the essentially Romanesque foundation of the walls of Avila. Despite its very ancient origins, Avila at the time of the Reconquest was in the middle of deserted and desolate country. In 1085 Alfonso VI conquered Toledo. In order to establish the link between his advanced position and the Christian rearguard, three of

the most illustrious cities in Spain, Salamanca, Avila and Segovia were repopulated. The artisan of the repopulation of Avila was Count Raymond of Burgundy, married to Doña Urraca, the daughter of the King of Castile. From the north arrived the men who were to repopulate Avila : from Galice and the Asturias, from the territories of Castile and Navarre. It is then that these walls of Avila which we can see today were built. Tradition has it that they were built between 1090 and 1099 with the help of two thousand workmen and stone-cutters. Count Raymond brought from France some of his master craftsmen, and the names of Florin de Pituenga and a certain Casandra are still remembered. Thus there rose up at Avila this construction of the purest European Romanesque style from which the slightest trace of Mudejar influence is curiously absent. It has a perimeter of approximately two thousand seven hundred and fifty yards and has eighty eight towers on it of sixty-five feet in height. The ensemble is in the shape of an elongated rectangle which goes down along the hill towards the banks of the river Adaja.

The most resistant part is that on the East where the most important fortifications are to be found. As the land here is flat and its defence consequently more difficult, since no reliance may be placed upon natural conditions, a system is found here in which the numerous towers are deployed, notably the Tower of Homage in the Alcazar, the two gates of the Alcazar and of San Vicente, and the apse-fortress that the local people call the « Cimorro ». The two abovementioned gates form a pair, are of a very fine structure, formed by two tall, strong turrets, plus a bridge which connects them. They constitute excellent evidence of Romanesque civil architecture. The apse of the cathedral, which can be seen very well from the San Segundo street, is the most powerful bastion on the city wall. It is an enormous rounded construction in the shape of a semi-circle, surmounted by continuous machicolation and a triple line of crenelation. In this apse one finds, built-in as it were, the radiating chapels of the cathedral, linked by a circular passage forming a double ambulatory. Above the « cimorro » one can see an interior Romanesque apse, that which forms the choir. And between the two apses there runs a series of flying buttresses which give the work much movement and vitality. The rest of the cathedral was completed in Gothic style, but due to its earlier elements it retains the appearance of a fortress.

The other Romanesque churches which survive at Avila are to be found outside the walls. The oldest is San Andrés, to the South East towards the stream called Ajates. Small, with three apses, and endowed with characteristics which belong to the end of the 11th century. In the same direction, but nearer the city wall, is the basilica of San Vicente. It rose very gradually upon foundations of a very pure Romanesque style. In the course of the 12th century it constitutes a great church which assembles all the experience of a Romanesque style which is already mature. It is only fair to mention also the church of San Pedro in St. Teresa's square, with its fine decorative ensemble, and the hermitage of San Segundo, near Adaja.

It is the greatest monument that Avila has. It is in fact outside the gates, at the point where the East and South facades of the city walls meet. The closest way of access is the gate of San Vicente. Like that of the cathedral the tower of the Basilica gives the impression of having been truncated. In actual fact, the Romanesque construction had no tower. On either side of the main porch, correctly orientated towards the west, can be seen the bases or the first floor of proposed towers which were never built; but on one of these bases was built, in 1440, a steeple with a small crenelation. The South side of San Vicente, the one from which one approaches it, also has a change from its original form. At the end of the 13th century, or at the beginning of the following one, a portico was joined to it. This later work keeps the semi-circular arches but the columns are of the Gothic type and are too tall. On the Eastern side the Basilica offers its most harmonious face and at the same time, its most perfectly Romanesque one. A square tower of the type of the Castilian towers at the crossing, rises above the extended line formed by the transversal nave of this transept and in the foreground the three semicircles of the apses project with perfect regularity and rigorous symmetry. They are of a perfectly simple construction. In the upper part there is a fine collection of modillions which is also continued under the eaves of the arms of the transept. The tower which is in the centre of this perspective consists of two storeys separated by a simple moulding. In the upper storey it contains pointed arch windows.

The decorative austerity of the edifice is remarkable. The ornamentation is limited almost exclusively to the modillions and the metopes of the South cornice, the West and South doorways and the magnificent cenotaph of the martyrs in the transept.

On the South side, which is the one by which access to the church is usually gained, the facade is decorated with a large window splayed on both sides, and another row of openings is revealed between the projections of the short abutments. The rest of the facade remains hidden by the portico to which we have already referred. Very near to the arm of the transept is the doorway which gives access to the church on this side. Its capitals, adorned with quadrupeds and birds in combat are rather crude. But on the jambs of the door there are some very fine statues. The two outer statues on the right belong to the first half of the 12th century, and can count amongst the best that Spain produced at this period. The two figures who, on the left, form the group of the Annunciation, are the work of the master who was responsible for the main doorway.

This doorway goes a little unnoticed by visitors, for the church has another one facing

West, which is one of the finest of the Spanish Romanesque in the second half of the 12th century. There one can better appreciate the characteristics of this artist of genius, who is generally identified as the master Fruchel. He conceived his work as a great arch which is divided into five archivolts supported by the same number of columns on each side. The archivolt nearest the outside, which has not so much decoration, rests on smooth columns. The inside of the arch is occupied by a great tympanum : this is in its turn divided into two twin arches, which are a little elevated and supported by corbels at both extremities, and in the middle by a door mullion, which divides the entrance in two. This, then, is the architectural arrangement, which is enriched by the most varied decorative motifs on the archivolts, the capitals and the abacuses, certain of the column shafts and even the imposts. On the small arches above the door, the archivolt is made of acanthus leaves, and the small tympana show us two different scenes of the same story : the one on the left represents Dives at a well-furnished table and poor Lazarus with the dogs licking his sores; the one on the right tells the story of the death of each of them, with the classic angels and demons carrying off their souls. In the great splayed arch, special prominence has been given to plant themes. The very varied flora, composed of foliated scrolls, curly stems and flowers, is sometimes sculpted with such skill and virtuosity that it is completely pierced, detached from the moulding on which it develops, and only held fast by its extremities. The figures on the columns and the door mullion constitute the great decorative motif of this doorway. The apostles are holding in their hands a book or an open scroll, and are grouped in twos, in an attitude of dialogue, as if they were whispering, impressed by the solemnity of the place.

On the inside, the church is composed of three naves with a transept having very pronounced arms, and, in the chevet, three apses and a crypt, which is necessary to compensate for the unevenness of the ground. The naves have six bays each and are separated from one another by vigorous semi-circular arches. The transept is composed of almost convex arches beneath which shelter other twin semi-circular arches with large floral capitals. The arms of the transept are covered by a cradle-vault, and the apses by a semi-dome. In the main nave, however, we no longer have the cradle-vault supported by arch bands, as had, it seems, been planned, but a vault with diagonal ribs, whose segments were in brick. At the intersection with the transept is an octagonal cupola with ribbing : one of the first Gothic cupolas in Spain. In its ensemble, the church produces a grandiose effect by the sureness of its proportions and the precision of its lines, and yet

the Gothic additions do not destroy this impression. The most important element of the interior sculpture – although the work is transitional with more Gothic than Romanesque features – is the famous cenotaph of the church's titulars, in the South arms of the transept : a construction of considerable dimensions, surmounted by a pointed roof, above a flamboyant Gothic canopy, supported by four columns. The tomb itself is a rectangular table resting on columns. The upper part of the tomb is like a building covered by a roof with two sloping surfaces. On the gables are Christ in Majesty with the lion and the bull and various scenes connected with the Wise Men. On the sides are set out ten scenes which tell the story of the martyrdom of St. Vincent and his two sisters. The liveliness and the animation shown by these figures are really extraordinary.

Thus San Vicente constitutes a very authentic picture of the time when it was built. Building work, which continued for a long period, has enabled – and this occurs regularly in so many Spanish churches – two styles to be superimposed : the Romanesque for the foundations and the first developments, the Gothic for the covering of the main nave. The sculpture belongs somewhere between the two periods, hence its singular beauty : it is the moment when the perfect maturity of the Romanesque gives way to the elegance of the Gothic.

SAN ANDRÉS

We continue our itinerary outside the city walls, and a very short distance from San Vicente we find a small church of a very pure Romanesque style, which remained abandoned for quite some time, but which is at the moment being carefully restored. To reach it, we must take the path which runs by the side of the North facade of San Vicente, cross the main road from Villacastin to Vigo, and then take the street of la Parilla or that of Valseca. Of quite small dimensions, it nevertheless has all the necessary elements to constitute a complete Romanesque monument, which from its general characteristics can be dated to the end of the 11th century. In fact it is the oldest Romanesque church in Avila. San Andrés being later than the repopulation, which must have begun about 1089 or 1090, one is forced to see in it a work of the last ten years of the century.

The chevet is without any doubt the oldest remaining feature and consists of three apses of unequal dimensions. The central apse corresponding to the choir comes further forward and is decorated with a low blind arcature in the rectilinear part. In the hemicycle there are two series of string-courses and some semi-embedded columns on either side of the windows. As for the lateral apses, the one on the gospel-side is entirely smooth, without any window; the one on the epistle-side has in the middle of it a window without column or moulding, and above the window a string-course decorated with a plant theme.

The main doorway, facing the West, has the usual splayed form but its archivolts are decorated with rosettes inside circles. The capitals are adorned with pairs of animals, of harpies and of monsters, and the imposts with four-petalled flowers. The same architectural plan is repeated on the South doorway. The tower which rises to the left of the main doorway is later than everything else.

On the inside the church has three naves, separated by three square pillars on each side, with a circular plinth and four semi-embedded columns; these pillars support great semi-circular arches with a double row of arch-stones. The capitals of the semi-embedded columns are simple, and almost all of them depict leaves. As on the outside, the most interesting element is the central apse. A spacious apse, giving great visibility, and sturdily built. It also contains the richest collection of historiated capitals in Avila. The right-hand bay, about as wide as the nave, is decorated in the bottom half of its height with blind arches, which are of identical structure with that of the arches to be seen on the outside. Above, a line of rosettes between circles, and, covering it all, a semicircular vault reinforced by an arch with a double row of arch-stones. The columns supporting this arch, like those of the triumphal arch, do not reach the ground, but end, as soon as they have begun, in a sort of bracket. The sculpture of the capitals in the apse sums up the themes of the 11th century, undeveloped. Yet with their characteristic ruggedness, these capitals form a very remarkable series.

The proportions of the side apses in relation to the central apse seem strange : they are so small that the one on the epistle-side is hardly wider than a simple recess.

The characteristics of the church of San Andrés lead one to think that it was decorated by a sculptor who was influenced by the second artist of San Isidoro de León. It would thus constitute an enclave of the province of León in the heart of Castile. Through San Andrés, the influence of León was exercised over the small churches of Avila; and it is perhaps to the same type of decoration that the early buildings of the cathedral and of San Vicente belonged.

Baptismal Fonts

In numerous Castilian villages are preserved baptismal bowls which may be considered as manifestations of a popular art, inspired by Romanesque art. The majority of them are in the province of Burgos. Those in the province of Soria are more rustic and primitive. In the province of Palencia, in a rural context,

their sculptors have managed to express the profound spirit of the people.

REDECILLA DEL CAMINO

This is the first village in the province of Burgos within the confines of the Rioja. It has a fine baptismal font, very curious and tinged with Mozarabic influence. It is in the parish church. A tall pedestal formed by several columns, half-embedded in a central pillar. The bowl is of great dimensions and is entirely sculpted without a single empty space. The general impression is of a great building, a sort of palace with numerous towers and windows. Between the towers there are sorts of cantilever galleries covered by a small triangular roof. The sculpture manifests a certain primitive character, but it is delicately executed. This bowl has perhaps come under the influence of San Millán de la Cogolla, an important centre of Castilian Mozarabism, quite close to Redecilla. It may be from San Millán too, that there comes a certain quality recalling sculpture on ivory.

COJÓBAR

One of the most elegant amongst the Castilian bowls. A low font with a semispherical bowl resting on a very short pedestal. The decoration is very simple. It is reduced to a blind arcature with slightly elevated semicircular arches. Very slender columns which correspond with the curve of the bowl. On the upper edge, a double frieze. An austere ensemble, very carefully produced. On the inside, large, scallop-shaped fluting. Cojóbar is near Burgos. Take the Madrid road, and at Sarracin, the Soria road. Five kilometres along the latter, you will find a left fork leading to the village.

CASCAJARES DE LA SIERRA

On the road from Burgos to Soria, about ten kilometres before reaching Salas de los Infantes. The font is in the parish church. A vigorously sculpted font, which on account of its position in a corner cannot be examined completely. A large arcature goes right round it. Inside each arch, some figures. Eight can be seen, representing three fishes above one another, a hind, a roe-deer, a lion very similar to those of the cloister at Silos, a Maltese Cross, another lion and animals facing one another, yet still within their homes. Influence of the abbey at Silos, which is very near, although the hind and the roe-deer are more natural.

CILLAMAYOR

The font comes from the village of that name, but is housed in the Fontaneda museum at Aguilar de Campóo. In the shape of the frustum of a cone, with a certain slight curve on the outside surface. Only a third of this surface is sculpted. The decoration represents a great intertwining, a sort of great labyrinth around a cross, which occupies the centre. By the side is sculpted a very elementary human figure. The person is dressed in a short skirt and is holding a sort of broom. It seems to be an allusion to the sculptor of the intertwining who signs thus : « It is Pedro de Cilla who produced me. » It is a late work, rustic.

A very fine historiated font with figures who have a very moving expression. To reach Colmenares, in the province of Palencia, one leaves the road from Burgos to Cervera to enter the valley of the Ojeda at Dehesa de Montejo. A font in the shape of the frustum of a cone on a circular step. The whole surface is taken up by characters about eighteen inches high with large, slightly disproportionate heads. Between a baptismal scene and that of the tomb of our Lord with the soldiers in coats of mail and the three Marys, figure three men fighting one another. They are the most moving and anguished faces in the whole sculpture. The vigour of this sculpture resides in the attitudes, somewhat exaggerated by the curve of the font, in the faces and even the gestures of the hands. The ensemble is profoundly expressive and full of life.

GUARDO

Also in the province of Palencia, at its West extremity, near the border with that of León. Follow the road which runs from Palencia, via Carrion and Saldaña, to Riaño in the mountains. Somewhat crude sculpture, but of profound, and even enigmatic, significance. Two scenes, apparently connected with the genetic instinct. A man, his legs apart, his hands resting on his pubis. Below, as if buried, a woman lying on the rock; but this is no corpse. On the other side a man and woman, naked and with a very narrow belt, directed towards one another. One feels a movement, a zest and an unspeakable tenderness. Below, a relief of people awaking from the dead. And between these two large groups, a figure clad in an ample robe and another naked, which perhaps represents God the Father at the moment when he creates Adam, when he models him from clay. The subject is treated with vigour, without fastidiousness, but with a certain genius. One cannot see the whole font, for yet again it is half-embedded in the wall.

ARENILLAS DE SAN PELAYO

A village situated right in the heart of the province of Palencia in the region of the Valdavia. It can be found on the road which follows the stream of this name, between Renedo and Villacles de Valdavia. The font bears a purely decorative sculpture, finely executed, and produces an impression of great gentleness. One would think it was cloth. Two friezes. The upper one is made of rosettes, which present two models of flowers, leaves and petals. The lower one is composed of boughs which link to form a garland. The font is in the shape of the frustum of a cone resting on a simple base, surrounded by a moulding.

BOADILLA DEL CAMINO

This is the village before Frómista on the Santiago path. The font that we are going to

see corresponds to the characteristics of the
transitional art that is found along pilgrims'
routes. A very rich pedestal formed by twelve
short-shafted columns, with normal bases which
join to form the plinth of the font, and capitals
of a simplicity which presages Cistercian art.
Above, the bowl which is only decorated by
three registers of a geometrical decoration.
In the lower register, some rather surbased
double arches with grooves on the inside.
An intermediate band made of a torus with
a few crosses. The second register is made
of semicircular arches which intersect to form
pointed arches. And in the third, tangent
circles, inside which are rosettes and crosses.

List of plates

Silos

Um nach Silos zu gelangen, fährt man von
Burgos auf der Straße nach Soria bis Cuevas
de San Clemente. Dort fährt man rechtsab auf
eine Nebenstraße, die über Mecerreyes und
Covarrubias (wo eine Fahrtunterbrechung sich
lohnt) zum Tal von Tabladillo führt, in dem
sich die Abtei von Silos befindet. Es ist ein
typisches *serrano* – oder Gebirgsdorf – mit
monumentalen Klosterbauten im neoklassischen

Stil des spanischen XVIII. Jahrhunderts. Der
Architekt der Kirche war Ventura Rodriguez.
Treten wir durch das Portal *Las Virgines*
(die Jungfrauen) gennant und am Fuße einer
steilen Treppe finden wir den romanischen
Kreuzgang. Das ist alles, was von einer wunderbaren Anlage übriggeblieben ist. Die romanische Kirche verschwand im XVIII. Jahrhundert, und im XIX. Jahrhundert, nach Anlaß

der Tilgung der Kirchengüter, wurden zahlreiche Kunstwerke sowie die im Kloster aufbewahrten Büchersammlungen zerstreut.

Die Geschichte der Abtei ist innig mit dem hl. Dominikus von Silos verbunden : 1041 kam er zum alten Kloster San Sebastián von Silos aus San Millán de la Cogolla, einem berühmten kulturellen und geistlichen Zentrum, das in der Rioja liegt. Der hl. Dominikus schuf in Silos ein reges künstlerisches und religiöses Leben und vergrößerte eine alte Kirche, die bestimmt westgotischen Ursprungs war. Von der Kirche des Heiligen blieb nichts übrig, denn sie wurde mehrmals ausgebaut und im XVIII. Jahrhundert abgerissen. Neben der Kirche fing der Heilige den Bau eines Kreuzgangs an — es ist der heutige — dessen Ost- und Nordgalerien er baute. Nach seinem Tode 1073 wurde er in der Mitte der Nordgalerie begraben am Fuße eines Pfeilers, dessen Kapitell darüber eine Inschrift trägt.

Zu Lebzeiten des Heiligen angefangen, wurde der Kreuzgang erst nach fast einem Jahrhundert vollendet. Im XII. Jahrhundert wurden die West – und Südgalerien des unteren Kreuzgangs hinzugefügt, und als dieser vollendet war, baute man den oberen Kreuzgang, dessen Rundbögen romanisch sind, während aber die Kapitelle schon dem Übergangsstil angehören und eine ausgesprochene Tendenz zur Zisterzienser Kunst aufweisen.

Die Skulptur des unteren Kreuzgangs ist so bemerkenswert, daß es nicht an Versuchen gefehlt hat, ihr ein späteres Datum zuzuschreiben. Der Irrtum kommt im allgemeinen daher, daß man glaubt, der Kreuzgang sei jüngeren Datums als das Portal der Jungfrauen, das aus dem Anfang des XII. Jahrhunderts stammt. Aber die Form des Bauwerks bestätigt die Annahme, daß der Kreuzgang aus dem XI. Jahrhundert stammt. Er gehörte zu der vom hl. Dominikus erbauten Kirche. Er lag auf der gleichen Höhe, und man betrat ihn durch eine Tür, St. Michaelstür genannt, auf der Südseite der Kirche nahe dem jetzigen Altar der Madonna von Marzo. Das Portal der Jungfrauen wurde später höher gebaut, als man die Kirche des Heiligen ausbaute, und seine Treppe, die dem funktionellen Charakter der alten Klosterbauten nicht entspricht, war eine Notlösung, entstanden aus der Notwendigkeit, in den schon bestehenden Kreuzgang hinunterzusteigen.

Zwei hervorragende und erstklassige Künstler arbeiteten an der Ausschmückung des unteren Kreuzgangs von Silos. Von beiden ist der Name unbekannt. Wir kennen von ihnen nur ihr Werk. Derjenige, den man den ersten Meister nennt, ist der älteste und der originellste. Er schuf sämtliche Kapitelle der Ost – und Nordgalerien, vier andere am Anfang der Westgalerie und sechs der acht großen Reliefs, die sich an den Ecken befinden und die gewöhnlich die « Stationen » des Kreuzgangs genannt werden. Seine größte Originalität ist die Art, auf die er die fantastischsten Vögel entwirft und ausführt : Vögel, die Pelikanen oder Straußen ähneln, aber Köpfe und Beine von Gazellen besitzen, Greife vielerlei Arten, Adlerkörper mit Löwenkopf und eine unheimliche Fauna von Harpyien. Andere ausgezeichnete Kapitele stellen Tierkämpfe oder übereinander gestellte Tiere dar. Zwei zeigen menschliche Figuren, und mehrere weisen ein Pflanzenthema auf, in dem die klassischen Akanthen sich verwandelt haben in tief eingeschnittene, fleischige Blätter mit schönen Früchten an ihren Enden.

Derselbe Künstler schuf sechs der großen Reliefs des Kreuzgangs. An der Südostecke die Himmelfahrt des Herrn und ein Relief, das man gemeinhin als eine Darstellung von Pfingsten auffaßt. In der Nordostecke eine herrliche Kreuzabnahme und eine Komposition der Grablegung, die die Auferstehung ahnen läßt. Die bekanntesten jedoch sind die Reliefs in der Nordwestecke : die monumentale Szene der Pilger von Emmaus und eine andere voller Kraft und Eindringlichkeit, die wohl den hl. Thomas darstellt.

Im Werk dieses Künstlers verdient die Ausführung der Einzelheiten unsere besondere Aufmerksamkeit. Auf den Kapitellen ist die Meißelführung sehr leicht, ohne große Tiefe und mit scharfen Kanten; vollendete Zartheit, lineare und symmetrische Komposition, Verfeinerung und Archaismus; eine gewisse Steifheit erinnert an Gewebe und Teppiche der Perser und Araber, nach der Technik der Elfenbeinskulptur ausgeführt. Die « Stationen » erinnern ebenfalls an Platten mit Elfenbeinskulptur, aber im größeren Maßstab ausgeführt. Hier wäre vielmehr byzantinische Einfluß, aber die Bewegung kommt noch dazu. Keine Figur bleibt unbeweglich. Große geistige Spannung, außergewöhnliche Feierlichkeit. Wenn man aus mehreren Gründen hat glauben können, daß es sich um einen Künstler aus dem arabischen Spanien handelt, so muß man trotzdem feststellen, daß er in seiner Komposition und seinem Symbolismus tief christlich ist.

Die übrigen Skulpturen des unteren Kreuzgangs stammen vom zweiten Künstler. Es ist umstritten, ob man ihm gewisse Kapitelle und die zwei Reliefs an der Südwestecke zuschreiben soll. Dieser Bildhauer weist schon typisch romanische Merkmale auf : normale Betonung des Reliefs, einen ausgesprochen karikaturalen Ausdruck, realistische Skulptur. Er steht unter dem Einfluß des ersten Meisters, seine Skulpturen bestehen aus einander gegenüber stehenden, ungeheuerlichen Tieren mit entstellten Mäulern, großen Augen, mit einem Ausdruck großer Wildheit und mit kräftigen, sehr verlängerten Hälsen, die über das ganze Kapitell laufen. Das Ganze sehr realistisch, obwohl übertrieben. Die Pflanzenmotive enthalten Kalifenakanthen, die mit dem Bohrmeißel tief eingeschnitten sind und schon Farnen ähneln.

Die zwei letzten « Stationen » sind sehr schön, aber deutlich von der Gotik beeinflußt. Die Verkündigung und die Krönung Mariä sind ein sehr schönes Relief und von einer Würde und Eleganz, die schwer zu übertreffen sind. Die Wurzel Jesse ist ein rührendes und sehr dekoratives Motiv.

In ihrer Gesamtheit kann diese Kunst des Kreuzgangs von Silos nicht verstanden werden, wenn man sich nicht des kulturhistorischen Milieus bewußt ist, in dem das Kloster im XI. Jahrhundert lebte. In Silos entsteht eine neue Kunst, in der zahlreiche Grundelemente des Spaniens der Reconquista lebhaft zusammenschmelzen. Die westgotische Tradition und die der griechisch-römischen Klassik, die arabische Technik und die christliche Lehre, das Ganze unter dem Zeichen der romanischen Kunst, die die große Neuigkeit dieser Zeit war. Als Zeugen dieses zugleich künstlerischen, kulturellen und religiösen Aufschwungs, den der hl. Dominikus seinem Kloster zu geben wußte, verbleiben uns außer dem unteren Kreuzgang mit seinen Skulpturen die großen ausgemalten Manuskripte in Paris und der *Beatus* in London; die wunderbaren spanisch-arabischen Emaillen im Museum von Burgos und im Kloster selbst; die berühmte Bibliothek der mozarabischen Liturgie, die großenteils zerstreut ist, von der jedoch ein wichtiger Teil in der Bibliothek des Klosters aufbewahrt bleibt. Die ganze Kunst von Silos entspricht der großen Symbiose, die im Spanien der Reconquista zustande kam.

Tafel der Abbildungen

Es sind kurze, meistens außen die Südfassade der Kirche bildende Kreuzgänge. Man
findet sie vor allem in den Provinzen Burgos,
Soria und Segovia. Wenn sie die Stadt Segovia
selbst erreichen, sind es schon echte Säulen-
hallen, die sich unterhalb des Mittelschiffes
befinden. Obwohl noch in der Provinz Burgos
gelegen, ist die schönste der Vorhallengalerien,
die von Rebolledo de la Torre, etwas vom
geographischen Zentrum entfernt und schon
an den Grenzen der Provinz Palencia liegend.

Seinem ältesten Ursprung nach ist der
Narthex die logische Entwicklung des Atriums.
In Spanien hat man auf die Beziehung verwie-
sen, die zwischen der Vorhallengalerie und den
syrischen Narthexen besteht. Deren Form kann
durch Vermittlung des Kalifats von Cordoba
in diese Gegend Kastiliens gelangt sein. Das
wichtigste der mozarabischen Denkmäler, San
Miguel de Escalada in der Provinz León, besitzt
eine eindrucksvolle Galerie mit elf hufeisenförmigen Bögen, die sehr an die sieben Bögen
in einer Miniatur des Beatus von Burgo de
Osma erinnern. Es ist ebenfalls interessant
festzustellen, daß, wenn die Galerien dem
vollkommensten Typus entsprechen, sie not-
wendigerweise diese gleichen sieben Bögen
enthalten, in denen man ein Sinnbild der sieben
Kirchen der Apokalypse hat sehen wollen.

Die älteste datierte Vorhallengalerie ist die
von Sepúlveda. Ungefähr aus derselben Zeit
sind die von San Esteban de Gormaz, die
einen starken maurischen Einfluß aufweisen.
Von Esteban aus verbreiten sich die Galerien
in das Gebiet des Duero und erreichen ebenfalls
die Sierra de la Demanda nördlich und nahe
der Abtei von Silos, deren Kreuzgang einen
starken Einfluß auf die Form der Bögen und
die Skulptur der Kapitelle ausübt. Die Galerie
von Rebolledo de la Torre ist eine Spätkon-
struktion. In ihrer kräftigen und sehr dekorativen Skulptur entdeckt man ebenfalls den
Einfluß der Romanik aus der Provinz Palencia.

SAN SALVADOR DE SEPÚLVEDA

Sepúlveda liegt im Norden der Provinz
Segovia und ist leicht zu erreichen von der
Straße Irún-Madrid, die man im Dorf Boceguillas verläßt. Die Kirche San Salvador liegt
im oberen Teil des Dorfes, das mit seiner Burg
auf dem Marktplatz und verschiedenen interes-
santen Kirchen eine persönliche Note besitzt.

Die Galerie liegt an der Südseite einer sehr
vollständigen, schönen Kirche mit einem
schweren Turm und einer halbkreisförmigen

Apsis, die außen durch sechs angelehnte
Säulen verstärkt ist. Die Galerie hat acht Bögen
bewahrt, die sich abwechselnd auf Säulen und
ziemlich breite, prismaförmige Pfeiler stützen.
Jede Säule trägt ein großes Kapitell. Ihre
Skulptur ist wenig interessant, und ihre primitive Art ist auffallend. Im ganzen sind es vier
Kapitelle, die mit Zwiebeln und menschlichen
Figuren geschmückt sind, außer einem von
ihnen, das am besten erhalten blieb und mit
stark stilisierten Blättern und dicken Früchten
geschmückt ist. Die Säulen stehen auf einer
hohen Brüstungsmauer.

Auf der Apsis liest man eine Inschrift : Era
MCXXXI, was dem Jahre 1093 entspricht. Das
Ganze macht einen bäuerlichen Eindruck, ist
aber echt romanisch in der Form, ohne mau-
risches oder mudejarisches Merkmal.

SAN ESTEBAN DE GORMAZ

Es liegt am Ufer des Duero in der Provinz
Soria, dreißig Km. von Aranda. Es ist ein Dorf,
in dem die Reconquista bei ihrem Durchgang
starke maurische Bestände fortbestehen ließ.
Diese prägten mit ihrem Einfluß zwei wichtige
Vorhallengalerien.

Die *Kirche San Miguel,* die sich auf einer
kleinen Erhöhung innerhalb des Dorfes erhebt,
ist ein seltsames und wichtiges Denkmal, das
durch seine Form und Bauart zeitlich sogar
vor San Salvador de Sepúlveda entstanden sein
könnte. Die Kirche besitzt auf ihrer Südseite
eine Galerie, die für ihre Art typisch ist. Sie
besteht aus sieben Bögen, wenn man den der
Eingangstür mitrechnet, der den Mittelbogen
bildet. Man erreicht sie über einige Stufen, die
ihr einen gewissen monumentalen Charakter
verleihen. Die Säulen sind kurz und gedrungen
mit umfangreichen Sockeln und Kapitellen. Die
Kirche ist romanisch und hat eine halbkreisförmige Apsis und einen etwas abseits an der
Nordseite stehenden Turm. Das interessanteste
Kennzeichen der Galerie ist ihr Archaismus,
der sich in den Abmessungen der verschiedenen
Teile der Säulen äußert, und der auffallende
maurische oder mozarabische Einfluß in den
Skulpturen sowohl der Kapitelle als auch der
zahlreichen, das Gebäude schmückenden Kragsteine. Die Themen der Skulpturen, die alle
unter orientalischem Einfluß stehen, zeigen auf
den Kapitellen arabisch gekleidete Männer,
sorgfältig gemeißelte Tiere, die Lehrfabeln zu
illustrieren scheinen : Pferd, Raubvogel, Pfau,
Schlange, und maurische Festungen oder
Burgen mit hufeisenförmigen Bögen und

Köpfen von Soldaten, die zwischen den Zinnen erscheinen. Wir haben hier zweifellos mit einem maurischen Baumeister zu tun, der ein romanisches Werk verwirklichen wollte, der jedoch in seinen Skulpturen Szenen aus dem Leben des Dorfes und seiner jüngsten Vergangenheit unter den Kalifen wiederaufleben ließ.

El Rivero ist die zweite Kirche von San Esteban, die eine Vorhallengalerie besitzt. Sie liegt etwas höher im Dorf und etwas abseits. Von hier aus hat man einen schönen Ausblick auf die Duero-Ebene. Die Kirche ist größer und monumentaler als die San Miguel-Kirche, viel mehr restauriert und sie besitzt weniger originale Teile. Es scheint unbestreitbar, daß San Miguel ihr als Muster gedient hat. Die Vorhallengalerie besteht aus neun Bögen. Fünf sowie der des Eingangs sind alt und ausgeschmückt, die drei anderen sind glatt und ruhen auf Pfeilern. Die Säulen sind normaler als in San Miguel. Der Umfang der Kapitelle und der Sockel ist geringer und die Schäfte sind schlanker. Die Themen der Skulpturen sind denen von San Miguel ähnlich. Wir sehen wieder Männer mit Kaftanen oder Turbanen bekleidet, Tiere, von denen eins gegen einen Mann kämpft, die Sirene mit menschlichem, turbanbedecktem Kopf, und mehrere Kapitelle mit Pflanzenschmuck. Man bemerkt, daß sie eine Nachahmung von denen von San Miguel sind. Auch sind zahlreiche von ihnen beschädigt.

DIE GRUPPE DER SIERRA DE LA DEMANDA

Nördlich von Salas de los Infantes und seiner Umgebung finden wir vier bemerkenswerte Vorhallengalerien. Dies erklärt sich am natürlichsten durch die damalige Anwesenheit in diesen Dörfern von Bildhauern und Steinmetzen, die in der Werkstatt der nahe gelegenen Abtei von Santo Domingo de Silos gearbeitet hatten. Dieser Einfluß macht sich bemerkbar sowohl in der Bauart der Bögen als auch in den Themen der Skulpturen, die sich nicht nur auf die Ungeheuer und Tiere des ersten Meisters, sondern auch auf die Akanthen und stilisierten Blumen des oberen Kreuzgangs beziehen. Pineda und Canales de la Sierra liegen jenseits der Höhen der Demanda, Canales zur Rioja hin. Vizcainos de la Sierra und Jaramillo de la Fuente hingegen liegen auf den südlichen Ausläufern, dort, wo die Ebenen von Lara beginnen.

Pineda de la Sierra ist ein kleines Gebirgsdorf. Nach dem Dorf Barbadillo del Pez nimmt man links eine Abzweigung, die um die Sierra Mencia herumläuft über den Paß des Manquillo. Es ist eine mächtige Kirche mit einem kräftigen viereckigen Turm. Die Galerie von Pineda ist eine der schönsten. Sie hat in der Mitte ein echtes Portal mit sechs Bögen links und fünf rechts. Umfangreiche, nebeneinander stehende Doppelsäulen. Doppelkapitelle. Stark stilisiertes Pflanzenmotiv mit einem Einfluß der Kapi-

telle des oberen Kreuzgangs von Silos. Auf einigen der Kapitelle stehen Menschen in langem Kleid. Das Portal der unter der Galerie gelegenen Kirche ist sehr interessant. Zu jeder Seite fünf Säulen und vier andere in den Ecken. Das Ganze macht einen sehr reichen Eindruck. Wichtige Kapitelle, die unter sich verbunden sind und einen großen Fries bilden, dessen Thema aber nicht einheitlich ist. Gewisse Kapitelle besitzen Figurenschmuck, andere zeigen einander gegenüber stehende Fabeltiere. Die Bögen bestehen aus einem großen Rundstab, und in den Zwickeln befinden sich zwei Skulpturen : zwei Personen von großen Abmessungen. Dieses Portal könnte aus dem ausgehenden XII. Jahrhundert stammen. Die Galerie dagegen ist späteren Datums, aus dem Anfang des XIII. Jahrhunderts.

Canales de la Sierra gehört zur Provinz Logroño. Auch stellt man in den Skulpturen seiner Vorhallengalerie einen aus dem Norden kommenden Einfluß fest, der sie von den anderen Galerien der Sierra de la Demanda unterscheidet. Die Galerie ist ein Teil der Klause von San Bartolomé und befindet sich auf einer kleinen Anhöhe neben der Straße nach Logroño. Es muß diese Galerie mit sieben Bögen gewesen sein. Sie hat aber drei verloren, und der Bogen, der als Portal dient, liegt nicht in der Mitte und hat nur drei Bögen rechts. Das Eingangsportal weist eine große Archivolte auf mit sehr breiten sich kräuselnden und gestreiften Blättern. Ungefähr ein Blatt auf jedem Keilstein. Eine der Säulen ist gewunden. Von den sehr schönen Kapitellen hat das eine ein Pflanzenmotiv, das andere ist mit Vögeln geschmückt. Sehr schön sind ebenfalls die Kapitelle auf den Bögen. Zwei tragen Figurenschmuck, eins ist mit sehr eleganten Blättern, ein anderes mit zwei Ungeheuern geschmückt, die einen Menschen beißen. Vortreffliche Viereckplatten und verschiedenartige Archivolten. Es gibt auch eine Eingangstür zur Kirche unter der Galerie mit vier Kapitellen. Drei von ihnen haben Pflanzenschmuck : vortrefflich ausgeführte Blätter verschiedener Art, das vierte stellt ungeheuerliche Köpfe dar. Im allgemeinen zeigt die Skulptur keinen Einfluß von Silos, und man stellt französische Arten des Bildhauens fest, die sich schon dank den Compostella-Pilgern verbreiteten.

Vizcainos de la Sierra besitzt eine kleine, aber sehr vollständige und völlig romanische Kirche. Gut behauener Stein, halbkreisförmige Apsis mit angelehnten Säulen und schöner Turm am Ende des Mittelschiffes. Mehrere romanische Fenster, darunter ein sehr schönes am Fuße des Turms. Die Galerie ist sehr kurz. Ein Mittelbogen und zwei Seitenbögen mit vier Kapitellen, die mit Tieren geschmückt sind. Greife, Löwen, Harpyien und Vogelpaare, die alle entfernt von Silos herstammen. Ein Innenportal mit zu jeder Seite zwei mit Kapitellen geschmückten Säulen. Auf den linken wiederholt sich das Thema der ungeheuerlichen Tiere ; auf einem der rechten hingegen findet man eine naturalistische Skulptur : einen Rehbock, und auf dem anderen einen Löwen, der einen Menschen verschlingt. Vizcaínos de la Sierra befindet sich auf der Südseite der Sierra de la Demanda. Kurz nachdem man Barbadillo del Pez in Richtung Salas de los Infantes durchfahren hat, nimmt man eine Abzweigung nach rechts.

Jaramillo de la Fuente liegt an der Straße nach Vizcaínos, wenn man auf ihr in Richtung Burgos weiterfährt. Die Kirche besitzt drei romanische Teile : den Turm, die Apsis und die Galerie. Der Turm ist schlank und kräftig und weist in seinen zwei oberen Stockwerken schöne Doppelfenster auf. Die Apsis ist eine der feinsten der Gegend. Ein vollkommener Halbkreis mit einem anmutigen Mittelfenster. Die Galerie besitzt sieben Arkaden, wenn man die mitzählt, die als Portal dient. Die Skulpturen bestehen aus Köpfen von Königen, stilisierten Blättern, Tieren, Greifen, Harpyien und einigen Masken. Sehr sorgfältige Meißelarbeit. Auch das Portal der Kirche ist sehr auffallend. Die Kapitelle stammen nicht von derselben Hand wie die anderen. Offenbar ist es möglich, sie in Beziehung zu denen am Portal der Jungfrauen in Silos zu bringen, insbesondere zu demjenigen, auf dem ein Mensch zwischen zwei Löwen dargestellt ist, und das mit gebogenen Linien stilisiert wurde. Die anderen stellen die Sirene mit Doppelschwanz dar, sowie Simson im Kampf mit dem Löwen und kriechende Katzentiere.

REBOLLEDO DE LA TORRE

Die schönste der Vorhallengalerien Kastiliens befindet sich in der Nordwestecke der Provinz Burgos. Um nach Rebolledo zu kommen, fährt man auf der Straße Palencia-Santander, von der kurz nach Alar del Rey eine Abzweigung nach rechts abgeht. Ein angenehmes Dörfchen, das schon ein wenig den Norden ankündigt, mit einer Festung in der Mitte und, in seinem oberen Teil, der Pfarrkirche mit ihrer Vorhallengalerie. Es ist eine sehr gepflegte Kirche mit einer Mischung von Romanik und Gotik und einem Renaissance-Turm mit Zinnen und Wasserspeiern. Die Galerie ist der Rest eines ursprünglich romanischen Bauwerks. Wir kennen ihre Geschichte durch eine Inschrift auf einem Fenster mit dem Datum 1186 und dem Namen des Baumeisters : Juan de Piasca.

Sie enthält zehn Arkaden in strengem Rundbogen sowie die des Eingangs in Spitzbogenform, die etwas vorspringt und ein echtes Portal bildet. Fünf Säulen sind einfach, acht sind Doppelsäulen. Sehr sorgfältige Skulptur aus schön behauenem, gutem Stein. Säulen lehnen sich an den Körper der Galerie an und laufen in Kapitelle aus, die sich in eine glänzende Reihe von Kragsteinen einfügen.

Die sehr abwechslungsreiche Skulptur weist nacheinander Pflanzenmotive, Fabeltiere und einige interessante Themen mit Figurenschmuck auf : Tod des Geizigen, St. Michael mit dem Teufel um eine Seele kämpfend, ein bemerkenswertes Turnier und Simson im Kampf mit dem Löwen. Dieses Kapitell zeigt auf mehreren Gebieten Übereinstimmung mit einem aus Aguilar de Campóo stammenden Kapitell, das sich im Archäologischen Museum in Madrid befindet. Im allgemeinen ist zu sagen, daß die ganze Skulptur von Rebolledo de la Torre zwar einen gewissen Einfluß der Pflanzen und Tierthemen von Silos aufweist, jedoch in Wirklichkeit zu den fortgeschrittenen Formen der Romanik aus der Provinz Palencia gehört.

Auf der Westseite der Galerie bemerkt man ein sehr hübsches Fenster, das nach innen mit einem Fries geschmückt ist, der die Versuchung Adams und Evas im irdischen Paradies darstellt. Seine Bearbeitung erinnert an die der Elfenbeinschnitzer und weist einen starken maurischen oder mudejarischen Geschmack auf. Außen zeigt das Fenster zwei Kapitelle mit einander gegenüber stehenden Tieren, eine sehr schöne Archivolte, die breite Blätter mit dicken, den gotischen Kreuzblumen ähnlichen Früchten aufweist. In der Mitte hat das Fenster eine Säule in der Art eines Fensterkreuzes, die als Kapitell einen kräftig gemeißelten Löwenkopf besitzt. Auf diesem Fenster befindet sich die Inschrift, die uns die Geschichte, das Datum und den Schöpfer der Galerie von Rebolledo de la Torre erzählt.

376

Soria

DIE ROMANIK DES OBEREN DUERO

An den Quellen des Duero finden wir eine eindrucksvolle Gruppierung romanischer Bauwerke. Es handelt sich um eine kastilianische, kräftige und strenge Romanik, die sehr vermischt ist mit maurischen und ländlichen Elementen. Wir fahren von Aranda stromaufwärts am Duero entlang und gelangen bald in das Gebiet von Soria. San Esteban de Gormaz mit seinen zwei Kirchen : Rivero und San Miguel zeigt uns die ersten Äußerungen dieser so besonderen und so örtlich gebundenen Form der Vorhallengalerie. Sie sind die Frucht des maurischen Komplexes. Die Wiedereroberung mußte in diesem Gebiet lange zur Stelle treten. Dies brachte in hohem Maße eine Gemeinsamkeit des Lebens mit sich. Zu diesem Grundelement der Vorhallengalerie kam noch das hinzu, was die ganze Romanik von Soria prägt: der Einfluß der Skulptur von Silos, vertreten vor allem in den Kapitellen, die geschmückt sind mit Tierpaaren, mit Korbflechtereimotiven und mit fleischigen Blättern, die Tannenzapfen und Früchte tragen.

In El Burgo de Osma sind Überreste eines Kapitelsaals, dessen Skulptur von der Hand des zweiten Künstlers von Silos zu sein scheint. Nördlich und südlich des Duero stellt man in den Vorhallengalerien zahlreicher Dörfer den doppelten Einfluß des maurischen Elementes und von Silos fest. Die wichtigsten und die schönsten befinden sich im südlichen Gebiet mit den Galerien von Santa María de Caracenas und der Klause von Termes. Über Catalañazor erreicht der Einfluß von Silos die Provinzhauptstadt Soria, wo er im Kreuzgang von San Pedro seinen besten Ausdruck gefunden hat.

Der maurische Einfluß seinerseits erreicht seinen höchsten künstlerischen Ausdruck in der Kuppel der Kirche San Miguel in Almazán. Diese weist starke Rippen auf, die aus acht großen, sich überschneidenden Bögen gebildet sind. Die Kuppel erhebt sich über einer sehr gut bewahrten Kirche im Übergangsstil mit stark betonten Spitzbögen. Man könnte glauben, eine Zisterzienser Kirche vor sich zu haben, die mit einer Moscheekuppel bedeckt ist.

Alle diese Elemente findet man in der Provinzhauptstadt wieder. Der Kreuzgang San Pedro, von großer Feinheit und Reinheit, erinnert an den von Silos. San Juan de Duero zeigt einen ausgesprochenen orientalischen Geschmack. Noch ein anderer Einfluß läßt sich in Soria feststellen. Zwar handelt es sich nur um ein einziges Bauwerk, aber eins von außerordentlichem Rang : die Fassade der Kirche Santo Domingo, die in ihren allgemeinen Linien an Notre-Dame-la-Grande von Poitiers erinnert.

DIE FASSADE VON SANTO DOMINGO

Sie befindet sich im oberen Stadtteil, wenn man die *Aduana vieja* (alter Zoll) hinaufgeht. Herrliche Fassade aus wunderbar behauenem Stein mit heftigen und warmen Schattierungen. Man sieht zwei Gruppen von Blendarkaden, die in zwei Bildstreifen dem Ganzen seine Feinheit und Anmut verleihen. In der Mitte ist ein großes Portal, das auf architektonischem und dekorativem Gebiet das Schönste ist, was diese Kirche zu bieten hat. Es besitzt ein Tympanon und sehr bearbeitete Archivolten. Im oberen Teil befindet sich eine herrliche Rose, deren Durchmesser der Breite des Portals gleichkommt. Die Fassade läuft an der Spitze des Giebels in ein gemeißeltes Kreuz aus.

Obwohl die Fassade in ihrer Ausführung sehr spanisch ist, ist sie dennoch unbestreitbar französischer Herkunft. Umständliche historische Angaben fehlen, aber es gibt eine Überlieferung, die diese Kirche in Verbindung bringt mit dem König Alfonso VIII. von Kastilien und seiner Gemahlin Königin Aliénor von Aquitanien. Diese Aliénor war die Tochter Heinrichs II. von England und der Herzogin von Anjou, Poitou und Aquitanien, dessen

377

Gemahlin. Rechts und links dieses bewundernswerten Portals befinden sich zwei Statuen von Fürsten, in denen man Don Alfonso und Aliénor erkennen will. Die aquitanische Herkunft von Aliénor könnte die Tatsache erklären, daß Gruppen von Steinmetzen aus Poitou oder wenigstens aus Bordeaux nach Soria gekommen sind.

Auch in der Skulptur von Santo Domingo zeigt sich der französische Einfluß. Sie entspricht keinem der verschiedenen Kunstmuster dieser Gegend. Das eigentliche Portal besitzt zu jeder Seite fünf Säulen. Sie werden von sehr gut gemeißelten Kapitellen überragt, von denen einige doppelt sind. Sie stellen die Geschichte unserer ersten Eltern dar, die links mit der Schöpfung Adams beginnt und rechts mit dem Tod Abels endet. Sie sind ausdrucksvoll und kräftig gemeißelt und realistisch aus einer etwas späten Zeit, die in den Falten der Gewänder schon die Übergangskunst ahnen läßt.

Auf diesen Kapitellen ruhen vier Rundbogenarkaden, deren Archivolten eine außergewöhnliche Reihe kleiner Statuen zeigen, während ein halbkreisförmiges Tympanon die Mitte bildet. Dieses Tympanon wird von einer großen Statue voller Kraft und Majestät beherrscht. Sie stellt den ewigen Vater dar, der auf seinen Knien das Jesukind trägt. Das herrliche Haupt des Vaters trägt eine Krone. Sein Blick erweckt den Eindruck, über den Schein der wahrnehmbaren Dinge weit hinauszugehen. Das Kind, das aufnahmebereit seine Arme ausstreckt, gibt der Gruppe eine zärtliche und natürliche Note. Noch sechs andere Figuren erscheinen auf dem Tympanon : zu beider Seiten sitzen Maria und Joseph und um sie herum tragen vier Engel die Sinnbilder der vier Evangelisten.

Die erste der vier Archivolten dieses Portals stellt die vierundzwanzig Greise der Apokalypse dar, ein typisches Thema der französichen Romanik. Trotz des etwas konventionellen Charakters des Motivs weisen sie einen unbestreitbaren Realismus auf ohne Affektiertheit in der Haltung. Sie spielen auf verschiedenen Musikinstrumenten. Die folgende Archivolte ist vollständig der Geschichte der Unschuldigen Kinder gewidmet und zeigt eine Menge von Szenen voller Lebhaftigkeit und Bewegung. Die zwei letzten zeigen Szenen aus dem Leben Christi, die dritte Archivolte von der Verkündigung bis zur Flucht nach Ägypten, die vierte die Leidensgeschichte von Gethsemani bis zur Erscheinung des auferstandenen Christus. Das Ganze macht einen wunderbaren Eindruck durch seine unbestreitbare Dichtheit und Belebtheit. Es zeugt von einem feinen und ausdrucksvollen Meißel und hat großen dekorativen Wert.

Oben befindet sich eine große Rose, die den Reichtum der Fassade noch erhöht. Dahinter erhebt sich die viereckige Masse eines romanischen Turms. Im Innern der Kirche stammen nur die zwei ersten Joche aus der Zeit, in der die große Fassade geschaffen wurde.

SAN JUAN DE DUERO

Vom oberen Stadtteil, in dem sich Santo Domingo befindet, oder von der Stadtmitte gehen wir zum Duero hinunter an der Stiftskirche San Pedro vorbei. Jenseits der Brücke und ganz nahe beim Fluß erhebt sich dieses so originelle Denkmal. Von San Juan de Duero ist der Kreuzgang der originellste wegen der Abwechslung im Stil seiner Arkaden. Im Innern der Kirche machen zwei kleine Gebäude mit Kuppeln nahe dem Chor einen orientalischen Eindruck.

Die Kirche hat einen Grundriß, der für die Romanik von Soria bezeichnend ist. Ein rechteckiges Mittelschiff, das sich am Eingang des Chores ein wenig verengt und auf eine halbkreisförmige Apsis ausläuft. Der Triumphbogen ist ein Spitzbogen, und das steinerne Gewölbe des Chores gehört ebenfalls dem Übergangsstil zur Gotik an. Wir hätten einfach eine der zahlreichen Kirchen der Provinz Soria vor uns, wenn nicht die zwei kleinen Gebäude hinzukämen. Das rechte an der Epistelseite hat eine kegelförmige Kuppel. Das an der Evangelienseite hingegen eine halbkugelförmige Kuppel. Die kleinen Gebäude werden durch vier romanische Rundbogenarkaden gebildet, die sich auf Säulen mit Kapitellen stützen. Jedes Ziborium besitzt nur ein einziges, aber vierfaches Kapitell wie die attische Säule, auf der es ruht. Die anderen Kapitelle und Säulen sind an die Seitenwände und an die Mauer, die sie vom Chor trennt, angelehnt.

Im rechten Ziborium hat der Künstler eine Reihe von Szenen aus dem Leben Christi dargestellt, die über die verschiedenen Kapitelle verteilt sind. Die Skulptur ist kräftig mit einer Tendenz zur Karikatur, ziemlich ungehobelt und elementar. Demselben Künstler verdanken wir ein Kapitell des linken kleinen Gebäudes mit dem Fest des Herodes und dem Tod des Täufers. Dieser wird aus einer Festung geschleppt, die bemerkenswerterweise einen Hufeisenbogen aufweist. Die übrigen Kapitelle gehören der Reihe nicht an und stellen Ungeheuer, Sphinxe und sogar eine siebenköpfige Hydra dar, die von Soldaten in Panzerhemd angegriffen wird. Es ist eine Art von Erinnerung oder karikaturale Umstellung der Kunst von Silos.

Der Bau der zwei kleinen Gebäude hängt zweifellos mit dem, was wir von der Geschichte von San Juan de Duero wissen, zusammen. Es war ein Krankenhaus des Johanniterordens. Es scheint, daß außer dem von Soria auch noch in Agreda und Almazan Krankenhäuser oder Kloster der Johanniter waren. Diese Ritter brachten gewiß die orientalische Tradition nach San Juan de Duero. Sie fanden eine bescheidene

Kirche vor, wie sie in der Gegend üblich war, und paßten sie den Bedürfnissen des orientalischen Gottesdienstes und Liturgie, die sie ausübten, an, indem sie die zwei kleinen Gebäude errichteten, die den Zugang zum Chor einengen. Sie konnten zwischen beiden einen Vorhang spannen oder einen Altaraufsatz aufstellen, die dann eine echte Ikonostasis (Ikonenwand) bildeten.

Der orientalische Eindruck wird im so originellen Kreuzgang noch bestätigt. In den anderen Kreuzgängen studiert man die Galerien, die alle einer Struktureinheit entsprechen. In diesem Kreuzgang von San Juan de Duero muß man die Ecken betrachten, denn jede der vier Ecken besteht aus verschiedenartigen Arkaden. Die Nordwestecke am Eingang weist romanische Bögen mit strengem Rundbogen auf. Die folgende im Nordosten besteht aus Spitzbögen mit einer Tendenz zum Hufeisen. Die Südwestecke besteht aus romanischen Säulen, auf die sich gotische Arkaden stützen, die ebenfalls eine Tendenz zum Hufeisen zeigen, aber ineinander verschlungen sind. Schließlich sind die Arkaden der Südostecke ineinander verschlungen mit einer zweifachen Überschneidung, deren Schleife auf prismaförmigen Pfeilern ruht.

Das ist die große Originalität dieses Kreuzgangs. An den abgeschnittenen Ecken befinden sich Türen mit Spitzbogen in Hufeisenform und eine Art von gezackter Archivolte nach mozarabischer Art. Er muß maurischen oder mozarabischen Ursprungs sein und von Cordoba, höchstwahrscheinlich über Toledo, nach Soria gekommen sein.

Der Kreuzgang ist nicht bedeckt. Man weiß nicht, ob er es je war. In dem Zustand, wie er jetzt ist, kann man wirklich am besten den genialen oder absurden Einfall desjenigen, der ihn entworfen und ausgeführt hat, bewundern.

Segovia

Die Romanik von Segovia verbindet die Tradition der römischen Steine seines berühmten Aquädukts mit dem schönsten architektonischen Komplex des spanischen XVI. Jahrhunderts, den man zwischen den Gassen und den kleinen Plätzen des oberen Stadtviertels findet. Es gibt im ganzen zwanzig Kirchen, in denen man romanische Spuren wiederfinden kann. Und in vielen Fällen ist die ganze Kirche romanisch, obgleich ihre Architektur durch Werke eines späteren Stils entstellt wurde.

Fangen wir in der Vorstadt an, die recht eigentlich das Gebiet der Vitalität von Segovia ist. Ganz in der Nähe des Platzes des Azoguejo stoßen wir auf die anmutige romanische Kirche San Millán. Sie wurde nach dem Grundriß des Domes von Jaca erbaut; man vermutet zwischen 1111 und 1126 und zwar unter dem Einfluß des Königs von Aragón Alfonso el Batallador zur Zeit, da er durch seine Heirat mit Königin Doña Urraca auch König von Kastilien war. Der Bauart von Aragón hat man die klassischen Galerien von Segovia hinzugefügt. In derselben Vorstadtgegend findet man ebenfalls San Clemente, Santa Eulalia und Santo Tomás, ein wenig weiter San Justo und San Salvador. Im Stadtviertel, das ihren Namen trägt, erhebt sich San Lorenzo nahe dem Eresmofluß. Sie hat einen romanischen Turm aus Backstein, der einen ausgesprochen maurischen Einfluß zeigt. Wenn man dem Lauf des Eresma folgt, begegnet man ganz am Fuße des Alcazarfelsens den zwei letzten romanischen Kirchen « extra muros » von Segovia : der kleinen Kirche San Marcos und dem berühmten Gebäude La Vera Cruz, das man den Tempelrittern zuschreibt.

Innerhalb der Mauern sind vor allem bemerkenswert : San Martín, vielleicht französischen Ursprungs, dem man später Galerien und einen Turm beigegeben hat, und San Juan de los Caballeros, nach einem alten Basilika-Grundriß gebaut unter Hinzufügung der Galerien und des Turmes, die für Segovia bezeichnend sind. Auf der Strecke zwischen San Juan und dem Alcázar, im oberen Teil der Stadt, findet man die kleineren Kirchen San Sebastián, San Nicolás, la Trinidad mit ihrer schönen Apsis und ihrer doppelten Bogenstellung im Innern, San Quirce, San Pedro de los Picos, San Andrés und San Esteban. Diese ist die auffallendste mit ihrem schlanken Turm, dem höchsten aller romanischer Türme von Segovia und mit ihrer ebenfalls sehr schlanken Galerie, die schon einer späteren Zeit angehört. Wenn man noch die Ruinen von San Blas und San Gil und die zahlreichen Überreste ziviler romanischer Architektur hinzufügt, stehen wir vor einer der wichtigsten Gruppierungen romanischer Denkmäler.

Eine Tatsache erklärt es : in Segovia lebte die Romanik bis ins XIV. Jahrhundert weiter, während hingegen die der gotischen Blütezeit des XIII. und XIV. Jahrhunderts entsprechenden Bauten fehlen. So kann man, obwohl im XII. Jahrhundert gebaute romanische Kirchen vorhanden sind, im allgemeinen die Romanik von Segovia als spät bezeichnen.

Die Kennzeichen dieser Kirchen von Segovia sind die Türme und die Galerien, die ihnen einen örtlichen Stempel aufdrücken. Was die Ausschmückung betrifft, gibt es die Archivolten mit Blumen oder Rosen, deren Blätter verschieden zahlreich sind, sowie den Reichtum der Vordächer, unter denen das von San Juan de los Caballeros hervorragt. Auch zeigen sich zahlreiche mudejarische Züge : die Kuppel von San Millán und ihr Turm, der Turm von San Lorenzo, die flachen Dächer und die Terrassen, die Bauart.

Für den maurischen Einfluß könnte die Kirche San Millán bezeichnend sein. Für die kastilische Art San Juan de los Caballeros. Und man könnte auf einen gewissen französischen Einfluß in San Martín hinweisen. So

sind diese drei Kirchen für die Romanik von Segovia bezeichnend.

SAN MILLÁN

Vom Azoguejo aus ist der Zugang zu San Millán leicht und praktisch. Wir brauchen nur der breiten Avenida de Fernandez Ladreda zu folgen, die direkt zur Kirche hinführt.

Die Kirche San Millán ist vom Stadtviertel Arrabal Mayor (große Vorstadt) umschlossen. Dort befand sich im Mittelalter ein großer Teil der Textilwerkstätten und noch im XVI. Jahrhundert eine ziemlich große Bevölkerung.

Vor der endgültigen Wiederbevölkerung von Segovia gab es dort schon im XI. Jahrhundert eine Kirche, die dem im X. und XI. Jahrhundert sehr verehrten San Millán geweiht war; von dieser Kirche ist nur der Turm auf uns gekommen.

Über das große romanische Gebäude gehen die Meinungen auseinander. Nach der heute vorherrschenden Meinung aber wurde es mit Billigung und Unterstützung von Alfonso I. el Batallador zwischen den Jahren 1111 und 1126, in denen er in Kastilien herrschte, erbaut.

Außen fangen wir unsere Besichtigung mit der nach Westen gerichteten Hauptfassade an. Sie hat eine schlichte und ausdrucksvolle Komposition. In der Mitte der Fassade öffnet sich ein echt kastilisches Portal, dessen Archivolten kleine Rosen mit vier oder acht Blättern tragen und von drei Reihen von Schindelfriesen eingerahmt sind. Die Kapitelle weisen menschliche Figuren auf, die auf Vierfüßlern reiten, Harpyien, die in bis zu den Füßen reichende Umhänge gehüllt sind, und einander gegenüber stehende Kentauren.

Die Außenmauer des nördlichen Seitenschiffes ist mit Strebepfeilern verstärkt, die unter sich durch Rundbogenarkaden verbunden sind.

Im unteren Teil, der durch die Vorhallengalerie bedeckt ist, befindet sich ein dem Hauptportal ähnliches Portal, das etwas mehr Relief in der Ausschmückung besitzt. Das Portal hat eine Reihe von zehn Arkaden außer der des Eingangs. Es wurde erst im XIII. Jahrhundert angebracht, d. h. später als die Kirche erbaut wurde. Außerdem gibt es noch Kapitelle und Vleieckplatten aus dem XVI. Jahrhundert, die so gut dem Ganzen angepaßt sind, daß man es nicht bemerkt.

An das östliche Ende dieser Nordfassade lent sich der Turm an, der einer der auffallenden Züge des Gebäudes ist, da seine Mauern mit denen der Kirche nicht parallel verlaufen.

Seine zwei Stockwerke besitzen auf jeder Seite ein Fenster mit Hufeisenbogen. Es ist etwas erhöht und stützt sich auf Bogenkämpfern, deren Profil an die mozarabische Kunst erinnert.

Außen kann man noch die Apsiden betrachten und den viereckigen Turm des Querhauses.

Er besitzt ein Kranzgesims mit Kragsteinen und einfache Fenster.

Die Südfassade sieht segovianischer aus und unterscheidet sich dadurch von der Nordfassade. Sie hat eine glatte Wand mit einem Kranzgesims, das teilweise mit einem Flechtband, teilweise mit Schindelfriesen geschmückt ist. Die Bauart der Galerie auf dieser Seite ist dieselbe wie die im Norden mitsamt dem oben verlaufenden Kranzgesims. Die Brüstungsmauer, auf der die nördliche Bogenstellung ruht, ist höher, so daß sie einen kälteren Eindruck macht. Für die Südgalerie hingegen ist es anders, weil die Straße hier ihre normale Höhe hat und eine direktere Sicht auf die Kapitelle erlaubt.

Mit diesen ziemlich komplexen Außenteilen steht das Kircheninnere in Kontrast. Es ist eine der reinsten und harmonischsten Kompositionen der kastilischen Romanik. Die Kirche hat drei Schiffe, ein Querhaus, das nur durch eine zentrale Kuppel betont ist, und drei Apsiden. Es ist eine ähnliche Anordnung wie die des Domes von Jaca, mit dem die Kirche San Millán auffallende Ähnlichkeiten aufweist, wie wir schon sagten. Die Mittelapsis des Domes von Jaca ist verschwunden, und wir wissen nicht, wie sie aussah, aber die von San Millán von Segovia, die in ihrem unteren Teil eine sehr schöne Blendarkade besitzt, ist übriggeblieben.

Die Ausschmückung der Schiffe beschränkt sich auf Viereckplatten und Kapitelle, die einen korinthisch, die anderen mit Figurenschmuck, aber alle schön bearbeitet. Besonders zu erwähnen sind die Kapitelle der Säule und des Bündelpfeilers, die rechts dem Querhaus am nächsten sind. Das erste zeigt die Könige auf dem Weg nach Bethlehem und die Jungfrau mit dem Kind, das andere die Flucht nach Ägypten.

Aus der Abstufung der Skulpturen scheint man folgern zu müssen, daß der Bau von San Millán stufenweise vor sich gegangen ist. Es gibt hauptsächlich drei Baustufen. Der Turm ist der älteste Teil; die Schiffe und die Apsis entsprechen dem allgemein angenommenen Baudatum der Kirche; und schließlich die Galerien, die wie die meisten in Segovia etwas späteren Datums sind. Es wird also eine alte San Millán-Kirche während der Wiederbevölkerung oder einige Jahre später verändert worden sein. Indem man nur den Turm der früheren Kirche behielt, baute man die heutigen Schiffe, die deutlich an Jaca erinnern. Endlich könnte man sagen, daß dieses etwas exotische Bauwerk nach und nach durch Hinzufügung der für die örtliche Romanik bezeichnenden Galerien echt segovianisch wurde.

SAN MARTÍN

Vom Azoguejo, Ausgangspunkt aller unserer Wanderungen durch Segovia, geht die Calle Real aus, die zunächst ziemlich steil ansteigt.

Sie führt uns zuerst an der berühmten *Casa de los Picos* vorbei. Weiter gelangen wir bald zum Medina del Campo-Platz, wo die Statue des Juan Bravo steht, Kämpfer für die kastilischen Freiheiten, der seine Heimatstadt Segovia gegen den Einfluß der zahlreichen Flamen, die Kaiser Karl V. umgaben, aufwiegelte.

Die San Martín-Kirche bildet die linke Seite dieses eleganten Platzes. Was zuerst auffällt, ist eine Galerie mit dreizehn einander ohne Pilaster folgenden Arkaden, die auf schlanken Doppelsäulen ruhen. Das Ganze beherrscht ein schöner viereckiger Turm, romanisch in seinen zwei ersten Stockwerken, und dessen dritter Stock mit einem Schieferdach bedeckt und sicherlich viel späteren Datums ist.

Wenn wir am Ende der auf die Straße ausgehenden Galerie die Straße zwischen Kirche und Öffentlicher Bücherei, einem ausgesprochen spanischen Bauwerk, hinansteigen, erreichen wir das Hauptportal von San Martín. Es ist groß, hat vier Arkaden mit strengem Rundbogen, und seine Archivolten bestehen abwechselnd aus einer dicken Leiste und feinen geometrischen Reliefs mit ineinander verschlungenen Mustern verschiedener Form, Reliefs, in denen man seit jeher einen gewissen maurischen Einfluß erkannt hat. Diese Arkaden gehen von vier prismaförmigen Pfeilern links und rechts aus, deren Rippen durch einen Rundstab ersetzt sind. Der zweite und vierte Pfeiler jeder Seite verwandeln sich auf halber Höhe in feine Statuen in Kariatidenstellung und tragen Kapitelle, die links anscheinend Gefangene mit Ketten an den Füßen darstellen und das eine rechts mit feinem Rankenwerk, das andere mit einer in Blattwerk gefangenen Harpyie, mehr oder weniger direkt von der Fauna von Silos stammend, geschmückt sind. Das Ganze ist voller Erhabenheit. Man behauptet meistens, daß die Figuren in Kariatidenstellung Aposteln seien, aber die erste rechts ist sicherlich Moses; denn in seiner Hand hält er die am meisten übliche Darstellung der Gesetzestafeln.

Die vier Figuren stammen von einer Hand. Es sind schöne romanische Skulpturen in feierlicher Haltung, mit reich gefalteten Mänteln, von einer sehr einfachen Stilisierung; drei von ihnen erinnern ein wenig durch ihre Kopfhaltung und ihren geteilten Bart an Moissac und Souillac, obwohl die von Segovia eine ruhige Haltung bewahren ohne Arme und Beine zu bewegen. Dadurch unterscheiden sie sich auch von den Figuren im großen Westportal von San Vicente in Avila. Diese, gotischer in der Bewegung, tragen ein Kleid mit luftigen klassischen Falten, die die Anatomie der Körperglieder durchschimmern lassen. Die Figuren von San Martín in Segovia, extatische Figuren mit gesammeltem Geist und fein beschreibenden Gewändern, verdienen einen Sonderplatz in der kastilischen Bildhauerkunst.

Wir gehen hinüber zum anderen Ende der Kirche und an der Mittelapsis finden wir in die Mauer eingelassen ein schönes Hochrelief des Schutzheiligen der Kirche San Martín. Der Kopf ist nicht sehr betont, erscheint dennoch als sehr geistig und ausdrucksvoll. Das Ganze sieht wie ein Grabstein aus. Man pflegt dieses Relief mit der Statue der hl. Sabina am Südportal von San Vicente in Avila in Beziehung zu bringen. Allerdings ist das Spiel der Stoffe von San Martín viel einfacher, und die Form, die sie auf der linken Hüfte annehmen, besitzt eine vielmehr klassische Note.

Vor diesen Figuren erscheinen die Skulpturen der Vorhallengalerien sehr grob und einer späteren Zeit angehörig. Sie enthalten eine schöne Sammlung an Figurenschmuck, die meistens biblische Szenen darstellen außer einigen, die dem Leben von Sankt Martin geweiht sind. Die Viereckplatten sind sehr versorgt. Ihre Skulptur jedoch ist wie die der Kapitelle nicht erstklassig, obwohl ihnen Ausdruck und Bewegung nicht abzusprechen sind. Sie beweist etwas, das für Segovia im allgemeinen gilt : die Galerien wurden später nach dem Bau der romanischen Kirchen hinzugefügt.

Zusammenfassend : hier haben wir eine reiche und dekorative Skulpturenwelt, die dieser San Martín-Kirche einen außergewöhnlichen Charakter verleiht. Sie verdankt übrigens ihrer nach Süden und nach Westen zur Calle Real selbst geöffneten langen Galerie eine besondere und sehr anmutige Prägung. Diese Galerie bietet einen ausgezeichneten Schutz im Winter. Sie war sicherlich früher die agora der Stadt, der Sammelpunkt der Zünfte von Segovia, ein Ort der Ruhe und ein friedlicher Spazierweg für die Ritter und Kleriker dieser typisch kastilischen Stadt.

LA VERA CRUZ

Diese den Tempelrittern zugeschriebene Kirche ist eine der originellsten von Segovia. Außerhalb der Mauern und weit von jeder Wohnung gelegen weist sie eine sehr besondere Form auf. Außen bildet sie ein zwölfeckiges Vieleck, das nach Osten durch drei parallel liegende Apsiden verlängert wird. Innen bildet eine ringförmige Mauer die Begrenzung eines Umgangs, der um ein mittleres zwölfeckiges kleines Gebäude läuft. Die Verbindung nach außen wird durch zwei Rundbogentüren hergestellt, und ein später hinzugefügter Glockenturm beherrscht das Ganze. Das kleine Gebäude in der Mitte hat zwei Geschosse. Das untere besitzt vier Öffnungen mit Spitzbogen und bildet einen niedrigen Saal. Das obere Geschoß, das man über zwei Treppen erreicht, bildet eine echte Kapelle mit einem mit Bogenstellungen geschmückten Altar. Diese Kapelle hat Rundbogenfenster und ein Kippengewölbe, das dem gewisser Moscheen ziemlich ähnlich ist und dessen Muster man in anderen Gebäuden, die zu den Tempelrittern in Beziehung stehen, wiederfindet.

Im ganzen ist die Architektur ausgesprochen romanisch trotz des ziemlich späten Datums ihrer Ausführung, und man kann sich nur schwer ihrem besonderen Anmut entziehen.

Tafel der Abbildungen

Die hl. Theresia betrachtete das « innere Schloß » der Seele in einer Transponierung von Avila mit seinen Türmen und Mauern. Die Burg Gottes wird innerlich und streitbar, da sie ja auf dem echt romanischen Fundament der Mauern von Avila gegründet ist. Hier wiederum ist die Romanik die Kunst der Gründung Kastiliens. Trotz seines sehr alten Ursprungs befand sich Avila im Augenblick der Reconquista mitten in einer öden und trostlosen Gegend. Alfonso VI. eroberte 1085 Toledo. Um die Verbindung zwischen seinem vorgeschobenen Posten und den rückwärtigen christlichen Linien herzustellen, hat man drei der berühmtesten spanischen Städte wiederbevölkert : Salamanca, Avila und Segovia. Diese Wiederbevölkerung Avilas wurde vom Grafen Raymond von Burgund, der mit der Tochter des Königs von Kastilien Doña Urraca verheiratet war, durchgeführt. Die Leute, die Avila bevölkern sollten, kamen aus dem Norden : aus Galizien und Asturien, aus Kastilien und Navarra. Damals wurden diese Mauern Avilas errichtet, die wir heute bewundern. Nach der Überlieferung wurden sie zwischen 1090 und 1099 mit der Hilfe von zweitausend Arbeitern und Steinmetzen erbaut. Graf Raymond führte aus Frankreich Baumeister heran. Man hat die Namen von Florin von Pituenga und eines gewissen Casandro in der Erinnerung bewahrt. So wurde in Avila dieses Bauwerk reinsten romanischen und europäischen Stils errichtet, in dem eigenartigerweise jede Spur des Mudejarstils fehlt. Die Mauer hat eine Länge von 2.516 m. und besitzt achtundachtzig zwanzig Meter hohe Türme. Das Ganze bildet ein verlängertes Viereck, das sich am Hügel entlang bis zum Adaja-Fluß erstreckt.

Der am meisten befestigte Teil ist der nach Osten. Wegen des flachen Geländes ist die Verteidigung hier schwieriger, so daß man hier eine Verteidigungsanlage vorfindet, die den Huldigungsturm des Alcázar, die zwei Türme des Alcázar und von San Vicente und die von den Einheimischen « Cimorro » genannte Festungsapsis des Domes umfaßt. Die zwei oben erwähnten Tore sind Doppeltore und bilden eine sehr schöne Anlage mit zwei großen und kräftigen Türmen und einer Verbindungsbrücke zwischen beiden. Sie sind ein hervorragendes Zeugnis der profanen romanischen Architektur. Die Apsis des Domes die man sehr gut in der San Segundo-Straße sehen kann, ist die mächtigste Bastion der Mauer. Es ist ein ungeheuer großer Halbkreisbau, der mit ununterbrochenen Gußlöchern und einer dreifachen Mauer mit Zinnen versehen ist. In diese Apsis sind die ausstrahlenden Kapellen des Domes gewissermaßen eingelassen. Sie sind durch einen chorumgang-ähnlichen umlaufenden Gang verbunden. Oberhalb des « Cimorro » bemerkt man eine innere romanische Apsis, die das Chor bildet. Zwischen den zwei Apsiden erheben sich eine Reihe von Strebepfeilern aus der Übergangszeit, die dem Bauwerk dynamische Bewegung verleihen. Der übrige Teil des Domes wurde im gotischen Stil vollendet, aber dank seinen ursprünglichen Teilen hat er das Aussehen einer Festung bewahrt.

Die anderen noch bestehenden romanischen Kirchen Avilas befinden sich außerhalb der Mauern. Die älteste ist San Andrés im Südosten zum Ajates-Bach hin. Sie ist klein, hat drei Apsiden und besitzt die typischen Merkmale des ausgehenden XI. Jahrhunderts. In derselben Richtung, aber näher zu den Mauern liegt die Basilika San Vicente. Sie wurde sehr langsam auf sehr reinen romanischen Fundamenten erbaut. Im Laufe des XI. Jahrhunderts bildete sie eine große Kirche, die die ganze Erfahrung einer schon reifen Romanik in sich aufgenommen hatte. Man sollte ebenfalls die San Pedro-Kirche auf dem Santa-Theresa-Platz erwähnen, die sehr dekorativ ist, und die Klause San Segundo nahe dem Adaja-Fluß.

DIE BASILIKA SAN VICENTE

Sie ist das große romanische Denkmal Avilas. Sie befindet sich außerhalb der Mauern dort, wo die Ost- und Südmauer sich begegnen. Der nächste Zugang ist das Tor San Vicente. Wie der Turm des Domes macht der der Basilika den Eindruck verstümmelt zu sein. In Wirklichkeit hatte der romanische Bau keinen Turm. Zu beiden Seiten des genau nach Westen gerichteten Hauptportals sieht man die Fundamente oder das erste Geschoß geplanter Türme, die niemals gebaut wurden; auf einem dieser Fundamente errichtete man 1440 jedoch einen Glockenturm mit kleinen Zinnen. Die Südseite von San Vicente, die man vor sich hat, wenn man sich der Kirche nähert, weist ebenfalls eine Entstellung ihrer ursprünglichen Form auf. Am Ende des XIII. Jahrhunderts oder zu Anfang des folgenden fügte man hier eine Säulenhalle hinzu. Dieses Spätwerk bewahrte die Rundbogenarkaden, die Säulen jedoch sind gotisch und zu hoch. Im Osten zeigt die Basilika ihre harmonischste und zugleich reinste romanische Seite. Ein viereckiger Turm nach dem Muster der kastilischen Vierungstürme erhebt sich über die verlängerten Linie des Querhauses und vorne stehen mit einer vollendeten Regelmäßigkeit und einer strengen Symmetrie die drei Halbkreise der Apsiden. Ihre Form ist einfach. Oben eine schöne Sammlung von Kragsteinen, die sich ebenfalls unter dem Vordach der Querhausarme fortsetzt. Der Turm in der Mitte besitzt zwei Geschosse, die durch ein einfaches Gesimswerk getrennt sind. Im oberen Geschoß hat der Turm Spitzbogenfenster.

Die dekorative Schlichtheit des Gebäudes ist bemerkenswert. Die Ausschmückung beschränkt sich fast ausschließlich auf die Kragsteine und Metopen des Südkarnieses, auf die West- und Südportale und auf das herrliche Ehrengrabmal der Märtyrer im Querhaus. Auf der Südseite, die man gewöhnlich zuerst sieht, wenn man sich der Kiche nähert, weist die Fassade ein großes Fenster mit doppelter Ausschrägung auf sowie eine andere Reihe von Öffnungen zwischen den Vorsprüngen kurzer Strebepfeiler. Der übrige Teil der Fassade wird durch die schon erwähnte Säulenhalle verdeckt. Ganz nahe beim Querhausarm öffnet sich das Portal, das hier Zugang zur Kirche gibt. Seine mit Vierfüßlern und einander gegenüber stehenden Vögeln geschmückte Kapitelle sind recht banal. Sehr schöne Statuen hingegen sind in die Ständer der Tür eingelassen. Die zwei äußersten Statuen auf der rechten Seite stammen aus der ersten Hälfte des XII. Jahrhunderts und können zu den besten gerechnet werden, die das damalige Spanien hervorbrachte. Die zwei Figuren auf der linken Seite, die die Verkündigung darstellen, wurden vom Meister des Hauptportals geschaffen.

Dieses Portal fällt den Besuchern wenig auf, da die Kirche ein anderes im Westen besitzt, das eins der schönsten der spanischen Romanik aus der zweiten Hälfte des XII. Jahrhunderts ist. Hier kann man diesen genialen Künstler schätzen lernen, in dem gemeinhin Meister Fruchel vermutet wird. Er hat sein Werk als einen großen Bogen entworfen, der sich in fünf Archivolten aufteilt, die auf jeder Seite durch ebensoviele Säulen getragen werden. Die äußerste Archivolte, die nicht so geschmückt ist, ruht auf glatten Säulen. Das Innere des Bogens wird von einem großen Tympanon eingenommen; dieses teilt seinerseits in zwei ein wenig erhöhte Doppelbögen auf, die sich an den beiden Enden auf Konsolen, und in der Mitte auf einem Mittelpfeiler stützen, der die Eingangstür in zwei Teile trennt. So sieht diese architektonische Anordnung aus, die durch die verschiedenartigsten Ausschmückungsmotive auf den Archivolten, den Kapitellen und Viereckplatten, auf gewissen Säulenschäften und sogar auf den Kämpfern bereichert

wird. Auf den kleinen Arkaden oberhalb der Tür besteht die Archivolte aus Akanthenblättern, und die kleinen Tympanons zeigen uns zwei verschiedenen Szenen derselben Geschichte : das linke stellt den bösen Reichen vor einem gut gedeckten Tisch und den armen Lazarus mit den seine Wunden ableckenden Hunden dar; das rechte erzählt beider Tod mit den klassischen Engeln und Teufeln, die die Seelen wegtragen. Im großen ausgeschrägten Bogen gönnte man dem Pflanzenschmuck den Hauptplatz. Die sehr reiche Flora, die aus Rankenornamenten, sich kräuselnden Stengeln und Kreuzblumen besteht, ist manchmal mit einer solchen Geschicktheit und Virtuosität gemeißelt, daß sie vollständig durchbrochen ist, vom Simswerk abgehoben, auf dem sie sich entfaltet, und nur noch an ihren Enden befestigt. Die Figuren, die die Säulen und den Mittelpfeiler schmücken, sind das große Ausschmückungsmotiv dieses Portals. Die Apostel halten ein Buch oder eine geöffnete Rolle in den Händen und stehen je zu zweit in der Haltung der Unterredung, als ob sie unter dem Eindruck des feierlichen Ortes leise miteinander redeten.

Innen besteht die Kirche aus drei Schiffen, einem Querhaus mit stark betonten Armen, und am Chorhaupt aus drei Apsiden und eine Krypta, die notwendig war, um den ungleichen Boden auszugleichen. Die Schiffe haben je sechs Joche und werden unter sich getrennt durch kräftige Rundbogenarkaden. Das Querhaus besitzt fast leichtgekrümmte Arkaden, unter denen sich andere Doppelbögen in Rundbogenform befinden, die mit Blumenkapitellen geschmückt sind. Die Querhausarme haben Tonnengewölbe und die Apsiden Halbkuppeln. Im Mittelschiff hingegen gibt es nicht mehr, wie scheinbar vorgesehen, ein Tonnengewölbe, das auf Gurtbögen gestützt ist, sondern ein Spitzbogengewölbe mit Kappen aus Backstein. In der Vierung erhebt sich eine achteckige Kuppel mit Rippen, die eine der ersten gotischen Kuppeln Spaniens war. Im ganzen macht die Kirche einen großartigen Eindruck durch die Sicherheit ihrer Proportionen und die Genauigkeit ihrer Linien ohne daß die gotischen Ergänzungen diesen Eindruck zerstören. Das wichtigste Element der Skulpturen im Innern, obwohl es sich um ein Übergangswerk mit mehr gotischen zu romanischen Zügen handelt, ist das berühmte Ehrengrabmal der Titelheiligen der Kirche im südlichen Querhausarm : ein Werk von beträchtlichen Abmessungen mit einem spitzen Dach, Oberteil eines gotischen Baldachins in Flamboyantstil, und auf vier Säulen gestützt. Das Grab selbst ist eine rechteckige Tafel, die auf Säulen ruht. Der obere Teil des Grabes ähnelt einem Gebäude mit Satteldach. Auf den Giebeln erscheint der verherrlichte Christus mit dem Löwen und dem Stier und mehreren Szenen, die sich auf die drei Könige beziehen. Auf den Seiten sind zehn Szenen angeordnet, die vom Martyrium des hl. Vinzenz und seiner beiden Schwestern erzählen. Das Leben und die Bewegung dieser Figuren ist wirklich außergewöhnlich.

San Vicente ist also eine echte Wiedergabe der Zeit, in der sie erbaut wurde. Indem die Bauarbeiten sich über eine lange Zeit ausdehnten, wurde es möglich – was in sehr vielen spanischen Kirchen der Fall ist – daß zwei Stile sich übereinander legten : die Romanik für die Fundamente und die ersten Entwicklungen, die Gotik für das Gewölbe des Mittelschiffes. Die Skulptur hält sich zwischen beiden Stilen; daher ihre einzigartige Schönheit : es ist der Augenblick, in dem die vollkommene Reife der Romanik sich der Eleganz der Gotik aufschließt.

SAN ANDRÉS

Wir verfolgen unseren Weg außerhalb der Mauern und sehr nahe bei San Vicente stoßen wir auf eine kleine Kirche von einer sehr reinen Romanik, die ziemlich lange sich selbst überlassen, jetzt einer gründlichen Restaurierung unterzogen wird. Um sie zu erreichen, folge man dem Weg an der Nordfassade von San Vicente entlang, dann überquere man die Hauptstraße von Villacastín nach Vigo und schlage dann die Straße de la Parilla oder die von Valseca ein. Sie hat beschränkte Abmessungen, enthält dennoch alle notwendigen Elemente, um ein vollständiges romanisches Denkmal darzustellen, das man nach seinen allgemeinen Merkmalen dem ausgehenden XI. Jahrhundert zuschreiben kann. Es handelt sich in der Tat um die älteste romanische Kirche von Avila. Da San Andrés erst nach der Wiederbevölkerung, die um 1089 oder 1090 anfing, entstanden ist, muß man in ihr ein Werk aus den zehn letzten Jahren des Jahrhunderts sehen.

Das Chorhaupt ist zweifellos der älteste Teil und besteht aus drei Apsiden ungleicher Abmessungen. Die Mittelapsis, die als Chor dient, tritt mehr hervor und ist im geraden Teil mit einer niedrigen Blendarkade geschmückt. Im Halbkreis sieht man zwei Reihen eines Bandgesimses und die Fenster einrahmende, angelehnte Säulen. Was die Seitenapsiden betrifft, ist die an der Evangelienseite völlig glatt und ohne Fenster; die an der Epistelseite besitzt in der Mitte ein Fenster ohne Säule und ohne Simswerk und darüber ein Bandgesims mit Pflanzenschmuck.

Das nach Westen gerichtete Hauptportal hat die übliche Ausschrägung, aber seine Archivolten sind mit durch Kreise eingeschlossenen kleinen Rosen geschmückt. Die Kapitelle sind mit Tierpaaren, Harpyien und Ungeheuern geschmückt, und die Kämpfer mit vierblättrigen Blumen. Dasselbe architektonische Schema wiederholt sich auf dem Südportal. Der links des Hauptportals stehende Turm ist später entstanden als alles andere.

Im Innern besitzt die Kirche drei Schiffe, die auf jeder Seite durch drei viereckige Pfeiler

auf rundem Sockel und vier angelehnte Halbsäulen voneinander getrennt sind; diese Pfeiler stützen große Rundbogenarkaden mit Doppelrolle. Die Kapitelle der angelehnten Säulen sind einfach und tragen fast alle gespaltene Blätter mit vorspringendem Rand. Wie an der Außenseite ist die Mittelapsis auch hier das Interessanteste : sie ist geräumig, bietet klare Sicht und hat eine kräftige Architektur. Außerdem bewahrt sie die reichste Sammlung von Kapitellen mit Figurenschmuck von ganz Avila. Das rechte Joch, das fast so breit ist wie das Mittelschiff, ist bis auf halber Höhe mit Blendarkaden geschmückt, deren Form der der Arkaden an der Außenseite ähnlich ist. Oben läuft ein Band mit kleinen Rosen zwischen Kreisen, und über dem Ganzen liegt ein durch einen Gurtbogen verstärktes Rundbogengewölbe. Die den Gurtbogen stützenden Säulen sowie die des Triumphbogens steigen nicht bis zum Boden hinunter, sondern laufen bald in eine Art von Konsole aus. Die Skulpturen der Kapitelle der Apsis fassen den wenig entwickelten Themakreis des XI. Jahrhunderts zusammen. Mit ihrer betonten Grobheit bilden diese Kapitelle jedoch eine sehr bemerkenswerte Reihe.

Die Proportionen der Seitenapsiden scheinen im Vergleich zu der Mittelapsis befremdend : sie sind so klein, daß die an der Epistelseite kaum größer ist als eine einfache Nische.

Die Merkmale der San Andrés-Kirche lassen darauf schließen, daß sie von einem Bildhauer geschaffen wurden, der unter dem Einfluß des zweiten Künstlers von San Isidoro von León stand. Sie dürfte also eine Enklave der Provinz León mitten in Kastilien bilden. Über San Andrés breitete sich der Einfluß von León auf die kleinen Kirchen von Avila aus; und vielleicht kann man die ursprünglichen Bauten des Domes und von San Vicente mit dieser Dekorationsart in Verbindung brigen.

Tafel der Abbildungen

Taufbecken

In zahlreichen Dörfern Kastiliens bewahrt man Taufbecken, die man als Ausdruck einer von der Romanik beeinflußten Volkskunst betrachten kann. Die meisten befinden sich in der Provinz Burgos. In der Provinz Soria sind sie bäuerlicher und primitiver. In der Provinz Palencia verstanden es ihre Schöpfer, in einer bäuerlichen Ausführung die tiefe Volksseele zum Ausdruck zu bringen.

REDECILLA DEL CAMINO

Es ist das erste Dorf in der Provinz Burgos an den Grenzen der Rioja. Es besitzt ein schönes Taufbecken, das sehr interessant ist und mozarabischen Einfluß verrät. Es befindet sich in der Pfarrkirche. Es steht auf einem hohen Sockel, der aus mehreren an einen Mittelpfeiler angelehnten Säulen besteht. Das Becken ist groß und vollkommen mit Skulpturen bedeckt. Das Ganze erweckt den Eindruck eines großen Gebäudes, einer Art von Palast mit zahlreichen Türmen und Fenstern. Zwischen den Türmen befinden sich eine Art von ausgekragten Galerien, die mit einem dreieckigen Dach bedeckt sind. Die Skulpturen verraten eine gewisse Primitivität, sind aber mit feinem Gefühl ausgeführt. Sie standen vielleicht unter dem Einfluß von San Millán de la Cogolla, einem wichtigen Zentrum der mozarabischen Kunst in Kastilien, das nicht sehr weit von Redecilla gelegen ist. Ebenfalls kann eine gewisse Eigenart, die an die Elfenbeinskulptur erinnert, aus San Millán stammen.

COJÓBAR

Hier befindet sich eins der elegantesten des kastilischen Taufbecken. Es ist niedrig mit halbkugelförmigem Durchschnitt und ruht auf einem ziemlich kurzen Fuß. Es beschränkt sich auf eine Blendarkade mit leicht überhöhten Rundbögen. Sehr schlanke Säulen schlingen sich um das Becken. Am oberen Rand läuft ein doppelter Fries. Das Ganze ist schlicht und sehr gepflegt bearbeitet. An der Innenseite befinden sich große Kannelierungen in der

Form einer St. Jakobs-Muschel. Cojóbar liegt nahe bei Burgos. Man nimmt die Straße nach Madrid und in Sarracin schwenkt man nach Soria ein. Nach ungefähr fünf Kilometer sieht man links eine Abzweigung, die zum Dorfe führt.

CASCAJARES DE LA SIERRA

Auf der Straße von Burgos nach Soria ungefähr zwei Kilometer vor Salas de los Infantes. Das Becken steht in der Pfarrkirche. Kräftige Skulpturen, die man nicht vollständig betrachten kann, weil das Becken in einer Ecke steht. Eine große Bogenstellung läuft um das Ganze herum. Im Innern eines jeden Bogens stehen Figuren. Acht davon kann man sehen und zwar : drei Fische übereinander, ein Reh, einen Steinbock, einen Löwen, der denen von Silos sehr ähnelt, ein Malteser Kreuz, einen anderen Löwen und Tiere, die sich in ihrer Nische gegenüberstehen. Einfluß der ganz nahen Abtei von Silos, obgleich gewisse Figuren wie das Reh und der Steinbock natürlicher dargestellt sind.

CILLAMAYOR

Das Becken stammt aus dem Dorf gleichen Namens, wird aber im Museum Fontaneda in Aguilar de Campóo gezeigt. Es hat die Form eines Kegelstumpfes mit einer ziemlich schwachen Krümmung an der Außenseite. Nur ein Drittel der Oberfläche trägt Skulpturen. Es handelt sich um eine Art von Rankenornament, einer Art von großem Labyrinth um ein Kreuz in der Mitte. Daneben steht eine menschliche Figur, die sehr primitiv wirkt. Sie trägt ein Röckchen und hält eine Art von Besen in der Hand. Scheinbar ist es eine Anspielung auf den Meister des Rankenornaments, der folgendermaßen unterzeichnet : « Pedro de Cilla machte mich » Es ist ein Spätwerk von grober Bäuerlichkeit.

COLMENARES

Sehr schönes Taufbecken mit Figurenschmuck. Die Figuren besitzen eine rührende Ausdruckskraft. Um nach Colmenares in der Provinz Palencia zu gelangen, verläßt man die Straße von Burgos in Cervera, um über Dehesa de Montejo in das Tal des Ojeda hinabzusteigen. Das Becken besteht aus einem Kegelstumpf und ruht auf einem runden Absatz. Die ganze Oberfläche ist mit Figuren von ungefähr 50 Zentimeter Höhe besetzt, die große, etwas unproportionierte Köpfe haben. Zwischen einer Taufszene und einer Szene mit dem Grabe Christi, auf der Soldaten in Panzerhemd und die drei Marien stehen, erscheinen drei sich bekämpfende Männer. Sie haben die rührendsten und ängstlichsten Köpfe der ganzen Skulptur. Die Kraft dieser Skulpturen liegt in den Haltungen, die durch die Krümmung des Beckens etwas übertrieben werden, in den Gesichtern und sogar in den Handgebärden. Das Ganze ist sehr ausdrucksvoll und voller Leben.

GUARDO

Es liegt ebenfalls in der Provinz Palencia, im äußersten Westen an den Grenzen der Provinz León. Man folgt der Straße, die von Palencia über Carrion und Saldaña nach Riaño ins Gebirge führt. Die Skulpturen sind ein wenig grob, aber von einer tiefen und sogar rätselhaften Bedeutung. Zwei Szenen, die sich offenbar auf den Geschlechtsinstinkt beziehen. Ein Mann mit gespreizten Beinen, der die Hände auf die Geschlechtsteile legt. Darunter wie begraben eine auf dem Fels ausgestreckte Frau; es handelt sich aber nicht um eine Leiche. Auf der andren Seite ein Mann und eine Frau, beide nackt und mit einem sehr schmalen Gürtel, den sie sich gegenseitig hinreichen. Man spürt eine Bewegung, einen Schwung und eine Art von Zärtlichkeit. Darunter ein Relief mit Toten, die wiederauferstehen. Zwischen diesen beiden großen Gruppen eine in ein großes Kleid gehüllte Figur und eine andere nackte Figur, die vielleicht Gottvater darstellen, während er Adam erschafft. Ein mit Kraft, ohne Feingefühl, aber mit einem gewissen Genie behandeltes Thema. Man kann das Becken nicht ganz sehen, denn es steht wiederum an die Wand angelehnt.

ARENILLAS DE SAN PELAYO

Genau in der Mitte der Provinz Palencia, im Gebiet der Valdavia gelegenes Dorf. Man findet es an der Straße, die dem Bach dieses Namens folgt, zwischen Renedo und Villacles de Valdavia. Das Becken trägt rein dekorativen Schmuck, der fein ausgeführt ist und eine große Milde ausstrahlt. Er läßt ein wenig an ein Gewebe denken. Zwei Friese. Der obere besteht aus kleinen Rosen, die zwei Blumenmuster, Blätter und Blumenblätter aufweisen. Der untere Fries besteht aus Zweigen, die sich aneinander fügen und eine Girlande bilden. Das Becken hat die Form eines Kegelstumpfes und ruht auf einem einfachen Sockel, der am Rand ein Bandgesims trägt.

BOADILLA DEL CAMINO

Dieses Dorf kommt vor Frómista auf dem Weg nach Compostella. Das Becken, das wir hier sehen, entspricht den Merkmalen einer Übergangskunst, die die Kunst der Wallfahrten ist. Ein sehr reicher Sockel, bestehend aus zwölf Säulen mit sehr kurzem Schaft und normalen Basen, die den Sockel des Beckens bilden, indem sie sich verbinden. Die Säulen haben Kapitelle von einer schon Zisterzienser Schlichtheit. Darüber das Becken, das nur mit drei Reihen eines geometrischen Schmuckes versehen ist. In der unteren Reihe ziemlich flach konstruierte Doppelbögen mit Ecken nach innen. Ein dazwischen laufendes Band, aus einem Rundstab und einigen Kreuzen bestehend. Die zweite Reihe weist Rundbögen auf, die miteinander verschlungen sind, indem sie Spitzbögen bilden. Und in der dritten Reihe sieht man sich berührende Kreise, in denen sich kleine Rosen und Kreuze befinden.

Tafel der Abbildungen

CE VOLUME
VINGT-QUATRIÈME DE LA COLLECTION
" la nuit des temps "

CONSTITUE
LE NUMÉRO SPÉCIAL DE NOËL POUR
L'ANNÉE DE GRACE 1966 DE LA REVUE
D'ART TRIMESTRIELLE " ZODIAQUE ",
CAHIER DE L'ATELIER DU CŒUR-
MEURTRY, ÉDITÉE A L'ABBAYE SAINTE-
MARIE DE LA PIERRE-QUI-VIRE (YONNE)

✠

LES PHOTOS
TANT EN NOIR QU'EN COULEURS SONT
DE ZODIAQUE.

LES CARTES
ET LES PLANS ONT ÉTÉ DESSINÉS PAR
JACQUELINE LEURIDAN.

IMPRESSION
DU TEXTE ET DES PLANCHES COULEURS
(CLICHÉS GUÉZELLE ET RENOUARD) PAR
LES PRESSES MONASTIQUES, LA PIERRE-
QUI-VIRE (YONNE). HÉLIOS PAR LES
ÉTABLISSEMENTS BRAUN A MULHOUSE.

RELIURE
DE J. FAZAN, TROYES. MAQUETTE DE
L'ATELIER DU CŒUR-MEURTRY, ATELIER
MONASTIQUE DE L'ABBAYE SAINTE-MARIE
DE LA PIERRE-QUI-VIRE (YONNE).

CUM PERMISSU SUPERIORUM

Directeur-Gérant : José Surchamp   Dépôt légal : 1004-4-66

la nuit des temps 24

CASTILLE ROMANE 2